기독교인이면서도 기독교를 알지 못하는 이들, 기독교를 비판하면서도 정작 기독교가 어떤 신앙인지 알려 하지 않는 이들, 그리고 기독교를 알고 싶어 하지만 제대로 된 정보를 제공받지 못하는 이들을 위한 단 하나의 출발점이자 그들 모두를 위한 교과서, 바로 이 책이다.

김기현 목사(로고스교회 담임)

이런 책을 기다렸다. 지성을 사용하는 것이 불신인 양 여겨지는 한국 교회 상황에서 믿음은 오히려 변질되고 오용되며, 때로 조작의 통로가 되는 것을 피할 수 없다. 자신의 믿음을 설명할 수 없고, 설명한다 해도 자신의 언어로 하다 보니 타인과 소통이 힘들어진다. 기독교는 점점 '교양' 없는 사람들의 전유물이 되어 가고 세상과 담쌓은 예배당 안에 갇혀 간다. 기독교는 이제 '오늘 여기' 우리의 삶에는 아무런 의미가 없어 역사 속에서 퇴장당하는 종교처럼 여겨지고 있다. 특히 젊은이들에게 그러하다.
이런 참에 반갑게도, 모든 사람에게 넓고 얕은 수준으로 기독교의 교양을 친절하게 설명해 주는 책을 만났다. 독자들은 이 책을 통해 기독교에 대해 교양적 수준에서 꼭 알아야 할 주제들을 만나게 될 것이다. 그러나 이 책을 그리 가볍게 여기지 마시라. 읽다 보면, 이 교양적 수준의 뿌리가 결코 얕지 않고, 어려운 이야기를 쉽게 풀어내는 내공에 다소 놀랄 것이다. 꾸준히 질문하고 공부해 온 저자의 바람대로 저자는 지식 소매상이자 가이드의 역할을 제대로 해냈다. 한편 축하하고, 또 한편 고맙다.

김형국 목사(하나복DNA네트워크 대표, 신학 박사)

"이 영상 하나로 책 100권을 읽은 것처럼 만들어 드립니다." 유튜브에서 흔히 볼 수 있는 유형의 썸네일 제목이다. 딱 봐도 과장이 심하지만, 대중이 원하는 바가 정확히 담겨 있는 표현이기도 하다. 입문자 처지에서는 어떤 책을 봐야 할지 100권을 고르기도 어렵고, 시간을 내어 100권을 읽기도 어려우며, 무엇보다 실제로 100권을 읽는다 해도 다 이해한다는 보장이 없다. 그래서 속는 셈치고 이런 썸네일들을 클릭하는 것이다.
정말 영상 하나가 100권의 책에 필적하는 효과를 낼 수 있을까? 영상은 모르겠지만, 적어도 「모두를 위한 기독교 교양」은 확실히 그런 과감한 시도를 담고 있다. 성서 형성사와 성경 전체의 내러티브, 기독교인의 윤리 규범 등 방대한 내용을 간결한 이야기로 엮어서 풀어내는 본문도 탁월하지만, 독서 집중력이 흐려질 무렵 찾아오는 도발적인 박스 속 곁글들은 이 책을 더욱 흥미진진하게 만들어 준다.
이 책을 읽는다고 해서 기독교 교양의 모든 것을 알게 되는 것은 아니나, 적어도 '교양' 있는 기독교인, '나와 너'를 알고 '우리'로 대화하길 꿈꾸는 기독교인으로 살아갈 대략의 준비는 마친 셈이다. 마침표가 아닌 물음표로, 기독교 교양을 익히려는 모두에게 추천한다.

장민혁 전도사(유튜브 채널 "오늘의 신학 공부" 운영자)

기독교 변증가 C. S. 루이스는 유명한 기독교 변증서 「순전한 기독교」 서문에서, 자신이 지금 하려는 일이 "모든 시대에 거의 모든 그리스도인이 공통으로 믿어 온 바를 설명하고 수호하는 일"이라 밝힌다. 교파와 무관하게 그리스도인이라면 동의할 수 있는 기독교 신앙의 '최대 공약수'를 설명하겠다고 했다. 그리고 지금 당신이 들고 있는 이 책은 바로 그 목적으로 오늘, 한국 목회자에 의해 쓰인 책이다.
저자는 끊임없이 세상과, 또 이 세대와 소통하는 목회자다. 그의 답변은 책상에 앉아 사유를 통해 나온 질문에 대한 것이 아니라, 기독교에 반감을 지닌 이들에게 직접 들은 질문에 대한 것이다. 이 책은 또한 "모두를 위한"이라는 제목이 매우 잘 어울린다. 당신이 이미 기독교인이라면 책을 통해 '우리가 무엇을 믿는지'를 정리할 수 있을 것이고, 기독교인이 아니라면 '기독교는 무엇을 믿는 종교인지' 알 수 있을 것이기 때문이다.
또한 이 책의 중요한 포인트는 책 곳곳에 곁들여 있는 박스 글들이다. 저자의 설명을 듣다가 저자의 말을 끊고 반문하고 싶을 즈음, 그 물음에 대해 저자는 선제적으로 답하고 있다. 일방적 매체인 책을 읽으면서도 저자와 대화를 나누고 있는 것만 같다. 저자의 강점을 매우 잘 살린 구성과 편집이다.
내용도, 구성도, 문체도 루이스를 생각나게 한다. 솔직히 '오늘을 살고 생각하는 한국인'에게는 저자의 이 책이 루이스의 「순전한 기독교」보다 적실해 보인다. 최고의 변증을 만난 기쁨으로 즐겁게 추천한다.

조영민 목사(나눔교회 담임)

모두를 위한 기독교 교양

○ 본문에 사용한 성경 구절은 현대어로 번역된 새번역 성경에서 인용하였으며, 그렇지 않은 경우 표기하였습니다.

(주)죠이북스는 그리스도를 대신한 사신으로
문서를 통한 지상 명령 성취와 하나님 나라 확장을 위해 노력합니다.

모두를 위한 기독교 교양
© 2022 손성찬

이 책의 저작권은 저자와 (주)죠이북스에 있습니다. 신 저작권법에 의하여 한국 내에서 보호받는 저작물이므로 무단 전재와 무단 복제를 금합니다.

기독교를 읽다 ↔ 기독교와 잇다

모두를 위한
기독교 교양

손성찬 지음

죠이북스

차 례
contents

프롤로그 ·· 8

1장 기독교의 A to Z ··· 13
    _ 문명으로 본 성경 이야기

2장 기독교인은 무엇을 믿는가 ································ 53
    _ 기독교인들이 전하는 '복음'의 의미

3장 성경은 만들어졌다 ··· 89
    _ 이 메시지들이 정경이 되기까지

4장 내 성경과 네 성경은 다른 것 같다 ················ 117
    _ 성경 해석의 다양성

5장 오늘에 이르기까지 ··· 147
    _ 교회사 3대 인물

6장 하나님을 '믿는다'고 말하는 사람들 ············· 191
    _ 세 종교 이야기

7장 그렇다면 어떻게 살아야 하는가 ···················· 221
    _ 기독교 윤리

● Intermission 성경 밖 하나님 ⋯⋯⋯⋯⋯⋯⋯⋯⋯⋯⋯⋯⋯⋯⋯⋯⋯⋯ **242**

8장 인간이 종말을 창조한다 ⋯⋯⋯⋯⋯⋯⋯⋯⋯⋯⋯⋯⋯⋯ **251**
_ 기독교와 환경

9장 미개한 기독교인 ⋯⋯⋯⋯⋯⋯⋯⋯⋯⋯⋯⋯⋯⋯⋯⋯⋯⋯⋯ **279**
_ 기독교와 과학

10장 인간이란 무엇인가 1 ⋯⋯⋯⋯⋯⋯⋯⋯⋯⋯⋯⋯⋯⋯⋯⋯⋯ **313**
_ 기독교와 심리학

11장 인간이란 무엇인가 2 ⋯⋯⋯⋯⋯⋯⋯⋯⋯⋯⋯⋯⋯⋯⋯⋯⋯ **341**
_ 기독교와 역사

12장 한국, 한국인 그리고 기독교 ⋯⋯⋯⋯⋯⋯⋯⋯⋯⋯⋯⋯ **375**
_ 한국 기독교의 과거와 현재, 그리고 과제

에필로그 ⋯⋯⋯⋯⋯⋯⋯⋯⋯⋯⋯⋯⋯⋯⋯⋯⋯⋯⋯⋯⋯⋯⋯⋯⋯⋯ **408**

프롤로그

고대 그리스 철학자 프로타고라스는 이런 진리를 설파했다. "인간은 만물의 척도다." 유산균의 한 종류처럼 들리는 이름을 지닌, 고루한 옛사람의 말이라고 무시하지 말라. 이는 여전히 진리다. 쉽게 이야기하면, 인간은 결국 자기 마음대로 해석한다는 뜻이다. 가끔 누군가와 대화할 때 외국어를 듣는 듯 답답한 느낌이 들 때가 있지 않은가? 그런데 재미있는 사실은 당신이 당신 자신과 대화할 기회가 생기더라도 마찬가지 느낌을 받으리라는 것이다. 나 자신과 대화하더라도 결국 내가 '상대하는 나'가 아닌 지금 '말하고 있는 나'를 중심에 두고 이해하고 느끼기 때문이다.

나 자신과 대화해도 그러할 터인데, 하물며 이역만리에 있는 사람들 혹은 수천 년 전 사람들과 대화한다면 어떨까? 시대와 세대, 교육 수준과 상관없이 불통이다. 그렇다. 인간은 매우 주관적인 존재에 자기 합리화 덩어리다. 3,700년 전에 기록된 수메르 시대의 점토판에도, 2,500년 전으로 추정되는 아테네의 파르테논 신전에도 공히 "요즘 젊은 것들은 너무 버릇이 없다"고 기록되어 있다고 하지 않던가? 당신도 분명 한 번쯤은 읊어 보거나 읊어 볼 말일 것이다.

그런 당신에게 묻겠다. "당신에게 기독교는 '무엇'인가?" 어떻게 대답할 것인가? 이 책을 읽고 있는 당신이 기독교인이라면 응당 대답할 만한 정답이 있을 것이다. 기독교인은 2,000년 전 팔레스타인 땅에 존재한 나사렛 출신 '예수'라는 사람을 약속된 메시아로 받아들인 사람을 의미한다. 그리고 기독교 신앙의 대상인 유일신 '하나님'이 세상과 당신의 구원을 위해 보내겠다 약속하신 구원자가 바로 그 예수라는 사실을 믿는다. 이런 기독교인에게 기독교란 세상의 수많은 '종교' 중 하나가 아닌, 자기 삶에서 가장 우선되는 가치이자 진리 그 자체다. 기독교인은 자신이 믿는 바에 대한 모든 내용이 '성경'에 기록되어 있으며, 성경은 다름 아닌 하나님이 남기신 가장 특별하고 권위 있는 '계시'임을 받아들인다.

그러나 정답은 정답일 뿐. "기독교란 무엇인가?"라는 질문이 던져졌을 때, 즉각 명료하게 대답할 수 있는 이가 많지 않은 것이 현실이다. 이와 같은 질문을 받자마자 머릿속에 떠오르는 것은 '교회'와 '예배', '십자가' 등 눈에 보이는 행위나 상징일 것이다. 그러나 단호하게 말할 수 있다. 그것은 기독교의 일부거나 표층일 뿐, 기독교는 아니다. 이어서 당신이 꺼낼 대답 역시 어느 정도는 예측 가능하다. 아마도 당신이 자라면서 경험한 기독교의 모습과 이미지, 자신이 다닌 교회에서 강조하던 단어나 문구를 나열할 가능성이 농후하다. 그 역시 기독교는 아니다. 그것은 성경이 이야기하는 객관적인 내용이라기보다는, 매우 개인적이고 주관적인 대답일 뿐이다.

각 잡고 자신을 향해 진지하게 묻고 답해 보시라. 아마 스스로 기독교인이라고 말하는 이들도 정작 자신이 믿는다는 그 '기독교'에 대해 말할 거리가 많지 않음에 놀라리라 조심스레 예상한다. 당신을 폄하하는 것이 아니다. 사실 한국 교회의 현실이 그래 왔다. 믿음에 '앎'이라는 요소가 제거된 경우가 많았기에 그렇다. 이른바 "믿음 좋다"는 말이 함축한 의미에는 지금까지 '지성'이 배제되어 온 것이 현실이다. 그러나 지성 없는 믿음은 애초에 존재하지 않는다. 믿음은 간절함의 크기가 아니라 '무엇을 믿느냐'에서 시작하기 때문이다.

자, 지금까지는 당신이 '기독교인'이라고 가정하고 서술했다. 물론 이 글을 읽는 당신이 기독교인이 아닐 수도 있음을 안다. 그렇다면 초점을 돌려, 다시 묻겠다. "당신에게 '기독교'란 무엇인가?" 이 질문에 기독교인이 아닌 당신 역시 신기하게도 앞선 내용들과 동일하게 답할 가능성이 많아 보인다. '교회'와 '예배', '십자가' 등의 표층적 상징 말이다. 당연하다. 기독교의 내부적 내용과 논리를 모르는 이들에게는 보이는 것이 전부일 수밖에 없기에 그렇다. 그리고 그 다음도 마찬가지로 자신이 경험한 바에 따른 대답을 이어 나갈 것이다. 이 역시 주관적이다. 어떤 이들은 어릴 적에 가 본 교회에서의 따뜻한 경험이나 맛있는 빵을 떠올릴 수도 있고, 또 어떤 이들은 기독교인에게 받은 상처를 떠올릴 수도 있다.

문제는 기독교인이 아닌 이들의 대답이 더는 개인 경험에 국한되지 않고, 일반적인 사회 경험으로 회자되고 있다는 점이다. '맹신' 또는 광신', '극우적 태도', '비과학적', '배타적' 등, 종합하자면 '개독교'라는 참 듣기 싫은 그 부정적 이미지 말이다. 이것이 일부 개인의 의식이 아니라 점차 '모두'의 의식이 되어 가고 있다. 사실 이러한 모습은 기독교인 모두의 것이 아니며 당연히 진정한 기독교도 아니지만, 기독교가 이러한 이미지를 지닌 것이 현실이다. 부정한다고 없어지지 않는다.

결국 우리는 '기독교'가 무엇인지 잘 모른다. 기독교인이라 불리는 이들도, 기독교 신앙과 관련 없는 이들도 기독교에 대해 잘 모르는 것이 현실이다. 프로타고라스의 말을 빌리면, 모든 사람이 '기독교를 정의하는 척도'인 셈이다. 그것이 왜 문제인가? 기독교인은 바른 믿음이 아닌 광신이나 맹신으로 나아갈 수 있고, 비기독교인 역시 잘못된 이해를 바탕으로 기독교를 비판하는 무지의 오류를 범할 수 있어서다. 그러나 내가 꼽는 가장 큰 문제는 기독교인과 기독교인이 아닌 이들 사이에 대화가 단절된다는 점이다. 심지어 기독교인끼리도 원만히 대화하기가 힘들다. 기독교가 무엇인지에 대한 최소한의 공통분모도 형성되지 않은 상태에서 서로 다른 이야기를 하기 때문이다. 불통을 넘어, 대화를 할수록 서로 불필요한 오해만 쌓일 뿐이다.

때문에 기독교에 대해 대화하려면 먼저 최소한의 정리된 토대가 필요하다고 느꼈다. 이렇게 정리한 내용을 가리켜 무엇이라 부를까 고민하다가 '기독교 교양'이라는 단어를 꼽아 보았다. 위키 백과에 따르면, '교양'(敎養)이란 "독립된 개인이 마땅히 가져야 한다고 여겨지는 여러 분야를 망라한 일정 수준의 지식이나 상식"을 뜻한다. 그렇다면 '기독교 교양'이란 '기독교에 대해 대화하기 위해 마땅히 가져야 할 일정 수준의 지식과 상식'이라고 말할 수 있겠다. 이 책은 정확히 그러한 의미의 '기독교 교양'을 다룬다. 기독교인이든 아니든 '기독교'를 주제로 대화하기 위해 알아야 할 최소한의 지적 토대 말이다.

이를 위해 이 책 전반부(1-7장)에서는 기독교의 토대인 성경에 대해 살펴본다. 성경이 탄생한 과정, 성경의 내용을 믿는 이들의 모임인 '교회'의 역사, 그리고 믿는 이들의 삶을 정리해 보았다. 즉 성경과 성경을 둘러싼 가장 기본적인 척도와 적용에 대한 이해다. 후반부(8-12장)에서는 그것을 마주하고 활용하는 '인간'과, 인간들이 놓인 '세상'에 대해 정리해 보았다. 환경, 과학, 역사(정치·경제), 한국 사회 등을 다루었다. 이와 같은 주제들이 정리될 때 비로소 기독교를 건강하게 이해하며, 기독교를 주제로 상식적이고 합리적인 대화를 나눌 수 있는 토대가 놓일 것이라 생각했다.

오해하지 말라. 이 책은 결코 깊고 심도 있는 지식을 추구하지 않는다. 사실 그동안 '대중 신학'이라 불리는 서적들조차 또 다른 번역 과정이 필요했음을 부정할 수 없다. 어떤 신학적 개념을 이해하려면 용어에 대해 따로 공부해야 하는 불상사가 일어났던 것이다. 마치 물리학 책을 읽는 기분이랄까? 분명 '대중서'라고 해서 집었는데, 읽다 보면 '나는 대중의 일원이 아니라 바보구나'라는 생각이 든다. 그런 불상사를 막기 위해 되도록 대중적인 표현과 직관적인 논리로 정리해 보려 했다. 그래서 '모두를 위한' 기독교 교양이다.

그런 면에서 이 책의 한계도 밝혀 둔다. 의도적으로 넓고 얕은 지식을 표방하다 보니, 깊이와 세밀함이 떨어질 수밖에 없다. 또한 단순하고 직관적으로 전달하려다 보니 간혹 논리적 비약으로 느껴질 만한 부분도 있을 것이다. 특히 신학을 전문적으로 공부한 독자에게는 그리 느껴질 수 있다. 그래도 지나치게 비판적 태도로 보지 않길 바란다. 다시 말하지만 이 책의 목적은 '대중적 기독교 교양 쌓기'다. 뷔페식당을 찾아가서 대를 이어 내려온 맛집의 풍미를 기대하지 않았으면 하는 바람이다. 더 정밀한 정보와 풍성한 관점을 얻고 싶다면, 관련 주제를 다룬 책과 강의로 직접 공부해 보길 권한다.

이 책이 '모두를 위한' 기독교 교양인 것은 앞서 언급한 대로 '대중적' 문체라는 의미도 있지만, 이 책의 '대상'을 가리키기도 한다. 즉 일차적으로 기독교인을 위한 지적 정리이고, 이차적으로 기독교 바깥에 있는 이들에게 기독교를 합리적으로 설명하기 위한 지적 정리이자 일종의 기독교 변증이다. 기독교를 합리적으로 이해하거나 접근하고 싶은 욕구가 있는 이라면 누구든 작은 도움을 얻으리라 생각하며, 또 그러길 바란다.

이 책에서 내 역할은 '가이드' 정도로 여기고 싶다. 일종의 '기독교 지식 소매상'이랄까? 이 책을 집필하면서 지금까지 기독교를 공부하며 궁금해 온 것들, 기독교인이나 비기독교인과 대화하며 질문받은 것들에 대한 대답을 정리해 보았다. 지난 20여 년간 들은 수많은 신학 강의와 읽은 책들을 통해 축적한 지식과, 내 안에 갈무리된 내용을 주제별로 정리해 본 것이다(그래서 이 책에는 인용 문장이 거의 없다. 다만 이 책을 쓰면서 참고한 책들에 실린 잘 정리된 도식 이미지 몇 개를 인용하고 출처를 표기했다). 각 장의 주제를 정리하면서 새로이 혹은 다시 들춰 보거나 읽어 나간 책들 가운데 도움을 받았거나 독자들에게 도움이 될 만한 책일 경우, 각 장 마지막에 '참고 도서 및 추천 도서' 목록으로 정리해 놓았다. 잘 이해되지 않거나 좀 더 알고 싶다면, 혹은 자신만의 정리를 원한다면, 참고 도서를 읽어 보길 추천한다.

1장

기독교의
A to Z

문명으로 본 성경 이야기

'뭐야, 또 성경이야?'라는 생각이 드는가? 그렇게 생각할 걸 잘 알면서도 뻔한 이야기로 시작하는 이유는 분명하다. 기독교의 A에서 Z가 바로 '성경'이기 때문이다. 솔직히 말해 보자. 뻔한 느낌이 드는 것과 실제로 잘 아는 것은 별개이지 않은가?

그리고 보면 우리는 성경을 참 많이 보았다. 새해가 돌아오면 연례행사처럼 성경 통독을 시작한다. 그러나 우리의 성경 통독은 출애굽기 19장 뒤로 잘 넘어가지 않는다. 창세기만 100번째다. 괜찮다. 당신의 의지나 신앙 부족을 탓하기에 성경이 좀 재미없고 어려운 건 사실이니까. 그렇지만 기독교에 대해 이야기하려면 성경에서 시작할 수밖에 없고, 그래야만 한다. 때문에 성경 내용을 먼저 정리하고 넘어가겠다. 이를 위해 필요한 것은 '지루하지 않음'과 '뻔하지 않음'일 터. 기대에 얼마나 부응할 수 있을지 모르겠지만 한번 들어가 보자.

성경이 품고 있는 시기는 매우 방대하다. 이른바 석기 시대부터 로마 제국이 가장 강성하던 1세기까지 다루고 있다. 우리가 익히 들어 온 '문명'을 기준으로 보자면, 구약은 인류 최초의 문명이자 서로 근거리에서 발생한 동양의 메소포타미아 문명과 이집트 문명을 배경으로, 이 두 거대 문명 사이에 끼

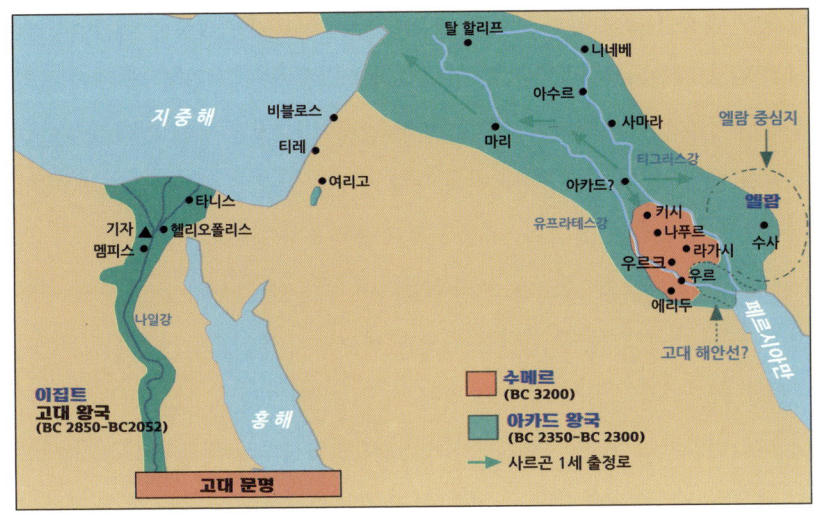

여 우왕좌왕하는 이스라엘의 역사를 서술한다. 신약으로 넘어 오면 동서양 문명의 융합 계승자이자 고대 문명의 끝판왕인 로마 문명을 배경으로 진행된다. 그러나 의미상으로 보면 성경이 다루는 시기는 더 넓어진다. 진정으로 A에서 Z까지, 즉 세상의 '시작'부터 '종말'까지 그리기 때문이다. 정말 거대하지 않은가?

신화인가, 사실인가_ 원역사

창조 기사(창세기)

'창세기'는 '세상의 창조(시작)에 대한 기록'을 의미한다. 앞서 성경은 생각보다 훨씬 방대한 내용을 담고 있다고 말했다. 그런데 재미난 점은 이 방대한 성경 전체의 내용이 창세기 1-3장에 요약되어 있다는 사실이다. 한 발 더 나가자면 창세기 1-3장은 굉장히 단순한 이야기인 듯하나 실은 그 이면에 진리에 대한 이야기를 담고 있다고 할 수 있다. 왜 고타마 싯다르타가 일생 동안 고민했지만 답이 없어 보이던 질문들 있지 않은가? "세상은 어디에서 와서 어디로 가는가?", "세상은 왜 이리 고통스러운가?", "인간은 왜 태어났고, 무엇을 위해 살아야 하는가?" 등. 그런데 창세기 1-3장은 무려 4,000킬로미터 떨어진 인도 지방에서, 그것도 전혀 다른 시대를 살던 한 구도자의 질문에 마치 친절히 대답하는 것 같다. 이를 간추리면 다음과 같다.

세상은 하나님의 '창조'로 시작되었으며, 때문에 그분이 온 우주의 주인이시다. 온 우주 만물 중 사람은 특별히 하나님의 형상으로 창조되었다. 이 존재는 하나님과 소통할 수 있었으며, 복수(남자와 여자)로 서로 다르게 지어졌으나 연합하여 선을 이루었고, 하나님의 대리자로서 그분이 만드신 세상을 다스리라는 명령을 받았다. 한마디로 그들은 연합하여 (하나님을) 예배하는(주인 삼은) 존재이자, (세상으로) 예배하게 하는 존재였다.

그런데 문제가 생겼다. 인간은 하나님의 형상으로 창조되었다고 했는데 여기서 '하나님의 형상'이란, 외형적 꼴이 아니라 내적 정체성과 관련된다. 즉 하나님의 형상은 주인 되신 하나님을 인정할 때만 존립할 수 있다는 의미다. 그런데 이들이 넘치는 자유를 거부하고, 유일하게 금지된 선악과를 따 먹어 버린다. 하나님의 주인 됨을 거부하고 스스로 주인이 되겠다는 의지의 발현이다. 이 사건이 후대에 '타락'이라 이름 붙여지고, 그 결과물로 '죄'라는 문제가 생겨난다. 주인 자리에 앉아 하나님처럼 선과 악을 판단하고자 하는 성향이 그것이다. 그러나 이들의 판단은 옳지 않았다. 게다가 이들은 아무것도 책임질 수 없었다. 그 결과, 세상에 악과 고통의 문제, 그리고 그 정점인 죽음이 도래한다. 그러나 하나님은 심판을 유예하시며, 도리어 반드시 회복시킨다는 약속, 즉 '구원'을 예고하신다. 이것이 구도자의 질문에 대한 창세기의 대답이다. 여기에 MSG를 치자면, 표현과 내용만 조금 다를 뿐 성경에서는 이 패턴이 계속 돌고 돈다고 봐도 무방하다.

> ● '아담'은 히브리어로 '사람'이라는 뜻이며, 단수와 복수 둘 다 쓰일 수 있는 표현이다. 그렇기 때문에 아담이 유일한 한 사람을 말하는지, 집단을 말하는지에 대해 계속 논의되고 있다. 이는 성경을 꼼꼼히 읽은 사람이라면 처음으로 품게 되는 의문, 즉 후에 가인이 뜬금없이 결혼하는 이야기의 단서가 되기도 한다. 「아담의 역사성 논쟁」(데니스 라무뤼 외, 새물결플러스 역간, 2015), 「아담과 하와는 실제로 존재했는가」(C. 존 콜린스, 새물결플러스 역간, 2019) 등을 참조하라.

창세기는 12장에 등장하는 아브라함을 기준으로 두 부분으로 나뉜다. 12장 이전을 일명 '원역사'라 부르며, 이 부분은 신화적 이야기로 가득하다. 원역사가 아우르는 시대는 문명사를 기준으로 역사 이전, 즉 '선사 시대'다. 선사 시대라는 말을 들으면 저절로 가죽 빤스만 입은 채 돌도끼를 들고 돌아다니는 고대 인류가 연상되겠지만, 선사 시대의 기준은 빤쓰가 아니라 '문자'다. 문자를 통한 기록물의 유무가 그 기준인 것이다. 이 말인즉슨 기록물이 전혀 없는 선사 시대의 일은 누구도 확신할 수 없다는 뜻이기도 하다. 단지 유물을 통해 그때 무슨 일이 있었는지 추정할 뿐, 그 추정이 사실은 아니다.

선사 시대에 대해 이렇게 구구절절 말하는 이유는 '원역사'는 믿음의 영역이지, 검증과 토론의 영역이 아니라는 사실을 말하기 위해서다. 성경을 믿는 사람도 '이것이 팩트'라며 누군가에게 강요할 수 없고, 반대 경우도 마찬가지다.

> ● 여담이지만, 역사 시대도 크게 다르지 않다. '역사'란 모두 해석되고 합의된, 사실에 가장 가까운 것일 뿐, 사실 그 자체는 아니므로. 그래서 '역사적 사실'은 늘 그 자리에 있으나, '역사'는 지속적으로 업데이트된다. 발굴되는 유적과 기록물에 따라 역사적 합의가 지속적으로 변경되기 때문이다.

노아 홍수(창세기)

타락 이후, 인류는 두 계열로 나뉜다. 하나는 '가인' 계열이다. 가인은 최초의 살인자다. 타락한 인간의 모델인 그는 스스로 선과 악을 판단하여 동생 아벨을 오해하고 시기하다가 끝내 쳐 죽여 버린다. 그리고 자신의 악행을 인정하지 않는다. 가인의 후예는 이러한 패턴 아래 살아간다. 인류의 또 다른 계열은 가인의 살해 사건 이후 아담과 하와에게서 태어난 '셋' 계열이다. 그러나 이내 두 계열은 뒤섞여 버리고, 세상은 살인자 가인의 후예들의 자리가 되어 버린다. 고로 악이 가득하다.

이때 하나님 앞에 유일한 의인, '노아'가 등장한다. 우리는 노아의 거대한 홍수 이야기에 열광하지만, 그보다 중요한 것은 노아 이야기가 첫 사람인 '아담 이야기'의 반복이라는 점이다. 즉 홍수 심판은 마침표가 아니라 '새 출발'을 위한 쉼표인 것이다. 하나님은 새 아담으로 임명된 노아에게, 세상의 첫 시절 아담에게 하신 약속(창세기 1장 28절)을 거의 동일하게 반복하신다. 바로 이것이다. "흩어져 번성하라!"(창세기 8장 17절 참조)

원역사의 마지막 부분인 창세기 11장에는 '바벨탑' 사건이 등장한다. 여기서 우리는 메소포타미아 문명권에서도 가장 앞선 수메르 문명(BC 7000-5000년에 시작)의 향기를 엿볼 수 있다. 바벨탑이 '시날 평지'에 지어졌다고 하는데(창세기 11장 2절), 시날은 '수메르'의 음역이다. 또한 바벨탑의 원형으로 유추되는 건축물 '지구라트'가 지금도 유적으로 남아 있는데, 이는 그 지방의 신 '마르둑'(이름은 조금씩 바뀐다)을 위한 신전이었다. 문제는 이것을 지은 목적이다. 성경에는 이렇게 기록되어 있다 "우리의 이름을 날리고, 온 땅 위에 흩어지지 않게 하자"(창세기 11장 4절). 노아를 통한 새 출발이 무색해지고, 다시 하나님의 주권에 도전하려는 가인의 의지가 엿보인다.

가인의 후예들이 이렇게 한데 모여 살자, 자연스레 힘과 권력에 따라 위계가 만들어지고 힘 있는 자가 힘없는 자를 착취하기 시작한다. 형상이 형상을 지배하는 형국에 이른 것이다. 이에 하나님은 인간의 언어를 혼란케 하여 강제로 흩으셔서 인간 주인 됨의 상징이자 죄의 가두리 어장인 바벨탑 건설을 막으신다.

이것이 원역사의 종결이다. 참으로 '신화' 같다. 그래서 이를 문자 그대로 이해하는 사람도 있고, 상징으로만 해석하는 사람도 있다. 어떻게 이해하든 이 이야기의 1차 독자는 그 당시 문화에 익숙한 보통 사람이라는 것만 잊지 않는다면, 어디까지가 '팩트'인지에 대한 논란은 문제가 되지 않을 것이다. 원역사는 숫자가 아니라 형이상학과 존재론에 대한 것이며, 실존 인물의 이야기라기보다 실존하시는 '하나님의 이야기'이기 때문이다.

● 최근 '신화'라는 장르가 재평가되고 있다. 얼마 전까지만 해도 아무 근거 없는 판타지로 분류하고 신화에서는 그 어떤 '팩트'도 발견할 수 없다고 여겼다. 그러나 이제는 신화가 과장법 범벅이긴 하나, 최소한 등장 인물이나 지역, 사건의 구도 등은 '팩트'일 가능성이 높다고 판단할 수 있는 장르로 인식되고 있다.

이스라엘, 그 위대한 탄생_ 민족 형성사

역사의 시작(창세기)

하나님은 다시 한 번 새 출발을 예고하신다. 바벨탑 사건을 통해서 타락한 모든 인간은 선한 방향으로 갈 수 없음이 확인되었기 때문이다. 인간들은 연합하여 선을 이루는 것이 아니라 배역한다. 고로 하나님의 관심은 '전부'가 아닌 '한 사람'으로 좁혀진다. 그 한 사람을 하나님과 온전히 소통하는 존재가 되게 하시고, 그의 후손을 통해 민족을 이루어 세상에 흩어져 복되게 하고자 하시는 것이다. 이 거대한 하나님의 묘략 앞에 선택된 이가 다름 아닌 그 유명한 '아브라함'이다. 그리고 이제 드디어 문명사와 합류한다.

아브라함(본명은 아브람. 훗날 하나님이 '아브라함'으로 개명하신다)은 BC 2100년경, 즉 수메르 문명 말기(우르 3왕조 시대) 사람으로 추정된다. 그의 고향은 갈대아 우르(바빌로니아의 우르)인데, 이는 나름 최고로 번화한 곳에 살았다는 뜻이다. 그런데 이런 핫한 곳에 살던 아브라함이 생전 들도 보도 못한 척박한 가나안 땅으로 이주하게 된다(중간에 하란으로 이주하는데, 이곳 역시 우르와 비슷한 지역이다). 한마디로 강남에서 두메산골로 이주한 것이다. 이유는 하나, 듣도 보도 못한 어느 신의 갑작스런 부름 때문이다.

매우 많은 수메르 신을 알고 섬겼을 아브라함도 이렇게 직접 계시하시는 신은 처음이었을 것이다. 그 신이 지금 사는 곳을 떠나 자신이 알려 주는 땅으로 가라 하신다. 그런데 이 남자가 이 부름에 응답하여 떠난다. 뭔가 신앙적인 시대적 사명에 힘입어 간 것이라면 좋겠지만, 사실 아브라함은 그런 뜻뜻한 것에 아무 관심이 없었다. 그가 떠난 이유는 단 하나, '아들'을 준다는 하나님의 낚시질 때문이었다. 그 당시에 자손은 가장 큰 재산이자, 미래에 대한 보장이고 명예였다. 아브라함에게는 그 '아들'이 없었는데, 하나님이 주신다는 것이다. 도무지 거절할 수 없는 꽃놀이패다. 때문에 그는 "고향과 친척과 아버지의 집"(창세기 12장 1절, 개역개정), 즉 고대 근동 사회에서 한 인간의 정체성과 현재의 복됨을 결정하는 모든 것을 내려놓고 떠난다. 그렇게 역사적 순간이 탄생한다.

쿨하게 떠난 것에 비해 아브라함의 가나안 적응기는 쉽지 않았다. 자꾸 강남 살던 시절이 생각난다. 살던 곳에 비해 매우 외지고 척박한 가나안 땅에서 살기란 쉽지 않다. 그래서 잠시 이집트(애굽)로 도피하지만, 하나님의 보호와 인도로 다시 가나안으로 돌아온다.

그 이후 아브라함의 여정은 그때까지 알던 메소포타미아적 세계관을 탈피하여 살아 계신 오직 한 분 여호와 하나님을 바르게 알고 훈련하며 '믿음의 의미'를 확인하는 시간이었다. 물론 짠 내 난다. 실수와 실패도 많다. 그러나 하나님은 계속해서 기회와 훈련의 자리를 제공하셨다. 아브라함은 점차 성장하여 당시 사람들에게 익숙한 다신교적 세계관, 무력에 의한 강압적 지배, 소돔과 고모라로 대표되는 '도시' 문화에서 벌어지는 위계에 의한 억압과 착취 등을 거부하고, 정의와 공의를 실천하며 환대를 통해 하나님 나라적 세계관으로 살아가는 삶에 익숙해진다.

이처럼 아브라함이 '하나님의 형상'으로 존재하는 것이 입증되었을 때 비

모두를 위한 기독교 교양

로소 하나님이 그에게 그를 부르신 이유를 알려 주신다. "아브라함이 자식과 자손에게 정의와 공의를 행하고 가르쳐서 하나님께 순종하게 하고, 그 후손을 통해 모든 민족이 하나님 나라에 거하게 하기 위해"(창세기 18장 18, 19절 참조)서다. 이렇게 하나님의 형상으로 존재하는 단 한 사람으로부터 하나님 나라는 시작된다.

이 믿음의 여정은 그 유명한 '이삭의 번제' 사건으로 마무리된다. 인신 공양이라는 문제가 대두되지만, 하나님의 관심은 결코 이삭의 목숨이 아니었다. 하나님은 아브라함에게 이런 질문을 던지셨다. "아브라함 너는 자신의 전부요 미래라고 생각하는 '아들'이 아니라 '하나님'께 전부이자 미래를 둘 수 있느냐?" 그렇다. 아브라함 이야기의 절정인 이삭의 번제 사건은 이 질문에 대한 그의 대답이라고 볼 수 있다. 아브라함은 그 질문에 "예스"(Yes)라고 대답한다. 그리고 이 대답은 '믿음'이 무엇인지를 정의한다. 아니, 이 질문을 받기까지 거쳐 온 모든 여정을 엮을 때, '믿음'을 정의할 수 있다.

이후 창세기에는 3대에 걸쳐 아브라함의 후손이 등장한다. 간단히 말하자면, 이들은 아브라함의 '미니미'다. 이들의 삶은 각자 메소포타미아적 세계관에서 탈출하고 하나님 중심의 세계관으로 훈련받는 여정이었다.

아브라함의 아들인 이삭의 이야기는 심심하다. 별 화제 없는 무던한 인물에, 아들 야곱에게 호구 잡히는 불운의 아이콘처럼 보인다. 그럼에도 그의 일부일처 시도는 굉장히 의미 있다. 이삭을 통해 우리는 여성을 함부로 대하던 그 시대에 이삭이 창조 질서로 회귀한 행동을 엿볼 수 있다.

3대째 후손인 야곱의 여정도 마찬가지다. 한 지역을 통치하는 지역 신 개념에서 탈출하여 만물의 주관자이신 하나님에 대한 개념을 얻고, 메소포타미아적으로 접근한 수단과 방법으로 신에게 인정을 받아 내는 것이 아니라 하나님의 은혜와 인도로 선과 복을 이룬다는 개념으로 전환된다.

요셉에 이르러서는 메소포타미아 문명과 쌍벽을 이룬 이집트 문명에 반박한다. 신적 혈통이라 여긴 왕(파라오)을 그저 일개 사람으로 대상화한 것이다. 하나님 앞에서 인간은 누구나 평등한 존재라는 인식이 형성된다. 나아가 요셉의 신앙적 지혜는 7년 대기근으로 고통당하는 열방의 백성이 복을 누리는 데 큰 공을 세운다. 즉 그는 태초에 주어진 명령인 '하나님의 형상으로 세상을 다스린다'는 것이 어떤 개념인지를 정치를 통해 구현해 낸 인물이었다.

　이처럼 창세기는 '누가 이 일을 가능하게 하였는가'에 대답하는 동시에 당대 독자에게 익숙한 세계관을 벗겨 내고 교정하여 바르게 정립하는 데 큰 목적이 있었다.

율법(출애굽기-신명기)

유대인에게 모세는 중요한 인물이다. 기독교인들은 아브라함, 모세, 다윗을 구약의 3대장으로 인식하지만, 유대인에게는 '모세'가 대체 불가한 원탑이다. 히브리 민족 구성의 시발점이자, 국가의 시작을 세운 인물이기 때문이다. 문명사를 통해 추정하는 바로는 이집트의 파라오(바로) 람세스 2세 때(BC 1303-1213년으로 추정), 모세가 히브리인들을 이끌고 이집트에서 탈출하였다. 그러나 그 탈출기는 성경을 제외한 다른 역사 사료에는 등장하지 않는다. 다만, 람세스 2세의 아들 메르넵타, 즉 BC 1213년 비문에 이스라엘이라는 무리가 팔레스타인에 존재했다는 사실 정도가 기록되어 있는 것으로 확인된다. 이집트 탈출기는 아니지만 성경의 기록과 별개로 처음으로 역사 한복판에 이스라엘이 등장한 것이다.

> ● 사료를 통해 성경 내용을 검증하려는 시도는 늘 있었다. 그러다 보니 1900년대 중반까지도 다윗이 가상 인물이라고 주장하는 이가 많았다. 사료가 없는 것, 즉 증명되지 않은 것은 거짓이라고 본 것이다. 따라서 사료를 통해 검증된 이스라엘의 오므리 왕이나 아합 왕 이후만을 실제 역사로 추정하였다.
> 　그나마 시간적으로 가까운 다윗도 그러한데, 모세의 실재에 대해서는 오죽했을까? 그런데 그 후 유물과 사료가 계속 출토되면서 모세의 실재를 인정하게 되었다. 이제 모세의 실재를 부정하는 목소리는 없다. 그럼에도 모세 이전 시대의 역사성을 증명하기란 쉽지 않을 것이다. 지금으로부터 4,000년 전, 고작 수백 명, 많아 봤자 수천 명 단위의 무리를 이끈

> 족장들의 유적이 발견되리라 기대하는 것은 무의미하다. 그러나 증명되지 않았다고 해서 거짓은 아님을 기억하자.

모세 이야기에서 우리는 '모세'라는 인물의 영웅담이나 열 가지 재앙을 거쳐 손에 땀을 쥐게 만드는 이집트 탈출 여정에 시선을 빼앗겨서는 안 된다. 그 사건들은 흥미롭지만 핵심이 아니다. '출애굽기'(이집트 탈출기), 아니 창세기부터 신명기에 이르는 다섯 권을 일컫는 모세오경의 핵심은 단언컨대 '이집트 문명 세계관으로부터의 탈출'이다.

열 가지 재앙은 자연만물 각 영역을 주관하는 이집트의 대표 신들과 벌인 대결을 의미한다. 이집트에서 풍요의 근원인 나일강과 관련된 신들이 연이은 재앙으로 무력화되고, 특히 장자의 목숨을 앗아간 마지막 재앙이 이 대결 구도에 방점을 찍는다. 태양신 '라'(Ra)의 대리자이자 신인 이집트 파라오의 첫째 아들, 즉 미래의 신이 죽어 버림으로, 이집트의 종교와 신화와 문명이 얼마나 허구인지를 만천하에 선언한 것이다. 이어서 홍해를 가른 사건은 초자연적인 권세를 지닌 여호와의 권능이 이집트 따위와는 비교할 수 없음을 선언한 대망의 장면이다.

출애굽기 19장에 등장하는 십계명을 필두로 '레위기'까지 반복적으로 등장하는 율법들 역시 같은 메시지다. 물론 여기서부터 우리는 손이 매우 떨리고 눈이 감긴다. 감동해서가 아니라, 정말 재미가 없기 때문이다. 법조문이 재미있을 리 만무한데 심지어 우리나라, 우리 시대의 것도 아니기에 더 이해하기가 어렵다. 그러나 이 법령들은 중요하다. 메소포타미아와 이집트가 아닌, 하나님 나라 문명으로 구축될 하나님 나라의 실재와 정신을 담은 법이기 때문이다.

물론 법령 형식은 원역사 때와 마찬가지로 당시 메소포타미아나 이집트의 법령 형식과 비슷하다. 베낀 것, 맞다. 다만 법령이 품고 있는 가치가 전혀 다르다. 이 법령들은 메소포타미아와 이집트의 문명이 아닌, 하나님 나라 문명의 가치를 품고 있다.

그런데 약간 의문이 든다. 누가 봐도 신앙적인 법령이야 그렇다 쳐도 이 율법들에는 일상의 소소한 부분과 관련된 법령들도 나오는데, 그렇게까지 세세하게 규정하셔야 했을까? 그러셔야 했다. 그리하지 않았다면, 아마 그들은 자신에게 익숙하고 당시 세상을 지배하고 있던 메소포타미아나 이집트의 문명을 여과 없이 받아들였을 것이다. 부디 참고 읽어 보자.

이어지는 '민수기'('백성의 수를 세다'라는 뜻이다)는 이집트 탈출 후 가나안 땅 목전까지 이르렀지만, 하나님 나라 문명을 받아들일 준비가 되어 있지 않은 유대인들이 지속적으로 반발하는 모습을 그린다. "그런 강대한 곳을 우리가 어떻게 정복할 수 있겠는가? 왜 여기까지 데려와서 우리를 고생시키는가?" 결국 이집트로 돌아가고 싶다는 말이다. 구원의 은혜는 사라지고 스스로 다시 노예가 되고 싶다고 한다. 이에 대한 징벌로 유대인은 40년간 광야를 유랑하게 되는데, 그 여정을 담은 책이 민수기다. 그러나 이 징벌 기간에 유대인들은 외부 개입이 전혀 없는 광야에서 하나님이 공급하시는 만나를 통해 은혜로 사는 법을 체득하고 주어진 율법을 체화하게 된다.

그렇게 40년이 흐른다. 이제 가나안 땅에 입성할 때가 되었다. 모세는 40여 년 전에 받은 율법을 다시 언급하면서 '기억하라'고 상기시키고, 40년 전의 율법을 약간 수정한다. 그것이 '신명기'(새로운 명령)의 내용이다. 그렇기에 신명기는 레위기와 쌍둥이 같다. 다만 짚어 주는 핵심이 조금 다르다.

레위기가 떠나 온 이집트에 대한 저항이라면, 신명기는 들어갈 가나안 땅 문명(메소포타미아와 이집트 중간에 섞여 독특한 문명을 이루고 있는)에 대한 경계다. 특히 가나안은 종교 박람회 같은 곳이었다. 가나안은 풍요로운 두 거대 문명 발상지 사이에 끼어 있지만 상대적으로 사람이 살기에 척박한 땅이었다. 어려울 때에야 기도하는 우리를 보면 알 수 있듯이 사람은 결핍이 심할수록 신에게 더 의존한다. 때문에 가나안은 인신 공양과 성적 교합(남녀 신관들이 창기 역할을 하고, 그들과의 교합으로 신을 자극한다)으로 대변되는 기복 신앙적 종교성이 극에 달한 곳이었다. 신명기는 이에 대한 경계를 담고 있다. 게다가 늘 이동하는 유목민의 법과 정착하여 생활하는 농경민의 법은 다를 수밖에 없기에 수정한 이유도 있다.

정리하자면, 모세오경은 죄를 품은 인간이 주체가 되어 만들어 낸 메소포타미아 문명이나 이집트 문명에서 탈출하여 하나님 나라 문명으로 전환하기를 요청하는 내용을 품고 있다.

부족 연합(여호수아서-룻기)

'여호수아서'는 모세의 후계자인 여호수아라는 민족 지도자를 통해 드디어 약속된 땅 가나안을 정복해 가는 과정을 그리고 있다. 그렇게 가나안을 정복한 이후, 사사 시대로 넘어간다.

> ● 가나안 정복 전쟁을 살펴보면 의구심이 생긴다. 선택된 민족에게 땅을 준다는 이유로 아무 죄 없는 원주민을 멸절하는 전쟁이 과연 선한 것인가? 때문에 이를 명령한 하나님의 성품에도 의구심을 품게 된다.
> 이에 대해 변론하는 몇 가지 주장이 있다. 우선, 이스라엘 역시 가나안 족속들처럼 후대에 그들의 죄로 이민족에게 심판받는다는 것이다. 즉 지금은 가나안의 죄가 충만하기에, 그 심판의 도구로 유대인이 사용된 것뿐이라는 것이다. 또 다른 주장으로는 여호수아서에 반복해서 나오는 전쟁의 양상과 (전사자 등의) 수치가 당시에 주로 쓰이던 과장법에 따라 기록된 것으로, 실제 가나안 정복 전쟁에서 흘린 피는 많지 않았다는 것이다. 그러나 아무래도 추정일 뿐 속 시원한 해명은 없다. 다만 성경 전체를 통해 증명된 하나님의 성품을 고려한다면, 조금은 여유 있는 시선으로 이 정복 전쟁을 볼 수 있지 않을까?(이 의문과 관련해서는 「내겐 여전히 불편한 하나님」[데이비드 램, IVP 역간, 2013]을 추천한다).

'사사'(士師)는 의미상 '재판관'을 뜻한다(그래서 가톨릭교에서는 '판관기'라고 부른다). 오늘날처럼 열심히 공부해서 시험에 통과하여 임용된 재판관이 아니라, 하나님께 선택되어 그분의 영감에 의해 혹은 이미 주어진 계시인 율법에 의거해 재판하는 사람이다. 동시에 이들은 '구원자'로 부름받은 자이기도 했다. 여호수아의 가나안 정복 후 평화는 오래가지 않았고, 이스라엘은 끊임없이 공격당했기 때문이다.

이런 어려움이 왜 지속되었을까? 우선 내부 문제 때문이다. 이스라엘은 말이 한 국가지, 사실 거의 다른 민족이나 진배없는 열두 부족의 아슬아슬한 연합일 뿐이었다. 열두 부족의 끊임없는 분열은 골치 아픈 문제였다. 또한 중앙 집권화되지 않은 후진적 정치 체제 때문이기도 했다. 쉽게 말하면 강력한 구심점, 한마디로 '왕'이 없었다. 외부 문제도 있었다. 이스라엘 주변에는 이미 중앙 집권화를 이룬 호전적인 강대국들이 존재했고, 심지어 이 지역은 고질적으로 소산물이 부족해서 계속 전쟁이 일어날 수밖에 없었던 것이다.

그러나 성경은 이런 구구절절한 이유들에 관심이 없다. 단지 '믿음' 이야기를 꺼낸다. 사실 그 땅에는 왕이 없지 않았다. 성경에 따르면 버젓이 왕이 있었고, 그 왕을 통해 법도 주어졌다. 그 왕은 바로 '하나님'이고, 법은 '율법'이다. 이스라엘이 이를 인정하지 않았을 뿐이다. 그들은 왕이신 하나님의 통치를 받으며 율법을 수행하면서 하나님 나라 문명을 이룩하여 주변 국가에 영향을 끼치는 것이 아니라, 도리어 그토록 경계하라고 하신 가나안 문명에 지배당한다. 이스라엘의 왕이신 하나님은 그런 그들을 더는 보호하지 않으신다. 그렇게 그들은 침공당하고 지배당한다. 그러다가 정신을 차리고 진실로 회개하며 하나님께 도와달라고 요청한다. 그러면 하나님은 또 다 잊었다는 듯이 구원하신다. 그때 하나님이 보내셔서 구원을 대리한 인물이 바로 '사사'라는 일시적 지도자인 것이다. 하나님이 진정으로 원하신 것은 그 구원을 통해 이스라엘이 다시금 하나님의 백성으로 돌아오는 것이었으나, 그들은 살 만해지면 배가 불러 또 배반한다. 이렇게 '배신'과 '구원'이 주기적으로 반복되는 이야기가 '사사기'다. 안타깝게도 이 '배신-구원' 패턴은 사사에서 왕으로 바뀐 이후에도 역사 내내 반복된다.

사사기는 이렇게 끝난다. "그때에는 이스라엘에 왕이 없었으므로, 사람들은 저마다 자기의 뜻에 맞는 대로 하였다"(사사기 21장 25절). 슬픈 마침표다. 이어지는 '룻기'는 사사기 시대의 이 지긋지긋한 패턴에서 벗어나 이방 땅에 정착하려던 한 가족의 애환과, 하나님 나라 문명으로의 귀환을 담고 있다.

누가 왕인가_ 남북국(이스라엘-유다) 시대

왕정 시대(사무엘상-역대하)

마지막 사사이자 가장 완벽한 사사인 사무엘 시대에 이르자, 이제 이스라엘 백성은 대놓고 요청한다. "우리에게 '왕'을 달라!" 이는 하나님의 왕 되심을 정면으로 부정하는 행위다. 차라리 인간에게 통치를 받겠다는, 몹시 모욕적이고 참람한 요청이다. 그런데 하나님은 이를 수용하신다.

 이스라엘 왕정의 시작은 독특했다. 군사력이나 재력으로 왕위를 차지하거나 혈통으로 물려받은 것이 아니라, 하나님의 지명과 선택으로 임명되었다. 이는 인간 왕은 그저 하나님의 대리자이고, 이스라엘은 여전히 하나님 나라 문명으로 운영되어야 함을 밝힌 것이다. 그렇게 선택된 첫 왕이 '사울'이다. 자신의 힘으로 왕이 된 것이 아니라 그저 지목되었을 뿐인 사울은 겸손하던 처음과 달리 그만 권력욕에 눈이 멀어 버린다. 그는 자신의 왕권을 수호하기 위해 제사장의 권한마저 찬탈한다. 그래서 제쳐진다.

 그다음 임명된 다윗. 솔직히 다윗은 여러 면에서 문제가 많은 사람이었다. 그러나 다윗에게는 위대한 면모가 있었다. 이스라엘의 주권이 누구에게 있는지 알았기에 하나님의 대리자 개념을 제대로 구현한 것이다. 다윗은 이스라엘 '왕'의 표상이 되고, 이스라엘은 주변 국가보다 늦게 중앙 집권화되었음에도 다윗 시대에 엄청난 빛을 발한다. 다윗이 통치하는 시기에 비로소 하나님이 그 옛날 아브라함에게 주기로 약속하신 땅의 경계를 이룩하신다.

 그런데 다윗의 아들 솔로몬 때부터 이스라엘은 몰락하기 시작한다. 우리는 대체로 솔로몬을 긍정적으로만 보지만, 실상 그는 악인에 더 가깝다. 다윗이 '하나님 나라 문명의 왕' 모델을 그렸다면, 솔로몬은 아비보다 훨씬 나은 조건과 지혜를 가졌음에도 '인간 문명의 왕' 모델을 그린다. 초기에는 다윗의 연장선상에 있었으나 후반으로 갈수록 다른 나라들의 왕과 같아진다. 즉 땅과 백성을 자신의 소유로 여겨 지배하고 착취하는 왕으로 변질된 것이다. 그 결과 솔로몬이 죽고 난 뒤, 이스라엘은 (북)이스라엘과 (남)유다로 분열한다. 그 뒤를 이은 왕들은 남이나 북 모두 대부분 솔로몬의 모델을 따라간다. 그나마 북이스라엘보다 작고 약한, 그러나 다윗 왕조의 정통성을 지닌 남유다에서는 가뭄에 콩 나듯 다윗의 모델을 따르는 왕이 등장한다. 그래 봤자 도긴개긴이긴 하지만.

하나님의 왕권을 포기한 이스라엘은 그저 볼품없는 작디작은 민족일 뿐이었다. 게다가 갈라지기까지 했으니, 거대한 맹수들 사이에서 어떻게 살아남을 수 있겠는가? 그래서 그들은 생존 전략으로 '외교'를 선택한다. 남과 북의 거대 세력, 즉 남쪽의 이집트와 북쪽의 메소포타미아 지역 국가들 사이에서 외교적으로 줄타기를 하면서 힘겹게 버티며 살아간다. 그 전략이 잘 맞을 때도 있었지만, 끝내 국제 정세를 제대로 판단하지 못하여 줄을 잘못 선 두 왕국은 차례로 멸망한다.

북이스라엘은 메소포타미아 지역에서 발흥한 최초의 제국이자 역사상 가장 호전적이라고 평가받는 아시리아(앗수르) 제국에 멸망당한다. 그때 당시 남유다는 다윗의 본을 따르는 히스기야 왕이 통치하던 시절이었기에, 하나님의 보호 아래 다행히 아시리아의 파고를 막아 낸다. 그러나 결국 약 250년 뒤, 아시리아를 무너뜨린 바빌로니아(바벨론) 제국에 남유다도 멸망당한다.

두 나라는 멸망한 시기도 다르지만, 결정적인 차이가 하나 있다. 북이스라엘은 멸망당한 뒤 아시리아의 강제적 융합 정책으로 타민족과 혼합되었지만, 남유다는 혼합되지 않았다는 점이다. 일부 집단은 이집트로 도망가 함께 모여 살았고, 일부 집단은 바빌로니아에 집단 포로로 끌려가서 자기들끼리 살게 된다. 그래서 민족성을 유지할 수 있었다. 그리고 이 사소한 차이가 훗날 남북의 정체성을 좌우하게 된다.

선지자들(선지서)

성경을 보면 왕정 시대에 지속적으로 등장하는 사람들이 있다. 하나님의 왕권을 무시하고 자꾸 스스로 주권자가 되려는 왕들에게 하나님이 보내신 대항마, 바로 '선지자'다. 성경에는 그들의 이름을 딴 선지서가 열일곱 권 등장한다. 그중 3명은 북이스라엘을 대상으로 활동하였고, 나머지는 남유다를 대상으로 활동하였다.

선지자는 왕에게 지속적으로 하나님의 법을 따를 것을 권면하고 심판을 경고한다. 나아가 왕과 국가가 나아가야 할 방향을 제시하고, 이를 따를 때 끝내 이루어질 하나님의 인도와 회복, 즉 소망을 예언한다. 선지서는 그러한 내용으로 가득 차 있다. 그러나 알다시피 왕들은 전혀 말을 듣지 않는다. 오히려 선지자를 기피하고, 심지어는 잡아 죽이기까지 한다. 그러다 보니 진정한 왕 하나님이 아닌 인간 왕의 말을 잘 듣는, 사바사바의 달인들인 '자칭 선지자'들만 남는다. 그러니 이 나라가 존속할 수 있겠는가?

> ● 여기서 말하는 선지자는 미래를 보는 '선견자'가 아니다. 유리구슬을 앞에 두고 문지르지 않는다. 때로는 하나님의 영이 강하게 임하여 환상을 보고 예언을 하기도 하지만, 선지자의 주된 역할은 이미 주어진 하나님 말씀과 율법을 기준으로 당시 왕국을 성찰하고, 시야를 넓혀 국제 정세를 통찰하며, 하나님이 주신 지혜로 메시지를 전하는 것이다. 때문에 그들의 메시지는 현실 도피적이고 몽환적인 것이 아니라, 지극히 현실 지향적이었다.

귀환 시대(느헤미야서-에스라서/다니엘서-에스더서)

바빌로니아로 끌려간 남유다의 유민은 70여 년간 그 땅에서 살아간다. 그들은 그런 자신들의 정체성을 '종'으로 규정했다. 그리고 스스로 곱씹는다. '다윗의 영광이 머물던 우리가 어쩌다 이처럼 처참하게 망해 버려 종이 되었을까?' 그들이 찾은 이유는 바로 자신들의 영적 타락, 즉 하나님의 왕권을 거부한 데서 비롯된 것이었다. 그래서 그들은 처절하게 반성하며 하나님께 회복을 간구한다.

그러던 어느 날, 강대하던 바빌로니아 제국이 페르시아(바사)라는 신흥 국가에 하루아침에 무너진다. 페르시아는 앞서 등장한 그 어느 제국보다 강력하고 광대하게 자리 잡는다. 페르시아 제국을 세운 키루스(고레스) 왕은 뛰어난 통치자답게 제국 성립 후 유화책을 내어 놓는다. 그중 하나가 유프라테스강 서쪽에 거주하는 민족들에게 아무 조건 없이 고향으로 돌아갈 수 있도록 해방령을 내린 것이다. 이 해방령에는 유다 유민도 포함되었다.

'느헤미야서-에스라서'는 이 해방령이 하나님의 인도로 이루어진 것이라는 믿음의 고백과 함께, 귀환자들을 통해 이스라엘이 재건되는 이야기를 그리고 있다. 이때 귀환한 자들이 남유다의 유민들이었기에, 이들을 자연스레 '유대인'이라고 부른다. 물론 그 땅을 이미 실효적으로 지배하고 있던 세력들 때문에 재건이 쉽지는 않았다. 결과도 눈물겹다. 고작 예루살렘 성읍을 중심으로 하는 민족 공동체 정도가 이루어졌을 뿐이다. 성전도, 성벽도, 숫자도 초라하다.

반면 귀환하지 않거나 귀환하지 못한 이들의 이야기는 다니엘서-에스더서에 기록되어 있다.

지혜서들

역사의 흐름대로 풀다 보니 생략한 성경들이 있다. '지혜서'로 불리는 욥기, 시편, 잠언, 전도서, 아가서, 이 5총사가 그 주인공이다. 말 그대로 '지혜'를 담은 일종의 문학 작품(시와 이야기, 에세이와 교훈 등)이다. 물론 '지혜'라고 해서 신앙적으로 무의미하지는 않다. 세상과 인간을 통찰하는 지혜의 궁극은 결국 세상의 근원이자 주인이시며 설명서를 품으신 하나님께로 귀결되기 때문이다. 진정한 하나님 나라 문명을 체득한 자란, 이 세상을 더 의미 있고 진실되며 통찰 있게 살아가는 지혜의 사람이다.

묵시

독특하고 아주 적은 분량이지만 '묵시'라 불리는 성경들이 있다. 미래에 대해 숨겨진 비밀을 온갖 상징적 언어로 예언한 내용이다. 가장 유명한 묵시는 '요한계시록'이지만, 구약에도 묵시가 등장한다.. 이사야서, 에스겔서, 다니엘서 일부에 묵시가 포함되어 있고, 특히 다니엘서 후반부에 진하게 담겨 있다.

그렇다면 '묵시'란 무엇인가? 선지서와 비교하면 이해하기가 쉽다. 선지서는 현실에 대한 신랄한 비판과 권면을 통해 회개하고 돌이켜 미래를 고대하게 한다면, 묵시는 간단히 말해 현실 포기다. 더는 희망이 없고 바뀔 것 같지 않다. 왕과 백성은 돌이키지 않는다. 그래서 현실을 포기한다. 그러나 미래는 붙잡는다. 이 무슨 모순인가 싶겠지만, 하나님 나라 문명의 핵심을 생각하면 조금 이해될 것이다. 하나님 나라 문명의 핵심은 하나님의 왕권과 그분의 일하심이다. 인간을 통한 현실은 포기하지만, 언젠가 그분이 주권적으로 이루어 내실 미래에 대한 예언인 것이다. 그리고 이 묵시에 등장하는 가장 중요한 예언이 다름 아닌 '메시아'에 대한 예언이다. 그 메시아께서 한 방에 모든 적폐를 쓸어버리고 하나님 나라를 다시 살려 놓으시리라는 희망이다.

여기까지가 '구약'에서 다루는 내용이다.

사라진 시대_ 중간기

중간기

구약을 마무리했으니, 당연히 이제 신약으로 넘어갈 차례다.

그전에 잠시 호흡을 가다듬어 보자. 성경 책에서는 구약에서 한 장만 넘기면 신약을 마주할 수 있지만, 실제로 구약의 마지막과 신약의 처음 사이에는 450년이라는 어마어마한 공백이 존재한다. 이 정도면 곰이 쑥과 마늘을 먹고 사람이 될 수 있는 기간 아닌가? 이 공백을 가리켜 '중간기'라고 부른다(가톨릭교에서 공인한 성경에는 이 시기의 기록이 포함되어 있다. 이 책 3장을 참조하라).

역설적이게도 일반 문명사에서는 이른바 이 중간기에 천지 격변이 일어났다. 이 시기에 세계 문명의 무게 중심이 동방(메소포타미아-이집트)에서 서방(그리스 문명)으로 이동했고, 두 문명이 서로 융합되었으며(알렉산드로스 대제), 마지막으로 서양 문명의 C부터 X 정도까지를 아우르는 로마 제국이 발흥했다. 세계 문명사에서 중요하다고 해서 우리도 꼭 알아야 하는 것은 아니지만, 그럼에도 기독교인이라면 이 기간에 대해 알아야 하는 분명한 이유가 있다.

기독교 신앙 고백의 정수는 예수 그리스도, 즉 '예수는 메시아'('메시아'를 헬라어로 번역하면 '그리스도'다)라는 고백이다. 바로 그 메시아 대망 사상이 이 중간기에 있었던 '여러 이유'로 인해 유대인들 마음속에 자리 잡았다. 그런데 복음서를 보면, 유대인이 지닌 메시아 사상과 예수께서 말씀하시는 메시아의 의미가 매우 달라 지속적으로 충돌했음을 알 수 있다. 이 역시 중간기에 일어난 역사적 사실들 때문이다. 따라서 기독교 신앙 고백의 정수인 예수의 메시아 되심이 과연 무엇을 의미하는지, 그리고 예수의 사역이 어떤 의미가 있는지를 정확히 알려면 반드시 중간기를 이해해야 한다.

복기해 보자. 지금까지 이스라엘 역사, 즉 구약의 역사는 메소포타미아-이집트 문명을 기반으로 진행되었다. 문명사를 보면 메소포타미아와 이집트, 즉 동양 문명(중근동에서 발흥한 메소포타미아-이집트 문명은 훗날 그리스 문명과 합쳐져 로마를 통해 계승되었기에 엄밀히 말하면 '동양 문명'이라 할 수 없다. 엄밀한 의미의 동양 문명은 인도의 '인더스 문명', 중국 대륙에서 발생한 '황하 문명'이라 할 수 있으나, 동서 대립의 관점으로 서술한 점을 이해해 주길 바란다)이 훨씬 빠르고 강대하며 지배적이었다. 그중에서도 대부분 메소포타미아 지역이 이집트보다 강했다. 그 절정이 페르시아다. 그런데 페르시아가 이집트 지역까지 짓누르며 위용을 내뿜던 시기, 우리가 말하는 서양에서는 그리스 문명이 자리 잡고 꽃을 피우려 하고 있었다. 참 늦다. 게다가 그리스 문명은 자연 발생이 아니라, 메소포타미아 문명이 점점 서쪽으로 진출하여 발생된 에게 해 문명-미케네 문명을 거쳐 태동된 것이다. 그렇다. 페르시아는 당시 알려진 세상의 거의 전부이자 중심이었다. 반면 그리스의 도시 국가들은 땅꼬마일 뿐이었다.

그런데 어느 날, 페르시아가 이 지역을 손보기로 결정한다. 어느덧 그리스 도시 국가들의 영향력이 신경을 써야 될 정도로 확장된 것이다. 페르시아 역사상 가장 강력한 지배력과 왕권을 구축한 다리우스(다리오) 왕과 그 아들 크세르크세스(에스더서에 나오는 아하수에로 왕으로 추정된다) 왕 때 일이다. 그런데 이게 웬일인가! 궁지에 몰린 쥐가 고양이를 물어 버렸다. 아테네를 중심으로, 영화 〈300〉으로 유명한 빨간 망토와 빤스의 사나이들(전부 미학적 설정일 뿐, 실제로 그렇게 입지는 않았다)의 도시 국가 스파르타를 비롯한 도시 국가들의 연합군이 끝까지 항거하다가 결국 페르시아를 크게 혼쭐내어 쫓아 버린 것이다. 그렇게 대를 이은 몇 번의 침공이 무위로 돌아가자 페르시아는 국력이 크게 쇠한다. 반면 자신감을 얻은 그리스는 중흥하기 시작한다. 물론 이 시기도 그리 길게 가지는 못하고 이내 암흑기를 맞이한다.

역사는 늘 변방에서 시작되나 보다. 시간이 조금 흘러, 그리스 문명권에서 변방인 북서부 마케도니아에 빛과 같은 인물이 등장한다. 그 유명한 알렉산드로스 대왕(알렉산드로스 3세[Alexandros III, BC 356-BC 323])이다. 그는 인류 역사상 손꼽히는 천재 전략가이자 전쟁광이었다. 그의 아버지 필리포스 2세(Philippos II, BC 382?-BC 336?)가 이미 그리스 지역의 패권을 쥐었는데, 알렉산드로스는 자신의 전매특허인 팔랑크스(방패로 서로 몸을 가려 주는 형태로 바짝 붙어 서서 움직이는 보병대로, '밀집 장창 보병대'라고도 불린다) 전술과 신들린 기병 운용을 통한 '망치와 모루' 전술로 그리스를 전부 점령한다. 그런데 이 야심가의 야욕은 여기서 멈추지 않는다. 어릴 때부터 마음에 품어 온 미친 상상을 현실로 끄집어낸 것이다. 그것이 무엇일까?

그때까지 유럽 대륙의 사람들은 늘 동방의 침공을 두려워하며 이를 막아내기에 급급했다. 동방 사람들은 호환마마보다 두려운 존재였다. 그런데 이 전쟁광이 누구도 생각해 본 적 없는 짓, 즉 방향을 바꾸어 서방에서 동방으로 역침공을 꾀한 것이다. 그는 결국 이 미친 짓을 해내고 만다. 턱없이 부족한 군사로도 상대의 허를 찌르는 전략과, 자기 목숨을 내어 놓는 미치광이 전술로 결국 페르시아의 다리우스 3세를 패퇴시킨다. 그리고 이어서 발길을 남쪽으로 돌려 이집트로 향한다. 이 남부 원정길에 스치듯 만난 유대인들은 페르시아를 배반하고, 알렉산드로스에게 레드 카펫을 깔아 주며 알아서 접수당한다. 그렇게 남부를 평정한 알렉산드로스는 다시 동쪽으로 발길을 돌려 페르시아 중심부까지 쳐들어가 제국을 궤멸시킨 후, 인도 경계선까지 진출한다. 이 원정으로 서양과 동양의 처지가 뒤바뀌고, 동서양의 융합이 이루어졌다.

알렉산드로스는 역사의 물줄기를 크게 바꿔 놓았지만, 그 거대한 업적에 비해 마지막은 허망했다. 시작은 이러하다. 인도까지 이르는 과도한 원정이 지속되자 병사들이 파업을 해버린다. 동고동락한 병사들의 반발로 알렉산드로스는 동쪽으로 향하던 발길을 멈추고 고국으로 돌아간다. 그런데 20세에 왕위에 올라 단 12년 만에 세상을 제패한 이 위대한 제왕은 짧은 기간에 너무 많은 에너지를 써 버린 탓인지, 아니면 삶의 의미를 잃어버려서인지, 복귀하던 중 열병에 걸려 32세라는 젊은 나이에 어이없이 세상을 떠나고 만다.

알렉산드로스의 급사는 대제국을 혼란에 빠뜨렸다. 알렉산드로스는 전무후무한 정복자였지만, 애석하게도 노회한 정치가는 아니었다. 정복은 했으나 정리되지 않은 대제국은 그의 사후에 사분오열된다. 이 시기를 '디아도코이(후계자들) 전쟁' 시기라고 부르는데, 일명 '서양의 삼국지'라 불릴 만하다. 알렉산드로스 사후, 그의 후계자 자리를 차지하기 위한 이들이 난립하였고, 마치 삼국지 이야기처럼 군웅할거의 시대를 거쳐 결국 3명의 대장군이 제국을 갈라서 통치하게 된다.

자, 다시 이스라엘이다. 앞서 말했듯이 해방령으로 팔레스타인 지방에 머물고 있으나 페르시아에 통치받던 이스라엘은 자신을 여전히 '종'으로 인식했다. 그래서 그들은 민족 해방의 날을 기다렸다. 그날은 바로 하나님이 자신들을 용서하시고 회복하시는 구원의 날이다. 그런데 민족 해방은커녕 더 강력한 알렉산드로스가 찾아오자 넙죽 엎드린 이들은 이후에도 알렉산드로스의 후예 제국들에 지배당한다. 이스라엘을 지배하는 국가는 계속 바뀌었다. 처음에는 이스라엘 남쪽에 위치한, 즉 이집트를 기반으로 한 '프톨레마이오스'의 통치를 받는다. 그들은 유대인 신앙에 관용적이어서 독특성을 인정하고 자치할 수 있게끔 배려하였다. 그러나 그 후 이스라엘 북쪽에 위치하여 시리아를 기반으로 한 '셀레우코스'가 프톨레마이오스를 힘으로 눌러 남쪽으로 밀어내고 그 지역의 패권을 잡는다. 셀레우코스 왕조는 프톨레마이오스 왕조와 달랐다. 유대인의 자치를 잘라 버리고 개입하기 시작한다. 당연히 종교적인 부분까지 간섭한다.

이때의 유대인은 북이스라엘-남유다가 멸망당할 때의 유대인이 아니다. 오직 하나님만이 왕이심을 고백하며 팔레스타인 땅으로 귀환한 이들의 후예다. 즉 이때 이들이 부여잡은 가치는 선조들이 붙잡은 '정치와 권력'이 아닌 '신앙'이었다. 자신들이 종 된 이유가 '신앙'이라면, 구원도 '신앙'으로만 가능하기 때문이다. 그러니 이를 훼방하는 셀레우코스가 좋아 보일 리 없다. 결국 이들은 하나님의 이름으로 저항한다. 그리고 셀레우코스 왕조의 국력이 약화되자 급기야 무력 항쟁을 펼친다. 이 항쟁을 '마카베오' 가문의 형제들이 주도했기에 '마카베오 전쟁'이라고도 부른다. 그 결과, 감격스럽게도 이들은 예루살렘 성전을 되찾고 나라의 주권도 되찾아 어엿한 독립 국가로 자리매김한다. 유대교 신앙으로 똘똘 뭉쳐 이 전쟁에서 주축이 된 저항자들을 가리켜 '하시딤'이라 불렀는데, 이들의 후예 가운데 주류가 그 유명한 바리새파다. 이렇게 생겨난 독립 국가의 왕은 마카베오 가문이 차지하게 되며, 이를 '하스몬 왕조'라 부른다.

그런데 문제가 생긴다. 화장실 들어갈 때와 나올 때가 다르다고 하지 않던가. 신앙 독립을 위해 투쟁하던 마카베오의 후예가 성전과 더불어 신앙 주권을 되찾고 심지어 나라의 주권마저 되찾아 왕권을 얻자 하나님의 왕권에는 전혀 관심 없는, 자기 권력만 위해 사는 정치적 돼지들이 되어 버린 것이다. 이는 사실 그동안 계속 반복된, 전혀 새로울 것 없는 흐름이지만, 더 큰 문제가 발생한다. 제사장직마저 타락한 것이다.

당시에 제사장직을 담당하는 두 가문 계열이 있었는데, 둘 다 정당성이 조금씩 결여되어 있었다. 그래서 이들은 서로 눈치 게임을 벌이며 식민 지배를 하던 통치자들과 야합하고 정권에 정당성을 인정받아 대제사장직을 차지하려 했다. 그러다 보니 그 후의 대제사장직은 신앙도 율법도 다 무시하고 오직 당대 권력자에게 아부하는 자들에게 계승되었다. 그렇게 친권력 지향적 제사장단이 구성되었고, 이들을 가리켜 '사두개인'이라 불렀다.

하스몬 왕조를 통해 왕권이, 또한 사두개인들을 통해 제사장직이 타락해 가던 이 시기에, 갑작스레 서쪽을 제패한 로마가 등장한다. 동쪽에서 페르시아와 그리스, 그리고 페르시아와 알렉산드로스가 다투던 당시, 로마는 훨씬 서쪽에 있는 장화 모양의 이탈리아 반도 중단에서 시작된 신생 도시 국가였다. 즉 세계를 기준으로 서쪽 변방 중에서도 변방의 도시 국가인 이 로마가 어느새 이탈리아 반도를 통일하고, 그때까지 지중해의 패자였던 카르타고를 제압하며 제국의 반열에 올라선 것이다. 게다가 옛 헬라 제국, 즉 알렉산드로스 사후 세 개로 갈라진 국가들을 차례차례 무너뜨리고 모두 지배한다.

> ● '로마 제국' 하면 떠오르는 말이 있다. '팍스 로마나', 즉 '로마에 의한 평화'다. 로마 제국은 서방과 동방의 패권을 모두 휘어잡았다. 단지 군사력으로 압도한 것이 아니다. 로마의 통치는 정교했고, 문화는 풍성했으며, 기술은 발달했다. "모든 길은 로마로 통한다"는 말이 있듯, 당시 문명 민족들은 거의 모두 로마 제국에 귀속되었다. 그러자 치안이 좋아지고, 대규모 전쟁이 사라졌다. 끊임없는 확장 전쟁과 칼끝을 통한 굴복에서 나온 평화였지만, 어쨌든 로마로 인해 그 평화가 유지되었다. 코딱지만 한 유대인들의 팔레스타인 지방 역시 자연스레 로마 제국에 편입되었다. 거스를 수 없었다. 그러나 칼과 창에 억눌려 강제된 평화를 진정한 평화라고 할 수 있을까?

그 무렵 팔레스타인 지방에는 새로운 권력자가 등장한다. 바로 '헤롯 대왕'이다. 헤롯은 에돔 출신의 이방인이지만, 마카베오 전쟁 당시 에돔 땅이 복속되는 바람에 유대인으로 귀화하였다. 그는 무서운 정치 감각을 지닌 인물이었다. 자신의 재력과 인맥을 동원하여 로마 제국의 권력자들에게 기막히게 줄을 잘 섰다. 그 결과, 마침내 로마의 인준을 받아 팔레스타인 지방의 왕으로 등극한다.

왕위에 오른 헤롯은 그 땅을 원활하게 통치하기 위해 자신이 해야 할 바를 잘 알고 있었다. 바로 '유대 신앙'이다. 헤롯은 유대 신앙에 전혀 관심이 없으면서도 성전을 존중하는 퍼포먼스를 펼친다. 심지어 느헤미야-에스라 시절에 다시 지었던 볼품없는 예루살렘 성전(통칭 스룹바벨 성전)을 사재를 털어서까지 거하게 리모델링하여 유대인의 환심을 산다. 물론 그 사재는 백성의 고혈을 짜서 얻은 돈이다. 그만큼 헤롯은 탐욕스러웠다.

왕의 귀환_ 신약 시대

복음서

자, 이제 신약 시대로 넘어갈 준비가 된 것 같다. 중간기를 지난 (사)복음서의 서두에 의미심장한 표현이 등장한다. "때가 찼고"(마가복음 1장 15절). 무슨 뜻일까?

앞서 언급한 중간기 시대를 종합하면, '로마'라는 단어로 귀결된다. 로마 제국은 인간이 만들어 낸 최고 문명이다. 로마의 황제 '카이사르'(가이사)의 이름으로 치른 전쟁을 통해 로마는 최대 제국을 건설하였고, 역사상 유례없는 평화를 구가하였다. 즉 로마 황제의 이름으로 채워진 복락이다. 그러나 그것은 표면적인 평화였다. 로마인에게는 최고겠지만, 모두에게 좋은 것은 아니었다. 특히 유대인들에게는 절망이었다.

독립 국가는 한여름 밤의 꿈처럼 사라지고 다시 '종'의 신분으로 돌아갔기에, 그들은 자신들의 처지를 극심하게 한탄했다. 독립을 맛보지 않았더라면 차라리 나았을지 모른다. 그러나 이는 단지 정서의 문제가 아니었다. 실제로도 고달팠다. 로마 시민은 풍요로웠지만, 식민지의 피지배민은 수탈당했다. 유대인 역시 피지배민 중 하나였다. 게다가 유대인을 대표한다는 헤롯마저 권력에 사로잡힌 탐욕가의 전형으로, 로마와 더불어 쌍으로 수탈했다. 이 와중에 종교 권력을 쥐고 있던 자들 역시 하나님의 이름으로 종교적 규율을 지키라는 명분을 내세우며 수탈했다. 그렇다. 평범한 유대인이라면 숨쉬기조차 어려운, 살아갈 소망을 상실한 시대였다. 그래서 어느 때보다 강렬해졌다. 선지자들을 통해 예언된, 약속된 구원자 메시아의 도래에 대한 바람이.

바로 '그때', 예수께서 등장하신다. 이 예수의 행적과 가르침에 집중한 성경이 네 개의 복음서다. 처음에 예수는 사람들에게 '랍비', 즉 율법을 가르치는 종교 교사 정도로 인식되었다. 그런데 점점 독특성을 발한다. 우선 기적을 베푼다는 점이 신비했고, 나아가 당시 사회적으로 소외된 이들, 심지어 죄인이라고 불리는 이들과도 스스럼없이 함께하셨다. 무엇보다 그분이 율법을 재해석하여 가르치는 내용은 기존 것과 매우 달랐다. 이렇게 해서 사상 유례 없는 팬덤이 생겼다. 하지만 그에 따라 반대자들도 생겨났다. 특히 종교 지도자(사두개인)와 교사(바리새인)들이 불편한 기색을 내비쳤다. 사두개인들은 예수의 언행으로 인해 군중이 동요하여 로마 제국이 보장하는 자신들의 권력이 흔들릴까 봐 두려웠고, 바리새인들은 예수의 가르침이 정통을 흔든다고 생각했다. 즉 '이단'으로 본 것이다.

복음서는 여러 복선을 깔다가, 후반부로 가면서 진짜 하려는 이야기를 꺼낸다. 예수가 바로 약속된 '메시아'라는 사실이다. 예수께서 자신의 입을 통해 이 사실을 발설하신 것은 3년간의 사역이 끝나갈 무렵이었다. 스스로도 이미 알고 계셨으나, 십자가에 달려 죽을 때가 다가오자 드디어 자신의 정체를 제자들에게 밝히신 것이다.

충격이었다. 물론 메시아라는 사실이 충격이긴 하다. 기다리고 기다리던 메시아가 드디어 도래한 것이기에. 그러나 사람들이 이미 예수를 '메시아'로 추정하는 분위기였기에, 그 사실 자체는 큰 충격이 아니었다. 진짜 문제는 따로 있었다. 사람들이 소원하며 기다리던 메시아 상과 예수께서 자신의 정체를 밝히시며 말씀하신 메시아 상이 달라도 너무 달랐던 것이다.

사람들이 인식한 '메시아를 통한 구원'은 정치적으로 종 된 자신들이 자유인으로 복권되는 것이었다. 때문에 그들이 이해한 메시아는 자신들에게 정치적 독립을 안겨 주어, 신정 국가를 세우는 '왕'과 같은 존재였다. 그런데 예수께서 말씀하신 메시아는 많이 달랐다. 다스리는 '왕'이 아니라, 희생하는 '종'이었다. 나아가 훨씬 거대하고 심오한 사명을 이루는 자였다.

'메시아'의 역할과 그분이 이루는 '구원'의 개념을 이해하려면 세상의 처음을 그리는 창세기까지 올라가야 한다. 구도자가 묻는다. "왜 세상에 악과 고통, 죽음의 문제가 있는가?" 창세기가 대답한다. "타락 때문이다." 타락으로 들어온 '죄'에 짓눌려 고통의 쳇바퀴 속에서 살아갈 수밖에 없다고. 이는 부정할 수 없는 사실이자, 알아도 어쩔 수 없는 거대한 진실이다. 인간은 이를 막을 능력도, 막을 의지도 없다. 인류 역사상 가장 뛰어나고 강대한 로마, 모든 땅을 하나로 통합하며 실현한 '팍스 로마나'가 이를 여실히 증명한다. 그것은 '평화'가 아니라, 또 다른 '바벨'이었다. 말은 평화라고 하지만 칼과 창으로 짓누른 상태였을 뿐이며, 소수의 로마 시민들 외에 대부분의 피지배 민족은 수탈당하는 상태였기 때문이다. 그런데 메시아는 그것을 깨부수는 자다. 인간이 다시 '하나님의 형상'으로 돌아갈 수 있게, 태초의 에덴, 즉 하나님 나라로 돌이킬 수 있게 하는 존재다. 그에 더하여 복음서는 예수께서 하나님의 아들이자 하나님 본인이심을, 즉 하나님이 직접 '인간의 몸을 입고 강림한 존재'(성육신)이심을 밝힌다. 그러한 전 우주적 역할은 오직 하나님 본인만 하실 수 있기에.

● 바울 서신은 이를 조금 더 친절하게 정리하여 설명한다. 메시아는 칼을 뽑아 로마 황제와 싸워 '로마의 종 됨'에서 해방시키는 자가 아니라, 스스로 그 칼에 죽음으로 인간이 스

> 스로 치를 수 없는 '죄의 값'을 대신 치러(대속) '죄의 종 됨'에서 해방시키는 자라고 말이다. 메시아는 이런 분이며, 예수께서 바로 그 메시아, 즉 '그리스도'임을 믿는 자에게 그와 같은 회복과 구원이 임할 것이라고 말한다. 그렇게 회복이 시작된 자리가 다름 아닌 하나님의 통치가 임하는 '하나님 나라'다. 그곳에서 인간 문명과는 전혀 다른 곳을 바라보는 하나님 나라 문명이 시작된다. 이러한 내용을 통틀어 '복음', 즉 '복된 음성(소식)'이라고 한다.

어떤가? 서로 달라도 너무 다르지 않은가? 충격받을 만도 하다. 메시아 개념도 그렇지만, 본인을 메시아라고, 나아가 하나님의 아들이라고 하는 예수의 발언은 반대자들에게 엄청난 분노를 자아냈다. 추종자들 역시 엄청난 실망에 빠졌고, 기대는 분노로 바뀌었다. 열두 제자 중 하나인 가롯 유다의 배반은 바로 이러한 맥락에 근거한다. 예수는 자신이 바라던 메시아가 아닌 것이다. 그렇다면 다른 제자들은 가롯 유다보다 나았을까? 아니다. 결국 모두 도망가 버리지 않았는가! 아무 죄 없는 예수는 반대자들에게 고소당하고, 자칭 '왕'이라 칭하여 로마 황제의 위협이 된다는 정치적 죄목으로 정당한 재판도 없이 사형을 선고받는다. 그렇게 예수는 십자가에 못 박혀 죽는다.

복음서는 이 내용을 전달한다. 다만 이 비슷한 내용을 서로 다른 저자가, 다른 독자를 대상으로 쓰다 보니 네 개의 복음서로 존재하는 것이다. 마가복음이 가장 처음에 기록된 것으로 추정된다. 마태복음은 유대인에게 설명하기 위해 마가복음에 살을 붙여 기록되었고, 누가복음은 이방인을 위해 기록되었다. 요한복음은 앞선 세 복음서와 겹치지 않는 내용을 위주로, 특히 예수의 신성을 드러내는 데 대부분을 할애한다. 이처럼 저마다 색깔이 있지만, 그럼에도 모든 복음서가 전달하려는 핵심은 '예수가 메시아'라는 사실이다.

복음서는 예수께서 죄 없이 죽으셨지만, 죽음의 권세를 이기고 부활하셨음을 증언한다. 그리고 부활하신 예수께서는 제자들에게 "땅 끝에까지 이르러 내 증인이 될 것"(사도행전 1장 8절)이라는 '미션'(대위임령)을 남기고 승천하신다. 이는 천지 창조 때, 하나님이 '하나님의 형상'에게 "흩어져라, 충만하라"(창세기 1장 28절 참조)고 하신 말씀, 그리고 아브라함에게 "너는 복의 근원이 될 것이다. 땅에 사는 모든 민족이 너로 말미암아 복을 받을 것이다"(창세기 12장 2, 3절 참조)라고 하신 말씀의 반복이다.

사도행전

의사로 추정되는 '누가'라는 사람이 복음이 무엇인지를 기록한 책이 '누가복음'이다. 누가복음에서 그는 로마 제국의 고위 관리 '데오빌로'에게 자신이 믿는 종교와 신앙을 설명하고자 한다. 이어서 누가는 예수의 승천 이후 남겨진 제자들, 그 부활의 증인들의 증언을 통해 사람들이 어떻게 복음을 받아들이고, 이를 믿는 사람들의 공동체인 교회가 어떻게 세워져 가는지를 그리면서, 그 이야기에 내포된 하나님의 역사를 변증하기 위해 '사도행전'이라는 기록을 남긴다. 우리는 사도행전을 통해 팔레스타인 지방의 한 민족 종교가 어떻게 그 땅을 넘어 로마 제국 전역으로 전파되었는지를 알 수 있다.

사도행전 전반부를 보면 이때 선교 사역을 주도한 주체가 열두 제자의 대표인 '베드로'로 그려지지만, 중반부부터는 '바울'(사울의 헬라식 이름이다)이라는 인물에게로 초점이 이동한다. 바울은 본래 예수를 믿는 이들을 이단으로 규정하여 신앙적 열심으로 잡아들이는 최전선에 있었으나, 다마스쿠스(다메섹)라는 성읍으로 그리스도인들을 체포하러 가던 도중 극적으로 회심한 사람이다. 그는 자신이 알고 믿어 온 유대교적 신앙 체계에서 그리스도 중심의 신앙 체계로 완전히 돌아선 후, 그 누구보다 선교적 열정에 휩싸여 하나님 나라를 전하는 데 열심을 냈다.

그러나 바울의 박해 전력은 두고두고 그의 사역에 걸림돌이었다. 유대 그리스도인들이 그를 어려워했기 때문에 바울은 하나님 나라를 위해 전 생애를 헌신할 준비가 되었는데도 좀처럼 유대인을 대상으로 한 선교에서 두각을 나타낼 수 없었다. 결국 그의 선교적 열심은 유대인이 아니라, 그때만 해도 관심 밖이던 이방인에게로 향하게 된다. 바울은 마치 로마 제국의 이방인을 대상으로 사역하는 데 준비된 자인 양 모든 것을 갖추고 있었다. 그는 로마 시민이었으며, 로마 제국의 철학과 종교, 법 등에 통달한, 이미 준비된 '엄친아'였다.

사도행전은 바울이 주도한 선교 팀의 사역을 통해 로마 제국 전역에 교회가 세워져 갔음을 보여 준다. 그리고 그러한 이야기들을 통해, 다름 아닌 '교회'가 세상에 남은 하나님의 최종 대안이자 하나님 나라를 구현하는 현장임을 알린다.

바울 서신서

자! 어느덧 로마 전역 곳곳에 수많은 교회가 세워졌다. 그런데 예상치 못한 문제들이 발생한다.

우선 교회 내부에서 다툼이 일어났다. "우리는 무엇을 믿는가?"에 대해 여러 사람이 저마다 의견을 개진하다 보니 혼란이 찾아왔고, 이단적 가르침이 횡행해졌다. 외적 다툼도 발생했다. 박해나 유혹이라는 직접적인 문제도 있었지만, 하나님 나라 문명으로 살아가는 것이 도대체 무엇인지, 삶의 구체적인 정황에서 어떻게 살아야 하는지 도무지 감이 잡히지 않을 때가 많았다. 공통된 문제도 있었지만 각 지역, 각 교회의 특색에 따라 문제의 양상이 조금씩 달랐다. 이에 대해 누군가가 답을 하고 정리해 주어야 했다.

예수의 열두 제자, 즉 사도들이 이 역할을 감당했지만, 이때 주로 대두된 인물이 바로 '바울'이었다. 교회는 대부분 바울의 전도로 세워졌고, 그는 이런 역할에 최적화된 인물이었기 때문이다. 바울은 로마 제국 곳곳의 교회에서 일어나는 다양한 문제들에 재빠르게 답하였다. 때로는 논리적 정합성을 가지고 우리가 믿는 바의 요체를 정리하였고, 때로는 어떻게 살아야 하는지에 대한 권면을 아끼지 않았다.

● 간혹 바울의 복음과 예수의 복음이 다르다며, 이 둘을 충돌시키려는 시도가 있다. 실제로 달라 보이기에 꽤 설득력 있는 주장이다. 그러나 그 둘은 결코 다르지 않다.
예수의 청중은 주로 구약 전통에 익숙한 유대인이었기 때문에 예수의 가르침은 유대교적 가르침과 충돌하였고, 이러한 내용들이 복음서에 '이야기'(내러티브) 형식으로 기록되어 있다. 반면 바울 서신의 주된 독자이자 청중은 헬라 문화의 철학과 용어를 사용하는 로마제국의 이방인이었다. 그리고 바울은 이야기 형식이 아니라, 문제들에 대한 답변과 권면 형식으로 서신을 기록하였다.
그렇다. 같은 내용을 품고 있으나, 대상과 형식이 전혀 다르기에 달리 들릴 수밖에 없는 것이다. 물론 바울이 서신을 통해 정리해 놓은 내용이 훗날 기독교의 교리, 즉 '우리가 믿는 바가 무엇인가?'를 구성하는 데 주된 영향을 끼친 것은 분명하다. 그렇다고 해서 그리스도교가 '바울교'가 될 수는 없다. 우선 바울은 메시아가 아닐 뿐더러, 새로운 것이 아니라 잘 정리된 것, 교리가 아니라 그저 답변을 내놓았을 뿐이기 때문이다.

공동 서신서

성경에는 바울 서신만 있는 것이 아니라, 다른 서신들도 있다. 이 역시 흐름은 비슷하다. 각 교회의 상황과 문제에 대한 대답을 담고 있다. 때로 바울 서신에서 강조하는 바와 충돌하는 지점도 보이지만, 이 역시 각 교회의 맥락이 달랐기에 강조점과 해결 방식이 조금씩 다르게 보이는 것뿐이다. 즉 충돌이 아니라 상호 보완적 가르침인 것이다. 이 서신들은 서로 균형을 이룰 수 있다. 예를 들어 베드로의 서신들(베드로전서, 베드로후서)은 로마 제국의 박해나 재림의 지연에 답변하고, 비교적 후기에 작성된 사도 요한의 서신서들(요한일서, 요한이서, 요한삼서)은 주로 당시 교회를 혼란케 한 영지주의에 대한 반박을 담고 있다.

묵시

앞서 묵시 장르로 언급한 요한계시록이 성경 가장 마지막에 등장한다. 그리고 마지막 순서답게 요한계시록은 '세상의 끝'을 그려 낸다. 서양 문화권에서는 요한계시록이 약간 기괴하고 공포스러운 상징들의 원전으로 활용되며,

그 안의 숫자나 형상을 차용하여 공포 영화나 스릴러 영화의 단골 소재로 써먹기도 한다. 하지만 이는 사실 유치한 짓이다. 요한계시록은 '공포' 이야기가 아니라, 세상 마지막 때에 재림하시는 메시아 예수께서 악에 대해 최종 승리하심으로 하나님 나라가 완성된다는 '기쁨과 소망'의 이야기다. 때문에 비록 현실이 남루하더라도, 반드시 이루어질 그날에 대한 소망을 품고 살도록 격려한다. 지금까지 구약의 모든 예언과 묵시가 이루어졌듯, 아직 이루어지지 않은 이 묵시적 예언도 반드시 이루어질 것이기에.

성경은 이렇게 끝난다. 성경에 따르면, 지금 우리는 예수께서 이미 오셔서 하나님 나라가 시작되었으나 완성되지 않은 시기와, 언젠가 다시 오셔서(재림) 심판과 구원으로 마무리하실 날, 그 사이를 살아가고 있다.

나가며

하나님은 인간의 역사를 초월하시지만, 동시에 인간 역사 안에서 활동하신다. 분리되어 있지 않으시다. 때문에 성경 속 이야기는 전혀 다른 세상이 아닌 우리가 발 딛고 있는 이 세상에서 하나님이 일하신 이야기다. 그분의 일하시는 방법은 결코 강제적이지 않다. 그분은 그 시대에 적합한 방편을 통해 인도하신다. 우리는 그분이 따뜻한 동행자이자 인내자로 기다리시면서 그 결을 따라 일종의 역사적 변곡점들을 통해 인도하시는 것을 확인할 수 있다.

'구약'(舊約)과 '신약'(新約)이라는 표현에서 알 수 있듯, 성경은 결국 '약속'에 대한 이야기다. 하나님은 처음부터 인간을 대등한 존재로 대하시고 약속을 통해, 그러나 그 약속을 뛰어넘는 사랑으로, 약속을 어기는 인간들을 이끌어 가셨다. 그리고 끝내 그 약속을 지키셨다. 성육신과 죽음을 통해. 그리고 부활하심으로 구원의 길을 여셨고, 승천하시며 또 약속하셨다. 다시 오겠다고. 예수께서는 다시 오는 그날이 종말의 날임을 전하시고, 그날의 비전을 보여 주셨다. 그분은 다시 오겠다고 약속하신 것과 동시에, 우리와 함께하겠다고 약속하셨다. 바로 성령 하나님의 일하심이 그 증거다. 이러한 맥락에서 이루어진 약속의 성취인 예수께서 그리스도라는 것과, 그 예수 그리스도에 의해 새로이 부여받은 약속을 누리며 온전히 믿는 이들을 '그리스도인'이라고 한다.

성경은 한 개인이 수용하든 안 하든 그 자체로 '계시'다. 그러나 성경이 나를 해석하게 할 때, 비로소 '참된' 말씀이자 계시가 된다. 그러지 않는 누군가에게는 그저 참조할 만한 '책'일 뿐이다. 결국 믿음의 문제다.

그렇다고 해서 '책'이라는 인상을 버릴 필요는 없다. 성경은 아무 생각 없이 받들 것이 아니라, 책이므로 공부가 필요하다. 성경은 텍스트의 기록, 즉 책으로 주어졌다. 하나님은 모세에게 계시를 주실 때 구두로만 남기신 것이 아니라, 돌판에 직접 텍스트로 새기셨다. 그것은 '믿으라'는 것이고, '기억하라'는 것이며, 동시에 '탐구하라'는 것이다. 성경은 인간의 탐구를 허락하고 장려하는 책이다. 이것은 신성 모독이 아니라, 신성 강조다. 하나님은 사람들이 자신과 자신의 일하심을 알길 원하신다.

창세기가 표절이라고?

처음 접하면 굉장히 혼란스러울 법한 사실이 하나 있다. 굳이 밝히지 않아도 되는 내용이지만, 이 책을 읽을 정도라면 이미 혹은 언젠가 마주할 사실이기에 다루어 보고자 한다. 바로 '창세', 즉 세상을 창조한 이야기는 성경만이 아니라 고대 바빌로니아의 종교 기록인 〈에누마 엘리시〉에도 있으며, 그 내용과 구도가 창세기와 비슷하다는 점이다. 게다가 진짜 문제는 〈에누마 엘리시〉가 성경보다 훨씬 먼저 기록되었다는 사실이다. 상식적으로 나중에 기록된 것이 앞선 기록을 따라 했을 가능성이 크지 않은가? 그렇다면 성경은 '표절'이 되고, 기독교 믿음의 특수성은 사라진다. 그러나 쫄지 마시라. 설사 창세기가 〈에누마 엘리시〉보다 늦게 쓰였더라도 전혀 관계없으니.

사실 〈에누마 엘리시〉는 단순히 창세기보다 앞선 것을 넘어, 인류사에서 가장 오래된 신화로 인정받고 있다. 그런데 재미있게도 〈에누마 엘리시〉 역시 표절이다. 최초의 신화가 어찌 표절일 수 있느냐고 되묻겠지만 사실이 그렇다. 바빌로니아의 〈에누마 엘리시〉는 그들이 무너뜨린 '수메르'의 신화에서 주인공 이름만 바꾼 표절 신화다. 다만 수메르 신화는 발굴되지 않았으나 〈에누마 엘리시〉는 발굴되어 우리에게까지 전달되었다는 점이 중요하다. 그래서 최초다. '기록' 연대를 기준으로 누가 먼저인지 결정하는 것은 자연스러운 추론이나, 그것이 꼭 사실은 아니다. '최초'라는 타이틀은 문자를 누가 먼저 사용했느냐라는 기술의 문제, 혹은 그 기록물이 발굴되었느냐라는 운의 문제일 뿐, 최초의 기록이라고 해서 그 내용도 '오리지널'인 것은 아니라는 점을 명심하자.

그럼에도 창세기가 〈에누마 엘리시〉를 표절했다는 의구심을 떨칠 수 없다. 당연하다. 그게 합리적이니까. 그런데 그렇다 쳐도 관계없다.

이 질문에 먼저 답해 보자. 창세기의 1차 독자는 누구인가? 지금의 '당신'인가? 아니면 '그때 그 사람들'인가? 만약 '21세기의 나'를 독자로 삼았다면, 성경은 전혀 다르게 쓰였을 것이다. 지금의 나에게 '창조' 메시지를 전달하고 싶었다면, 아마 양자 물리학에서 사용하는 용어와 숫자로 기록되지 않았을까? 우리 모두 그 정도의 산수는 할 수 있지 않은가?

그렇다. 창세기는 '그때 그 사람들'이 이해할 수 있는 언어와 화법, 수준에 맞추어 기록되었다. 당연히 메소포타미아 문명권에서 살아가며 그 문화에 푹 젖은 당시 유대인 수준에 맞춰 설명할 수밖에 없다. 고대 근동에 살던 평범한 '아무개'를 위해서 말이다. 그 '아무개'에게 익숙한 '세상의 처음 이야기', 즉 메소포타미아 지역 신화에 기반하여, 그런 아무개도 이해할 수 있는 방식으로 설명하는 것은 어쩌면 당연하다. 맞춤형 교육은 좋은 교사의 덕목 아니던가? 그래서 문제가 되지 않는다.

창세기가 표절이어도 관계없는 결정적 이유가 또 하나 있다. 〈에누마 엘리시〉와 창세기의 창조 이야기는 비록 구도는 비슷할지언정, 가리키는 방향이 전혀 다르기 때문이다. 특히 창조 이야기의 핵심 코드인, 신이 세상이나 인간을 '창조한 목적'이 전혀 다르다. 〈에누마 엘리시〉는 신이 노예로 부려먹기 위해 인간을 창조했다고 밝힌다. 하지만 성경은 인간을 노예가 아닌 '하나님의 형상', 그러니까 하나님의 대리자이자 동역자, 즉 가족으로 묘사한다. 당시로서는 듣도 보도 못한 개념을 반영한 근본적 차이다. 이러한 이유들 때문에 비록 표절이더라도 아무 관계가 없다고 말할 수 있는 것이다.

그 외에도 창세기의 창조 이야기는 〈에누마 엘리시〉를 비롯한 고대 근동 신화들이 인정하는 내용을 교묘하게 비꼰다. 예를 들어 메소포타미아 지역은 '별'과 '달'을 숭배하는 경향이 강했는데, 창세기는 '해', '달', '별' 순으로 지어졌다고 말하거나, '여자'(잇샤)라는 단어가 '남자'(잇쉬)의 '방향'이라는 의미를 가짐으로 여성

1장_ 기독교의 A to Z

의 우월성(?)을 강조하는 듯이 말하기도 한다. 이처럼 구조는 비슷하나 전혀 다른 대조가 연이어 부각되는 것을 보면, 창세기의 기록 목적이 당시 유대인에게 익숙한 메소포타미아·이집트 신화의 허구성을 꼬집고, 그들의 세계관을 교정하고 전환하는 데 있다고도 할 수 있겠다.

노아 홍수 이야기도 표절 같다. 창세기 이전 기록물이자 인류 최초의 영웅 서사시인 수메르의 〈길가메시 서사시〉에도 대홍수 사건이 등장하기 때문이다. 이 서사시도 노아 이야기와 전개가 비슷하다. 그러나 역시 차이가 있다. 〈길가메시 서사시〉는 땅 위에 사람들이 차고 넘치자 너무 시끄러워서 신이 홍수를 일으켰다고 설명한다. 그러나 성경은 하나님의 주인 되심을 거부한 인간의 차고 넘치는 '죄'로 인해 하나님이 홍수를 결심하셨다고 말한다. 사실 〈길가메시 서사시〉 외에도 고대 근동의 많은 설화, 심지어 대륙 너머 고대 인디언 전승과 중국 역사 기록에도 비슷한 대홍수 이야기가 등장한다.

어떠한가? 고대 근동 설화를 접하면 처음에는 혼란과 의문이 찾아온다. 그러나 무엇이 다른지 알게 되면, 오히려 감동이 있다. 또한 우리네 신앙이 단지 그것을 믿는 일부 사람에게만 의미 있는 것이 아니라 전 세계, 전 인류를 위한 메시지임을 확인할 수 있다.

말하는 김에 당신이 흥미롭게 여길 만한 이야기를 하나 더 풀어 보겠다. 우리가 학교에서 배운 역사는 문명의 기원과 발달을 이렇게 설명한다. 최초의 '사람'(호모 사피엔스)이 가족 단위의 소규모 군집을 이루어 '수렵과 채집'으로, 즉 먹을 것을 찾아 떠돌이 생활을 하며 생존한다. 시간이 흘러 '농경 사회'로 전환되면서 대규모 무리 생활이 가능해지고, 이때부터 '도시 문화'가 시작된다. 그런데 당시의 기술이란 게 뭐 얼마나 대단했겠는가? 때문에 농사 멍충이라도 씨만 뿌리면 알아서 결실을 가져다 줄 수 있는, 그런 비옥한 땅에서 농경 문화, 그리고 도시 문화가 시작된다. 그곳이 바로 그 유명한 메소포타미아('두 강 사이'라는 뜻으로, 티그리스강과 유프라테스강 사이의 비옥한 지대) 지역과 이집트 나일강 유역이다. 그곳에서 세계 최초의 도시들이 생겨난다. 그렇게 사람들이 몰리자 서로 소통하기 위한 도구를 개발했는데, 바로 문자다. 그렇다. 문명(文明)의 핵심은 '문'(文, 글월 문)이라는 한자어의 의미처럼 '문자'다. 그래야 소통을 넘어 객관적 기록을 통해 사회적 계약이 가능하기 때문이다. 그래서 문자를 기준으로 이전을 '선사' 시대, 이후를 '역사' 시대라 부른다.

그런데 일반사에서 한 가지 더 이야기하는 것이 있다. 이처럼 도시 문화가 생겨나면서 패키지로 발생한 것이 '종교'라는 사실이다. 과학에 무지하던 시절, 인간은 거대한 자연 만물에 두려움을 품었고, 자연스레 가상의 초월적 '신' 의식을 갖게 되었다. 그리고 마침 통치자들에게는 대중을 정신적으로 한데 묶기 위한 수단이 필요했기에, 서로의 필요에 의해 '종교'가 발생했다고 설명한다. 이것이 합의된 역사이자, 우리가 배운 내용이다. 부정할 필요는 없다. 다만 역사는 바뀔 수 있고, 바뀌어 왔음을 기억하자. 역사는 발굴된 사료와 유적을 토대로 합의된 학문이기에 그렇다.

실제로도 기존에 정립된 역사를 흔들 만한 사료가 계속 발굴되고 있다. 예를 들면, 터키 지역에서 지금도 발굴 중인 고대 유적 '괴베클리 테페'가 그렇다. 이는 일종의 신전이자 제단으로, 종교 행위 장소다. 그런데 연대를 추정해 보니 도시 문화 이전, 즉 수렵과 채집 시대의 유물로 판명되었다. 역사책을 깔끔하게 부정하는 유적인 셈이다. 이 유적을 토대로 재구성하자면, 수렵과 채집 시대에 이미 '종교'를 중심으로 사람들이 모였고, 그래서 도시가 생겨났고, 그 사람들을 먹여 살리기 위한 일환으로 '농업'이 시작된 것으로 추정할 수 있다. 물론 아직 발굴 중이고, 보편적 법칙으로 하기에는 사례 유물이 부족하기에 아직 이를 정설로 볼 수는 없다. 하지만 신앙을 중심으로 세상을 바라보는 기독교인에게는 의미심장한 메시지다.

종교를 철저히 배제하고 설명하려 하는 현대인의 관점은 이제 재평가되어야 한다. 어쩌면 최초의 인간들은 어떤 신적 존재에 대한 기억을 가지고 살았고, 그것이 그들에게 삶의 주요 이유였으리라 생각하는 게 더 합리적이지 않을까?

자, 여기서부터는 전적으로 나의 가정이다. 창세기에 따르면, 타락 이후 인류는 하나님을 알 수 있는, 그리고 소통할 수 있는 능력을 많이 상실하였다. 그러나 하나님에 대한 기억이 남아 있는 인류는 그 기억을 토대로 각자의 문명권에서 각자의 신을 그려 낸다. 그런데 신의 형상이 인간에게 투영된 게 아니라, 인간의 형상이 신에게 투영되어 버린다. 그것이 수많은 신의 모습이고, 종교다. 그토록 많은 종교 가운데 독보적으로 오래된 여호와 신앙이 여전히 살아 있고, 여전히 그 메시지가 유효하며, 여전히 이렇게 큰 영향력을 발휘한다는 것은 무언가가 있다는 뜻 아닐까?

우리는 지금 그것을 다루고 있다. 가장 오래되고, 가장 영향력 있는 그 '종교' 말이다.

참고 도서 및 추천 도서

• 성경. 그중에서도 새번역 성경을 추천한다. 또한 쉽게 읽히는 현대인의성경이나 쉬운성경, 더 이해하기 쉽게 의역한 번역본인 유진 피터슨의 「메시지」(복있는사람 역간)나 「필립스 성경」(아바서원 역간)도 추천한다.

• 김근주, 「나를 넘어서는 성경 읽기」, 성서유니온선교회 펴냄, 2017
• 김용규, 「신」, IVP 펴냄, 2018
• ＿＿＿, 「생각의 시대」, 김영사 펴냄, 2020
• 박정수, 「고대 유대교의 터·무늬」, 새물결플러스 펴냄, 2018
• 주동주, 「수메르 문명과 역사」, 범우 펴냄, 2018
• 허진모, 「전쟁사 문명사 세계사」 전2권, 미래문화사 펴냄, 2020
• 데니스 라무뤼 외, 「아담의 역사성 논쟁」, 새물결플러스 역간, 2015
• 레슬리 뉴비긴, 「레슬리 뉴비긴의 성경 한 걸음」, 복있는사람 역간, 2013
• 레이첼 헬드 에반스, 「다시 성경으로」, 바람이불어오는곳 역간, 2020
• 마르크 반 드 미에롭, 「고대 근동 역사」, CLC 역간, 2010(절판)
• 마이클 고힌, 「성경은 드라마다」, IVP 역간, 2009
• 요세푸스, 「요세푸스」 1, 2, 3, 생명의말씀사 역간, 2006
• 제임스 호프마이어 외, 「창세기 원역사 논쟁」, 새물결플러스 역간, 2020
• 존 브라이트, 「이스라엘의 역사」, 은성 역간, 2015
• 존 월튼, 「창세기 1장과 고대 근동 우주론」, 새물결플러스 역간, 2017

2장

기독교인은
무엇을 믿는가

기독교인들이 전하는 '복음'의 의미

자, 그렇다면 "기독교인은 무엇을 믿는가?"(도발하기 위한 질문은 결코 아니니 오해하지 말자) 당신은 무엇이라 답하겠는가? 그리스도인이든 아니든 아마 '하나님'이라고 답했으리라 예상된다. 하지만 섣부른 대답은 금물이다.

여기서 잠시 종교에 대해 생각해 보자. 세상에는 수많은 종교가 있다. '종교'라는 단어를 들으면 자연스레 신이 떠오르겠지만, 재미있게도 '신이 말하는 바'가 부재한, 심지어 '신'이 부재한 종교도 상당히 많다. 특히 동양 종교에는 '(인격)신'이라는 개념이 없거나 무의미하다. 그보다는 깨달음을 통해 인간 자신이 신적 존재가 되거나, 신적 에너지와 합일하는 것을 가르친다. 때문에 이런 종교들에서 중요한 것은 믿음의 '대상'이 아니라 믿음의 '내용'이다. 동양 종교에서는 인격신만 믿는다고 하면 약간 무속적으로 보인다. 실제로 종교의 발전 과정을 보면, 무지의 시절에는 뭔가 신비하고 거대한 유형의 것, 즉 복을 준다고 믿을 만한 어떤 '것'을 신앙 대상으로 숭배했지만, 시간이 갈수록 무형의 것을 신앙 대상으로 숭배하였다. 이른바 고등 종교로 갈수록 그 종교가 말하는 믿음의 '내용'이 중요해지는 것이다.

말이 길었다. 결론적으로 믿음의 '대상'만 부각된다면 그 종교는 무속적일 수 있다는 것을 말하고 싶었다. 고로 믿음의 '대상'뿐 아니라 믿음의 '내용'

도 중요하다. 기독교 역시 인격신으로서 '하나님'이라 부르는 분을 유일한 믿음의 대상으로 상정하지만, 동시에 믿음의 '내용'이 분명하게 존재하고 그것을 중요하게 여긴다. 물론 다른 종교들과 달리 이 둘은 분리되지 않는다. 믿음의 내용 자체가 믿음의 대상인 하나님이 주신 '계시'라고 받아들이는 것, 즉 '성경'의 메시지를 토대로 정리한 것이기 때문이다.

그래서 기독교인이 믿는 것을 크게 두 가지로 보고 서술하려 한다. 즉 믿음의 '대상'과 믿음의 '내용'이다. 그럼에도 우리가 먼저 주목할 것은 믿음의 대상, 즉 하나님임이 분명하다. 거기서 모든 것이 출발하기 때문이다. 그렇다면 기독교인들의 믿음의 대상인 '하나님'은 누구인가?

하나님은 누구인가

● 이 그림의 이름은 〈천지 창조〉가 아니다. 우리에게 익숙한 작품명 〈천지 창조〉는 일본 번역서를 우리말로 재번역하다 보니 생긴 오류다. 정확한 명칭은 시스티나 소성당(경당) 천장화 중 일부인 〈아담의 창조〉다.

이 그림은 미술에 문외한인 이들도 한 번쯤 보았을 미켈란젤로의 〈아담의 창조〉다. 혹시 당신이 떠올리는 하나님의 이미지가 이 그림 속 인물과 닮지 않있는가? 희고 긴 머리카락, 백인⋯⋯. 그러나 단언컨대 이 이미지는 하나님과 관련이 없다. 성경에 기록된 하나님은 의인화된 적은 있어도, 실제 인간의 형태와 꼴을 가진 존재로 묘사되지도, 계시되지도 않았기 때문이다. 그렇다면 이와 같은 이미지는 어디서 유래한 것일까? 이 그림을 그린 미켈란젤로의 상상력이 우리에게 전달된 것일까? 그럴 수도 있으나, 굳이 찾자면 이것은 미켈란젤로가 활동하던 르네상스 시대가 복구하고자 한 고대 그리스-로마 시대의 예술 작품들에 구현된 이미지다. 더 구체적으로 말한다면 그리스-로마 시대에 제작된 제우스 상의 모습에 가깝다. 그렇다. 우리는 이 그림의 이름뿐 아니라 이 그림이 담고 있는 이미지마저 오해하고 있었던 것이다.

혹자는 '그냥 믿으면 되지, 하나님이 누구인지 꼭 알아야 하느냐'고 반문할 수 있다. 유일신이라면 굳이 규정할 필요가 없다는 이유에서 말이다. 그러나 하나님이 누구인지를 제대로 파악하는 것은 중요하다. 무엇보다 믿음이 가능하려면 반드시 알아야 한다. 믿음이 가능하기 위해 가장 먼저 전제되는 것이 바로 그 대상에 대한 '앎'(인식)이기 때문이다. 누군가가 "나는 A를 믿어"라고 하면서도 A가 어떤 사람인지 모른다면, 즉 A의 성격이나 사회적 역할은커녕, 그의 외모나 심지어 이름마저 모르고 있다면, "A를 믿는다"고 외치는 그의 믿음을 아무도 믿어 주지 않을 것이다. 물론 그 대상에 대한 앎이 곧 믿음은 아니다. 그러나 앎이 없다면, 믿음은 애초에 시작될 수 없다.

그런데 하나님을 알고자 하는 데에는 전제해야 할 모순이 하나 있다. 바로 '인간은 하나님을 알 수 없다'는 것이다. 내가 지금 무슨 말을 하고 있는 것일까? 믿음의 대상에 대해 '아는 것'이 믿음의 출발이라고 해놓고, 그런데 정작 그 대상을 '알 수 없다'니? '동그란 세모' 같은 개념인가? 말장난인가?

질문을 하나 던져 보자. 과연 인간이 신에 대해 알 수 있을까? 없다. 인간이 알고자 할 때 알 수 있고 파악되는 존재라면, 이미 그 존재는 신이라 불릴 자격을 상실한다. 즉, 신이라는 존재의 정의상, 인간이 아무리 알고자 하더라도 알 수 없어야 한다. 진정한 신이라면, 그 존재가 직접 자신에 대해 가르쳐 줄 때에만 인간이 알 수 있다.

그런데 (3장에서 다루겠지만) 다행히 하나님은 자신을 드러내셨다. 심지어 속된 말로 관종끼가 다분하시다. 그렇게 드러내어 알려 주신 것, 즉 '계시'를 정리한 것이 성경 메시지다. 이를 통해 우리는 직간접적으로 하나님이 누구신지 알 수 있게 되었다. 물론 인간의 지적 능력이 지닌 한계상, 어차피 인간은 신의 전부를 알 수는 없다. 그러나 적어도 메시지를 통해 알려 주신 만큼은 알 수 있다. 이를 후대 신학자들이 '신론'이라는 이름으로 교리화하여 정리하였고, 이 신론은 하나님을 더 풍성하게 이해하게 해준다. 그렇다면 성경에 나타난 하나님은 어떤 분인가?

우선 하나님은 초월적이시다. 사전적 정의상 신은 당연히 초월적이어야 한다. 그러나 기독교인은 사전적 정의 때문이 아니라, 자신들이 존중하는 성경이 그렇게 말하기 때문에 '초월적'이라 규정한다. 성경에 하나님이 일으킨 것으로 기록된 초월적 역사들의 사례를 열거하여 증명할 수도 있지만, 별로 흥미를 느끼지 못할 것이다. 특히 기독교인이 아니라면. 그래서 그보다는 뜬금없지만, 조금은 흥미를 끌 만한 그분의 '이름' 이야기로 설명해 보려 한다.

누군가를 알 때 가장 먼저 접하는 것이 그 사람의 이름이다. 낯선 대상을 만나 인식하고자 할 때, 더 나아가 그와 관계하고자 할 때 우리는 먼저 이름을 묻는다. 관심이 없거나 아무 관계가 없다면 묻지 않고 지나친다. 그런 면에서 이름을 아는 것은 그 대상을 아는 시발점이라 할 수 있다. 그래서 하나님의 이름을 아는 것은 의미가 있다.

아니, '하나님'이라고 계속 반복하여 그 이름을 말하고 있으면서, 무슨 이름 타령이냐 싶을 것이다. 당황스럽겠지만, '하나님'은 이름이 아니다. '신'이라는 일반 명사에 해당하는 히브리어 '엘로힘'을 한국말로 번역한 것뿐이다. 부정적 사례이긴 하지만, 마치 자꾸 헛짓하는 친구를 향해 이름이 아니라 "인간아"라고 부르는 것과 마찬가지다. 이때 우리는 '인간'이라는 일반 명사를 쓰긴 하지만 상황상 그 명사가 가리키는 것이 누군지는 특정할 수 있다.

그렇다고 해서 '인간'이 그 사람의 이름은 아니다.

● 하나님 vs. 하느님

모태 신앙이라면 어릴 때 '하나님'이 맞느냐, '하느님'이 맞느냐로 입씨름 좀 해보았을 것이다. 그런데 사실 무의미한 싸움이다. '하나님'과 '하느님'으로 나뉜 것은 성경을 '번역'하는 과정에서 비롯된 해프닝이며, 결국 같은 대상을 지칭하기 때문이다.

어느 나라나 처음 성경이 전해질 때는 번역 과정을 거치는데, 그 과정에서 '하나님'의 이름을 어떻게 부르느냐는 초미의 관심사다. 그 과정에서 정한 명칭이 '하나님'이라고 불리는 분의 성격을 어느 정도 좌우하기 때문이다. 우리나라에 성경이 전해질 때도 이 문제에 대해 고심하다가 정한 표현이 '하나님'이다.

중국에 최초로 가톨릭교를 포교한 마테오 리치(Matteo Ricci, 1552-1610) 신부는 성경에 기록된 '엘로힘'(신, 하나님)을 중국 상황에 맞게 '천주'(하늘의 주인)라고 번역하였다. 그리고 가톨릭교가 중국을 거쳐 우리나라에 포교되면서 자연스레 '천주'라는 표현이 들어왔다. 뒤늦게 들어온 개신교 선교사들도 새로이 성경을 번역하였는데, 이때 그들은 '천주'라는 호칭 외에 다른 대안을 찾았다. 물론 그 성경이 중국 쪽에서 번역되었느냐, 일본 쪽에서 번역되었느냐, 어느 나라 출신 선교사가 번역하였느냐에 따라 조금씩 차이가 있었다. '하나님'이라는 호칭은 유일신 사상을 강조한다는 뭔가 차별적 의미로 사용되었고, '하느님'이라는 호칭은 마치 중국의 '천주'처럼 실제 사용되던 '하늘님'의 대체어로 민족적 연속성을 지닌 의미로 사용되었다.

그러나 초기 한국 교회에서 실제로 가장 많이 사용되고 합의된 호칭은 의외의 것이다. 지금은 사라진 '하ᄂ님'이다. 그 다음 적은 수로 '하나님', 더 적은 수로 '하느님'이 사용되었다. 그렇다면 가장 많이 사용되던 '하ᄂ님'은 무슨 뜻일까? 앞서 말한 두 가지 의미가 다 포함된 신조어이자 계승어였다. 즉 매우 단순하게 번역한 '천주'보다 훨씬 똑똑하고 심도 있는 번역어가 탄생한 것이다. 그러나 훗날 한글 체계의 변화로 훈민정음에서 4개의 글자가 사라지면서 '하ᄂ님'의 '아래아'(ㆍ)가 없어지고 'ㅏ' 혹은 'ㅡ'로 강제 전환될 수밖에 없었고, 그 과정에서 아무 문제 의식 없이 둘 중 하나를 선택했을 뿐이다.

결국 그런 것이라면 '하나님'이나 '하느님'이나 관계없다. 어차피 두 의미를 모두 포괄하는 표현으로 결정되었었는데, 의도치 않은 한글 체계 변화로 인해 둘 중 하나로 강제되었을 뿐이었기에. 그럼에도 나에게 둘 중 굳이 고르라고 한다면 의미상 '하나님'이 더 적합한 표현이라 생각하지만, 이 역시 '하느님'이 나에게 익숙하지 않아서임을 부정할 수 없다(『한국 기독교 형성사』(옥성득, 새물결플러스 펴냄, 2020) 참조).

그렇다면 하나님의 본래 이름은 무엇인가? 이 질문 앞에 자연스레 떠오르는 이름이 있을 것이다. 이름하여 '여호와'. 이 대답에 "정답!"이라고 힘껏

외쳐 주고 싶지만 사실 '여호와'도 이름이 아니다. 게다가 이 모든 논의를 뒤로할 더 충격적인 진실은 따로 있다. 바로 하나님은 '이름이 없다'는 사실이다. 무슨 말인가?

우리는 앞서 하나님이 자신을 알려 주실 때에만 그분을 알 수 있다고 나누었다. 그렇다면 하나님의 이름 역시 마찬가지다. 오직 그분이 가르쳐 주실 때에만 그분의 이름을 알 수 있다. 그런데 문제는 하나님이 자신의 이름을 단 한 번도 가르쳐 주지 않으셨다는 사실이다. 그렇다면 '여호와(야훼)'는 무엇인가? 이는 이름이 아니다. 단지 출애굽기에서 하나님이 자신을 소개한 문장의 축약어일 뿐이다.

설명하자면 이렇다. 하나님은 광야에서 목자로 지내던 모세에게 민족을 구하라는 크나큰 미션을 주신다. 이에 모세는 두려워 떨며 항변한다. "왜 하필 연약한 저입니까? 그럼에도 제게 맡기셔야 한다면, 이런 제가 우리 민족을 설득해야 할 때 이 일을 지시한 분이 누구인지는 설명해야 말이 먹히지 않겠습니까?" 이런 수려한 근거를 들어 모세가 하나님께 묻는다. "당신의 이름은 무엇입니까?" 그러자 대답하신다. "나는 스스로 있는 자이니라"(출애굽기 3장 13, 14절 참조, 개역개정). 바로 이 대답에서 '여호와'라는 호칭이 나왔다.

이 히브리어 문장을 구성하는 단어들의 첫 자음을 따서 조합하면 로마자로 'YHWH'(이를 '신성 사문자'라 한다)가 된다. 그리고 여기에 임의로 모음을 붙여 부른 표현이 '야훼'다('여호와'는 '야훼'의 음역이다). 이것을 이름이라고 부를 수 없는 것은 길어서가 아니라, '고터'('고속버스 터미널'을 줄여서 일컫는 말)처럼 축약어일 뿐이기 때문이다. 즉 '신'이 매우 일반적 용어이기에 이를 대체하는 구체적 호칭으로 유대인들이 창조한 신조어일 뿐, 하나님이 알려 주신 이름은 아니다.

사실 "나는 스스로 있는 자이니라"라는 문장을 원문에 더 가깝게 직역하면, '나는 스스로 있다' 혹은 '나는 존재다'가 맞는다. 그리고 이 뜻은 정말 의미심장하기에 나는 이 부분에 집중해 보고 싶다.

이상하지 않은가? 분명 모세는 이름을 알려 달라고 요구했다. 그런데 웬 뚱딴지같은 답변인가? 모세 입에서 "혹시 제가 싫으신가요?"라는 반응이 나올 테세다. 그러나 조금만 머리를 굴려 보면 이 선문답 같은 하나님의 대답을 이해할 수 있다. 생각해 보라. '신'이라 불릴 수 있는 존재가 단 하나뿐이라면, 그에게 이름 따위는 필요하지 않다. 누군가가 그를 부르고 싶다면 '그분', '그 신'이라는 한마디면 족하다. 때문에 하나님께는 이름이 필요 없으며, 알려 줄 일도 없으셨다. 그저 '있다', '존재한다'라고만 드러내셨을 뿐이다.

우리는 이러한 하나님의 자기소개를 통해 그분이 어떤 존재인지 알 수 있다. 즉 신인데, '오직 유일하게 존재하는 신'이라는 것. 굉장히 초월적이어서 그 어떤 이름도 그분을 담을 수 없다는 것. 그리고 하나 더. 그분은 존재하지 않은 적이 없기에 모든 것에 앞서 있고, 때문에 모든 것을 생겨나게 한 원인이시라는 것.

그렇다면 이처럼 스스로 존재하며 그 무엇에 의해서도 정의되지 않는 초월적 존재를 인간의 이 작은 뇌가, 이 작은 가슴이, 이 작은 눈이 담을 수 없음은 자명하다. 굳이 담으려 한다면 보정이 필요하다. 8K 영상이 브라운관을 통해 나오려면 원본이 아무리 고화질이어도 어쩔 수 없이 화질이 급격히 떨어진다. 하나님을 인간처럼 이미지화하여 사유하고 이해할 수밖에 없는데, 그러다 보면 늘 오해가 생긴다. 그런 과정을 몇 차례 거치면 미켈란젤로의 그림 속 하나님 같은 급격히 화질이 저하된 이미지가 탄생할 수밖에 없음이 분명하다. 즉 어쩔 수 없이 오해가 생기는 것은 당연하다는 말이다. 하지만 거기에 함몰되어서는 안 된다. 나아가 오히려 오해할 수밖에 없다는 것을, 정의할 수 없다는 것을 받아들일 때에야 역설적이게도 하나님이 누구신지를 조금 알게 되고, 비로소 기독교의 믿음이란 것이 시작될 수 있음을 이야기하고 싶다.

오래 걸렸다. 이제야 비로소 하나님을 설명할 수 있는 토대가 생겼다. 자, 다시 묻는다. "하나님은 누구신가?" 수많은 수식어를 붙일 수 있겠지만, 앞선 내용을 요약하면 하나님은 '존재'하시는 분이다. 그렇다면 하나님에 대한 '앎'

은 여기까지밖에 도달할 수 없는가? 아니다. 사실은 하나님이 모세 때뿐 아니라 다양하게 자신을 설명하시고 표현하신 내용이 성경 메시지에 직간접적으로 드러나 있다. 다시 말하지만 그분은 관종끼가 다분하시다. 그중에서도 자신을 가장 편만하게 드러내신 설명은 바로 이것이다. "하나님은 누구신가"라는 질문 앞에 아마 당신이 가장 먼저 했을 대답, 바로 '하나님은 사랑'이시라는 것이다. 하나님이 사랑이심은 그분이 자신을 그렇게 소개했기 때문만이 아니라, 이미 그분이 존재하시는 방식으로도 증명된다. 왜냐하면 하나님의 존재 방식을 가리켜 '삼위일체'라고 하기에 그렇다. 그리고 이런 맥락에서 지금 나는 '삼위일체'가 '사랑'이라는 말과 같다고 말하는 중이다.

'삼위일체'라는 단어를 들으면 우선 속이 울렁거린다. 가뜩이나 딱딱한 교리인 데다가, 자칫 잘못 말하면 이단으로 몰릴 것 같고, 그러면서도 딱히 이해되지 않는 개념! 정확하다. 당신의 아이큐 문제가 아니다. 삼위일체는 성경 어딘가에 하나님이 직접 자신을 설명하신 표현이 아니라, 성경의 모든 메시지를 읽어 나간 신학자들이 짱구를 굴려서 정리해 낸 개념이기 때문이다. 그래서 어렵고, 심지어 모순적으로 보일 수밖에 없는 신비한 개념이다. 그렇지 않은가? 어찌 셋이 하나가 되고, 하나가 셋이 될 수 있는가?

하지만 수식적으로나 논리적으로 불가능한 것이 실제 우리 현실에도 존재한다. 음악에 문외한일지라도, 화음이 뭔지는 알 것이다. 화음이 이루어지는 논리와 구조, 즉 화성학을 몰라도, 들으면 이내 화음인 줄 알고 느낀다. 예를 들어 1도 화음을 이루는 각 음은 따로 연주되면, '도' 음, '미' 음, '솔' 음을 낸다. 그러나 이 음들이 동시에 연주될 때 화성학은 이를 '도미솔'이 아닌 전혀 다른 호칭인 'C' 코드라 부르고, 듣는 이들은 각 음인 '도'와 '미'와 '솔'이 아니라 완벽히 어우러진 전혀 다른 층위의 감흥을 느낀다. 서로 다른 세 음이 각각 연주되었으나, 전혀 이질적이지 않고 본래부터 하나인 것처럼 완전한 하나를 이루는 것이다. 이것이 삼위일체에 대한 유비적 설명이다. 듣는 이로 하여금 각 음을 떠올릴 수 없을 만큼 하나로 인식하고 하나로 느끼게 하여 아름다움의 감흥을 불러일으키는 것 말이다.

　더 나은 이해를 위해 또 다른 비유를 들어 보겠다. 세 개의 점이 한자리에서 완전히 끌어안고 있다고 상상해 보자. 바로 옆에서 보면 세 개의 점임을 인식할 수 있다. 하지만 멀리서 보면 그저 한 점으로만 보일 것이다. 이 셋이 어떤 식으로 하나되었는지는 알 수 없지만, 하나로 보이는 것이다. 마찬가지다. 우리 눈에는 그저 하나로만 보이나, 하나님과 인간은 전혀 차원이 다르기에 그 방식을 모를 뿐, 삼위일체는 서로 다른 셋이 완전히 연합된 상태인 것이다.

　여기서 삼위일체에 대한 설명이 왜 '사랑'과 연계되나 싶겠지만, 이 역시 조금만 생각해 보면 유추할 수 있다. 사랑을 규정할 때 가장 먼저 필요한 것은 감정이 아니라 대상이라는 점에서다. 즉 사랑은 대상이 있어야만 존재할 수 있는 개념이다. 그런 의미에서 아무리 초월적인 존재도 결국 상대가 없다면 '사랑'이라는 말을 붙일 수 없다. 성경의 수많은 메시지 가운데서 특별히 큰따옴표를 붙일 수 있는 일부 내용, 즉 하나님이 직접 계시하신 부분으로 한정하더라도, 그분은 자신을 복수형으로 표현하실 때가 잦다. 이상하지 않은가? 자신의 유일성을 강조하면서도 복수로 표현한다는 것이. 신학자들은 이러한 복수형을 기반으로 창조주이자 메시아를 보내신 하나님과, 메시아이자 그분의 아들로 입증되신 예수, 그리고 예수께서 '보혜사'라며 마치 제3의 존재로 표현하신 듯한 거룩한 영을 가리켜 각각 성부 하나님, 성자 하나님, 성령 하나님이라 부르고, 이 셋이 완전한 하나라고 정리하였다.

　이 사랑은 자신들 안에서만 구현되는 것이 아니라 외부로도 표출된다. 사랑은 그 대상이 많을수록 풍족해지지 않던가? 그래서 당신도 누군가에게 사랑받기 위해 그토록 발버둥치는 것 아니던가? 그렇다면 하나님과 사랑을 나눌 외부적 존재는 누구인가? 그것이 바로 하나님의 가장 귀한 창조물이자, '하나님 미니미'라 불리는 '하나님의 형상', 즉 인간이다(이 개념은 뒤에서 더 자세히 언급하겠다).

　이제야 "하나님은 누구신가?"라는 질문에 대한 답변을 정리할 수 있겠다.

하나님은 '신'이시기에 인간과 완전히 구분되는, 차원이 다른 존재일 뿐 아니라, 모든 물리 법칙을 뛰어넘는 '초월적' 존재시다. 그런 동시에 성경이 말하는 하나님은 '사랑'이다. 우선 삼위일체로 존재하시기에 그렇고, 나아가 하나님의 형상과 관계하시기에 그렇다.

그런데 사실 이 두 표현은 상당히 충돌되는 개념이다. '초월'이란 저 멀리, '나와 다른' 넘사벽 존재를 말하는데, '사랑'은 '나와 다른'이 아니라 '나와 함께'라는 의미를 품고 있지 않은가? 모순이다. 그래서인지 일반 종교의 신들은 '초월'과 '사랑' 중 하나만 강조된다. 하지만 하나님이 자신을 계시하신 성경은 하나님에 대해 이 둘 모두를 매우 분명하게 설명한다. 그래서 기독교에서 말하는 하나님은 일반적인 신의 개념과는 다른 독특성을 지닌다. 또한 그래서 '믿음'이 중요하다. 논리적 모순이기 때문에.

인간은 어디서 와서 어디로 가는가

기독교인이 무엇을 믿는지를 나누면서 기독교의 신, 즉 하나님이 어떤 분인지 알아보았다. 이제부터는 그분이 어떤 일을 하셨는지에 대해 나눠 보려 한다. 기독교인은 믿음의 대상으로 '하나님'을 믿으며, 동시에 '그분이 하신 일'을 믿기 때문이다. 어쩌면 그분이 하신 일 혹은 하겠다 하신 일을 신뢰하기에 그분을 믿는다고 표현하는 것일 수도 있다.

가장 먼저 하나님은 '창조'하셨다. 성경 목록에서 맨 앞에 등장하는 창세기, 거기에서도 가장 처음에 나오는 구절은 "태초에 하나님이 천지를 창조하시니라"(창세기 1장 1절, 개역개정)이다. 논리 순서로도 그게 맞다. 신이 세상을 창조했기에, 그리고 그 과정에서 인간을 창조했기에 비로소 내가 있고, 믿음도 있다.

그렇다면 궁금하다. 하나님은 왜 이 세상을, 그리고 인간을 창조하셨을까? 앞선 설명을 보면 그분은 세상을, 그리고 인간을 창조하지 않았어도 아무 상관이 없으셨다. 초월적이시기에 무언가 더 있지 않아도 되고, 삼위일체이시기에 그 관계에서 사랑을 나누실 수 있기 때문이다. 이미 자충족적으로 충만하시다. 더 필요한 것이 전혀 없으시다. 그러나 더 사랑하기 위해, 즉 그분의 유일한 욕망이 '사랑'이기에 사랑을 나눌 존재로 인간을 만드신 것이다.

그래서 세상'도' 만들어졌다. 자신이 사랑하는 존재인 '인간', 그러나 신과 달리 '물성'을 지닐 수밖에 없는 존재인 인간에게 바람직한 삶의 터전을 위해 세상'도' 만드신 것이다. 그러고 보면 창세기와 내용이 엇비슷한 고대 근동 신화들과는 정반대다. 고대 근동 신화에서는 세상을 관리 감독하기 위해 신이 인간을 만들었지만, 성경은 하나님이 인간을 '위해' 세상을 만드셨다고 말한다. 성경에는 만들어진 순서대로 기록되어 있는데, 그 의미를 고찰해 보면 그것은 시간 순서일 뿐 모든 것이 인간을 위해 만들어진 것이다. 즉 기독교의 창조는 거꾸로 봐야 한다. 그렇다면 도대체 인간이 어떤 존재이기에 하나님은 그들을 위해 세상까지 만드셨는가?

> ● 1장에서 살짝 언급했듯이 고대 근동 신화들은 성경과 비슷한 구도로 서술되는데, 여기서 우리는 그들의 모순을 확인할 수 있다. 고대 근동 신화들은 신이 어떻게 존재하게 되었는지를 설명하면서 시작되는데, 그것을 설명한다는 것만으로도 이미 그 신이 초월적이지 않다는 것을 반증한다. 진정 초월적 신이라면 존재 이유와 방식에 대한 설명이 필요 없어야 하기 때문이다. 또 다른 모순은 그 신들이 세상을 만든 이유가 없다는 점이다. 처음부터 세상은 신들과 동반하여 존재했거나, 세상을 '그냥' 만들었다고 표현한다. 다만 인간을 만든 이유는 서술된다. 왜 만들어졌는지 모를 세상을 신들이 관리 감독하다 보니 귀찮아져서, 그것을 대리할 노예로 인간을 만들었다는 것이다.

그 대답은 바로 인간이 '하나님의 형상'이라는 것이다. 간단히 말하자면, (계속 말해 왔듯) '하나님 미니미'이고, 부연하자면 삼위일체 안에서의 소통을 제외하고 하나님과 소통할 수 있는 유일한 존재다. 무엇 하나 더 필요하지 않으신, 자충족적이신 분이 왜 그런 짓(?)을 하셨을까? 간단하다. 수식으로 생각해 보면, '무한대 + 1 = 무한대'이기 때문에 1을 더하는 것이 아무 의미가 없다. 그러나 '사랑'은 어떤가? 사랑은 나누는 대상이 많아질수록 만족감이 커진다. 이미 사랑을 무한대로 나누고 있더라도 거기에 '사랑 1'이 추가되면 그만큼 더 누리게 되는 것이다.

결국 하나님은 자기 존재의 근간이자, 때문에 자신의 유일한 욕망(?)인 사랑에 충실한 결단을 내리신 것이다. 사랑을 나눌 또 다른 존재를 만들기로. 그렇게 만들어진 존재가 하나님의 형상이고, 우리는 그 존재를 가리켜 '인간' 혹은 '사람'이라고 말한다. 물론 이에 대해 "유한한 '사람'이 아니라, 동일한 신을 만들어 낼 수 있는 것 아니냐"는 또 다른 의문이 들 수 있다. 사실 하나님은 실제로 그렇게 하셨다. 우리는 인간이라고 부르지만, '하나님의 형상'이란 그분이 만들어 내신 또 다른 신적 존재다. 그것이 나와 당신, 즉 인간의 정체성이자 가치다. 오그라드는 표현이지만, 나와 당신은 '하나님의 자부심'인 것이다.

그렇다. 인간은 본래 그만한 가치와 자격이 있다고 말하는 것이 성경 메시지의 내용이다. 그리고 인간을 위해 만들어진 터전인 이 세상을 다스릴(사랑할) 자격도 자동으로 주어졌다. 창조물의 최고봉인 '하나님의 형상'을 더 종교적으로 설명하자면, '하나님을 예배하는(사랑하는) 존재이자, 만물로 하여금 하나님께 예배하게 하는(사랑하게 하는) 존재'라고 표현할 수 있겠다. '예배'라는 말의 가장 가까운 유의어는 '사랑'이기에 그렇다.

정리하자면 기독교인이 믿는 대상은 '하나님'이고, 믿는 첫 번째 내용은 다름 아닌 그 하나님이 '창조'하셨다는 것이다. 그 창조된 것들의 핵심은 인간, 즉 하나님과 사랑을 나눌 '하나님의 형상'이다. 다시 한 번 확인한다. 여기서 믿음의 내용은 '창조의 주체가 하나님'이라는 사실이다. 이 믿음에는, 그렇기 때문에 그분만이 온 세상의, 그리고 나의 주인이라는 사실도 담겨 있다. 노파심에 하나 덧붙이자면, 그렇기에 이 믿음에는 그분만이 선과 악, 옳고 그름의 기준을 갖고 계시다는 것도 포함된다. 세상이 존재하기 전에 이미 계신 초월자이기에 그분이 기준을 갖고 있다고 볼 수 있지만, 동시에 그분이 인간을 만드셨기에, 또한 이 세상을 만드셨기에 당연히 그분에게 기준이 있는 게 맞는다. 그렇다면 반대의 가능성도 예상할 수 있다. 그분의 기준에 문제를 제기하는 순간, 인간은 자기 자신의 존재를 부정하게 된다는 사실 말이다.

자, 이쯤에서 짚고 넘어가야 할 사실이 하나 있다. 성경은 "어떻게 창조하셨는가?"라는 질문에 '말씀으로'라고 답하면서 그분의 초월성과 주권만 강조할 뿐, 창조하신 구체적인 방법은 말하지 않는다. 즉 창조에 걸린 정확한 시간과 구성 재료, 위치, 방식에 대해서는 구체적으로 설명하지 않는다는 말이다. 그리고 실은 거기에 관심도 없다.

이를 어떻게 설명할 수 있을까? 혹시 영어 단어 'house'와 'home'의 차이를 아는가? 한국말로 둘 다 '집'이라고 번역할 수 있지만, 속뜻은 전혀 다르다. 'house'는 '건축물로서의 집'이다. 이 집이 몇 층짜리인지, 구성 재료가 콘크리트인지 벽돌인지, 면적은 얼마인지, 방은 몇 개고 창문은 몇 개인지, 방향은 어느 쪽인지, 도배지는 무엇이고 바닥 재질은 무엇인지 등으로 설명할 수 있다. 그러나 'home'은 다르다. 물론 'home'을 설명할 때도 방이 몇 개고 어떤 구조인지 등을 간단히 이야기할 수 있지만, 여기서 가장 중요한 것은 '가족'이다. 이에 비유하자면, 성경에 기록된 창조는 하나님의 'home' 소개다. 이 집을 누가 만들었는지, 누구 소유인지, 그리고 가족을 만나기 위해 거치는 방들이 어떠한지를 간단히 언급하지만, 최종으로는 함께 사는 가족, 즉 '하나님의 형상'을 이야기하는 것이다. 그런데 이를 'house' 소개로 간주해 버리면 답이 없다. 설령 그 가운데 통찰을 얻을 만한 것이 있더라도, 그것은 창세기에서 창조 기사를 소개하는 목적이 아니다(이와 관련된 기독교와 과학의 관계에 대해서는 이 책 9장을 참조하라).

이제 이 소주제의 질문에 대답해 보자. "인간은 어디서 와서 어디로 가는가?" 인간은 하나님에게서 온다. 그리고 인간은 하나님의 형상으로 하나님과 사랑을 나누기 위해 지어진 신과 같은 존재다. 그래서 세상을 다스릴 수 있다. 그리고 인간은 어디로 가지 않는다. 성경의 시간은 처음은 있지만 마지막이 없다. 아니, 정확히 말하면 '없었다.' 그저 그 구도에서 충만한 사랑을 누리며 샬롬 가운데 거하는 것이다. 이것을 가리켜 영원한 생명, 즉 '영생'이라 말할 수 있다. 그런데 '없다'가 왜 '없었다'로 바뀌었을까? 샤방샤방하던 첫 그림에 뭔가 문제가 생겼기 때문이다.

도대체 무엇이 문제인가

도대체 무슨 문제가 생긴 것인가? 그 문제의 정체는 무엇이고, 어쩌다 그런 문제가 생긴 것일까?

앞서 사랑이 성립하려면 우선 '대상'이 필요하다고 언급했다. 이미 내적으로 사랑을 누리고 계시던 하나님은 더 풍성한 사랑을 욕망하셨기에, 자신 외부에 또 다른 사랑의 대상인 '하나님의 형상'을 만드셨다. 여기서 한 가지 생각해 볼 거리가 있다. 그렇게 만들어 놓으면 저절로 사랑이 이루어지는가? 저절로 사랑이 이루어진다면, 그것은 사람이 아니라 '사랑'이라는 기능을 위해 프로그래밍된 로봇이나 애착 인형일 뿐이다. 그건 사랑이 아니다.

혹시 근래 문제가 되고 있는 '그루밍'이라는 범죄 용어를 들어 본 적 있는가? 가해자가 청소년들을 정서적으로 길들여 자신에게 의존하게 만든 뒤, 결국 성을 착취하는 심리적 범죄 행위를 뜻한다. 착취당하는 당시에도 피해자는 그것을 범죄로 인식하지 못한다. 그냥 사랑인 줄 안다. 하지만 성을 착취한 뒤 일방적으로 버리는 가해자의 모습에서, 혹은 뭔지 잘 몰랐다가 성인이 된 후에야, 그것은 사랑이 아니라 '당한 것'임을 알게 된다. 이것은 기만이자 범죄일 뿐, 사랑이 아니다.

마찬가지다. 하나님은 자신이 조종할 로봇이나 상대를 기만하는 그루밍을 원하신 것이 아니다. 사랑을 원하셨다. 때문에 사랑에는 우선 '대상'이 필요하지만, 이어서 그 사랑이 성립하려면 서로 간에 강제되거나 조종되지 않은 '자유 의지'가 필요하다. 사랑은 자유로운 두 대상 사이에서 이루어지는 것이기에. 그렇다면 이렇게 유추할 수 있다. 하나님은 사랑의 파트너, 즉 하나님의 형상에게 분명 자유 의지를 갖게 하셨다는 사실 말이다.

그런데 짚고 넘어가야 할 부분이 하나 더 있다. 자유 의지를 가진 또 다른 존재를 만들어 내는 것은 일종의 모험이라는 사실이다. 그 대상이 나를 선택하지 않고 사랑을 거부한다면, 심지어 나 자체를 거부한다면 피곤해진다. 당신도 누군가와 함께 살아 본 경험이 있지 않은가? 사랑하는 사람과 함께 사는 것도 가끔 피곤할 때가 있는데(참고로 나는 행복하기만 하다), 심지어 사랑 없이, 더 나아가 나를 외면하려 하는 이와 한 집에 산다면, 그리고 계속 함께 살아야 한다면, 결과는 불 보듯 뻔하다. 파국이다. 하나님이 형상을 만드시고 자유 의지를 부여하신 데는 그런 위험성이 있었다. 그런데도 사랑 욕망 덩어리이신 그분은 그 위험을 감수하면서까지 하나님의 형상을 만드셨다.

> ● 인간이 하나님 미니미로 지어졌다는 사실이 시사하는 바가 또 하나 있다. 인간 역시 '사랑하는 존재'라는 것이다. 즉 하나님이 내부적으로 사랑하시듯 인간도 내부적으로 사랑한다. 인간들끼리 사랑하는 것이다. 그것이 본래적 인간이다. 그래서인지 하나님이 복수적 (삼위일체) 방식으로 존재하는 것처럼, 하나님의 형상 역시 처음부터 '복수'의 형태로 지어졌다. 이 말이 뭔가 이상한가? 그렇게 느낀다면 아마도 하나님이 아담(남자)을 만드신 뒤, 그의 외로움을 보시고 하와(여자)를 만드셨다는 이야기에 익숙하기 때문일 것이다. 그런데 이것은 창세기 2장의 이야기고, 그보다 앞선 1장에 서술된 '하나님의 형상' 창조 이야기는 조금 다르다. 창조의 여섯째 날을 그린 1장 27절은 이렇게 말한다. "하나님이 그들을 남자와 여자로 창조하셨다." 즉 '날'이 '24시간'을 의미하든 '기간'을 의미하든, 어쨌든 '같은 날' 남자와 여자가 지어졌음을 강조한다. 다시 말해 하나님의 형상은 하나님처럼 처음부터 복수로 존재했고, 자신 이외의 또 다른 하나님의 형상과 서로 사랑하기 위한 존재로 지어졌다. 그렇게 존재할 때 참으로 인간다워진다.

이처럼 하나님의 형상은 하나님 미니미로, 하나님과 소통할 수 있는 유일한 존재이자 자유 의지를 지닌 존재임을 확인할 수 있다. 피조물 중에 그런 능력을 부여받은 존재는 없다. 하나님은 다른 피조물과 달리 하나님의 형상에게 모든 것을 누릴 수 있는 권리를 주셨다고 밝힌다(창세기 1장 28절). 다만 권리에 상응하는 책임도 부여하신다. 즉 하나님을 대신하여 모든 피조물을 '다스릴' 책임을 부여하신 것이다.

오해하지 말자. 이는 내 맘대로 할 '권리'가 아니라 대리자로서 져야 할 '책임'이다. 그리고 무엇보다 기억해야 할 것은 그 다스림에 하나님의 형상은 제외된다는 사실이다. 하나님 외에는 어느 누구도 (심지어 같은 하나님의 형상도) 하나님의 형상에게 강요할 권리가 없다. 그분마저도 그리하지 않겠다고 하신다. 즉 하나님의 형상은 완전히 자유로운 존재인 것이다. 그리고 그 자유로움, 자유 의지의 최종 징표가 다름 아닌 우리에게 매우 익숙한 일명 '선악과'(선악을 알게 하는 나무의 열매)다.

이게 참 미스터리한 물건이다. 마치 하나님이 인간들 간 보려고 주신 요물 같다. 뉘앙스만 보면 선악과는 '금지'의 의미 같다. 인간의 자유를 제한하기 위해 주어진 금제(禁制)처럼 보인다. 그러나 정반대다. 선악과는 인간에게 자유가 주어졌음을 강조하는 최종 징표가 분명하다. 무슨 말인가?

처음 창조된 세상을 떠올려 보자. 그 세상은 '좋은 것'만 가득한 곳이었다. 무엇이든 할 수 있는 전능자가 사랑하는 대상에게 선사한 세상은 좋음 그 자체로만 충만하다. 당신이 무엇을 상상하든 그 이상이다. 그러나 좋은 것들'만' 있다는 것은 엄밀히 말하면 '자유'의 개념에 부합하지 않는다. 자유는 '선택'을 전제로 하는데, 좋은 것만 있다면 무언가를 선택할 수 없기에 역설적이지만 부자유하다. 거부할 대상이 전혀 없다면, 완전한 자유 의지를 가졌다고 볼 수 없다. 때문에 거부해야 할 대상이 하나쯤은 있어야 한다. 그렇다. 하나님이 인간의 완전한 자유를 달성하시려면 거부할 대상을 하나쯤 만드셔야 했다. 그 연장선상에서 만들어진 선악과는 그 자체로 인간 자유의 극한을 상징하며, 나아가 선악과를 거부하는 것은 자신의 자유 의지로 하나님을 선택한 것이 되기에 그분을 향한 사랑을 상징하기도 한다. "처음부터 만들지 않으면 될 것을, 왜 만들어서 사람을 시험하나?"라는 항의성 질문은 제발 고이 접어 넣어 두라. 선악과 없이 사람은 하나님의 형상으로 존재할 수 없다.

자, 모든 조건이 갖추어졌다. 이제 자유로운 의지로 서로 찐하게 사랑할 차례다. 그렇게 지낸 기간도 있었다. 그러나 결코 일어나지 않길 바란 최악의 사태가 일어나고야 만다. 인간들이 결국 선악과를 따 먹어 버린 것이다.

시작은 선악과를 먹으면 "하나님처럼"(창세기 3장 5절) 된다는 뱀의 꼬드김이었다. 뱀의 진짜 존재가 무엇인지(마귀인지 아닌지)에 대한 논의는 별 의미 없다. 결론은 '인간'이 자유로운 의지로 선택하여 '따 먹어 버렸다'는 것이다. 원인도, 결과도 인간 때문이다. 그렇게 하나님의 형상이라 불리던 존재들이 하나님과의 사랑을 거부했다. 이로 인해 하나님 형상의 자격과 역할을 박탈당한다. 인간은 그저 조금 더 나은 피조물 중 하나로 전락해 버린다. 그리고 그보다 심각한 결정적인 문제는 분명 선악과를 먹으면 '죽음'이 도래한다고 경고하셨는데(창세기 2장 17절), 그 말씀대로 정말 '죽음'이 도래한 것이다.

다만 이 죽음을 '목숨의 사라짐'으로만 보지 않길 바란다. 조금은 다른 의미로 보자. 인간은 하나님의 형상으로서, 그 존재 의미는 하나님과의 사랑이다. 따라서 하나님과의 사랑을 거부하면 그 존재 목적이 상실되기에 이미 죽은 것과 진배없다. 생명의 근원이 사라졌기에. 가슴팍에서 아크 원자로가 제거된 아이언맨이랄까?

앞서 하나님이 창조하신 세상은 처음은 있어도 마지막이 없다고 언급했다. 하나님의 형상에게도 마찬가지다. 시작은 있어도 끝이 없었다. 그러나 이렇게 죽음이 도래하면서 마지막이 생겨 버렸다. 영원한 시간이 깨진 것이다.

나아가 현재적으로도 '죽음'이 도래했다. 다시 말하지만 육체가 죽는다는 표면적인 의미가 아니다. 인간 됨의 또 다른 핵심 포인트, 즉 '자유'가 죽어 버린 것이다. 물론 여전히 자유하다고 항변할 수 있지만, 최초에 누리던 자유와는 결이 전혀 다르다. 전에는 다스리고 누리던 세상과 피조물들에게 이제 위협을 느끼고 도리어 숨고 피한다. 더 큰 문제는 처음부터 복수로 존재한 하나

모두를 위한 기독교 교양

님의 형상이 다른 형상을 지배하려 드는 것이다. 그렇게 자유는 쪼그라든다.

마지막으로, 인간 됨의 핵심 포인트인 또 다른 하나님의 형상들과의 '사랑'도 죽었다. 이 원초적 죽음 이후, 이제 인간은 연합할 수 있는 존재가 아니다. 일시적으로는 연합할 수 있을지 몰라도, 역사는 인류가 늘 분열하였다고 알려 준다.

그렇게 인간은 하나님의 형상이라는 신적 존재에서 뭔가 문제 있는 존재로 변질되어 버렸다. 결론적으로 죽음을 안고 사는 존재가 된 것이다. 이미 죽었으나 장례식만 계속 유예하는 삶이 되어 버렸다. 이 상태에 있는 인간을 가리켜 성경은 '죄인'이라 부른다. 즉 '죄'에 지배당하는 사람이다. 그런데 이 죄의 개념을 많이 오해한다는 것이 또 다른 문제가 된다.

우리는 보통 '죄'라는 단어를 들으면, 법을 어기는 '범죄'나, 윤리적으로 저지른 나쁜 짓, 즉 '악행'을 떠올린다. 물론 이 역시 죄다. 그러나 그런 것들은 죄인 된 상태의 결과물일 뿐, 그 자체가 죄는 아니다. 그보다는 '악'이라고 표현하는 게 맞겠다. 비유하자면 뒤에 나오는 그림이 보여 주듯, 그것은 '죄의 열매'일 뿐이다. 근원이 아니다. 근원은 뿌리에 있는데, 이를 가리켜 성경은 "하나님처럼" 되려 하던 정체성, 즉 자신을 '하나님의 형상'이 아닌 '하나님'이라고 착각하는 정체성이라고 말한다. 앞서 하나님의 형상을 종교적으로 표현하면 '하나님을 예배하고, 만물로 하여금 하나님을 예배하게 만드는 존재'라고 했다. 그런데 이제는 '자신이 예배받고, 만물로 자신을 예배하게 만드는 존재'가 되어 버린 것이다. 한마디로 하나님의 주인 됨을 인정하고 그분을 사랑하는 것이 인간의 본분이거늘, 자신이 주인 되어 자신만을 사랑하게 된 상태, 이것이 '죄'다.

죄의 심각성은 이것이 타고난 정체성이라는 데 있다. 즉 이런 의미의 죄가 심각한 것은 인간이 해결할 수 없어서다. 그렇지 않은가? 죄의 열매, 즉 사회가 규정한 나쁜 행동은 안 하면 되고, 참으면 된다. 그것은 의지의 문제다. 그냥 족치면 된다. 또한 종교, 특히 동양 종교에서 말하는 죄는 탐욕이다. 즉 마음의 문제다. 이는 그림에서 이야기하듯 열매가 달린 '줄기'에 비유할 수 있다. 그리고 이는 물론 행동 교정보다는 어렵지만, 이 역시 불굴의 의지와 수행으로 어느 정도 조정할 수 있다. 산 속에 틀어박혀서라도 가능성을 끄집어 낼 수 있다. 그러나 태어날 때부터 눈이 두 개이듯, 처음부터 죄를 안고 태어난 정체성은 결코 인간 스스로 바꿀 수 없다. 이것이 바로 죄의 심각함이다.

물론 여기까지 듣고도 '죄'라는 것이 왜 심각한 문제인지 섣불리 다가오지 않을 수 있다. 그런데 이 죄는 근원적이면서도 실제적이라는 것이 진짜 문제다. 묻고 싶다. "모든 인간이 실제로 이런 경향성을 갖고 살아간다면, 어떤 일이 발생할까?" 다시 말해 "모두가 이처럼 자기를 중심으로 세상을 바라보고 해석하며 산다면 어떻게 될까?" 그런 인간들이 모여 살다 보면 서로의 이익과 욕망이 충돌하기에 실제적인 문제들이 일어난다. 자신의 이익을 앞세우다 개인 간 충돌이 일어나는 것은 약과이고, 집단 간 이익을 앞세우다 사회 갈등이 일어나고, 무엇보다 국가 간의 전쟁으로 비화된다. 그리고 인류는 뭉쳐서 더 나은 과학 기술로 지구 세상과 충돌한다. 이것은 인류사를 통해 명백히 확인할 수 있는 사실이다. 그리고 그 가운데 우리가 살고 있다. 아무리 이기적으로 살지 않는다고 한들 그런 구도와 구조 속에 노출된다면, 그 어떤 인간도 고통의 문제에서 도피할 수 없다. 그래서 죄의 문제는 진정 심각하다.

물론 인간들은 이 문제를 해결하기 위해 다양한 방식으로 노력해 왔다. 작게는 개인의 수련을 통해, 그리고 교육을 통해. 나아가 철학과 이념, 제도와 법을 통해 때로는 교화시키려 하고, 때로는 제어를 통해 해소하려 했다. 분명 나아진 부분도 있지만 21세기에도 여전히 '차별'의 문제가 사라지지 않고 늘 새로운 차별의 문제가 대두되는 것을 보면, 이는 해결되지 않는 문제임이 분명하다. 그렇다. 다시 말하지만 이 죄는 '뿌리'의 문제이기에 보이지도 않고, 손댈 수도 없다. 그런데 이것은 살아 있어 줄기에 영향을 끼치고 악의 열매를 맺는다. 그리고 그 결과물들은 실재한다. 이것이 우리네 삶과 세상의 현재다.

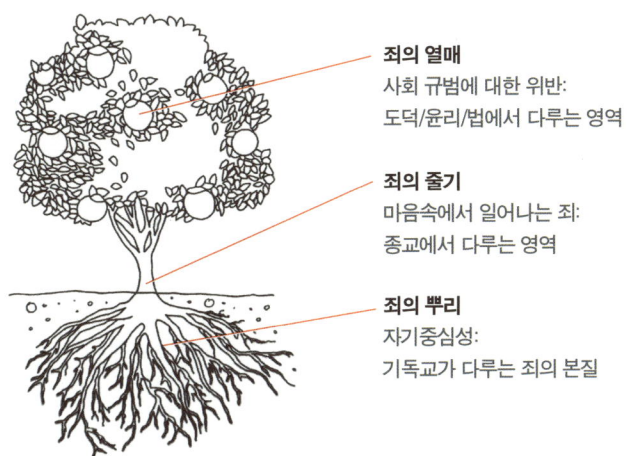

죄의 열매
사회 규범에 대한 위반:
도덕/윤리/법에서 다루는 영역

죄의 줄기
마음속에서 일어나는 죄:
종교에서 다루는 영역

죄의 뿌리
자기중심성:
기독교가 다루는 죄의 본질

「풍성한 삶으로의 초대」(김형국, 비아토르 펴냄, 2017)에서 허락을 받고 인용함

● 그렇다고 기독교의 인간관을 지나치게 비관적으로 보지는 말길 바란다. 기독교는 인간에게 죄의 영향을 받지 않은 영역이 없기에 모든 인간이, 그리고 한 개인의 모든 부분이 죄 아래 있다고 고백한다. 그러나 모든 영역이 타락했음을 강조한 것일 뿐, 모든 영역의 100퍼센트가 타락한 것은 아니다. 즉 하나님의 형상이 남아 있다. 예를 들면 여전히 심성이 착한 사람들이 있고, 여전히 연합하려는 사람들이 존재하며, 여전히 신과 진리를 찾으려는 사람들이 있다. 악인일지라도 자기 자식은 사랑으로 대하는 모습이나, 태어날 때부터 착하게 살아야 한다는 심상이 있는 것만 봐도 하나님의 형상이 남아 있음을 알 수 있다.

유일한 희망

그렇다면 당신에게 묻겠다. 구원이 있다면 어떤 사람이 구원받을 수 있을까? 다른 말로 사후에 천국이란 것이 존재하고, 그래서 그곳에 들어갈 수 있는 사람이 있다면, 도대체 어떤 사람이 들어갈 수 있을까? 사후 세계를 믿든 안 믿든, 아마도 많은 사람이 이 질문에 "선한 사람이 천국 간다"라고 대답할 것이다. 누가 앉혀 놓고 가르치지 않아도 대부분 이렇게 생각하는 걸 보면, 이는 인간이 태어나면서부터 본래적으로 지닌 심상인 듯하다.

그렇다면 이 생득적 개념은 과연 맞는 것일까? 어떻게 생각할지 모르겠지만, 성경은 분명 이 개념에 동의한다(기독교 물 좀 먹은 분들 중에는 좀 의아하게 생각하는 분들이 있겠지만 끝까지 들어 보자). 다만, 성경은 인간이 '선하지 않다'는 말에도 동의한다. '죄인'이라는 것이다. 마음에 손을 얹고 스스로 온전히 선하다고 평가할 수 있는 사람이 얼마나 되겠냐마는, 그럼에도 선한 사람은 있다고 항변할 수 있을지 모르겠다. 실제로 천사 같은 사람이 존재한다(물론 나를 포함하여 내 주변에서는 눈을 씻고 찾아봐도 본 적이 없다).

그런데 사실 '구원' 혹은 '천국'이라는 것은 신 앞에 서는 것 아니던가? 그러려면 인간이 주장하는 '선'의 기준이 아니라, 신이 인정하는 '선'의 기준을 적용해야 할 터. 그런 의미에서 사람들이 "가장 선한 사람, 여기 있습니다!"라고 추천할 만큼 독보적으로 선한 사람도 신의 기준으로는 선하지 않다. 때문에 아무리 날고 기는 인간일지라도 구원받지 못한다는 말이 성립된다.

성경, 특히 구약이 바로 그 이야기를 다룬다. 수많은 사례를 통해 인간이 선해질 수 없는 이유를 다방면으로 드러낸다. 구약에는 주로 아브라함의 자손과, 그로 인해 생겨난 민족과 국가의 역사가 기록되어 있는데, 이는 세상과 인간의 축약으로 볼 수 있다. 구약은 하나님이 그들에게 의로워질 수 있는 수많은 기회와 방법을 주셨지만 모두 실패하였다고 증언한다. 한 사람의 이야기로는 공감되지 않을 터이기에 수많은 인간 군상과 나라, 그리고 이스라엘뿐 아니라 인류 문명사의 주축을 담당한 대장 국가들의 흥망성쇠도 함께 다루고 있다. 그 가운데 만들어진 '선'이 있었으나, 결국 모두 신의 외적 개입으로만 이루어질 수 있었다. 즉 신의 외적 개입이 없다면 인간은 개인이든 집단이든 스스로의 힘으로는 결코 궁극적인 선의 자리로 나아갈 수 없음을 밝히고 있다. 그렇다면 인간은 어떻게 되는 것인가? 결코 죽음을 벗어날 수 없는가? 끝이 처참한 존재일 뿐인가?

그래서인지 구약 마지막으로 치달을수록 수많은 선지자가 등장한다. 그들의 메시지를 듣는 대상은 모두 달랐지만, 메시지 내용은 거의 동일했다.

한결같이 인간과 인간 세계의 부패함을 신랄하게 꾸짖는다. 정신 차리고 하나님께 돌아오라고 외친다. 그런데 역설적인 것은 그렇게 외치면서도 너희는 돌아오지 못할 것이라고 결론 내린다는 것이다. 그럴 거면 왜 돌아오라고 꾸짖나 싶지만, 선지자들의 메시지를 끝까지 들어 보면 이해가 된다. 그들은 마지막에 항상 '희망'을 노래한다. 하나님은 이대로 포기하지 않으신다고 말이다. 그 회복을 위해 하나님이 직접 '메시아'를 보내시리라는 것이다.

메시아는 '구원하는/해방하는 왕'이라는 뜻이다. 그런데 이스라엘은 이를 잘못 이해했다. 늘 타국의 침공으로 식민 지배를 받으며 유랑하던 자신들을 '정치적으로' 구원할 왕으로 이해한 것이다. 이집트에서 이스라엘 백성을 구출한 '모세', 유대 나라를 실질적으로 건국하며 존재감을 내비친 '다윗' 같은 존재 말이다. 역시나 자기중심적인 관점을 버리지 못한다. 그러나 하나님의 스케일은 전 우주적이다. 이스라엘만이 아닌 전 세계, 아니 전 우주가 구원 대상이며, 이는 물리적 의미만이 아닌 보이지 않는 세계로까지 확장된다. 전 우주에 편만한 죽음의 세력에서 해방시킬 왕, 메시아를 보내신다는 뜻이다. 그 정도 스케일의 구원자라면 그는 마땅히 하나님이어야 한다. 결국 메시아는 '구원자'이자 '왕', 즉 진정한 주권자이신 하나님을 뜻한다.

그런데 성경은 이스라엘 북부 갈릴리 지역의 나사렛이라는 촌 동네 출신인 '예수'가 바로 그 주인공이라고 밝힌다. 예수께서 베푸신 신비한 기적에 대한 증언은 그분이 메시아라는 간접 증거일 수 있다. 그러나 메시아에 대한 예언은 기적에만 한정되지 않았다. 그 외에도 수많은 예언이 존재했다. 구약에 예언된 메시아 조건에도 나사렛 출신 예수는 모두 부합하셨다. 그렇기에 심지어 그분은 자신을 '하나님의 아들'이라 밝히신다. 수사적 표현이 아니라 사실에 대한 실제적 표현이었다. 아버지가 왕이면 아들도 왕이듯, 아버지가 신이기에 아들도 신이다. 훗날 예수께서는 자신이 신이라는 사실을 숨기지 않으셨다.

단지 민족의 해방자를 염원했을 뿐인데, 전 우주적 구원자가 도래했다.

하나님 본인이 등판하신 것이다. 물론 예수의 기적을 보고 경험하고 따르던 이들도, 심지어 그분을 메시아로 인정하던 이들도 그분을 '하나님'으로 받아들이지는 못했다. 여전히 그저 정치적 해방자 정도로만 생각했다. 그러나 예수께서 자신의 예언대로 십자가에 달려 돌아가시고, 또한 그분의 예언대로 사흘 만에 부활하신 장면을 목격한 증언자들은 말도 안 되는 이 사건 앞에, 예수께서 '하나님'이 맞음을 인정하지 않을 수 없었다. 그래서 기독교인에게 부활에 대한 믿음은 중요하다. 부활하심으로 그분의 신성이 인정받았고, 그분의 메시아 됨도 인정받았으며, 그래서 그분이 '하나님' 본인이라는 사실도 인정받았기 때문이다. 기독교의 진리 됨이 설파되기 시작한 것 역시 이 부활의 증언자들로부터다.

예전부터 인간은 신을 의인화하여 상상했다. 신이 알려 준 대로가 아닌, 인간의 모습을 투영한 신을 그려 왔다. 그런데 이제 하나님 본인이 인간의 모습으로 직접 등판하신 것이다. 그분이 전하는 가르침은 하나님의 직강이고, 그분이 보이는 행동은 하나님의 실제 폼(form)이었다. 그래서 예수의 언행을 통해 하나님이 누구신지, 그분의 뜻이 무엇인지를 더 명료하게 분간할 수 있었다. 일종의 눈높이 교육인 셈이다. 때문에 예수와 그분의 언행을 기준으로 과거의 모든 해석을 뒤엎고 재해석할 수 있었고, 그런 예수의 언행은 과거 해석을 기준으로 접근하는 이들과 매사에 충돌할 수밖에 없었다.

물론 메시아 예수의 가치는 '하나님을 알림' 그 이상이다. '메시아'라는 말의 핵심은 '구원', '해방' 아니던가? 즉 예수는 그 역할을 감당해야 한다. 그런데 무엇으로부터의 해방인가? 유대인들은 당시 자신들을 식민 지배하던 이방인, 특히 로마로부터의 해방을 떠올렸지만, 예수는 죄에서 해방시키기 위해 오셨다. 죄에서 해방되어야 선에 이를 수 있고 하나님 앞에 설 수 있기에. 그러나 앞서 언급했듯이 이것은 인간의 자력으로는 불가능하다. 인간이 아닌 외부 존재, 오직 신을 통해서만 가능하다. 그러나 신이 다른 차원에 있으면서 원격으로 대신 이 선을 이루어 주거나 강제로 주입한다면, 그것 역시 자유가 아닌 조종이기에 딜레마에 빠진다. 그렇다면 어찌해야 하는가?

이 딜레마가 '신비'를 통해 해결되었다. 신이 인간이 되는 것, 그리고 인간이 받아야 하는 죽음의 결과를 인간이 된 신이 인간의 대표자로서 전부 감당하는 것이다. 즉 죄를 대신 속해 주는 것, 이를 '대속'이라고 한다.

조금 어려운가? 쉽게 말하면 장기 이식과 같다. 신이 자신의 생명을 포기하면서까지 그 생명을 인간에게 이식해 주었다고 이해하면 쉽다. 장기 이식을 위한 조건이 얼마나 까다로운지 알 것이다. 혈액형뿐 아니라 수많은 조건이 일치해야 한다. 신은 이 엄청난 역사를 위해 스스로 자신을 인간에게 일치시키신다. 우주적 사명을 띠고, 아니 우주적 사랑을 이루기 위해 신이 인간이 되신 것이다. 그리고 희생하신다. 그런데 생명을 전달하고 죽었던 신이 다시 살아나신다. 신은 가능하다. 이 신은 '존재' 그 자체이기 때문이다. 시작도 없고 만든 자도 없듯이, 죽을 수도, 즉 없을 수도 없기에. 죽은 줄 알았으나 살았다.

● 이러한 죄의 정의와 해결 방식 때문에, '예수를 믿는 것 말고는 구원받을 길이 없다'는 것이 그리스도인의 신앙 고백이다. 물론 좋게 말해 '고백'이고, 세상이 보기에는 일개 '주장'일 뿐이다. 솔직히 너무 배타적이지 않은가? 그래서 정말 마음에 안 든다. 그러나 진리는 '유일한 길'을 이야기하는 것이기에, 기본적으로 배타성을 띨 수밖에 없음을 인정하자. 아마도 당신이 마음에 안 드는 것은 이 구원 도식이 아니라, 그것을 주장하는 사람들의 '태도'일 것이다.

물론 이 도식 자체도 맘에 안 들 수 있다. 이순신 장군을 예로 들면, 그분이 살던 때는 이 나라에서 예수의 존재를 알지 못하던 시절인데, 이런 구국 성웅이 그저 예수를 믿지 않았다는 이유로 이른바 '지옥'에 간다는 것은 지나친 처사 같다. 반대로 사람을 죽인 자도 예수만 믿으면 구원받을 수 있다는 주장은 앞뒤가 맞지 않아 보인다. 물론 할 말이 있다. 성경이 말하는 죄는 당신이 아는 그런 의미가 아님을 다시 한 번 확인하길 바란다. 게다가 조선에 전쟁의 정당성이 있었더라도 이순신은 조선인에게만 영웅일 뿐, 적에게는 사신(死神)이었다. 또한 한 가지 유념할 것이 있다. 기독교인들이 배타적 구원론을 주장하는 것은 계시이자 최종 권위로 받는 성경이 '예수'라는 길만 이야기하기 때문이다. 분명한 것은 하나님이 성경보다 크시다는 것이다. 그렇다면 하나님은 우리가 모르는 또 다른 구원 계획을 가지고 계실 수도 있다. 성경도 약간 생각해 볼 지점을 던지고 있다. 구원의 진리를 함축적으로 정리하고 있는 신약의 로마서는 "하나님을 알 만한 일"(로마서 1장 19절)을 자연 상태에 두

> 셨기에 변명할 수 없다고 말한다. 다만 그게 뭔지는 모른다. 그래서 기독교인은 유일하게 전달되고 알 수 있는 '예수' 외에 구원이 없다고 믿고 주장하는 것이다. 그리고 그것이 배타적이라는 반론은 사실상 무의미하다. 다만 이러한 자신의 신앙 고백을 남에게 강요하는 것은 대화의 태도 문제다. 고백과 전달을 분리해서 접근하자.

그렇다면 어디로 가는가

정리해 보자. 인간은 태생적으로 '죄'에 지배당하며 살아간다. 때문에 '죽음'의 그늘 아래 머물 수밖에 없다. 그래서 늘 단절을 경험한다. 최종 단절은 영혼의 단절일 것이다. 성경은 예수를 메시아로 믿는 것이 죄에서 벗어나 '선'에 맞닿을 유일한 방법이라고 소개한다. 죽음에서 해방되고, '생명' 아래 살게 되는 것이다. 본래의 하나님 형상이 살던, 끝이 없는 생명의 시간을 사는 것, 다른 말로 '영생'이다. 이것이 기독교가 말하는 '구원'의 의미다.

그런데 표현이 조금 이상하지 않은가? 구원은 사후 세계에 대한 이야기 아닌가? 천국에 들어가는 것 말이다. 이것은 분명 성경의 이야기다. 성경에도 '천국'이라는 말이 있지 않은가? 그렇다면 영생이라는 '시간' 외에 천국이라는 '장소'는 어디로 갔는가?

> ● '천국'이라는 말은 사실 사복음서 가운데 마태복음에만 나오는 표현이다. 나머지 복음서들은 '하나님 나라'라고 표현한다. 여기서 우리는 마태복음이 유대인을 위해 기록된 복음서임을 감안해야 한다. 유대인들은 십계명 중 "너희는 주 너희 하나님의 이름을 함부로 부르지 못한다"(출애굽기 20장 7절)는 제3계명에 따라 그분의 이름을 부르는 것을 신성 모독이라 여겼다. 그래서 'YHWH'라는 신성 사문자를 개발하여 '여호와'라고 했고, 그마저도 함부로 부를 수 없었기에 '하늘'이라는 단어로 대명사화하여 하나님을 불렀다. 때문에 유대인을 위한 복음서인 마태복음에서는 '하나님 나라'가 아닌 '하늘나라'라는 용어로 기록된 것이다. 그리고 이것이 우리말 성경에 '천국'으로 번역되었으며, 성경의 태반을 차지하는

> '하나님 나라'보다는, 사후 세계를 말하는 극락이나 천당의 개념이 반영된 '천국'이라는 말이 우리 입에 착 달라붙기에 더 널리 퍼졌다.

이 시점에서 성경이 말하는 '시간'에 대해 이해해야 할 듯하다. 신은 창조와 함께 시간이 존재하게끔 하신 분이기에 시간에 갇혀 있지 않으시다. 그렇게 만들어진 시간에는 당연히 '끝'이 없다. 그러나 죄의 결과 도래한 죽음은 시간을 단절시킨다. 개인의 시간도 단절되지만, 특히 죽음의 시간이 사는 곳을 '지옥'이라고 표현할 수 있겠다(여기서 '지옥은 어떤 곳일까?'라며 상상하는 것은 '천국은 어떤 곳일까?'라며 그 모습을 상상하는 것만큼 무의미하다. 분명 지옥에는 장소적 개념이 포함되어 있지만, 그럼에도 굳이 표현하자면 '빛과 어둠', '생명과 죽음', '있음과 없음'이라는 추상적 단어로 쓰는 것이 훨씬 나아 보인다. 성경이 구체적으로 그리고 있지 않은 것을 과도하게 이미지화하는 순간, 그 이미지에 갇혀서 성경을 보게 되기에 그렇다. 다시 떠올리자. 하나님은 미켈란젤로의 그림 속 백인 할아버지의 모습을 하고 계시지 않다는 것을!).

그런데 예수께서 오셔서, 죽음에 지배당하며 끝이 존재하는 시간과는 전혀 다른 시간이 있음을 선보이신다. 즉 처음에 하나님이 만드신 시간, 생명으로 가득하여 끝나지 않는 그 영생의 시간 말이다. 이 두 개의 시간은 함께 흘러간다. 다만 죄 아래 있는 시간은 결국 죽음으로 마무리된다. 완전한 생명이신 그분이 다시 오시는 날, 심판과 함께 사라진다. 이것이 우주 만물의 시간표다.

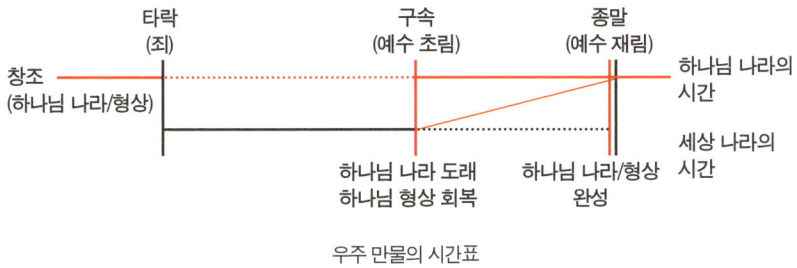

우주 만물의 시간표

2장_ 기독교인은 무엇을 믿는가

그렇다면 이제 '나'라는 개인의 시간으로 좁혀 보자. 저 거대한 물결 중간 어디쯤에 위치한 '나'. 인간에게 가장 확실한 한 가지를 꼽자면 단언컨대 '죽음'이기에, 나에게도 죽음은 반드시 찾아온다. 그러나 성경이 전하는 구원의 메시지를 받아들이고 그 시간에 올라탄 이들은 '생명'으로 나아간다. 그뿐 아니라, 그들은 지금 바로 이 땅에서 이미 새로운 시간으로 갈아탄 것이다. 성경의 구원 메시지를 받아들인 이들에게 육체적 죽음은 그저 큰 '쉼표'일 뿐이다. 예수와의 만남으로 새로운 시간이 시작되었고, 그 시간은 점점 생명력을 띠기 시작한다. 다시 말하지만, 2,000년 전에 시작된 하나님 나라의 시간선(線)에 올라탄 것이다.

그런데 '나'의 시간과 '세상'의 시간을 조합하다 보면 딜레마가 생긴다. 그리스도를 믿는 자가 아직 종말이 오지 않은 상태에서 죽으면 어떻게 되는가? 가톨릭교에서 언급하듯 연옥에 머물며 정화되는가? 더 맛있게 먹기 위한 고기 숙성과 같은 것인가? 이 부분에 대해서는 다양한 상상이 가능하다. '내'가 죽는 순간 마치 차원 이동처럼 종말의 시간과 잇닿을 수도 있고, 종말이 올 때까지 잠들어 있을 수도 있다. 그러나 어느 누구도 그 시간에 어떻게 되는지는 단언할 수 없다. 성경이 별로 말하지 않기 때문이다.

노파심에서 말하지만, 사후 세계의 의미로 언급되는 천국은 분명히 있다. 그런데 기독교인들이 그토록 빈번히 이야기하는 천국과 별개로, 사실 성경은 대부분 '지금', '여기'의 이야기로 채워져 있음을 기억해야 한다.

시간의 의미가 이해된다면, 이제 장소로만 여겨 온 천국의 개념이 확장된다. 아니, 온전해진다는 표현이 맞겠다. 사후 세계의 개념으로 떠올리는 천국은 그저 종말 이후의 시간에만 한정된 개념이자, '좋은 곳'이라는 의미의 극락 개념에 국한되기 때문이다. 떠올려 봤자 고작 파라다이스 정도다. 그것도 당신이 경험하거나, 매체를 통해 엿본 좋은 곳 그 이상을 떠올리지 못한다.

그런데 자신에게 한번 물어보라. 당신이 떠올리는 그곳에 가면 정말 좋을까? 좋을 것이다. 그러나 언젠가 지겨워지지 않을까? 이제 천국의 색을 물리적인 것에 한정하던 데서, 유무형 세계의 모든 것을 포함하는 자리로 바꿔 보자. 우리가 상상조차 할 수 없는 생명과 샬롬으로.

따라서 '예수 믿어 천국 간다'는 말은 '예수를 믿음으로 하나님 나라를 산다'라고 바꾸어 표현하는 것이 더 적합하다. 성경은 '하나님 나라에 가다'라는 표현뿐 아니라, '하나님 나라가 오다(도래하다)'라는 표현도 비슷한 빈도로 사용하고 있다. 이것만 봐도, 하나님 나라(천국)가 물리적 공간의 의미로 쓰이는 것이 아님을 알 수 있다. 천국이 공간적 의미라면, 죽어서 좋은 곳으로 가기는커녕 지구와 천국의 충돌로 우리 모두 골로 갈 수밖에 없다.

'나라'라는 말이 지닌 정확한 의미는 물리적 공간을 의미하는 영토가 아니라 '주권'이다. 즉 하나님 나라가 지닌 의미의 핵심은 '누가 주인인가?', '누가 통치하는가?'이다. 인간 스스로, 그래서 죄가 통치하는 것이 아니라 하나님이 통치하시는 자리라면 시공간을 초월하여 바로 그곳이 하나님 나라다. 즉 하나님 나라는 종말에 이루어지는 것이 아니다. 그때는 완성되는 것뿐, 예수께서 오심으로 이미 하나님 나라가 도래했고 시작되었다.

개인으로 좁히면 이렇게 표현할 수 있다. 예수를 믿는 사람이라면, 예수로 인해 이미 시작된 하나님 나라 시간에 잇닿아 오늘 여기에서 이미 하나님 나라를 살아간다. 그렇게 개개인이 (아직 완성되지 않은) 하나님 나라를 이미 살고 있고, 종말이 오기 전에 육체의 죽음으로 쉼표를 찍는다면 (완성된) 하나님 나라의 시간을 살게 된다. 즉 세상에는 예수께서 오심으로 하나님 나라가 이미 왔고 (종말에) 하나님 나라가 완성되며, 개인으로는 예수를 믿음으로 하나님 나라가 이미 왔고 죽음 혹은 죽음 이전에 맞이할 종말로 인해 완성된 하나님 나라를 살게 된다.

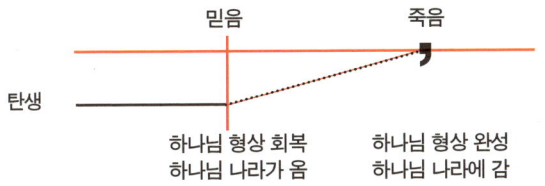

하지만 누가 봐도 이상하다. 하나님 나라고 뭐고 간에, 눈에 명확히 보이는 것은 그냥 우리가 사는 이 세상이고 하루하루의 일상뿐이기 때문에. 그렇다. 정체성이 바뀌었을 뿐, 아직 우리는 죄에 지배받는 시공간에서 자유롭지 못하다. 때문에 여전히 죄에 영향을 받는다. 그래서인지 예수께서는 자신으로 인해 도래한 (현재의) 하나님 나라가 '겨자씨'와 같다고 하셨다. 작고 볼품없다. 그러나 예수께서는 분명히 말씀하셨다. 그 겨자씨가 심겨 싹을 내면 (믿음이 시작된다면) 모든 풀보다 커져 크게 자라 큰 가지를 내고 새들이 깃들 일 정도가 된다고 말이다. 물론 그것은 나중 이야기다.

무엇보다 예수께서는 부활하신 후, 즉 '인간'으로서 당신이 해야 하는 일을 다 이루신 후, 다시 온전한 '신'의 자리로 돌아가시면서 유명한 대사를 남기신다. 나는 〈터미네이터 2〉의 명장면이 이 말씀의 오마주라고 생각한다. "I will be back"(사도행전 1장 11절 참조). 그 말씀이 이루어지는 그때, 하나님 나라가 완성된다. 생명만, 있음만, 존재만, 사랑만, 자유만, 누림만 있는 그때 그 자리다.

복음이란 무엇인가

'복음'이라는 단어를 많이 들어보았을 것이다. 그런데 복음이란 무엇인가? 눈치 챈 사람도 있겠지만, 사실 나는 이미 이 복음에 대해 다 설명했다. 우리가 지금까지 나눈 내용의 뼈대가 바로 '복음'(기쁜 소식)이다. 다만 이렇게 급마무리하면 안 될 듯하여, 우리네 정신 건강을 위해 다시 한 번 정리해 보겠다.

'하나님'이라 불리는 유일하신 절대자는 자신의 본성에 따라 더 많은 사랑을 누리고자 사랑의 파트너로 하나님의 형상을 '창조'하셨고, 자연스레 그들이 살아갈 터전, 즉 세상까지 만드셨다. 완전한 '하나님 미니미'이자, 하나님과 사랑하며 온전한 자유와 샬롬을 누리며 살던 존재. 그러나 인간은 하나님의 형상이라는 자신의 자리에 만족하지 못하고, 하나님처럼 되길 원했다. 이를 '타락'이라 부르고, 그로 인해 '죄' 아래 머물게 되었다. 이런 비유가 적절해 보인다. 지구와 태양의 위치가 바뀐다면 어떻게 될까? 상상할 것도 없다. 나와 당신은 이미 존재하지 않을 것이기에. 지구는 태양의 빛을 받아 에너지화하고 이를 반사할 뿐, 빛을 발산하지 못한다. 즉 존재할 수 없다. 죽음이다. 그런데 이런 말도 안 되는 구도를 인류는 꽤 오랫동안 사실로 믿어 왔다. 즉 천동설(지구가 중심에 있고 태양이 지구 주위를 돈다는 믿음)이 진실인 줄 알았던 것이다. 그러나 코페르니쿠스의 제안과 갈릴레오 갈릴레이의 확증으로 말미암아 진실은 오히려 정반대임을 깨달았다. 그동안의 믿음과 달리 지동설(태양이 중심에 있고 지구가 그 주위를 돈다는 믿음)이 진실이었던 것이다.

마찬가지로 인간은 기본적으로 천동설적 믿음을 갖고 살아간다. 즉 자신이 왕이다. 신분제를 의미하는 것이 아니라, 언제나 자신을 중심에 두고 그에 따라 이해하고 해석하며 판단한다는 뜻으로, 이를 '죄'라 부른다. 그래서 인간은 모두 '죄인'이다. 때문에 결코 '선'을 달성할 수 없다. 신이 가지고 있는 선의 기준을, 자신이 가지려 하기에 불가능한 것이다. 그래서 인간에게는 단절과 결핍의 총아인 '죽음'만이 기다린다. 인간은 누구도 죽음에서 벗어날 수 없다. 모든 인간은 죽음에 이르는 병을 앓고 있는 것이다.

그래서 메시아(그리스도) 예수께서 오셨다. 인간은 하나님께 도달할 수 없기에 하나님이 인간에게 오신 것이다. 예수께서는 언행을 통해 하나님이 어떤 분인지 알리셨다. 나아가 원초적 문제, 즉 인간으로 하나님께 도달하지 못하게 만든 그 문제를 해결하셨다. 죽음으로 '죄'의 대가를 지불하신 것이다. 그래서 '복음'이다. "이미 그분이 다 이루셨다, 승리했다"는 이 기쁜 소식(복음)은 그저 들려오는 것이기에.

복음을 믿는다는 것을 축약하면, '나사렛 출신 예수라는 사람이 바로 그 예언된 메시아임'을 믿는 것이라고 말할 수 있다. 즉 자신이 성경에서 말하는 그 죄인 된 상태임을 인정하고(회개), 그분이 온 세상의 구원자이자 주인이심을 믿는 것(영접)이 기독교에서 말하는 신앙이자 믿음이다. 이는 얄팍한 동의가 아니라, '내'가 아닌 '하나님'이 중심임을 받아들이겠다는 강렬한 의지다. 더는 천동설적 믿음이 아니라, 만물의 진실인 지동설적 믿음으로 돌아서겠다는 결단이다. 이를 온전히 믿는다면 당연히 '돌이킴'(회심)이 일어난다. 정체성이 전환되는 것이다. 이제는 그분이 주인이시기에, 나의 시공간이 아니라 하나님의 시공간 아래 살아간다. 하나님의 통치 아래 살아간다는 고백 아래, 하나님 나라를 현재적으로 사는 것이다. 이것이 끝이 아니다. 이들은 훗날 예수의 재림의 날과 함께 마주할 '종말'을 소망한다. 종말은 끔찍한 날이 아니다. '완성'되는 날이다. 죽음과 없음과 어둠이 사라지고 오직 생명과 있음과 빛으로만 충만한 날이다. 그렇게 도달하는 곳이 '천국', 즉 하나님 나라다.

결국 다 '믿음'의 이야기다. 이를 실체 없는 것에 대한 맹신으로 치부할 수도 있다. 그러나 할 말은 있다. 당신은 지구가 둥글다는 것과 태양 주위를 돌고 있다는 사실을 어떻게 확신하는가? 직접 우주로 나가서 보았는가? 아니면, 물리학을 전공하여 계산하였는가? 그러지 않았음에도 어떻게 확신하는가? 과학자들의 연구와 증언을 신뢰하기에 사실로 받아들이는 것이다(물론 무슨 말인지 못 알아듣기에 그저 믿어 주는 것일 수도 있지만 말이다). 관찰이든 논리적 계산이든, 그것이 사실임을 직접 확인한 사람은 아주 소수다. 사실 대부분은 '믿는' 것이다.

마찬가지다. 성경의 이야기 역시 '믿음'의 영역이다. 눈으로 직접 확인할 수 없다. 특히나 물리적 영역과 달리 실측이 불가능하다. 그러나 증거는 차고 넘친다. 수식적 증거를 말하는 것이 아니다. 복음의 메시지를 믿은 이들이 보인 삶의 전환이 그 증거다. 죽음의 문화에 시달리며 수많은 결핍과 고통을 호소하던 이들이 예수를 메시아로 받아들이고 난 뒤 보인 수많은 변화가 바로 그 증거다.

내가 뭔가 하지 않았는데도 이루어진 일이 들려오면, 진심으로 믿고 받아들이면 된다. 그래서 기독교 신앙은 굉장히 쉽다. 그러나 또 동일한 이유에서 믿는 게 굉장히 어렵다. 쉬운 이유는 당신이 해야 하는 것이 없기 때문이고, 반대로 어려운 이유는 우리의 본성이 늘 '나'를 중심에 두기 때문이다. 그렇기에 하나님을 중심에 두는 것, 주인으로 받아들이는 것이 참으로 어렵다.

그런 면에서 기독교는 종교로 분류되지만, '믿다', '신앙하다'라는 의미가 여타 종교에서 말하는 것과는 많이 다르다. 기본적으로 (고등) 종교가 성립하려면 믿음의 대상과 경전, 교리가 필요하다. 그런 의미에서 이와 같은 구색을 갖춘 기독교는 종교로 분류된다. 그러나 믿음의 구조는 확연히 다르다.

일반적인 종교는 'how'(방법)의 이야기를 다룬다. '내가' 믿는 것이다. 그래서 내가 '무엇을 믿는지, 어떻게 믿는지, 무엇을 행해야 하는지, 무엇을 달성해야 하는지'가 중요하다. 결국 '나'의 문제. 때문에 굳이 믿음의 대상을 방대하게 설명하지 않아도 된다. 그러나 기독교 신앙은 다르다. 당신이 '선'을 이루는 것은 불가능하기 때문에 그리스도이신 예수께서 당신이 해야 할 과업을 이미 다 이루셨다고 말한다. 다시 말하지만, 이미 이루셨다는 이야기가 바로 '기쁜 소식'이다. 기독교에서 '믿는다'는 말은 그 기쁜 소식이 나에게 전달되고 들려올 때, 그것을 '받아들인다'는 것이다. 그래서인지 성경 메시지는 끊임없이 'who'(대상)의 이야기로 돌아간다. '그분이 어떤 분이고, 무슨 일을 하셨는지'를 언급한다. 그것이 본질이다. 그 일을 하셨다는 것과, 하신다고 약속하신 바를 믿으면, 모든 것이 이루어진다. 때문에 기독교를 믿는 데 있어 언급되는 'how'는 모두 권면이지 필수는 아니다.

복음의 의미는 알겠는데, 복음을 믿는다는 것이 잘 다가오지 않을 수 있다. 그래서 '복음'이라는 말 자체를 떠들어보며 이 장을 마무리하려 한다. 사실 이 단어만큼 복음을 믿는 것의 구도를 잘 설명하는 것도 없어 보인다. 복음은 그리스어로 '유앙겔리온'이다. 이 단어는 로마군에서 기원한다. 크고 작은 전쟁이 일상이던 그 시절, 전장의 승패를 전하는 일은 언제나 전령의 몫이었다. 그 전령이 전쟁(전투)에서 승리했다는 기쁜 소식을 본국에 알리던 것이 '유앙겔리온'이라는 단어의 유래다.

그 유명한 율리우스 카이사르(Julius Caesar[가이사], BC 100-BC 44)의 전쟁을 예로 들어 보자. 카이사르가 로마 전역에 자신의 이름을 확실히 새긴, 아니 경쟁자들보다 한 발 앞서게 만든 사건이 있다. 바로 갈리아(프랑스) 원정(BC 58-BC 51년)의 성공이다. 로마가 제국으로 발돋움하기 전, 완전 무너질 뻔한 사건이 하나 있었다(카르타고의 한니발을 떠올리겠지만, 아니다. 그때도 큰 곤욕을 치렀지만 어쨌든 그 전쟁은 로마의 승리로 끝났다). 최종 패배를 떠나 완전히 박살 나서 아예 지도에서 지워질 뻔한 사건이 있는데, 바로 갈리아 침공(BC 390년, 알리아 전투)이다. 갈리아 침공으로 로마 시까지 완전히 털렸으나, 결국 굴욕적인 양보를 통해 국가가 겨우 존속할 수 있었다. 즉 갈리아는 로마인에게 엄청난 트라우마를 안겨 준 땅이자 민족이다. 그래서 누구도 그 땅으로 확장할 생각을 하지 못했다. 그런데 카이사르는 경쟁자들보다 뒤쳐진 자신의 정치 기반을 확고히 하기 위해 일종의 도박을 걸었다. 갈리아를 침공한 것이다. 그리고 승리하였다.

하지만 과정은 참혹했다. 홈경기가 아니라 원정 경기인 것도 문제였지만, 군사 수나 보급 수준도 갈리아군에 비할 바가 아니었다. 그래서인지 대단한 용병술을 뽐내던 카이사르도 이 정복 전쟁에 엄청 애를 먹었다. 당연히 로마 시민들은 처음부터 이 전쟁에서 승리하리라고 예상하지 않았다. 오히려 왜 가만히 잠자고 있는 사자의 코털을 건드리나 싶고, 패배했을 때의 보복이 두려웠다. 다시 말하지만 로마인에게는 '갈리아 트라우마'가 있었기에. 게다가 멀고 먼 그 땅에서 전령을 통해 연이어 전달되는 소식들은 암울하기만 했다. 특히 최후 전투, 그 양상은 처참했다. 앞뒤로 포위당하고 보급도 끊겼다. 적군의 수도 훨씬 많았다.

전령들에게 계속 이런 '나쁜 소식'을 받아 온 로마 시민들은 어떤 마음으로 살아갔을까? 당신이 그 당시를 살던 로마 시민이라면 어땠을 것 같은가? 최후 전투에 패배한 뒤, 보복하기 위해 야수처럼 내달려 오는 갈리아군의 침공 장면을 상상하지 않았을까?

그러던 어느 날, 새로운 전령이 도착한다. 그리고 외친다. "우리가 적군에게 최종 승리했다! 더 이상 위협은 없다!" 이러한 '기쁜 소식'(유앙겔리온)이 전달되었다. 그런데 문제가 있다. 아직 승리한 군대는 코빼기도 보이지 않는다. 도달한 것은 고작 단 한 사람을 통해 전달된 '소식', 그리고 그 소식이 담긴, 대장군의 인장이 찍힌 문서뿐이다.

전달된 이 복음 앞에 사람들의 반응은 크게 두 가지로 갈린다. 믿는 것과 믿지 않는 것. 어떤 이들은 아직 내 눈앞에 승리의 증거가 도달하지 않았지만, 전령의 메시지를 '믿음으로' 받아들여 그날부터 이미 승리가 도래한 것처럼 살아간다. 실제 승리군 본영이 귀환하여 전리품을 나누는 날(종말)까지는 간혹 긴가 민가 할 수도 있고 그 전쟁터의 승리가 당장 내 살림살이와는 관계없지만, 어쨌든 믿고 그날을 기다린다. 반면, 어떤 이들은 '믿지 않는다.' 출발할 때부터 가망 없는 전쟁이었고, 지금껏 계속 패배했다거나 반드시 질 것 같은 소식만 들어 왔는데, 그 모든 조건을 넘어 단 한 방에 승리했다는 사실이 믿기지 않는다. 오히려 본토를 공격하려는 적의 기만술로 느껴진다. 경계를 풀면 대거 침입할 것 같다. 이 소식이 '기쁨'이 아니라 두려움과 공포를 자아내는 '나쁜 소식'으로 들린다. 그래서 어떻게든 자기 살길을 찾느라 혈안이 된다. 심지어 도망갈 수도 있다. 이것이 '복음'(기쁜 소식)에 반응하는 두 가지 모습이다. 시대를 초월하여 복음 앞에 선 모든 이가 맞닥뜨리는 두 가지 구도이기도 하다.

소식이 담긴 문서(성경)와, 그 소식을 전하는 전령(전도자)의 메시지는 확고하다. 죄의 지배를 이겨 본 적 없는 인간, 그래서 벗어날 수 없다고 예측하는 것이 당연한 이 상황. 그러나 예수께서 오심으로 불가역적인 최종 승리가 이루어졌다. 이것이 복음이다. 이 복음을 믿으면, 그가 누구든 하나님 나라를 산다. 즉 '영원한 생명'을 얻는 것이다.

참고 도서 및 추천 도서

- 김세윤, 「복음이란 무엇인가」, 두란노 펴냄, 2003
- ____, 「구원이란 무엇인가」, 두란노 펴냄, 2011
- 김용규, 「신」, IVP 펴냄, 2018
- 김형국, 「풍성한 삶으로의 초대」, 비아토르 펴냄, 2017
- ____, 「풍성한 삶의 기초」, 비아토르 펴냄, 2017
- 그레고리 비일, 「성전 신학」, 새물결플러스 역간, 2014
- 레슬리 뉴비긴, 「죄와 구원」, 복있는사람 역간, 2013
- J. 리처드 미들턴, 「새 하늘과 새 땅」, 새물결플러스 역간, 2015
- 마이클 버드, 「주 예수의 복음」, 새물결플러스 역간, 2017
- 마커스 보그, 「기독교의 심장」, 한국기독교연구소 역간, 2009
- 스캇 맥나이트, 「예수 왕의 복음」, 새물결플러스 역간, 2014
- ____, 「예수신경」, 새물결플러스 역간, 2015
- ____, 「하나님 나라의 비밀」, 새물결플러스 역간, 2016
- 조지 래드, 「하나님 나라」, CH북스 역간, 2016
- 존 스토트, 「기독교의 기본 진리」, 생명의말씀사 역간, 2009
- 크리스토퍼 라이트, 「하나님의 선교」, IVP 역간, 2010
- 톰 라이트, 「마침내 드러난 하나님 나라」, IVP 역간, 2009
- ____, 「이것이 복음이다」, IVP 역간, 2017
- 팀 켈러, 「팀 켈러의 내가 만든 신」, 두란노 역간, 2017

3장

성경은 만들어졌다

이 메시지들이 정경이 되기까지

1장에서는 기독교의 A부터 Z라 말할 수 있는 성경의 내용을 나누었다. 이 지점에서 우리가 알아 두면 좋을 용어가 하나 있다. 바로 '특별 계시'다. 우리가 지금까지 나눈 성경의 내용을 가리켜 후대 신학자들은 특별 계시라 이름 붙였다. 그냥 '성경'이라고만 하면 되지, 왜 이런 독특한 표현을 썼을까? 그리고 무슨 뜻일까?

직관적으로 알 수 있듯 특별 계시는 '특별'과 '계시'라는 단어의 조합어다. 우선 '계시'(啓示)라는 단어를 보자. 이 단어의 사전적 의미는 "사람의 지혜로는 알 수 없는 진리를 신(神)이 깨우쳐 알게 함"(국립국어원 표준국어대사전)이다. 이 개념을 이해하기 위해서는 선행되어야 하는 논리가 있다. 어떤 신이 있다고 치자. 그런데 신이라 불리는 이 존재가 정확히 어떤 존재인지, 무엇을 하려 하는지 알 수 있다면, 그 대상은 정말 신일까? 당연히 '아니다.' 인간인 우리에게 파악되는 그런 무능한 존재는 결코 신이라 불릴 자격이 없다. '인간에게 파악당하는 신'이란 '동그란 세모'처럼 모순적인 개념이다. 때문에 초월적인 신이 진정 존재한다면, 그리고 인간이 그 신에 대해 알고자 한다면, 방법은 단 하나다. 그 신이 어떤 방법으로든 자신을 인간에게 먼저 알려 주는 것. 그렇게 신이 인간에게 자신을 드러내어 알리는 것을 가리켜 '계시'라

한다. 그렇다면 계시는 어떠한 방식으로 이루어지는가? 가능성은 무궁무진하다. 당연하지 않은가? 신인데 뭔들 못하겠나? 나타날 수도, 보여 줄 수도, 들려줄 수도, 기적을 행할 수도 있다.

그런데 성경은 그냥 계시가 아닌, '특별'한 계시란다. 계시 자체가 특별한 것 아닌가? 더 특별할 게 있나? 더 특별할 게 있다. 하나님이 그저 인간의 삶에 신비하게 개입하는 정도를 넘어 '본인이 어떤 분인지', '세상은 어디서 와서 어디로 가는지', '인간은 어떤 존재인지', 무엇보다 '인간이 구원받는다는 것은 무엇이고, 어떻게 구원을 얻을 수 있는지'와 같은 '특별한 메시지'를 담고 있다는 점에서 특별하다. 우리가 흔히 쓰는 말로 이 특별한 메시지를 가리켜 '진리'라고 할 수 있다. 그래서 특별하다.

> ● 사실 성경만이 '특별 계시'는 아니다. 하나가 더 있다. 성경이 처음부터 끝까지 가리키는 방향, 바로 '예수 그리스도'다. 그래서 '성경'과 더불어 '예수'를 '특별 계시'라 부른다.
> 예수가 특별 계시인 이유는 그분 자신이 '진리' 그 자체이시기 때문이다. 기독교의 신앙 고백대로라면 예수께서는 유일한 구원자로, 진리 그 자체이자 진리를 이루는 분이다. 또한 인간은 하나님을 절대 알 수 없다고 하였으나, 역시나 기독교 신앙 고백대로라면 그분이 하나님 본인이시기에 그분의 모든 언행 자체가 하나님을 알려 준다. 그래서 특별 계시다.
> 자, 여기서 눈치가 빠른 독자라면, '특별'이 있으니 당연히 '일반'도 있으리라 생각할 것이다. 이는 이 책 중간에 자리한 'Intermission'에서 다루겠다.

특별하다고 말할 때는 이유가 있겠지_ 특별 계시

특별 계시의 정의를 따라가다 보면, 다음과 같은 논리적 결론에 이른다. '고로 성경은 하나님에게서 온 것이다.' 성경에는 예수의 언행을 제외하고도 "하나님이 말씀하셨다", "주의 영이 임하여", "하나님이 이르시되" 등 하나님이 직접 메시지를 주셨음을 알리는 표현이 꽤 등장한다. 그러나 직접 말씀하셨다는 그 구절들만이 계시는 아니다. 그래서 이 구절이 매우 중요하다. "모든 성경은 하나님의 영감으로 된 것으로서"(디모데후서 3장 16절). 여기서 '하나님의 영감'이란, 간단하게 말해서 모든 성경(내용)은 하나님이 주관하셔서 작성된 것이라는 뜻이다.

그런데 좀 이상하지 않은가? 성경이 신의 계시인 근거를 성경 안에 기록된 구절에서 찾는 것 말이다. 순환 논리 같다. 게다가 이 주제에 조금이라도 관심 있는 사람이라면 들어 봤을 것이다. 성경은 어느 날 갑자기 하나님이 떡 하니 주신 것이 아니라 수천 년간 수많은 사람을 통해 기록되었으며, 성경 목록 또한 처음부터 정해진 것이 아니라 지금의 목록에 이르는 역사적 과정을 거쳤다는 사실 말이다. 그렇다면 사람이 기록한 책 속 구절들을 근거로 "이것은 계시가 맞다!"고 들이미는 것은 논리도, 감동도 없어 보인다. 아무리 봐도 억지스러운 순환 논리 같다. 그러나 오해하지 말자. 그리스도인이 성경을 계시라고 받아들이는 것은 성경 구절들 때문이 아니니.

이해를 돕기 위해 여기서부터 시작하는 것이 좋겠다. 누군가 성경 내용을 접한다. 그 내용을 무의미하게 여기는 이들도 있지만, 개중에는 그렇게 우연히 접한 성경 메시지를 통해 자기 인생을 돌이킨 이들도 있다. 이렇게 이미 변화를 경험한 이들은 성경의 나머지 내용이 '진리'일 것이라는 내적 확신으로 성경을 마주하고 읽게 된다. 그런데 그 성경은 "모든 성경이 하나님의 영감(감동)으로 된 것"이라는 결정적 증언을 포함하여, 하나님이 계시하셨다는 내용들로 가득하다. 때문에 "성경은 진정 계시다"라고 고백하며, 이를 계시의 근거로 설명하는 것뿐이다. 즉, 성경이 특별 계시라는 명제가 참이냐 거짓이냐를 가르는 것은 '팩트'의 문제가 아닌, 성경 메시지를 대하는 이의 '믿음'의 문제인 것이다. 이미 그 효험(?)을 경험한 내부자(?)에게는 더할 나위 없이 훌륭한 근거지만, 믿음이 부재한 이에게는 계시의 근거로 강제할 수 없다. 아니, 그 전에 '계시'라는 것 자체가 우선 신이 존재함을 믿는 이들에게만 통용될 수 있는 논리라는 것을 잊지 않았으면 한다.

그렇다면 성경은 어떻게 기록된 것일까? 이 순간, 당신의 머릿속에는 자연스레 이런 이미지가 떠오를 것이다. 하나님이 직접 말씀하신다. 그러면 책상에 앉은 한 인간이 손에 땀이 나도록 일점일획 그대로 받아 적는다. 어떠한가? 실제로 그렇게 기록되었다면 굉장히 깔끔하겠지만, '하나님의 영감으로 기록되었다'는 말, 즉 하나님이 기록을 주관하셨다는 것은 그런 의미가 아니다. 앞선 이미지를 가리켜 '기계적 영감'이라고 하는데, 아쉽게도 그것은 이슬람의 경전 꾸란의 이미지다(물론 성경의 일부 내용, 즉 구약의 '율법' 같은 경우는 그런 이미지에 부합한다). 이런 식이다. 알라의 전령인 대천사 가브리엘이 무함마드에게 지속적으로 계시를 전달한다. 무함마드는 이를 그대로 암기하여 집으로 돌아가, 그의 친구에게 구술한다. 그러면 친구가 이를 받아 적는다. 꾸란은 그런 방식으로 작성되었다고 한다. 무함마드가 직접 적지 않은 이유는 문맹이기 때문이다. 어찌되었든 이처럼 꾸란은 거의 기계적으로 받아 적은 것이기에 온전하고 순수한 계시라고 주장한다.

> ● 여기서 질문! 어쨌든 무함마드는 바로 그 자리에서 받아 적지 않았는데, 그렇다면 천사의 긴 계시를 나중에 친구에게 구술할 때까지 어떻게 기억할 수 있었을까? 정곡을 찌르는 이 질문에 이슬람은 특별한 예언자 무함마드에게 주어진 신비적 지혜 때문이라고 답변한다. 즉 알라가 신비의 기억력을 주신 것이다.

자, 백지 상태에서 계시의 의미를 처음 접한 사람이라면, 성경과 꾸란의 기록 과정 중 어느 것이 더 계시에 어울린다고 생각할까? 직관적으로 꾸란이 '계시'라는 말에 훨씬 어울린다는 것을 부정할 수 없다. 가끔은 성경이 차라리 꾸란처럼 기계적으로 기록되었다면 어땠을까 하는 생각이 든다. 신비로운 이미지를 얻는 것은 덤이요, 무엇보다 이렇게 구구절절 설명하지 않아도 되니까. 얼마나 간단한가? '하나님이 직접 귀에다 들려주시고 받아 적었다. 끝.'

성경 이야기를 하다가 갑자기 웬 꾸란인가 싶겠지만, 성경과 꾸란의 차이를 살피는 것은 성경의 계시성을 이해하는 데 도움이 된다. 조금만 더 깊이 생각해 보자. 신이 직접 종이에 기록하지 않는 이상, 듣고 기억하고 기록하는 과정은 어쩔 수 없이 사람의 손을 탈 수밖에 없다. 그런데도 사람의 개입을 어떻게든 배제하고 도리어 계시의 순수성을 드러내기 위해 또 다른 신비(신비의 기억력)를 끌어오는 이슬람의 관점과, 반대로 인간의 역할이 어느 정도 있었음을 인정하되 그들의 개입과 자율성을 존중하며 모든 과정을 하나님이 주관하셨다고 바라보는 기독교의 관점. 무엇이 더 합리적인가? 선택은 당신의 판단에 맡긴다.

이처럼 성경과 꾸란이 말하는 계시성의 근거는 정반대다. 꾸란은 보다 신비적이고, 성경은 보다 현실적이다. 물론 꾸란의 경우 신이 존재한다는 믿음 정도만 있다면 그것이 계시임을 쉽게 받아들일 수 있으나, 성경이 계시임을 받아들이려면 신이 존재한다는 믿음을 넘어, 그 신이 살아 있고 내 삶에 영향을 끼친다는 확신이 있어야만 한다. 그러한 개인적 확신이 있는 이라면, '성경의 인간 저자'(이를 '기록한 자'라는 의미에서 '기자'라고 표현하겠다)가 지닌 인간적 요소까지 하나님이 주관하셔서 역사하셨다는 데 동의하는 것은 그리 어렵지 않을 것이다. 이미 성경 내용, 즉 메시지가 내 안에 영향을 끼치고 있기 때문이다. 나아가 그런 신이라면, 저 멀리 동떨어져 있지 않으시고 내 삶 가운데 함께하며 돌보실 것을 기대할 수 있다.

성경은 책이다

그렇다면 성경은 무엇인가? 지금까지 나눈 맥락에 따라 '특별 계시'라고 답했을 거라 짐작된다. 아니다. 성경은 '책'이다. 이상한가? 아니, 책 맞다. 당신의 두 눈으로 성경을 지긋이 살펴보라. 누가 봐도 '책'처럼 생기지 않았는가? 사실 성경의 영어 표현인 'bible' 자체가 헬라어 '타-비블리아'(책들)에서 기인했으며, 이 헬라어 역시 히브리어 '하-서파림'(책들)의 번역이다. 그러니 책을 '책'이라 하는 것이 뭐가 문제인가? 성경 66권에는 각 권을 작성한 인간 기자가 있고, 심지어 일부에는 기자가 누구인지도 기록되어 있다. 또한 읽어 보면 알겠지만, 가끔은 기자가 자신의 개인 이야기를 하는 것처럼 느껴질 때도 있을 정도다. 그렇다. 성경은 인간이 펜을 들어 종이에 기록한 글이자, 그 글의 모음인 '책'이다.

> **● 성경 vs 성서**
> 이 책을 부르는 두 개의 이름이 있다. 일반적으로 이 책의 계시성을 강조하는 보수적인 그리스도인들은 '성경'이라는 표현을, 반면 이는 단지 책이며 그 내용에 대해서도 사적이고 자유로운 해석과 비판적 접근을 강조하는 진보적 그리스도인들은 '성서'라는 표현을 사용한다. 물론 지금에서야 이 두 표현에 서로 다른 의미를 부여할 수 있으나, 사실 이 둘의 출발점은 그저 우연일 뿐이었다.
> 처음 우리말 성경은 국외에서 번역 작업을 끝낸 채 들어왔다. 각기 다른 두 방향에서 들어왔는데, 중국에서는 이 책을 '성경'이라는 제목으로 번역하여 전달하였고, 일본에서는 '성서'라는 제목으로 번역하여 전달하였다. 그래서 이 책을 가리키는 두 개의 명칭이 주어졌고, 어느새 앞서 말한 의미들로 고착화되어 사용되고 있는 것이다. 본 책에서는 한국 교회 성도 대부분이 '성경'이라 부르기에, '성서'가 아닌 '성경'이라고 표현하겠다.

성경은 66권 책들의 합본이다. 가톨릭교회와 동방 정교회, 성공회 등의 성경은 권수가 조금 더 많다(뒤에서 이야기하겠다). 가장 먼저 기록된 것은 이른바 모세가 썼다고 알려진 모세오경(창세기, 출애굽기, 레위기, 민수기, 신명기)으로, 그 저작 연대는 BC 1300-BC 1400년경으로 추정되며, 가장 마지막에 기록된 요한계시록은 저작 연대가 90년경으로 추정된다. 성경 66권은 장장 1,500년 동안 무려 40여 명의 인간 기자를 통해 기록된 셈이다.

이쯤 되면 헷갈리기 시작한다. 성경은 계시인가, 책인가? 간단히 말하자면, 둘 다 맞는다. 그렇다면 성경은 어떻게 책이면서, 동시에 계시일 수 있는가? 이렇게 생각해 보자. 신과 인간은 당연히 같지 않다. 신은 신이고, 인간은 인간이다. 그러나 신과 인간은 각자의 역할을 토대로 합력할 수 있다. 때문에 둘 다 맞고, 둘 다 가능하다. 다만 원저자인 하나님이 강조되면 '계시'이고, 인간 기자가 강조되면 '책'이다. 더 명확하게 알기 위해 우리가 구분해야 할 것은 하나님과 인간이 아니라, '메시지'(성경의 내용)와 '성경 책'(성경의 형식)이다. 성경을 책으로 보면 66권의 합본이요, 수많은 기자가 있다고 말할 수 있다. 그러나 성경을 메시지로 보면 단 하나의 특별 계시요, 하나님만이 유일한 저자라고 표현할 수 있다.

이 두 개념의 구분은 매우 중요하다. 이를 '따로 또 같이' 바라보지 못한다면 매우 혼란스러워진다. 어떤 이들은 메시지에 대한 열심을 책에 대한 열심과 동일시한다. 그래서 성경 책과 그 안의 문자를 건드리는 것을 신성 모독으로 여긴다. 이것은 이슬람적 사고다. 실제로 기독교 역사를 살펴보면, 지금까지 이 책을 엄청나게 건드렸음을 금세 알아차릴 수 있다.

개신교인들이 죽고 못 사는 종교 개혁자 루터를 한 예로 소환해 보자. 그는 룻기와 에스더서가 이 메시지에 전혀 영양가를 제공하지 못한다고 여겼다. 그래서 이 두 권이 성경에 포함된 것은 선배들의 오류일 것이라는 의문을 품었다. 더 경악할 만한 사실은 "야고보서는 지푸라기 서신"이라고 대놓고 말한 전력이다. 야고보서가 성경 전체 메시지에 위배되는 뉘앙스를 풍긴다고 생각했기 때문이다. 어쩌면 신성 모독적 발언을 남긴 것 같은 루터. 그러나 그는 '책'을 물고 뜯고 씹으며 열심히 공부하여 얻어 낸 '메시지'에 집중했기에 종교 개혁의 불을 댕길 수 있었다.

그렇다. 성경은 특별 계시이자 책이다. 그리고 특별 계시의 내용, 즉 메시지를 더 분명히 알려면 이 책을 충분히 물고 뜯고 씹어야 한다. 그럴 때 그 의미가 더 분명해지고, 그럴 때 그 내용의 계시성을 더 인정하게 된다. 물론 어떤 이들은 처음부터 이것이 담고 있는 메시지의 존재를 인정하지 않고, 책으로만 바라보며 물고 뜯고 씹으려 한다. 그러면 무엇이 남을까? 하나님의 메시지를 자기의 메시지로 대체하여 읽는 것밖에 남지 않는다. 거기에는 분석의 재미는 있을지언정, 그 어떤 의미도 없다. 메시지가 제외된 성경은 저 먼 중동의 사막 신을 위한 헌정서이자, 과학 문명 시대에 시의성 제로인 신화로 범벅 된 옛날 책일 뿐이다.

자, 이제 메시지와 책이 따로 또 같이 할 수 있음을, 때문에 하나님이 인간을 주관하셔서, 즉 영감시키셔서 기록하게 하신 구도를 이해할 수 있겠는가? 다시 말하지만, 이는 우선 믿음의 문제다. 이 믿음을 전제로 윤곽이 그려진다면, 이제 그 윤곽 안에 다양한 색을 칠해 보자. 지금부터는 66권이 어떤 과정을 거쳐 기록되었고 성경에 포함되었는지를 구체적으로 나누어 보겠다. 각 권이 기록된 데도 인간을 통한 과정이 있지만, 66권으로 확립된 것도 과정이 있다.

주어진 때와 기록된 때가 다르다_ 구약 정경 형성사

성경은 크게 두 부분으로 나뉜다. 앞에 수록된 것을 구약, 뒤에 수록된 것을 신약이라 한다. 이는 시대적 구분과도 일치하나, 그렇게 구분한 기준은 시대가 아니라 '주제'이고, 이 둘을 가르는 결정적 변곡점이 등장했기에 나뉜 것이다. 우선 구약(舊約)이라는 한자어는 풀이하면 '옛 약속'이다. 그렇다면 당연히 신약(新約)은 '새 약속'일 터. 이 말은 예레미야서에 "새 언약을 세우겠다"(31장 31절)고 한 예언에서 가져온 것이다. 그리고 '새 약속'의 대조어로 '옛 약속', 즉 구약이라는 말이 탄생했다.

그렇다면 이 둘을 가르는 결정적 변곡점이란 무엇일까? 간단하다. '예수'다. 예수 이전까지 내용을 구약으로 편성하고, 예수부터 그 이후 내용은 신약으로 편성한 것이다. 그래서 다음과 같은 맥락에서 구약과 신약의 의미를 이해할 수 있다. 기독교(그리스도교)는 예수가 메시아(그리스도)임을 믿는 종교이기에 메시아가 오실 것이라는 약속이 '옛 약속'이고, 예수의 도래로 옛 약속이 이루어진 후, 그 메시아가 세상을 떠나시면서 다시 오겠다고 하신 약속이 '새 약속'이다(그래서 유대교 경전에는 '신약'이 없다. 아직 메시아가 오지 않았기 때문이다).

'구약', '신약'이라는 용어는 170년경부터 교부들의 글에서 사용되었는데, 이 용어가 매우 본질적이고 입에 착착 붙는지라 이내 성경의 두 부분을 가리키는 고유 명사로 자리매김되었다(공식적으로는 라오디게아 공의회[360년경]의 〈규범〉에 기록되었다).

> ● 교부(敎父, Father of the Church)는 초내 교회 때 활동한 지도사들로, 기독교의 사상적 기초를 닦고 체계화한 인물들이다. 당대에 불리던 특정 직분의 명칭은 아니고, 후대에 그들에 대한 존경의 의미를 담아 '교부'라 불렀다. 이들은 대부분 예수의 제자(사도)의 제자(속사도)거나, 그들의 제자였다. 때문에 이들이 올바른 기독교 믿음에 대한 이해와, 교회 안에서의 권위를 가지고, 기독교 신앙의 교리(우리가 믿는 바) 정립과, 나아가 신약 성경 목록의 정립을 주도했다고 볼 수 있다.

이러한 구약과 신약 내용을 합쳐 '성경'이라 부르는데, 성경을 가리키는 다른 표현으로 '정경'(正經)이 있다. 생소한 단어일 것이다. 이번 장에서 다루는 이른바 '정경 형성사'를 논할 때만 쓰이는 용어이므로 신학을 공부하지 않는 이상 들을 일도, 쓸 일도 없기 때문이다. 그래도 기독교인들의 신앙적 기준이자 전부인 성경이 어떻게 우리 손에 왔는지에 대한 내용이므로 꼭 알아야 한다. 나중에 누군가에게 급작스레 허를 찔려 신앙의 흔들림을 경험치 말고 지금 알아 놓자.

'정경'이라는 단어는 라틴어 'Canon'에서 왔으며, 이는 '표준'이라는 뜻이다. 즉 정경이란 '표준이 되는 성경'을 뜻한다. 앞선 맥락과 연동하여 풀어 설명하면, 정경이란 '표준이 되는 메시지, 즉 누구에게나 어떤 상황에서나 적용될 수 있는 성경의 메시지를 품고 있는 책'이라 할 수 있다.

그렇다면 표준이 아닌 성경도 있을까? 있다. 그것을 '바깥 외'(外) 자를 써서 '외경'이라 부른다. 메시지가 포함되어 있기는 하지만, 지나치게 개인적이거나 지엽적이어서 '표준'에는 들어가지 못하는 비운의 책들이다. 그리고 한 가지 부류가 더 있다. 이들과 비슷한 시기에 기록되었고, 그 내용이나 주제가 정경이나 외경과 비슷해 보이는 책들이다. 그런데 이 책들은 환영받지 못한다. 메시지를 심각하게 훼손시킨다고 판단되기 때문이다. 그래서 이를 '거짓 위'(僞) 자를 붙여 '위경', 즉 거짓 성경이라고 부른다.

> ● 이른바 하나님을 믿는다는 종교들은 종파별로 성경 권수에서 차이가 있다. 유대교의 경전은 '타나크'라고 불리는데, 개신교 성경의 구약과 내용이 같으나 배치 순서가 다르다. 개신교는 이를 39권으로 나누어 놓았지만, 타나크는 이를 통합하거나 분권하여 24권으로 정리되어 있다. 이를 크게 세 부분, 즉 율법서(토라[모세오경]), 선지서(느비임), 성문서(케투빔)로 분류한다.
> 반면 우리와 같은 성경을 보는 가톨릭교의 경우는 참 흥미롭다. 가톨릭교의 성경은 총 73권으로 구성된다. 개신교 성경에 속하지 않는 7권은 모두 구약 목록에 있다(토빗서, 유딧서, 마카베오상, 마카베오하, 솔로몬의 지혜서, 집회서[시락서], 바룩서, 그리고 에스더서와 다니엘서에도 일부 내용이 더 있다). 개신교는 이 '7권+α'를 '외경'으로 분류한다(본 장 후반부 참조). 가톨릭교와 똑같이 동방 정교회나 영국 성공회 역시 성경 목록이 조금 다른데, 앞선 '7+α'에서 빼고 더하기다. 결국 구약 안에서의 차이다.
> 그렇다면 개신교의 66권에 속하지 못한 외경은 불필요한 것일까? 그렇지 않다. 도움이 되고 때로는 필요하다. 특히 마카베오서 같은 경우는 1장에서 언급한 '중간 시대'를 이해하는 데 중요한 문서다.

자, 이제 용어 설명이 끝났으니 구약이 어떻게 정경화되고 지금의 목록을 갖추게 되었는지 살펴보자. 이는 아주 간단하고 명확하게 말할 수 있다. '잘 모른다.' 이것이 솔직한 답변이다. 내 공부가 미진해서가 아니다. 구약의 내용은 매우 옛날 일이라, 성경 본문에서 대놓고 말하지 않았다면 누가 언제 기록했는지를 특정하기가 어렵다. 다만 구약의 정경화를 이해하기 위해서는 두 가지 개념을 구분해서 바라보아야 한다. 하나는 각 권의 메시지 내용이 '주어진 때'고, 다른 하나는 그 메시지가 글로 '기록된 때'다.

신약의 경우는 이 두 시기, 즉 내용이 주어진 때와 글로 기록된 때의 간격이 짧다. 특히 신약은 복음서와 사도행전을 제외한 대부분이 '편지'로, 편지는 감동이 주어진 그 자리에서 바로 작성되기에 '주어진 때'와 '기록된 때'가 동일하다고 봐도 된다(물론 복음서는 이 둘의 시간 간격이 있다. 예수에 대한 사건이 기록된 것은 사건이 일어난 시기에서 최소 20년에서 최대 40년 후다. 그러나 걱정하지 마시라. 예수는 '랍비'로 불리는 분이었고, 당시 유대 랍비 문화대로라면 분명 누군가가 예수의 언행을 '메모'했을 것이다. 복음서는 그 메모와 기억들이 훗날 정리, 기록된 것이다).

그러나 구약은 전혀 다르다. 구약이 품고 있는 시기는 아브라함을 기준으로 보아도 2,000년이 넘는다. 또한 그조차도 아주 먼 옛날이다. 기록 문화는 100년경, 그것도 중국의 종이 발명 이후에나 보편화되었고, 그 전에는 파피루스나 양피지에 기록했는데 워낙 비싸다 보니 기록하기가 어려웠다. 때문에 그 당시 사건들과 이를 둘러싼 메시지가 '이미' 존재했음에도, 그저 수많은 이의 입을 통해 전해질 수밖에 없었다. 따라서 메시지가 언제 어떻게 주어졌는지는 누구도 확신할 수 없다.

유대교	가톨릭교	개신교
율법서(토라): 창세기, 출애굽기, 레위기, 민수기, 신명기 **선지서(느비임)**: 여호수아, 사사기, 사무엘기, 열왕기, 이사야, 예레미야, 에스겔, 호세아, 요엘, 아모스, 오바댜, 요나, 미가, 나훔, 하박국, 스바냐, 학개, 스가랴, 말라기 **성문서(케투빔)**: 시편, 잠언, 욥기, 아가, 룻기, 예레미야애가, 전도서, 에스더, 다니엘, 에스라-느헤미야, 역대기	창세기, 출애굽기, 레위기, 민수기, 신명기, 여호수아, 판관기, 룻기, 사무엘상하, 열왕기상하, 역대상하, 에즈라, 느헤미야, 에스델, 욥기, 시편, 잠언, 전도서, 아가, 이사야, 예레미야, 애가, 에제키엘, 다니엘, 호세아, 요엘, 아모스, 오바댜, 요나, 미가, 나훔, 하바꾹, 스바니야, 하깨, 즈가리야, 말라기 토빗서, 유딧서, 솔로몬의 지혜서, 집회서, 바룩서, 마카베오상하	창세기, 출애굽기, 레위기, 민수기, 신명기, 여호수아, 사사기, 룻기, 사무엘상하, 열왕기상하, 역대상하, 에스라, 느헤미야, 에스더, 욥기, 시편, 잠언, 전도서, 아가, 이사야, 예레미야, 예레미야애가, 에스겔, 다니엘, 호세아, 요엘, 아모스, 오바댜, 요나, 미가, 나훔, 하박국, 스바냐, 학개, 스가랴, 말라기
신약 성경은 동일		

● '구전'에 대해 의구심을 가질 수도 있는데, 글로써의 기록 문화가 부재한 상태의 구전 기술은 우리가 생각하듯 신뢰하기 어려운 가벼운 수준이 아니라, 엄격하게 전승되던 일종의 무형 기록 문화였다. 더군다나 그 내용에 민족의 정체성이 달렸다면, 절대 허술하게 전승되지는 않았을 것이다.

다만 우리가 구약의 정경화에 대해 유추할 수 있는 단서가 하나 있으니, 열왕기하 22장 8절의 기록이다.

힐기야 대제사장이 사반 서기관에게, 주님의 성전에서 율법책을 발견하였다고 하면서, 그 책을 사반에게 넘겨 주었으므로, 사반이 그 책을 읽어 보았다.

여기서 "율법책"이 언급된다. 이는 모세가 하나님의 영감 아래 기록했다고(또는 받아 적었다고) 전승되는 다섯 경전, 즉 모세오경(토라)으로 유추된다. 그렇다면 이를 제외한 구약의 나머지 책들은 어찌된 것일까? 일부는 언제, 누가 메시지를 받고 기록했는지까지 나와 있으나, 대부분의 경우는 명시되어 있지 않다.

이때 중요한 사람이 등장한다. 메시지가 구전으로 내려왔든 기록으로 내려왔든 상관없다. 이것들을 취합하여 깔끔하게 정리한 사람이 있으니, 그의 이름은 '에스라'. 구약 목록 중 하나인 '에스라서'의 그 '에스라'다. 이렇게만 들으면 에스라가 엄청난 인물 같다. 물론 위대한 작업을 한 것은 분명하다. 그런데 사실 '시대'가 이 작업을 요청했다고 말하는 것이 맞는다.

앞 장에서 나누었듯, 이스라엘은 제대로 망했었다. 다만 남과 북이 전혀 다른 운명에 놓였다. 북이스라엘은 자신을 멸망시킨 아시리아의 혼합 정책으로 히브리인의 민족성을 잃어버렸으나, 남유다는 다행인지 불행인지 이집트로 도주하거나 바빌로니아로 끌려갔다. 도망자 신분이든, 종의 신분이든, 어찌어찌 뭉쳐서 살게 된 것이다. 이것이 다행인 것은 그렇게 함께했기에 자신들이 망한 이유를 곱씹으며 반성할 기회가 주어졌기 때문이다.

그들이 정리한 멸망의 이유는 이것이다. 자기 민족의 존재 이유이자 지금껏 그 작은 나라가 보존될 수 있던 이유인 여호와, 그분의 왕 되심을 부정한 것이다. 때문에 철저하게 반성하며 그에 대한 대책으로 내놓은 것이 '기억'이다. 자신들의 실패 이유를 잊지 말자는 것이다. 그래서 하나님이 주신 계시들과 자기 민족의 역사 속에 등장하신 하나님에 관한 모든 기억을 정리한다. 그 기억은 기록물일 수도 있고, 구전된 내용일 수도 있다. 그들은 절박했다. 예루살렘 성전이 파괴된 후, 그들이 붙잡을 것은 그것뿐이었다. 그리고 이러한 정리 작업은 그들의 신앙과 민족성을 유지하는 데 매우 탁월한 선택이었다.

자, 이러한 기억과 정리의 과정이 있다면, 누군가는 이 작업에 마침표를 찍어야 한다. 학자들은 이 마침표가 찍힌 시기를 바빌로니아가 망하고 페르시아가 건국되면서 내린 해방령에 의해 유대인이 팔레스타인(예루살렘)으로 돌아온 때로 추정한다. 또한 이 마침표 작업을 '학사'라 불린 종교 지도자 에스라와 그의 팀이 주도했다고 추정한다. 그러나 에스라의 작업과 별개로 유대인들은 이러한 기억과 기록의 과정을 하나님이 주관하셨다고 굳게 믿는다.

요약하면 메시지를 주시고 주관하신 저자는 하나님이고, 그러한 주관 아래 각 권의 메시지를 누군가에게 구전으로 전하거나 기록한 자들이 따로 있으나, 이 모든 것은 에스라 시기에 대부분 정리되었다. 이렇게 정리된 히브리 성경(타나크)은 매우 세심한 작업과 계승 훈련을 통해 계속 전승되고 확산되었다. 그리고 최종으로 "이것이 우리의 정경이다!"라고 선언하고 인준한 것은 시간이 한참 흐른 얌니아 회의(90년)에서다. 이때 정경으로써의 '타나크'가 확립된다(자세한 것은 6장의 '유대교'를 참조하라).

여기서 끝내고 신약으로 넘어가면 좋겠지만, 구약과 신약 사이에 놓쳐서는 안 될 '중간기'라는 중요한 시대가 있던 것처럼 놓쳐서는 안 될 중요한 책이 하나 있다. 신약의 한 구절을 읽어 보자.

빌립은 일어나서 가다가, 마침 에티오피아 사람 하나를 만났다. 그는 에티오피아 여왕 간다게의 고관으로, 그 여왕의 모든 재정을 관리하는 내시였다. 그는 예배하러 예루살렘에 왔다가, 돌아가는 길에 마차에 앉아서 예언자 이사야의 글을 읽고 있었다. 성령이 빌립에게 말씀하셨다. "가서, 마차에 바짝 다가서거라." 빌립이 달려가서, 그 사람이 예언자 이사야의 글을 읽는 것을 듣고 "지금 읽으시는 것을 이해하십니까?" 하고 물었다. 그가 대답하기를 "나를 지도하여 주는 사람이 없으니, 내가 어떻게 깨달을 수 있겠습니까?" 하고, 올라와서 자기 곁에 앉기를 빌립에게 청하였다. 그가 읽던 성경 구절은 이것이었다(사도행전 8장 27-32절).

여기서 질문이다. "에티오피아 내시가 보던 '이사야의 글'은 어떤 언어로 쓰인 것일까?"(참고로 이사야서는 구약에 포함된다) 대답하기 어렵다면, 그보다 훨씬 쉬우면서도 선행되는 질문에 먼저 답해 보자. "본래의 이사야는 처음에 어떤 언어로 기록되었을까?" 그렇다. '히브리어'다. 유대인은 히브리어를 쓰는 민족이다. 아마도 히브리인으로 불리던 그들의 민족 명칭 때문일 것이다. 그런데 이스라엘 역사에 찾아온 두 번의 대위기는 그들의 언어에도 큰 변화를 주었다.

북이스라엘과 남유다의 멸망 시기에서 혼합 정책이 가동된 북이스라엘은 민족성이 사라지며 자연스레 언어마저 사라진다. 남유다는 그나마 함께 살았기에 언어를 보존할 수 있었지만, 역시나 위기는 위기였다. 유배 생활이 길어지고 1.5세, 2세로 넘어가자 아이들의 혀가 꼬인다. 외국물을 오래 먹다 보니 버터 발음이 난다. 그래도 에스라는 꿋꿋이 '히브리어'로 그 메시지들을 정리하였고, 귀환한 유대인들 역시 의도적으로 히브리어를 사용하였다. 그럼에도 대세를 거스를 수는 없었다. 결국 당시 자신들을 지배하던 페르시아의 언어이자, 1,000여 년간 메소포타미아 지역(아시리아-바빌로니아-페르시아)의 공용어로 사용된 '아람어'를 쓰게 된다.

그렇게 점점 잊히던 히브리어는 두 번째 대위기 앞에 그 수명을 다한다. 동서를 제패한 로마가 이스라엘을 지배하면서부터다. 로마 제국은 '헬라어'를 사용하였다(로마의 모국어는 '라틴어'지만, 제국을 형성하면서 로마 제국의 공용어이자 교양어는 서양 문화의 근간인 그리스어, 즉 헬라어가 된다). 사실 이 흐름은 그 전부터 계속되었다. 페르시아를 패퇴시키고 팔레스타인 지방을 지배한 알렉산드로스부터 로마 제국에 이르기까지 모두 헬라어를 사용하였다. 때문에 웃기게도 팔레스타인에 사는 평범한 유대인들이 쓰는 구어, 즉 말은 거의 아람어였고(예수와 제자들도 아람어로 대화하셨을 것이다. 성경에도 아람어 표현이 종종 등장한다), 유대 땅에 사는 엘리트들이 쓰는 말은 헬라어였다. 그러고 보니 히브리어만 쓰지 않는다. 그렇다면 무언가를 기록할 때도 분명 히브리어만큼은 쓰지 않았을 것임을 자연스럽게 유추할 수 있다. 히브리어는 이미 구어의 기능을 잃어버리고, 일부 종교 관련자(서기관, 랍비)들이 종교 행사를 할 때나 쓰는 '종교 언어'로 전락하였다. 신약은 바로 이러한 시대를 배경으로 기록되었다.

그런데 이 모든 언어적 전환이 일어난 중간기에 랍비들에게 인정받은 헬라어 번역본이 등장하는데, 그것이 바로 '70인역(경)'(LXX, Septuagint)이라 불리는 헬라어 번역 성경(구약)이다. 이 70인역의 탄생으로 히브리어를 잊은 유대인들이 다시 성경을 볼 수 있게 되었다. 나아가 이 번역으로 인해 성경은 당시 세계라 불리던 로마 제국 전역에서 누구나 읽을 수 있는 경전이 되었다.

질문을 던져 놓고 한참 돌아왔다. 다시 묻자. 그렇다면 에티오피아 내시가 보던 이사야서는 어떤 언어로 기록된 책이었을까? 이제는 대답할 수 있을 것이다. 그렇다. 정답은 '헬라어'다. 덧붙여 그 책이 70인역이었으리라는 것도 어렵지 않게 추정할 수 있을 것이다.

재미있는 점은 유대교 신앙을 지키기 위해 탄생된 70인역의 가장 큰 수혜자가 다름 아닌 당시 유대교의 신생 분파로 취급받던 기독교였다는 사실이다. 일반 로마 세계에 이미 대중화된 70인역이 존재했기에, 헬라어로 번역된 이사야서를 읽고 있는 에티오피아 내시와 같은 이들이 로마 전역에 퍼져 있었다. 그리고 이 70인역을 통해 여호와 신앙을 접하고 호감을 가진 자들이, 훗날 약속이 이미 이루어졌음이 선포되자 격하게 회심하며 초대 교회를 이루었다.

● 70인역은 누가 언제 번역해서 탄생한 것일까? 중간기 시절, 이집트의 통치자 프톨레마이오스 2세(Ptolemaios II, BC 308-BC 246)가 주도했다는 것이 가장 잘 알려진 설이다. 프톨레마이오스는 지금은 사라진 세계 최대 도서관 '알렉산드리아 도서관'의 건립자로 유명한 왕이다. 그 옛날 거의 50만 권에 달하는 장서를 보관했다고 하니 대단하다는 말밖에 나오지 않는다. 그는 고대의 모든 지혜를 담으려 했고, 당연히 유대인의 '타나크' 역시 콜렉션 대상이었다. 물론 경전의 가치와 별개로 정치적인 이유도 있었다. 당시 알렉산드리아에는 과거 남유다가 멸망했을 때부터 지속적으로 흘러 들어온 유대인이 굉장히 많이 거주하고 있었기 때문이다. 이러저러한 이유로 그는 번역 작업을 주도하고 독려하였으며, 이를 위해 믿을 만한 히브리어 학자와 서기관들을 초빙하고 가장 신뢰도 높은 사본을 준비하여 번역 작업을 진행하였다. 총 72명의 역관이 이 작업에 참여했다 하여, 70인역(정확히는 72인)이라는 별칭으로 불린다.

유대교는 이 설을 여전히 존중하나, 이 탄생 과정에 대한 내용의 출처에 대한 신빙성 논란이 지속되고 있다. 현재 기독교 성서학자들은 70인역이 한자리에서 번역된 것이 아니라, 중간기 시절 200여 년에 걸쳐 순차적으로 번역되었을 것이라 추정한다.

사람이 정한 거라고?_ 신약 정경 형성사

메시지가 정리되어 표준으로 삼을 수 있는 책들을 가리켜 '정경'이라 할 수 있다. 그런데 재미있게도 구약과 신약은 이 정경화 과정에서 서로 다른 길을 걸었다.

구약은 메시지가 언제 어떻게 주어지고 기록되었는지를 추정하기 어려웠지만, 대신 확실한 한 방이 있었다. '에스라'의 만루 홈런이 그것이다. 그 한 방 이후 거의 잡음이 없다. 그런데 신약은 달랐다. 메시지가 언제 어떻게 주어지고 기록되었는지가 비교적 분명한 반면, 정경화 작업은 길고도 험난했다.

구약의 정경화는 일원화된 유대 민족 안에서의 사업이었고, 권위를 인정받는 특정 직분(제사장, 서기관 등)이 중앙 통제할 수 있는 구조였기에 조용했다. 그러나 신약은 로마 제국을 배경으로 한다. 물론 유대처럼 하나로 보일 수 있지만 테두리만 하나일 뿐, 유대가 단색인 것과 달리 로마 제국은 굉장히 다양한 색깔로 채워져 있었다. 민족이 매우 다양했다. 이 말인즉슨 로마 제국 안에 사는 그리스도인들 역시 색깔이 매우 다양했다는 의미이기도 하다. 그렇다. 당시 그리스도인들은 유대인과 이질적이었고, 서로 간에도 이질적이었다. 따라서 기독교 신앙을 이해하는 데도 이견이 생길 수밖에 없었다.

게다가 구조 역시 문제였다. 정경화 작업을 주도해야 하는 초대 교회는 중앙 통제 체제가 아니었다. 물론 예루살렘 교회를 모체로 인식하고 있었지만, 각 지역 교회끼리 우열이 없는 평등한 구조였다. 누군가가 권위로 누를 수 없었다. 예수의 부활과 승천을 경험한 제자들이 마가의 다락방에서 매일같이 모여 기도하다가 성령의 강력한 임재를 경험한 그때, 즉 자동으로 권위를 부여받은 그 첫 사람들이 모두 모여 있고 영감에 지배당하던 그때, 그 방에서 아무도 나오지 못하게 감금시켜 놓고 정경화 작업을 했다면 어땠을까 싶다. 무척 깔끔했을 텐데 말이다. 그러나 버스는 이미 떠났다.

사실 그들은 그래야 할 이유를 느끼지 못했다. 다시 오겠다는 예수의 재림 약속이 그들 생전에 이루어지리라고 믿었기 때문이다. 그러니 굳이 기록할 필요가 없었다. 그런데 시간이 흘러 제자들이 꼬부랑 할아버지가 되어 가는데도, 예수께서 오실 기미는 전혀 보이지 않았다. 반면 신자는 폭발적으로 늘어났다. 더는 이 최초의 증인들로만 복음을 전달하고 가르치기가 버거워진 것이다.

동시에 생각지 못한 문제들도 생겼다. 사람들이 많아지다 보니 최초의 증인들이 예수에 대해 가르치는 현장에 함께하지 못하는 경우가 생겼고, 이들이 권위로 누르지도 않다 보니 어느덧 이상한 가르침들이 횡행하기 시작한 것이다. 때문에 자신들이 믿는 바가 무엇인지를 정리한 기록이 필요해졌고, 그러한 목적의 글들이 기록되어 각 교회로 전달되었다. 그런데 이때 바른 증언과 가르침만 전달된 것이 아니라, 말하기 좋아하는 이들의 바르지 못한 글들도 함께 전해졌다. 결국 시간이 흐르면서 단순한 '기록'을 넘어 '정경', 즉 표준이 되는 텍스트에 대한 필요가 생겨났다. 이러한 흐름을 거쳐 4세기에 이르자 그리스도인들은 이제 하나님이 새로운 말씀을 하시지 않는다고 여기고, 마침내 특별 계시에 정돈된 마침표를 찍기로 한다.

이런 맥락에서 보면 복음서 중 하나인 누가복음이 꽤 재미있고 의미심장한 문구로 시작하는 것을 알 수 있다. "우리 가운데서 일어난 일들에 대하여 차례대로 이야기를 엮어 내려고 손을 댄 사람이 많이 있었습니다"(누가복음 1장 1절). 이 말인즉슨 앞서 말했듯 기록이 차고 넘쳤다는 뜻이다. 그러나 알다시피 그것들이 모두 정경에 실리지는 않았다. 그렇다면 도대체 '어떤 것'이 '어떤 이유'로 정경에 포함되거나 포함되지 않은 것일까? 그 과정을 함축하면 간단하다. '강한 놈이 살아남는 것이 아니라, 살아남은 놈이 강한 것이다.'

아주 단순한 사실이다. 우선 정경을 정하는 시점까지 기록물이 남아 있어야만 넣을지 뺄지도 결정할 수 있다. 그 시점까지 살아남았다는 것은 단순히 보면 기록 기술과 글자를 적어 넣은 재료의 승리겠지만, 다른 말로는 그만큼 사람들이 많이 찾았기에 절판되지 않고 계속 유지되었다는 이야기일 수도 있겠다. 아무튼 그렇게 살아남은 놈들 중 기준을 가지고 넣고 빼어 정경을 확립하였다.

그렇다면 그 '기준'이란 무엇이었을까? 이 역시 함축하자면, '권위'다. 누구나 인정하는 권위가 없다면, "누구 마음대로 그랬어!"라는 딴죽으로 인해 결국 개싸움이 날 수밖에 없다. 이 권위를 세 가지로 정리하면 이렇다. '저자의 권위', '영향력의 권위', '인준의 권위'.

● 혹시 모를 오해를 미연에 방지하기 위해 이야기할 것이 하나 있다. 정경 목록 확정은 특정 시기에 중점적으로 이루어졌지만, 모든 목록을 그 시기에 심사해서 결정한 것은 아니라는 점이다. 성경의 코어 층이라 불리던 책들은 이미 그리스도인들에게 아무 의심 없이 '정경처럼' 받아들여졌다. 구약에서는 토라(모세오경)와 선지서, 시편이 그런 위치였고, 신약에서는 복음서나 바울 서신서들이 그와 같은 가치로 인정받고 있었다. 즉 정경화 작업이 이루어지던 때에 넣고 뺄 대상이 된 것은 주변부 책들이었고, 이를 필요에 의해 정경과 외경으로 분류한 것이다. 이 사실을 놓치면, 정경화 작업이 정치적 목적으로 반대파를 찍어 내기 위해 이루어졌다고 주장하는 음모론에 휘말릴 수 있다.

3장_ 성경은 만들어졌다

첫째, '저자의 권위'는 간단하다. 예수와 친한 사람들에게 권위가 주어졌다. 즉 사도들이 저술한 기록물은 자연스럽게 권위를 부여받았다. 베드로나 요한처럼 예수와 매우 가까워서 가장 많이 가장 정확하게 아는 사람들 말이다. 예수께서 그들에게 특별한 권한과 자격을 주셨다는 점을 누구도 부정하지 않았고, 실제로도 그들 자체가 교회의 수장이었기에 그들이 저자인 기록물은 누구도 부정할 수 없는 권위를 지녔다. 또한 사도는 아니지만 그에 준하는 최초의 제자들, 그리고 사도와 동역하며 대리 기록하던 자의 기록물에도 동일하게 권위가 부여되었다. 바울이나 예수의 형제라 추측되는 야고보, 유다, 그리고 마가와 같은 경우가 그러하다.

둘째, '영향력의 권위'다. 이 권위는 첫 번째 권위와 연결된다. 비록 저자를 특정할 수는 없지만 사도들의 가르침에 근거한 기독교적 이해에 합치되는 책이라면, 즉 사도들의 영향력 아래 있다면 정통성이 부여되었다. 이는 기독교 신앙과, 그리스도요 교회의 주이신 '예수', 그 예수 중심성을 기준으로 삼은 것이라 말할 수 있다. 자연스레 이런 글들은 초대 교회 때 여러 지도자에게 인정받았다.

그런데 '영향력'이라는 기준에는 또 다른 면모가 있다. 단순히 사도성에 기반한 영향력을 넘어, 실제로 사람들을 '신앙적으로 감화시키는 능력'이라는 의미도 있다. 당연하지 않은가? 이를 '보편의 대중에게 영향을 끼치는 책'이라고 말할 수 있겠다. 예를 들어 빌레몬서 같은 경우다. 빌레몬서를 읽어 보면 바울이 빌레몬이라는 사람에게 보내는 지극히 사적인 편지로 보인다. 그럼에도 정경에 포함된 이유는 저자가 바울이기도 하지만, 그 서신이 지닌 힘, 즉 많은 이에게 신앙적 귀감을 준 영향력 때문이다. 그렇다. '강한 놈이 살아남는 것이 아니라, 살아남은 놈이 강한 것이다.'

마지막으로 '인준의 권위'다. 누가 그것에 최종 인감 도장을 찍었느냐는 것이다. 당시는 사도들이 예수를 오매불망 기다리다 지쳐, 향 냄새 맡으며 예수를 직접 만나러 간 지 이미 100년도 훨씬 넘은 때다. '속사도'도 없다. '교부'의 시대다. 하지만 앞서 말했듯 기독교는 고대 종교치고는 다양성이 보장되었다. 지역의 대표 교회마다 조금씩 권위가 있었으나, 전부를 하나로 모으기에는 부족했다. 물론 저마다 거의 엇비슷한 정경 목록을 마음에 품고 있었고 정경화 작업의 필요에도 어느 정도 동감했지만, 아쉽게도 어느 누구에게도 이것을 주도하고 정리할 권위가 없었다.

> ● 여기서 누군가 이렇게 물을 수 있다. "교황은 뭐 하고 있었나요?" 그러나 이때까지만 해도 '교황'은 없었다. 그런 용어 자체는 물론 개념조차 없었다.
> 실질적 교황권은 5세기 중반에 등장한 레오 1세 때부터 시작되었다고 본다. 즉 정경 형성과 같은 문제나 교리 문제 등이 지속적으로 제기되자 엄정하고 통일된 '교회 권위'의 필요성이 대두되었고, 그동안 동서남북의 주요 네 교회의 주교들이 지니고 있던 대표성이 로마 시의 주교에게로 이양되었다. 그것이 교황의 탄생이다.
> 다만 가톨릭교에서는 베드로를 1대 교황으로 보는데(그 이유는 6장 '가톨릭교' 참조). 이는 성경 해석(마태복음 16장 18절)에 의존하여 열두 제자의 대표인 베드로에게까지 교황권을 소급 적용한 것뿐이다. 정작 베드로는 아무것도 몰랐다.

그런데 이런 딜레마가 의외의 인물을 통해 해결된다. 다름 아닌 로마 황제 콘스탄티누스(Constantinus, 280?-337) 대제다. 콘스탄티누스 대제는 성경 인물을 제외한 기독교의 역사적 인물들 가운데 영향력으로만 따지자면 세 손가락 안에 든다. 논란이 있긴 하지만, 어쨌든 그 자신도 엄청난 신앙 체험을 겪고 기독교 신앙을 고백했다고 전승된다(이와 관련한 내용은 5장 참조). 그는 망해 가던 로마 제국에 거의 마지막 호흡을 불어 넣은 인물로, 네 개로 분산된 로마의 권력을 다시 하나로 모았다. 그에게 분열은 곧 '의미 없음'이자 '망조'였는데, 교회가 딱 그런 구도였다. 교회의 모습은 다양성이 아니라 의미 없음으로 보였다. 그래서 그는 로마 황제의 권위로 이에 개입하기로 결정한다. 물론 정치적 목적도 있었다. 그에게는 제국을 하나로 묶어 줄 정신이 필요했고, 그 정신이 기독교였던 것이다.

이런 맥락 아래 콘스탄티누스는 '콘스탄티노플'이라는 새로운 거대 도시를 건설하고 예배당들을 짓는다. 그리고 수도를 로마에서 콘스탄티노플로 옮기면서 여러 행사를 기획하는데, 그중 하나가 카이사레아(가이사랴)의 유세비우스(Eusebius, 263?-339?)에게 콘스탄티노플에 있는 교회들을 위해 성경 사본 50권을 만들어 줄 것을 요구한 일이다. 돈과 인력을 지원할 테니 결과를 낼 것을 요청했고, 자연스레 제국에 있는 교부들의 연합과 논의가 이루어져 얼추 완성된 그림이 나온다. 그리고 이때 황제의 부름에 의해 '니케아 공의회'(325년)가 열린다. 니케아 공의회 때, 오늘날 기독교인들이 공유하고 있는 기독교의 교리와 신학이 최종 틀을 잡았다고 봐도 과언이 아니다. 성경 목록 역시 그렇다. 모양새는 좀 이상했지만, 어쨌든 해묵은 숙제를 황제의 권위로 해결한 것이다(물론 393년 히포 공의회에 이르러서야 정경 목록이 확정 발표된다. 그리고 이 즈음 우리가 믿는 바, 즉 정통 교리 역시 최종 결정된다).

결국 정경화 작업은 '콘스탄티누스'라는 강력한 촉매제를 만나 이루어졌고, 교회 전체 권위의 이름으로 인정되었다. 이렇게 특별 계시로서의 메시지인 성경, 그리고 그것을 기록하고 정리하고 표준화한 성경들의 모임인 '정경'이 최종 완성되었고, 그것이 훗날 번역이라는 과정을 통해 우리 손에까지 오게 된 것이다.

지금까지 구약과 신약의 정경 형성사를 나누어 보았다. 어떤 생각이 드는가? 솔직히 정경 형성사를 처음 마주한 기독교인들은 대부분 혼란스러워한다. '기계적 영감설', 즉 불러 주는 대로 받아 적었다는 주장이 가장 그럴듯하고 거룩해 보이며, 그렇게 '여겨' 왔기 때문이다. 그런데 지금까지 내용대로라면 성경이 마치 사람의 손을 탄 것 같아 신비로움이 사라지는 듯하다. 그러나 혼란과 불편함을 넘어, 이처럼 장구한 역사를 거쳐 성경이 내 손에까지 왔다는 사실을 마주하고 음미하다 보면, 그래서 이 지난한 과정을 하나님이 주관하셔서 결국 진리의 메시지가, 이 '특별 계시'가 내 손에까지 왔다는 지점에 머무르면, 그 감동은 이루 말할 수 없다.

기독교는 신성함을 위해 '기계적'을 강조하지 않는다. 그런 거룩한 이미지를 내뿜는 종교성의 신앙이 아니다. 기독교는 지금의 성경이 이루어진 정경 형성사뿐 아니라 성경 안의 역사, 즉 신앙 형성사에서도 하나님이 언제나 인간을 존중하시며 상호 연합적으로 일하셨음을 밝히고 있다.

● 원본이 아닌 성경을 믿을 수 있는가?

그렇다면 우리가 보는 성경은 원본일까? 아니다. 성경의 원본은 존재하지 않으며, 존재할 수도 없다. 워낙 오래전 기록물이기도 하지만, 메시지가 '주어진 때'와 '기록된 때'가 다르고, 심지어 한 권으로 '정리된 때'마저 다르기 때문이다. 즉 원본의 의미는 이미 중요치 않다. 물론 정경화 작업이 완료되었을 때 나온 최초 합본을 원본이라 칭할 수도 있는데, 여기에는 또 다른 문제가 있다. 더 앞선 시대에 작성된, 더 정확한 '원전의 사본'이 나중에 발굴될 수도 있는 것 아닌가? 때문에 이리 봐도 저리 봐도 성경의 '원본'은 아무 의미가 없다.

그러면 또 다른 질문이 이어진다. "이렇게 오랜 시간(2,000-3,000년)이 흘렀는데, 그것이 원전이든 원본이든 아무튼 계속 베껴 나가다 보면 중간에 훼손되거나 변형될 수밖에 없지 않은가?" 맞는 말이다. 그 당시에 복사기가 있는 것도 아니고, 심지어 목판 인쇄 이전에는 전부 필사였으니. 그러나 걱정하지 마시라. 오류 0퍼센트라고까지는 말할 수 없으나, 성경은 그 어떤 고대 문헌과도 비교할 수 없을 정도로 방대한 사본이 존재하며, 이를 연구하는 수많은 학자가 교차 검증을 통해 계속 업데이트한 것이기 때문이다. 간혹 가장 정확하다는 사본보다 조금 더 앞서거나 조금 더 정확한 사본이 고고학적 발굴로 세상에 드러나면 그에 따라 조금씩 업데이트를 하며, 이 작업은 최근까지도 진행되고 있다. 다만 학자가 아닌 이상 알아차리지 못할 정도의 아주 세세한 일부 표현이 업데이트될 뿐이다. 다르게 말하면, 현재의 우리는 이전 어느 시기보다 원문에 가까운 성경을 마주하고 있다는 뜻이다. 당신 손에 있는 성경은 그런 것이다.

번역과 반역 사이에서

끝까지 감동 코드로 끌고 가고 싶었으나, 체질상 맞지 않는지 이 즈음에서 딴죽을 걸어 보겠다. 안타깝게도, 또 한편으로는 안타깝지 않게도 성경 '책'은 아직도 완성되지 않았다. 아니, 아마 영원히 완성되지 않을 것이다. 바로 '번역'의 문제 때문이다. 메시지를 전혀 건드리지 않고 문장이나 단어를 가감하는 행위를 하지 않더라도, 시간이 흐르면 그때 시대상을 반영한 더 나은 번역이 요청될 수밖에 없다. 그래서 우리말 성경 책도 계속 개정되지 않던가? '개역한글'에서 '개정개역'으로, 또 '새번역'으로.

새로운 번역본이 나온다는 것은 환영하고 장려해야 할 일이지만, 역사적으로 볼 때 번역으로 인해 돌이킬 수 없는 문제가 여럿 발생하기도 했다. 그중 하나는 '동서 교회(가톨릭교와 정교회)의 분열'이요, 또 다른 하나는 우리와 직접 관련된 문제로, 가톨릭교와 개신교의 정경 목록 차이다. 궁금하지 않은가? 왜 이런 차이가 발생했는지. 넉넉한 시각으로 보면 두 목록의 차이는 그리 큰 문제가 아닐 수 있는데, 실제로는 여러 면에서 서로 거리를 두게 만드는 문제이기에 한번 짚어 보겠다.

첫 번째 원인은 '70인역'에서 찾을 수 있다. 이 문제를 이해하려면 다시금 구약의 정경 형성사를 되짚어 봐야 한다. 구약 정경 형성사에서 가장 중요한 한 방은 에스라에 의한 작업이었다. 그런데 소소하지만 구약 정경이 형성되는 2차, 3차 작업도 있었다. 2차 작업은 70인역 번역 과정에서 이루어졌다. 번역이 왜 정경 형성과 관련될까 싶겠지만, 이때 독특한 일이 하나 일어났기 때문이다. 번역 작업을 주관하던 이들이 어떤 의도에서인지, 전승되던 에스라 사단의 히브리 성경(1차)들을 번역하는 데서 끝내지 않고, 히브리어가 아닌 당대 헬라어로 기록된 주요 문서 몇 개를 첨부한 것이다. 아마 당대 유대인에게 꽤 영향을 끼쳤기에 중요한 문서로 판단한 것 같다.

3차 형성 작업은 구약 목록을 최종 확정한 '얌니아 회의'(90년)였다. 이 회의는 70인역 형성 때(2차) 추가된 문제의 글들, 즉 번역 과정 없이 헬라어로만 기록된 글들을 빼기로 결정한다. 그렇게 정경 목록이 확정된다. 여기서 단서를 하나 드릴 수 있겠다. 70인역의 정경 목록(2차)과, 얌니아 회의(3차)를 통해 결정된 최종 정경 목록의 차이가 다름 아닌 가톨릭교와 개신교의 정경 목록의 차이와 얼추 비슷하다는 점이다. 왜일까?

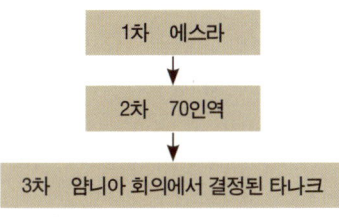

정경화 작업 과정

이제 기독교로 시선을 돌려 보자. 다시 말하지만 유대교와 기독교는 본래 한 몸이었고, 초대 교회는 모두 유대계 사람들로만 구성되어 있었다. 다만 얌니아 회의에서 기독교 파문을 결정하면서 기독교는 자기 길을 간다. 문제는 얌니아 회의(3차)를 통해 이루어진 정경 목록 결과를 기독교가 수용하지 않았다는 점이다. 아니, 수용하고 말고 할 문제의식을 느끼지 못했다. 그것은 유대교 모임의 일방적인 결정이었을 뿐, 초기 기독교인들은 여전히 2차 형성 때 이루어진, 즉 70인역의 정경 목록에 익숙했기 때문이다.

그리고 시간이 조금 지나 로마에 문화적으로 큰 변화가 일어난다. 로마 제국의 실제 공용어가 '헬라어'에서 '라틴어'로 전환된 것이다. 라틴어를 주로 사용하는 군인 황제들의 등극이 제국의 문화 판도를 바꾸어 놓았다. 교회도 이에 편승하여 주로 라틴어를 사용하게 되었고, 그에 따라 헬라어 성경을 라틴어로 번역할 필요가 대두되었다. 이때 교회는 당시 언어 천재 히에로니무스(Hieronymus, 347?-419?)에게 이 작업을 부탁하였고, 그는 기막히게 번역을 완료한다. 교회의 이러한 공식 요청에 의해 히에로니무스가 번역한 라틴어역 성경을 '불가타역'이라 하고, 이 번역본이 교회의 유일한 공식 번역본으로 인정받는다(이 시기는 정경이든 교리든 뭐든지 표준화하려 하던 때이니 이해를 좀 부탁한다). 그런데 이때 히에로니무스는 히브리 성경(1차)과 70인역(2차)의 목록이 다르다는 사실을 알면서도, 추가된 것까지 모두 라틴어로 번역하여 불가타역에 포함시킨다(다만 그는 불가타역 서문에 유대교에서 제2정경이라고 말하는 이 부분에 대해 '읽어서 신앙에 유익하지만 교리를 도출하면 안 된다'고 분명하게 언급한다).

바로 이 불가타역이 근 1,000여 년간 가톨릭의 유일무이한 공식 역본이 되었다. 물론 처음에는 그저 표준화 작업의 일환이었을 뿐이다. 그러나 시간이 갈수록 이 역본 자체에 권위를 부여하기 시작한다. 즉, 잘못 건드리면 지옥 가는(?) 신성불가침의 역본이 되어 버린 것이다.

이 와중에 (서)로마는 무너지고, 유럽 대륙이 춘추 전국 시대 같은 중세기를 지나면서 로마의 언어인 라틴어 역시 죽은 언어가 되어 버린다. 각 민족이 저마다 자기 민족의 언어를 쓰면서 라틴어는 교회에서만 쓰는, 아니 성직자들만 읽고 쓸 줄 아는 언어가 되어 버린 것이다. 그런데 훗날 그것을 건드린 버릇 없는 놈들이 나타났다. 바로 '종교 개혁자'들이다. 그들은 히브리어와 헬라어를 능숙하게 다루는 고전어 마스터로, 그동안 금기시된 작업을 수행한다. 교회의 유일한 권위 역본인 '불가타역'을 제쳐 두고, 자신들이 직접 성경을 번역하기 시작한 것이다. 번역하는 언어도 라틴어가 아니다. 대중도 알아들을 수 있는 각국 언어로 번역한다. 그렇다. 종교 개혁사는 이처럼 성경 번역사와 맥을 같이한다.

그런데 여기서 문제가 생긴다. 종교 개혁자들은 구약 번역을 위해 히브리어로 기록된 유대교 타나크의 도움을 받는데, 여기서 한 가지 사실을 알게 된다. 타나크(3차)와 70인역(2차)의 정경 목록에 차이가 있다는 사실 말이다. 이에 종교 개혁자들은 70인역에 추가된, 이른바 제2정경이란 것들이 분명 의미는 있지만, 굳이 정경에 포함될 필요는 없다고 판단한다. 오히려 바른 믿음에 혼란을 줄 수도 있다고 생각한 것이다. 그래서 이 부분을 과감하게 제껴 버린다. 이로써 불가타역의 권위도 폭삭 주저앉는다.

이 도발적인 수 앞에 당황한 가톨릭교회는 더 강하게 대응한다. 불가타역의 권위를 더 강하게 주장하며, 이를 따르지 않는 자들을 하나님의 이름으로 저주해 버린 것이다. 그러자 개신교 진영에서도 반동이 일어난다. 그동안은 의견일 뿐이었는데, 제2정경의 '제외'를 공식화한다. 그렇게 해서 오늘날 가톨릭교와 개신교는 서로 다른 정경 목록을 갖게 된 것이다. 결국 '번역의 문제'가 '반역의 문제'로 이어져 버렸다.

그럼에도 번역은 꼭 필요하다. 잘 생각해 보라. 신정 일치제를 꿈꾼 중세 교회. 그런데 교회가 그렇게 많았음에도 대중에게는 실상 신앙이 없었다고 봐도 과언이 아니다. 교회에서는 전혀 알아듣지 못하는 라틴어로 미사(예배)가 이루어졌고, 그 내용을 알고 싶어도 라틴어를 모르면 성경을 읽을 수 없었다. 이런 환경에서 과연 누가 신앙을 가질 수 있겠는가? 결국 그들의 신앙이란 무늬만 기독교일 뿐, 내부는 실상 자기 민족의 무속 신앙으로 채워져 있었다.

그렇다. 중세 유럽은 우리가 예상하는 만큼 기독교적이지는 않았다. '종교적'이었을 뿐이다. 그러나 번역 과정이 있었기에 우리처럼 평범한 이들도 마침내 기독교 신앙을 접하고 믿을 수 있게 되었다. 다만 번역은 자칫하면 반역이 됨을 기억할 필요는 있다. 그래서 공번역본이 중요하다. 한두 사람의 번역이 아니라 수많은 학자가 원어 성경을 놓고 함께 논의하며, 그 의미를 가장 적합하게 살릴 수 있는 표현을 찾아 번역하는 작업 말이다. 이는 놀라운 일이다.

● **한글 성경의 번역 과정은 어땠을까?**

한글 성경은 어떨까? 한글 성경은 처음에 신약의 낱권들이 번역되다가, 1887년에 드디어 영국 성서공회에 의해 최초의 완역 신약 성경인 〈예수성교전서〉가 중국에서 발행된다. 그리고 1911년에는 구약까지 완역된 〈성경전서〉가 나온다. 이어 1961년에 등장한 '개역한글판'은 한국 교회 신앙 부흥기를 이끌었으며, 현재 대중화된 번역본은 1988년에 발간된 '개역개정판'이다. 그러나 이 역시 대중화된 것은 얼마 되지 않는다. 한국 교회 부흥기를 이끈 '개역한글판'을 성경 원전처럼 숭상하는 문화 때문이었다. 지금까지 논의를 통해 그것이 얼마나 무의미한 짓인지 알 것이다. 최신 한글 공번역본은 2004년에 발간된 〈새번역 성경전서〉다.

참 감사하게도 우리네 한글 성경은 전 세계를 통틀어 꽤 높은 수준으로 번역되어 있다. 원어 직역을 기반으로 영어 성경을 참고한 번역본들이기에 조잡하지 않고 잘 번역된 편이다. 그럼에도 시대의 흐름에 따라 변하는 언어 사용에 걸맞게 성경의 번역본 역시 지속적으로 나와야 한다. 공번역본은 아니지만 시중에 유명 신학자나 출판사가 기호에 맞추어 좀 더 쉽게 번역한 역본들이 있는데, 이를 참고하는 것도 좋다.

> 이쯤에서 한 가지 묻고 싶을 게다. "그렇다면 어떤 성경 번역본이 최고인가?" 답을 드리겠다. '당신이 가장 즐겁고 편하게 읽을 수 있는 역본.' 그것이 최고의 번역본이다. 우선 읽어야, 아니 읽혀야 역사가 이루어진다.

성경은 한 개인이 수용하든 안 하든 그 자체로 '계시'다. 그러나 한 발 더 나아가 성경이 나를 해석하게 만들 때, 비로소 내 안에 참된 계시로 존재할 수 있다. 그렇지 않으면 그저 내가 나를 위해 참조하고자 하는 '책'들 중 하나일 뿐이다.

그렇다고 해서 성경이 '책'이라는 인상을 버릴 필요는 없다. 이 말인즉슨 무비판적으로 신성시하며 받들 것이 아니라, 책이므로 공부가 필요하다는 뜻이다. 성경은 인간의 손길과 함께하였고, 또한 인간의 탐구를 허락하고 장려하기 위한 기록물, 즉 책이다. 이것은 신성 모독이 아니라 신성 강조다.

하나님은 사람들이 자신과 자신의 일하심을 알기 원하신다. 그분의 특별 계시인 성경을 통해 그분이 알려지길 원하심을 잊지 말자. 거두절미하고 당장 성경 좀 읽자!

참고 도서 및 추천 도서

- 최종원, 「초대 교회사 다시 읽기」, 홍성사 펴냄, 2018
- 리 마틴 맥도날드, 「성경의 형성」, 솔로몬 역간, 2015
- 메레디스 클라인, 「성경의 권위의 구조」, CH북스 역간, 1994(절판)
- 야로슬라프 펠리칸, 「성서, 역사와 만나다」, 비아 역간, 2017
- 존 드레인, 「성경의 탄생」, 옥당 역간, 2011

4장

내 성경과 네 성경은 다른 것 같다

성경 해석의 다양성

"아무리 봐도 내 성경과 네 성경은 다른 것 같다." 무슨 말일까? 딱히 할 말이 없기에 3장에서 다룬 번역 이야기를 다시 끄집어낸 건 아닌지 의심하지는 마시라. 솔직히 같은 성경 역본을 들고 있어도 가끔 '내가 너와 전혀 다른 성경을 보았나?'라는 느낌이 들 때가 있다. 보기는 같은 것을 보더라도, 너와 내가 전혀 다르게 '해석'하는 경우가 꽤 많기에 그렇다. 우리는 이러한 위화감을 생각보다 자주 느끼는데, 이는 이상한 일이 아니다. 이것은 교회가 단일하지 않고 매우 다양하게 존재하는 이유와도 연결된다.

세상에는 수많은 교회가 있고, 우리나라만 해도 교회가 참 많다. 땅거미가 내려앉은 밤, 높은 곳에 올라 도심을 바라보면 십자가가 얼마나 많은지. 그런데 단지 많아서 다양한 것이 아니다. 그곳이 교회임을 가리키는 십자가 모양은 다 같더라도 각 교회의 간판을 보면 의문이 든다. 'OOO교회'라는 이름 앞에 박힌 로고가 다 다르고, 교회명에 동반된 명칭(대한예수교장로회 등)도 다르다.

간단히 말해 '교단'(교파) 차이 때문인데, 2018년 문화체육관광부에서 발표한 〈2018년 한국의 종교 현황〉에 따르면 국내에 공식적으로 파악된 교단만 해도 374개다. 물론 평범한 그리스도인들은 자신이 어느 교단에 속했는지 잘 모른다. 또한 이렇게나 많다는 사실에 뭔가 의구심이 들 수도 있다. 믿는 대상이 하나이고, 경전도 하나이고, 믿는 내용도 같은 것 아닌가? 그런데 교파가 왜 이리 많은가? 그렇다면 결국 파워 게임 때문에 다들 갈라진 것 아닌가? 그런 연유가 없다고 부정할 수는 없다. 하지만 이처럼 다양한 교단이 존재하게 된 가장 결정적인 이유는 다름 아닌 '해석의 문제' 때문이다. '계시', 즉 메시지를 담고 있는 성경에 대한 해석이 사람들마다 조금씩 다르기에 발생한 사태다. 차이가 큰 이들과는 헤어지고, 관점이 비슷한 이들끼리 모인다. 이처럼 따로 또 같이 '헤쳐 모여'를 반복하다 보니 생겨난 것이 교단이다 (교단에 대한 구체적 내용은 이번 장 후반부에서 다루겠다).

> ● **종단, 교단, 교파의 차이**
>
> 사전적 의미로 '종단'이란 종교를 구분하는 가장 큰 범주다. 기독교, 불교, 유교, 이슬람교 등 종교별로 구분할 경우 '종단'이라는 용어를 쓴다. '교단'은 그 종교 안에서 분류할 때 쓰는 용어다. 즉 기독교는 가톨릭교, 개신교, 동방 정교, 콥트교 등으로 나뉘고, 불교는 조계종, 천태종 등으로 나뉘는데, 이 각각의 덩어리를 '교단'이라 부른다. 나아가 개신교 안에서 다시 장로교, 감리교, 침례교 등으로 나눌 때는 '교파'라는 단어를 쓴다. 이는 전 세계가 같다. 그런데 한 교파 안에서도 여럿으로 분류된다. 우리나라를 예로 들면, 장로교 안에도 대한예수교장로회, 대한기독교장로회가 있고, 더 세분하면 대한예수교장로회 안에서도 합동, 통합, 고신 등으로 다시 나뉜다. 상황이 이러해서인지 사전적 의미와 별개로 기독교 내에서는 사전적 의미의 '교파'를 '교단'이라고 부른다. 사회적 의미와 기독교 안에서 통용되는 의미가 달라 어떻게 표현하는 것이 나을지 고민했으나, 용이한 설명을 위해 기독교 내의 의미를 따라 '교파'를 '교단'이라고 부르겠다.

다시 말하지만 이런 차이와 분열은 전혀 이상한 일이 아니다. 같은 말을 들어도 다르게 이해하는 것처럼, 글을 읽을 때도 마찬가지다. 눈으로 보든 귀로 듣든, 사람은 정보가 들어오면 '해석 과정'을 거치게 마련이기에 그렇다. 그 해석 과정을 거치고 나면 사람마다 결과물이 조금씩 달라질 수밖에 없다. 해석은 저자의 과제가 아니라 독자인 나의 과제이며, 그런 수많은 '나'는 눈과 귀에 서로 다른 자신만의 '필터'를 낀 채 보고 듣기 때문이다. 그래서 극단적으로 말하면, 해석 방법은 세계 인구수만큼 다양하다고 할 수 있다. 때문에 모두가 똑같이 해석한다면, 도리어 그것이 이상한 일이다. 그런 현상은 전체주의 사회, 즉 북한과 같은 강제된 사회나 문화에서나 가능하기 때문이다.

우리는 이러한 다양성의 차이를 이미 알고 있다. 그러나 크게 문제될 정도가 아니라면 다들 잘 넘어가며 에둘러 산다. 물론 해석할 본문이 애들 낙서 정도라면 웃고 넘어갈 수 있지만, 자기 이익이 걸렸거나, 심지어 운명이 걸린 계약서와 같은 문제라면 이야기가 달라진다. 마찬가지다. 그저 성경을 공부하는 처지에서는 좀 달라도 웃고 넘어갈 수 있지만, 성경을 계시로 받아들이는 이들에게 해석 차이는 그저 웃고 넘어갈 만한 문제가 아니다.

그럼에도 해석하는 데 모두가 극단적으로 다르기만 한 것은 아니다. 인간이라면 눈, 코, 입이 있는 것처럼, 글을 해석하는 방법도 어느 정도는 거기서 거기다. 성경에 담긴 글이든 문학 작품에 담긴 글이든 상관없이 말이다. 그렇다면 모두가 공통으로 확인할 수 있는, '글'을 해석하는 방법부터 시작해서 도대체 어떤 관점의 차이로 해석이 달라지는지, 그리고 그 차이로 갈라져 나온 교단들은 어떤 특징이 있는지를 확인해 보기로 하자.

성경을 읽는다는 것

성경에 담긴 글들을 어떻게 해석할 수 있는가? 해석에서 반드시 고려해야 할 주요 요소 세 가지가 있다. 바로 '저자', '본문'(텍스트), '(1차, 2차) 독자'다. 이 세 가지 중 어느 것에 더 힘을 싣느냐에 따라 해석의 맛이 달라진다. 심지어 어느 하나에만 힘을 실어 버리면, 정말 같은 글을 본 게 맞나 싶을 정도로 전혀 다른 해석이 나온다.

이해하기 쉽게 이미지를 떠올려 보자. 구기 종목 게임이다. 여기서 '저자'와 '독자'는 서로 마주하는 선수다. 이 둘이 '본문'이라는 공을 가지고 노는 게임이 바로 '해석'이다. 어떤 게임이든 선공이 중요하듯, 처음에 둘 중 누구에게 먼저 공이 주어졌느냐에 따라 게임 결과가 많이 달라질 수 있다. 또한 선수마다 공을 다루는 방식이 조금씩 다르기에, 선수에 따라 공의 움직임 역시 전혀 달라진다. 해석 게임에서도 마찬가지다. 다만 기억해야 할 것은 둘 중 하나라도 게임에서 벗어나는 순간 공놀이는 끝이라는 것이다. 즉 해석이라는 게임이 존재하기 위해서는 셋 모두 필요하다.

긴장하지 말자. 비유로 정리한 것뿐, 평범한 우리도 이미 이 세 요소를 반영하여 글을 읽어 왔다. 그럼에도 굳이 분류하고 구도를 이해하는 것은 이것이 한 개인을 넘어 기독교인 전체로 확대되었을 때는 생각보다 큰 차이와, 심지어 갈등마저 야기하기 때문이다. 그리고 이미 우리는 그 결과물들을 마주하고 있다. 이처럼 많은 다름과 그에 기인한 다툼들, 그렇게 탄생한 수많은 교단과 교파들 말이다. 나아가 단순히 다름이 아닌 틀림의 문제, 즉 '정통'과 '이단' 문제 역시 성경 해석에서 기인한다. 그리고 무엇보다 이 해석을 기반으로 도출된 결과물들이 바로 '신학'이라는 사실을 기억하면 좋겠다.

사실 성경 해석에 대해서는 할 말이 많다. 그러나 이 내용을 다 알 생각을 하면 벅차오르기보다는 그냥 '벅차다'고 느껴질 것이기에, 그리고 '교양' 수준을 넘어가는 것이기에, 꼭 알고 있어야 할 것들로 간단히 다루어 보겠다.

해석에 있어 첫 질문은 이것이다. "저자와 독자, 둘 중 누구를 축으로 두고 읽을 것인가?" 즉 누구를 더 응원할 것인가?

저자

우선 '저자'의 관점에서 집중하는 방식을 알아보자. 간단히 말하면 저자가 이 글을 통해 무엇을 말하고 싶은지에 집중하는 것이다. 이 관점에서는 문자적(문법적) 해석을 통해 드러난 저자의 느낌, 저자가 전달하고자 하는 사실에 집중한다. 이를 위해서는 당연히 먼저 저자에 대한 이해가 필요하다. 저자가 어떤 사람인지, 즉 저자의 평소 생각, 평소 성향 등에 대한 파악뿐 아니라 저자가 즐겨 쓰는 표현이나 문장 논리 등에 대한 이해도 중요하다. 그에 따라 같은 문장도 전혀 다르게 해석될 수 있기 때문이다. 대단한 이야기를 하는 것 같지만 사실 대단한 것이 아니다. 평범한 사람이 아무 제약이나 조건 없이 책을 읽어 나갈 때 사용하는 해석법이 바로 이것이다. 저자의 의도를 파악하며 본문을 읽는 것은 초등 교육 이상을 받은 이들이라면 자연스럽게 활용하는 방식이다.

여기서 우리는 한 발 더 나아가야 한다. 성경의 저자가 '복수'이기 때문이다. 무슨 말일까? 3장에서 다루었듯이 정통 기독교는 성경을 '책'으로 인정하지만, 사실 그보다 중요하게 여기는 것은 이 성경을 단순한 글 모음집인 책을 넘어 하나님이 주신 '계시'로 받아들인다는 점이다. 때문에 성경의 저자는 '복수'라고 할 수 있다. 물론 이는 공저의 개념이 아니다. 원저자인 하나님이 주도하셨으나, 인간 저자들과 충분히 협력하셨다는 의미에서 복수다. 그래서 주 저자인 하나님과, 40여 명으로 추정되는 각 권의 인간 보조 저자들에 대한 이해가 필요하다.

> ● 성경의 주 저자를 하나님으로 인정하지 않는 시각도 있다. 계시로서의 성경이 아니라 그저 책으로서의 성경만 인정하는 것이다. 그러나 이런 시각을 지닌 사람들도 성경의 저자가 복수임을 인정한다. 단, 의미가 다르다. 즉 이 관점은 하나님이 아닌 인간 '편집자'가 존재한다고 여긴다. 인간 저자가 있지만, 그렇게 작성된 글들을 후대에 자신들의 의도에 따라 편집하고 배치한 편집자가 따로 있다는 것이다. 때문에 이들에게는 저자와 마찬가지로 편집자의 의도를 읽어 내는 해석법이 중요하다. 계시성을 인정하는 정통 기독교에서도 편집의 가능성을 부정하지 않으나, 이 편집 과정 역시 하나님의 주관 아래 이루어진 것으로 받아들인다.

독자

다음은 또 다른 선수인 '독자'의 관점에 집중하는 방식이다. 말 그대로 글을 읽는 '나', 즉 해석자의 관점에 비중을 둔다. 물론 의구심이 들 것이다. 당연히 저자의 의도에 집중하는 것이 좋은 해석법 아닌가? 단언컨대, '아니다.' 다시 말하지만 선수 둘이 있어야 게임이 가능함을 잊지 말자. 즉 저자에게 선공을 허락하는 것은 자연스럽지만, 그렇다고 글을 읽는 독자, 즉 '나'를 무시하고는 게임이 진행되지 않는다. 모든 장르 중에 저자의 의도가 가장 중요하다고 분류되는 그 딱딱한 논문조차도 독자의 관점이 반영되지 않는다면 아무 의미가 없다. 그것은 세뇌이지 해석이 아니다.

> ● 특히 우리나라의 해석 교육은 저자의 의도를 읽어 내는 데 치우치다 보니 문제가 생긴다. 독자의 관점이 중요한 글, 즉 읽는 이의 '느낌'이 더 중요한 시에서마저 저자의 의도를 파악하라고 강요한다. 그러다 보니 우스운 상황이 발생한다. 시험 문제로 나온 시의 저자조차, 자신이 지은 시의 의도를 물어보는 문제를 틀리는 역설이 발생하는 것이다.

독자의 관점에서 이해하고 느끼는 데 집중하는 것은 결코 잘못된 것이 아니다. 사실 이 방식은 강력하다. 아무래도 내가 처한 상황에서 느끼고 이해하다 보니 내 감정과 의지에 더 큰 영향을 끼치기에 그렇고, 나의 현실에도 강력한 영향을 끼치기에 그렇다. 그러나 그 힘만큼 문제도 커질 수 있다. 제멋대로의 해석, 즉 '자의적' 해석을 통해 저자의 의도와 오히려 정반대되는 결과물을 낳을 수도 있는 것이다. 물론 그 글이 문학 작품이라면 문제없다. 문학 작품은 잘못 해석한다고 해서 큰 문제가 생기지 않는다. 그러나 '계시'는 다른 문제다. 성경의 메시지 자체가 틀어지는 것을 넘어, 자의적 해석에 신적 권위를 투영하여 잘못된 확신 아래 잘못된 행실로 나아갈 수 있기 때문이다. 우리는 이미 종교적 극단주의자를 볼 만큼 보지 않았던가?

매우 중요하지만, 그럼에도 큰 문제를 야기할 수 있는 독자 중심의 해석. 그런데 이를 보정해 주는 것이 있다. 바로 또 다른 '독자'다. 무슨 소리인가? 이 글을 보는 나 외에 또 다른 독자가 있는가? 그렇다.

엄밀히 말하면 우리는 '2차 독자'다. 우리가 시중에서 구할 수 있는 책들은 대부분 불특정 다수를 향한 글이다. 출판을 위해 미리 타깃팅할 수 있지만, 독자가 한정되지 않는다. 그러나 성경 속 글들은 조금 다르다. 독자가 규정되어 있다. 모두를 위한 책인 것은 맞지만, 기본적으로 성경의 모든 글은 '특정 대상'을 향해 기록되었다. 유대인이나 초대 교인, 그중에서도 이방 그리스도인, 유대 그리스도인 등 말이다. 때문에 '그들에게 어떤 의미로 다가왔을까?'라는 1차 독자에 대한 추정과 고민은 자연스레 저자의 의도를 반영하게끔 만들어 해석이 엇나가지 않게 하고, 동시에 나의 감상을 좀 더 명료하게 바꾸어 준다.

본문

마지막 요소로, 이 해석 게임에서 공을 맡은 '본문' 이야기를 해보자. 본문은 그냥 읽으면 된다. 글자를 알고, 이를 이해할 문해력만 있으면 된다. 다만 본문을 해석할 때도 고려되는 사항이 있다. 여러 가지가 있지만, 간단하게 두 가지에 집중해 보자.

먼저 '문학적 해석'이다. 쉽게 말해 그 글의 '장르'를 반영하여 해석하는 것이다. 예를 들어 시라는 장르는 저자의 의도보다는 그냥 느끼고 감상하는 것에 목적을 둔다. 이처럼 시 혹은 격언 등이 포함된 장르의 모음집인 성경의 지혜서 부분을 읽을 때는 내가 그 문장을 통해 느끼고 통찰하는 것에 무게를 둔다. 반면 율법서 같은 경우에는 저자의 의도가 더 중요할 테고, 그것이 역사서라면 당시의 사실이 더 중요해진다.

또 다른 고려 사항은 '문예적 해석'이다. 앞서 말했듯 우리는 1차 독자가 아니다. 실제 1차 독자는 우리와 전혀 다른 시간, 전혀 다른 지역에 살던 사람들이다. 그리고 저자 역시 그 1차 독자와 같은 시공간에 살던 이들이다. 때문에 이들 사이에는 소통의 문제가 전혀 없다. '아' 하면 '아'로 알아듣고 '어' 하면 '어'로 알아듣는다.

문제는 2차 독자인 우리다. 우리는 성경에 '아'로 적혀 있어도 '어'로 알아듣는 경우가 매우 많다. 번역의 문제가 아니다. 생각해 보면 그럴 수밖에 없는 것이, 성경의 저자와 우리 사이에는 적게는 2,000년, 많게는 4,000년이라는 시간적 간극이 있기 때문이다. 게다가 전혀 다른 민족, 전혀 다른 공간에서 일어난 일이다. '인간'이라는 생물학적인, 그리고 존재적인 공통점 외에는 접점이 전혀 없는 사람들이 성경의 저자이고 1차 독자인 것이다. 여기에서 오는 차이는 엄청나다. 그들과 우리는 놓여 있는 문명과, 그에서 비롯된 문화가 다르기에, 사고방식도 다르고 언어적으로도 다르다. 그래서 같은 단어를 써도 담고 있는 의미와 이해하는 의미가 전혀 다를 수 있다. 또한 당시 역사적 정황이나 사실에 대한 이해가 부재하기에 더더욱 어렵다.

문예적 해석은 바로 이와 같은 엄청난 간극을 메우기 위한 과정이다. 즉 '상황 속의 언어'를 읽어 내는 것이다. 성경이 우리 시대에 기록된 글이라면 거의 필요 없는 해석이겠지만, 그렇지 않은 상황에서는 현재 성경 본문을 다루는 데 가장 주요한 해석 방법일 것이다.

이처럼 성경 해석은 '저자'와 '독자'가 '본문'이라는 공을 주고받는 구도로 흘러왔다. 그렇다면 2,000여 년의 성경 해석 역사 가운데 실제로는 어디에 더 집중해 왔을까? 저자다. 성경에서 저자는 '하나님'(원저자)이며, 그 내용은 '계시', 즉 저자가 하고 싶은 말(하나님이 누구신지, 무슨 일을 하셨고 나와 세상을 어떻게 다루시는지)을 담고 있다고 믿기 때문이다. 그러나 '독자'의 중요성을 포기할 수는 없다. 독자가 성경 내용을 수용하고 의미를 발견하며 적용하지 않는다면, 그것은 '메시지화'되지 못하고 그냥 글로 남아 버리기 때문이다.

성경 해석은 정말 독특하다. 담고 있는 내용도 독특하지만, 인간 저자는 보조자일 뿐 원저자인 하나님이 따로 계시다는 점도 독특하다. 거기에 또 다른 독특성이 있는데, 바로 원저자인 하나님(성령)이 이번에는 역으로 보조 독자가 되어, (원)독자인 내가 (보조) 저자를 통해 기록된 이 글을 제대로 마주하고 이해하며 느끼게 해주신다는 점이다. 뫼비우스의 띠와 같은 이런 구조를 다름 아닌 성경이 이야기하고 있다. 단순히 읽고 느끼면 그만인 책이 아니기에 이와 같은 독특성을 낳는다.

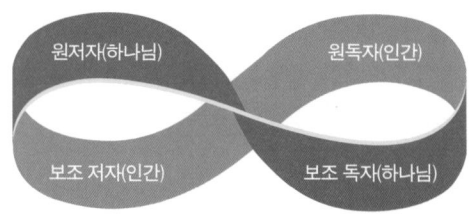

성경도 결국 사람이 보는 것이다_ 해석의 역사

성경이 정경으로 완성된 것은 397년 카르타고 공의회에서다. 다만 그 안에 담긴 글들은 이미 존재하고 있었고, 그것들을 읽어 내는 사람들도 넘쳐 났다. 때문에 '본문'을 둘러싼 '저자' 중심적 해석과 '독자' 중심적 해석의 구도는 정경 완성 이전부터 형성되어 있었다. 한편 로마 제국 전역에는 그리스도인들이 퍼져 있었는데, 그 가운데서도 꽤 규모가 큰 그리스도인 공동체들이 모여 있는 주요 도시가 있었다. '로마 (시)', 시리아의 '안디옥', 북아프리카 이집트의 '알렉산드리아'다. 사람이 많이 모여 있다 보니 그 가운데서 단순히 공동 읽기를 넘어 본문을 성찰하고 연구하는 일들이 생겨날 수밖에 없었다.

제국의 중심인 로마 시는 그리스도인에 대한 추방령과 학대가 자주 일어난 곳이기에 제외하고, 나머지 두 도시(안디옥과 알렉산드리아)가 성경 해석에서 자연스레 서로 다른 두 축을 세우게 되었다. 지정학적 위치와 민족적 구성, 서로 다른 문화가 이러한 다른 해석법에 영향을 끼치지 않았나 싶다. 실제 로마 제국 안에서도 동방과 서방의 문화적 다름으로 인해 지역감정 같은 것이 존재했다고 보고되니 말 다했다. 그렇게 성경 연구가 지속되다 보니 자연스레 해석의 경향성이 생겼고, 두 도시의 주안점이 서로 달랐기에 후대 신학자들은 이를 '학파'라고 부르게 되었다. 그렇다면 이 둘은 어떻게 다를까?

안디옥 학파는 '본문' 자체에 집중한다. 본문에 집중한다는 것은 쉽게 말해서 저자의 의도에 집중한다는 의미와 비슷하기에 자연스레 역사적, 문법

적 해석을 중요시한다. 반면 알렉산드리아 학파의 해석 방식은 '풍유적 해석' (알레고리적 해석)이라 불린다. 하나님이 계시를 통해 나에게 주시고자 하는 '의미'에 집중하는 것이다. 가만 보면 제1 '저자' 중심을 말하는 것 같지만, 결국 내가 어떻게 느끼고 받아들이느냐에 초점이 맞춰질 수밖에 없기에 결과적으로는 '독자' 중심 해석이다.

결국 이러한 해석 구도가 시대를 거쳐 돌고 도는 것, 그것이 성경 해석의 역사라고 볼 수 있다. 다시 말하지만 '저자'와 '독자'가 '본문'을 두고 하는 게임의 역사다.

● 초기에는 그저 성경에 대한 해석학적 차이였을 뿐인데, 시간이 갈수록 어느 지역 교회가 더 우월한지를 겨루는 파워 게임으로 변질되어 버렸다. 훗날 개최된 칼케돈 회의(451년)에서는 안디옥 학파의 적자인 네스토리우스가 이단으로 규정되어 일명 '안디옥 학파'는 교회에서 사라지게 된다. 물론 안디옥 학파가 사라진 것이 아니라 안디옥 교회의 정치력이 사라졌다고 보는 게 옳겠다. 안디옥 학파의 해석학적 시각은 그 후로도 지속되었기 때문이다. 아니, 지속될 수밖에 없었다. 동서고금을 초월하여 사람이라면 누구나 '독자' 혹은

4장_ 내 성경과 네 성경은 다른 것 같다

> '저자' 중심으로 읽어 나갈 수밖에 없기에 그렇다.
>
> 여기서 두 학파의 대표 인물들을 소개해 본다. 알렉산드리아 학파의 대표 인물로는 그리스 철학을 기독교와 연계하여 훗날 아우구스티누스의 롤 모델과 같은 역할을 한 클레멘스(Clement, 150-215), 또한 그의 제자로 최고의 주석학자이자 최초의 조직 신학자로 불리는 알렉산드리아 학파의 아이콘 오리게네스(Origen, 185-253), 훗날 아리우스파와 대립하며 '가톨릭'이라 불리는 보편 신앙의 기초를 세운 아타나시우스(Athanasius, 296-373) 등을 꼽을 수 있다.
>
> 안디옥 학파는 훗날 정죄받은 역사로 인해 유산이 많이 남아 있지 않지만, 그럼에도 손꼽을 만한 인물로는 안디옥 학파 해석 방법론의 기틀을 세운 몹수에스티아의 테오도로스(Theodore of Mopsuestia, 350-428)와, 그의 동문이자 교회사를 통틀어 최고의 설교가여서 '황금의 입'으로 불리던 요한네스 크리소스토무스(John Chrysostom, 347-407)가 있다.

여기서 끝나면 좋겠지만, 시간이 흐르면서 의도치 않은 문제가 생겼다. 앞서 언급한 문제, 즉 '아'가 '아'로 들리지 않는 문제 말이다. 1차 독자와 전혀 다른 맥락을 살고 있는 2차 독자의 등장이다. 이들은 특별한 도움과 설명 없이는 '본문'을 이해하기가 어려웠다. 바로 현대의 우리가 성경을 읽을 때 겪는 문제다.

1차 독자는 특정 시기의 특정 지역이나 특정 민족으로 한정되지만, 2차 독자는 매우 광범위하다. 시기, 지역, 민족, 문화가 저마다 다르다. 같은 2차 독자라도, 어떤 이는 800년경 봉건 사회를 살아간 중세기 노르망디의 한 영주일 수 있고, 어떤 이는 1차 십자군 원정 때 예루살렘 공략에 참전한 1100년대 어간을 살아가던 한 기사일 수도 있다. 공통점이 있다면, 둘 다 자신들이 전혀 알아듣지 못하는 라틴어로 성당 신부가 전하는 강론을 건너들었다는 것이다. 성경을 본 적이 없다. 또 어떤 이는 1530년대 종교 개혁의 영향으로 자기 손에 번역된 성경을 들고 읽는 독일의 한 부유한 상인일 수도 있고, 어떤 이는 과학 문명이 발달하고 무신론적 개념이 확산된 시대를 사는 동아시아의 검은 머리 학생일 수도 있다. 이처럼 '독자'가 서 있는 토대는 매우 다르다. 다행인 것은 그동안 성경 해석의 역사가 이런 문제적 요소들을 해소해 나가며 흘러왔다는 점이다. 즉 업그레이드되어 왔다. 그래서 이런 문제들을 반영하여 해결한 네 번의 전환 시기를 통해 성경 해석의 역사를 짚어 볼 수 있다.

첫 번째, 기독교 역사상 그저 '빛'이라고밖에 평할 수 없는 인물인 '아우구스티누스'(Augustinus, 354-430) 시기의 전환이다. 정경이 최종으로 형성된 당시의 주교이자 신학자였던 그는 '기독교란 무엇인지', '무엇을 믿는지' 등을 합리적으로 설명하기 위해 성경 내용을 총체적으로 정리하였다. 그 이전에도 총체적 정리를 시도하거나 비슷한 작업을 한 사람이 있었지만, 이 정도로 완벽하게 정리하고 완성한 사람은 없었다.

이 정리 작업은 우선 교회 외부를 향한 것이었다. 기독교를 '종교' 혹은 '신비'로만 치부하는 그리스-로마 철학 사조에 대한 반박이었다. 기독교 자체가 그들이 찾는 '진리'에 대한 답변이라는 것이다. 동시에 이 작업은 교회 내부를 향한 것이기도 했다. '정통'을 논함에 있어 우리는 알렉산드리아와 안디옥이라는 거대한 두 학파만 조망하였지만, 사실 성경을 해석하는 작업은 로마 제국 전역의 크고 작은 공동체 및 집단에서 계속 이루어졌다. 그런데 결국 해석도 사람이 하는 것이지 않은가? 저자 중심 해석이든, 독자 중심 해석이든, 본문 중심 해석이든 결국 자신이 원하는 대로 해석하는 이상한 해석들이 출몰한 것이다. 심지어 그에 호응을 얻어 이단적 가르침도 횡행했다. 이런 상황에서 아우구스티누스의 작업은 각 본문을 해석하는 가이드이자 최소한의 기준이 되어 주었다.

물론 아우구스티누스 한 사람에게는 아무 힘이 없었다. 여기서 그의 시기에 정경이 최종으로 형성되었다는 사실에 주목해 보자. 시끄러운 지방 방송을 끄고 이제 교회 전체를 아우르는 통합적 권위가 세워진 것이다. 이는 한 개인이나 공동체, 혹은 한 지역에서 주목한 해석이 아니라 하나의 '교회'라는 곳이 '해석'의 권위를 갖게 되었다는 의미다. 그것이 가능했던 것은 교회를 위한 신학자 아우구스티누스가 작업한 결과물이 있었기 때문이다(아우구스티누스에 대해서는 5장에서 더 구체적으로 다루겠다).

아우구스티누스가 죽은 시점과 맞물려, 교회의 수호자 (서)로마 제국은 몰락의 길을 걷고 있었다. 이 혼란스러운 시기에 일명 '대교황'이라 불리는 레오 1세(Papa Leone I, 400?-461)가 등장한다. 그는 현 교황제의 실제적 시초로 교회의 권위를 드높였고, 해석의 권위를 교회와 교황에게로 돌리는 강력한 물꼬를 튼 인물로 평가받는다. 때문에 안디옥도 아니요 알렉산드리아도 아닌, 이 둘을 적절히 짬뽕하여 통일된 '교회'가 해석의 주체가 되는 일명 '서방학파'가 탄생한다. 굳이 따지자면 서방학파라 불리는 흐름의 축은 '저자를 통한 본문 읽기'라고 평하는 게 좋겠다. 중요한 것은 지방 방송 다 꺼 버리고, 중앙에서 권위를 가지고 해석하기 시작했다는 점이다. 그렇게 통일성을 얻었다. 그러나 다양성은 무시되었다.

두 번째 전환 시기는 한참 뒤에 등장한 '종교 개혁'(1517년)이다. 종교 개혁이 일어난 원인은 성경 해석에서 찾을 수 있다. 성경을 해석하는 최종 권위를 지닌 교회가 성경을 이상하게 해석하고 적용하는 데 대한 반발이었던 것이다. 어쩔 수 없다. 교회 역시 사람들의 모임이다. 해석권을 가진 교회, 아니 교회의 엘리트 집단이 자신에게 유리한 대로 해석하고 그 해석을 독점한다. 저자 중심적 해석이라고 하지만, 사실은 일부 독자, 즉 교회 엘리트 집단만을 위한 해석으로 귀결되어 버린 것이다. 확증 편향에 갇히고, 역으로 권력 유지와 부패 수단으로 성경 해석권을 마음껏 사용했다. 그래서 종교 개혁은 '오직 성경', 즉 교회의 권위를 통해 해석하는 것이 아니라 개인이 성경을 직접 읽고 저자가 의도한 바대로 다시 돌아갈 것을 강조하였다.

이를 위한 판은 이미 깔려 있었다. 그 판을 깔아 준 것은 세상이었다. 마침 인쇄술이 발달하면서 성경의 대량 인쇄가 가능해지고, '인문주의'라는 배경 아래 고전어를 직접 번역하고 해석할 수 있는 실력자가 굉장히 많아진 것이다. 결과적으로 이를 통해 다시 '본문'으로, 그리고 이면의 '제1저자'에게로 축이 옮겨졌다.

그런데 얼마 지나지 않아 세 번째 전환 시기가 찾아왔다. 1,000년 넘게 서구 사회를 지탱해 온 권위인 '신'과, 그것을 감싸고 있던 '교회'의 권위가 금이 가는 것을 넘어 박살 나기 시작한 것이다. 이것은 엄청난 일이었기에 부수적인 문제도 많이 일어났다. 무엇보다 때마침 태동한 과학 혁명의 에너지가 신과 교회에서 벗어난 권위의 부재를 빠르게 잠식했다. 또한 종교 개혁이 표면적으로는 저자 중심적 해석을 요청한다고 했으나, 어찌 보면 실제로는 독자에게 무게 중심 축이 넘어간 것 아니던가? 이에 따라 '근대'의 시작과 함께 전혀 다른 성경 해석 흐름이 나타나는데, 바로 '자유주의 학파'의 등장이다.

(결코 간단하지 않지만) 자유주의를 간단하게 표현하자면, '내'가 서 있는 토대를 기반으로 성경을 해석해 나가는 흐름이라고 말할 수 있겠다. 자유주의 학파는 처음부터 독자 중심적 해석을 천명한다. 그 독자가 서 있는 터전은 과학이 번영하여 권위를 가져가고 신을 부정하는 시대였기에, 성경도 그런 관점으로 바라본다. 그들은 성경을 신의 계시가 아닌 인간 저자들의 '창작물'이자, 심지어 소수 편집자가 특정 의도로 제작한 '책'이라는 인식으로 대한다. 역설적이게도 그래서 더 본문에 집중할 수 있다. 신비성과 같은 것은 다 던져 버리고, 편집자의 의도나 맥락을 읽어 내기 위해 굉장히 비평적인 태도로 해석하는 것이다. 반면 그런 것과 상관없이 독자 개인에게 어떤 의미가 있는지에만 집중하는 '실존주의적 해석'도 유행한다.

자유주의 학파적 성경 읽기 자체를 문제 삼을 수는 없다. 다만 정통 교회, 정통 신학을 추종하는 이들이 받아들이기 어렵다는 것이 핵심이다. 자유주의 학파는 '계시성'을 부정하는 관점을 전제로 성경을 해석해 나가기 때문이다. 정통 신학 역시 독자를 존중하지만 가장 중요하게 생각하는 것은 제1저자다. 그러므로 애초에 제1저자는 없다고 전제하는 해석법, 따라서 성경을 인간 저자들의 글과 편집으로만 이해하는 관점에는 동의할 수 없는 것이다.

자유주의적 해석이 점차 확산되자 이에 대한 반동으로 '근본주의적 해석'이 나타난다. 독자에게 지나치게 많은 권한을 주다 보니 그것을 토대로 성경을 역해석하는 문제가 생겼다는 인식 아래, 아예 독자를 배제하고 저자 중심적 해석에 몰입해 버리는 것이다. 문제는 독자를 배제한 순간, 앞서 말했듯 게임이 불가능해진다는 것이다. 즐기던 게임이 어느 순간부터 강제된 훈련이자 전투가 되어 버렸다고나 할까? 그렇다. '자유주의'에 대한 반발과 경계로 다시 '교회', 그리고 '교리' 위주 해석으로, 지나치게 문자적이며 기계적인 해석으로 바뀌게 되었다.

그리고 네 번째 전환이 찾아왔다. 이 전환은 예상치 못한 곳에서 터졌다. 바로 '고고학과 고문서학의 발달'이 그것이다. 19세기 중반에 이라크(또한 이집트)에서 고고학적 발굴 작업이 대규모로 이루어졌고, 설형 문자로 기록된 문서가 100만 개 넘게 발굴되었다. 이를 통해 오늘날의 독자들도 (학자들의 힘을 빌려) 고대 사회를 재구성할 수 있게 되었다. 또한 비슷한 시기에 쿰란 문서 등 고대의 성경 사본들이 발굴되면서 1차 독자 입장에서 '본문'을 이해하고 받아들일 수 있는 길이 열렸다. 본문의 문예적 해석이 가능해진 것이다. 나아가 이는 항상 '저자'와 '독자'로 양분될 수밖에 없던 흐름을 통합시키고 서로 화해하는 길을 열어 주었다. 때문에 지금 우리는 성경의 글들이 탄생한 초대 교회 시대를 제외하고, 그 어느 시대보다 성경을 가장 바르게 해석하고 마주할 수 있는 시대를 살아가고 있다 해도 과언이 아니다.

밥과 밥그릇의 딜레마

지금까지 성경 해석의 방식과 흐름을 간단히 정리해 보았다. 그런데 이 시점에서 중요한 것을 놓치고 있었음을 밝히고 싶다. 해석보다 앞서는 것, 바로 '읽는 것'이다.

어느 독자가 성경을 읽는다면, 해석하는 데 있어 어디에 축을 두느냐보다 앞서는 선택의 기로가 있다. '전체를 다 읽을 것인가, 특정 부분만 집중할 것인가'다. 이 이야기를 먼저 꺼내지 않은 것은 글의 장르마다 중요도가 천양지차이기 때문이다. 예를 들어 소설 같은 장르는 반드시 처음부터 끝까지 읽어야 완성된 내용을 접할 수 있다. 군데군데 감동되는 부분이 있더라도 전체를 다 읽어야만 저자가 의도한 이야기와 메시지를 알 수 있고, 그렇게 할 때 비로소 감동도 온전해진다. 반면 시집이나 에세이 같은 경우에는 전체를 다 읽지 않아도 된다.

그렇다면 성경은 어떨까? 성경은 이 둘 사이 어디쯤에 있는 것 같다. 표면적으로 보면 워낙 다양한 장르의 글들이 포함되어 있어서 서로 단절된 것 같고, 2,000년에 가까운 엄청난 시간을 거쳐 수십 명의 저자를 통해 형성되었기에 관련성이 떨어지는 것 같다. 그러다 보니 에세이집을 읽듯 각 권을 별개로 보는 것이 나아 보이기도 한다. 하지만 성경 자체는 정경 형성 과정을 거치면서 편의상 큼직한 주제별로 묶였다. 이 많은 책을 묶어 한 권으로 연결한 것은 성경을 하나님의 계시, 즉 메시지로 받아들이는 이들이 이 책의 '원저자'를 한 분 하나님으로 상정하였기 때문이다. 각 장르가 분리되고 전혀 연결점이 없는 같지만, 실제로는 전체가 연결되어 있고 한 방향으로 흐르고 있다. 이러한 이유들로 성경은 '전체를 읽는 것'과 '부분적으로 읽는 것' 둘 다 필요하다.

이중 전체를 읽고 전체적 관점을 앞세우는 것을 '통전적 읽기'라 부르고, 부분을 읽고 거기에 집중하는 것을 '미시적 읽기'라 부른다. 오해할까 봐 미리 말하지만, '통전적 읽기'는 그저 A에서 Z까지 다 읽어 내는 것이 아니라, 전체 맥락에 더 무게를 두고 그 안에서 각 본문을 바라보는 태도를 의미한다. 즉 전체 맥락이 개별 본문의 이해를 주도하는 것이다. 여기서 '맥락'이란, 예를 들어 한 단어가 속한 문장, 그 문장이 속한 단락, 단락이 속한 장, 장이 속한 성경의 (66)권 등 더 거대한 상위 맥락을 말하며, 최종 맥락은 성경 전체를 말한다. 성경 해석에서 교과서적 문장이라고 감히 단언할 수 있는 "성경은 성경으로 해석한다"라는 해석법에 충실한 방식이다.

> • 개인이 성경을 보는 방식도 이 두 가지로 나뉜다. '통독'은 성경 전체를 읽는 것이고, '묵상'은 특정 본문에 집중하는 것에 기반한다.

성경에는 이 전체 맥락을 통해 도출된 키워드들이 있다. 가장 대표적인 키워드이자 어찌 보면 핵심이라 할 수 있는 키워드는 '예수 그리스도'일 것이다. 성경의 모든 부분이 이 한 인물을 향한다고 해도 과언이 아니다. 이와 병행되는 키워드는 그 예수께서 가장 많이 언급하신 주제인 '하나님 나라'다. 기독교 신앙의 대상인 '하나님'이 어떠한 분인지를 가장 잘 설명하는 '사랑'이나, 그분이 사람과 세상을 만들었을 때 그것을 유지하기 위해 주신 법, 즉 '창조 질서' 역시 핵심 키워드들이다.

이처럼 성경 전체를 유기적으로 연결하는 코드로 해석할 때의 장점은 자칫 지엽적인 본문의 특정 상황을 기독교 전체의 신앙으로 오해하거나 논리적 비약으로 이어질 가능성을 차단할 수 있다는 것이다. 또한 도무지 해석하기 어려운 본문들을 해석할 수 있도록 도와준다는 면에서도 큰 이점이 있다. 외국어 지문을 읽어 나갈 때 중간에 모르는 단어가 있어도 앞뒤 맥락을 통해 뜻을 유추할 수 있듯이, 전체 맥락을 고려하면 이른바 난해 본문들의 의미를 어느 정도 유추할 수 있다. 이처럼 '통전적 읽기'를 고려하면서 오늘 나에게 주어진 본문을 충실하게 읽어 가는 '미시적 읽기'를 병행한다면, 성경 해석에서 풍성함을 누릴 수 있을 것이다.

그런데 여기에도 의도치 않은 문제가 발생한다. 통전적 읽기와 미시적 읽기가 연합하여 선을 이루기도 하지만, 가끔은 둘이 충돌하는 경우가 있기에 그렇다. 특정 본문만 보면 확실히 그렇게 읽히는 해석이 전체 '맥락'에 위배된다는 이유에서 거부되거나 완전히 뒤집히기도 한다. 특정 본문의 해석으로 전체를 조정하기보다는, 전체 맥락에 따라 하위 본문을 강제로 재해석한다고 볼 수 있다. 이러한 갈등을 야기할 만한 본문이 꽤 많다.

● 종교 개혁을 예로 들어 보자. 개신교의 출발이 된 종교 개혁자들은 가톨릭교회의 믿음이 교회 성사에의 참여, 즉 행위적 종교로 변질되었다고 여겼고, 이에 반하여 '다섯 솔라'(Five Solas)를 표어로 내세웠다. '오직 성경'(Sola Scriptura), '오직 그리스도'(Solus Christus), '오직 은혜'(Sola Gratia), '오직 믿음'(Sola Fide), '오직 하나님께 영광'(Soli Deo Gloria)이다. 성경을 토대로 믿음의 모든 내용을 점검하고 그리스도 중심적으로 해석하며, 인간의 자리가 아닌 하나님의 은혜로 말미암아 구원이 이루어지는데, 이를 믿음으로 받아들이는 것만이 신앙이라고 보았다. 그러한 맥락 아래, 루터는 하나님의 이름이 등장하지 않는 '에스더서' 같은 책은 정경 목록에서 제해야 하는 것 아닌지 의구심을 품었고, 믿음보다 행위를 강조하는 듯한 '야고보서'는 '지푸라기 서신'이라 부르며 폄하하기도 하였다.

이와 비슷한 구체적인 사례도 꽤 많다. 특히 기독교 교리의 토대가 된 바울 서신 '로마서'나 '갈라디아서', 이 성경들을 '이신칭의', 즉 '오직 믿음으로 의롭다 칭함받는다'(그렇게 의인으로 칭함받은 자는 구원이 있고, 그렇게 얻은 구원으로부터 그 무엇도 갈라놓을 수 없다)라는 개신교의 정통적 믿음을 토대로만 해석하는 경우다. 통전적으로 볼 때는 그러한 주장이 분명 사실이지만, 개별 문장들을 보다 보면 믿음 이후의 자기 모습에 절규하거나, 믿음 이후의 행위를 강조하거나, 심지어 칭의 이후에 구원을 잃을 수도 있는 것처럼 말하는 문장이 등장한다. 이는 명백히 성경에 수록된 문장들이다. 그런데 이러한 문장들을 애써 '이신칭의'적 관점으로 강제로 해석하거나 주무르는 경우가 꽤 있었다.

이것은 성경 해석을 토대로 구축된 '신학'에서도 고스란히 재현된다. 정경이 정립되기 이전부터 남아 있던 본문들을 자기만의 상상의 나래를 펼쳐 해석한 수많은 이단이 있었다. 기독교 내부의 역사는 성경 해석 오류들과 투쟁해 온 역사라 해도 과언이 아니다. 그래서 어느 순간, 공인된 교회의 대표들을 통해 정통적 해석이 대두되기 시작한다. 성경 전체가 품고 있는 맥락에 근거하여 성경이 말하는 바를 더 이해하기 쉽게 '조직'해 놓는 것이다. 다양한 장르와 내용, 시대를 아우르는 성경을 주제별(신론, 구원론 등)로, 그리고 일반화된 명제로 정리한 작업이다(이를 '조직 신학' 혹은 '교의학'이라 부른다).

이러한 작업이 정통으로 인정된 후에는, 반대로 이 정리된 내용이 성경 해석의 틀이 되었다. 다시 말하지만 이는 굉장히 큰 기여이고, 여전히 중요한 가치를 담고 있다. 그러나 성경 해석의 틀을 가지고 성경을 해석하다 보니 문제가 생긴다. 분명 성경은 원저자인 하나님의 계시이기에 전체적으로 통일성과 유기성을 지니지만, 그럼에도 다양한 인간 저자와, 배경이 되는 다양한 시대, 다양한 장르를 담고 있기 때문이다. 그래서 어느 한 틀에 완전하게 귀속시키기가 어렵다. 그 틀에 귀속되지 않고 반발하는 듯한 본문과 내용도 꽤 존재하는 것이다.

물을 쏟은 장면을 상상해 보자. 물은 결코 정형화된 형태로 쏟아지지 않는다. 이 물을 가장 많이 담을 수 있고, 가장 쉽게 들 수 있는 형태로 틀을 짜 본다고 하자. 이에 성공해서 물을 담았다 할지라도, 분명한 건 물을 100퍼센트 다 담지는 못한다는 점이다. 어떤 부분은 포기할 수밖에 없다. 이것이 최선의 합리적인 방식이기 때문이다.

물론 물이야 조금 포기해도 된다. 하지만 우리가 담으려는 것은 그냥 물이 아니라, '계시' 아닌가. 이것이 문제다. 쉽게 포기할 수 없고, 포기해서도 안 되기에. 그래서 누군가는 원초적 질문을 던질 수 있다. "처음부터 다른 방식으로 틀을 만들 수 있지 않았을까?", "더 담을 수 있는 틀이 있는데, 당시 기술과 시야의 한계로 애써 이렇게만 만든 건 아닐까?" 하는 질문 말이다. 그것이 바로 '성경 신학'의 도전이다(성경 신학이란 말 그대로 개개의 성경 본문을 그 본문의 문법, 구조, 배경에 따라 해석해 내는 것이다. 미시적 읽기에 집중된다).

특히 앞서 언급한 성경 해석의 네 번째 전환점이 이를 더욱 가속화시켰다. 고문헌에 대한 해석 능력이 비약적으로 향상되면서 이를 통해 얻은 정보들을 토대로, 그동안 '이것이 정통적 해석이다!'라고 여겨지던 본문들을 재해석하게 되었고, 그렇게 역으로 거슬러 올라가다 보니 조직 신학이 정리해 놓은 틀 자체에 문제가 있을 수도 있다고 주장하기에 이른 것이다. 반면 기존과 다르게 튀는 그러한 해석이 매력적이고 인기를 얻는 것 같지만, 조직 신학 관점에서는 지금의 해석이 2,000여 년간 내려온 '정통'적 해석이기에 이를 가벼이 여기지 말 것을 강조한다. 지난 2,000년간 그런 튀는 해석들이 계속 있어 왔지만 다 사라졌다는 점에서 그렇다. 그래서 여전히 전체 맥락을 더 강조한다. 이것이 조직 신학과 성경 신학의 갈등 구도다(오해하지 말자. 둘 다 성경을 기반으로 논리를 주고받는다. 조직 신학자들이 성경을 토대로 이야기하지 않거나, 반대로 성경 신학자들이 교리를 무시하지는 않는다).

딜레마다. 그러나 어쩔 수 없다. 밥과 밥그릇의 논쟁은 늘 일어날 수밖에. 물론 밥이 더 중요하지만, 그 밥을 담을 그릇이 없다면 우리는 동물처럼 밥을 먹거나, 제대로 먹을 수 없거나, 오염된 밥을 먹을 수밖에 없다. 둘 다 있어야 밥을 맛있게 온전히 먹을 수 있다. 마찬가지로 통전적 읽기와 미시적 읽기, 즉 조직 신학과 성경 신학은 서로 돕는 관계지만, 태생적으로 충돌하는 요소가 있기에 때로는 불필요한 갈등을 야기하고 서로를 정죄하는 방향으로 가기도 한다. 그러나 이러한 갈등마저도 성경 해석을 더 건강하고 풍성하게 하기에 필요하다. 당신이 이런 딜레마에 빠지기보다 이 갈등으로 더 풍성해지길 바란다. 둘 다 꼭 필요하다.

나와 너는 영이 다르지 않다

"나와 너는 영이 다르다." 종교 개혁의 기수 마르틴 루터(Martin Luther, 1483-1546)가 또 다른 종교 개혁자 츠빙글리(Huldrych Zwingli, 1484-1531)를 향해 읊조린 말이다.

사연은 이렇다. 종교 개혁 초기, 종교 개혁 운동의 아이콘으로 여겨지던 마르틴 루터는 사실 가톨릭교회와만 대립각을 세운 것이 아니었다. 또 다른 대립각이 있었는데, 바로 비슷한 시기에 다른 지역에서 일어난 종교 개혁자들과의 대립이다. 모든 종교 개혁자는 성경 해석에 근거하여 가톨릭교가 잘못되었다고 주장했으나, 그렇다고 그들 사이의 성경 해석이 동일한 것은 아니었다. 물론 전혀 다르게 해석한 것은 아니며, 전체적으로는 비슷했다. 다만 '각론'에서 이견이 있었다. 특히 당시 논쟁이 된 주제는 성례의 하나인 '성찬'이었다. 과연 '성찬에 어떤 의미가 있느냐'는 것이다.

우선 종교 개혁자들은 한결같이 가톨릭교의 '화체설', 즉 성찬에 동원되는 빵과 포도주가 성찬 시 축사한 후에는 실제 예수의 몸과 피로 변화된다는 주장을 부정했다. 이에 루터는 '공재설'을 주장하며, 실제로 변화되지는 않지만 실제 예수의 몸과 피를 먹는 것 정도의 의미가 있다고 여겼다. 그런데 스위스의 종교 개혁자 츠빙글리는 '영적 기념설', 즉 성찬을 기념의 의미 정도로만 여겼다.

처음에는 이견 수준이었지만, 이는 매우 중요한 사안이기에 의견이 좁혀지기는커녕 오히려 감정의 골이 깊어졌다. 결국 루터는 츠빙글리와의 회담장을 박차고 나오며 "나는 너와 영이 다르다"고 외치고 만다. 최초의 개신교 분열 사건이다. 그리고 이후로도 성경 해석의 차이를 고수하다가 "나는 너와 영이 다르다"고 외치는 일은 무수히 많았다. 지금과 같은 수많은 교단이 존립하게 된 이유다.

● '성찬'은 (내 이름이기도 하지만) 개신교에서 인정하는 두 가지 성례 중 하나를 일컫는 말이다.
'성례'(聖禮)는 한자어 그대로 '거룩한 예식'을 뜻한다. 성경을 토대로 도출된 예식으로, 이 예식을 통해 신비한 은혜에 참여하게 된다고 이해할 수 있다. 다만 가톨릭교회와 동방 정교회는 전통적으로 7성례(세례[성세], 견진, 혼배, 종부, 신품, 고해, 성찬[성체]으로, 용어는 조금씩 다르다)를 주장하지만, 종교 개혁자들은 세례와 성찬을 제외한 나머지 다섯 가지는 성경적 근거가 없다는 이유로 배제하였다.
그중에서 '성찬'을 이해하려면 〈최후의 만찬〉이라는 그림을 떠올리면 된다. 성찬은 십자가에 달려 죽으시기 전날 밤 한자리에서 식사할 때, 예수께서 제자들에게 빵과 잔을 나누며 "이것은 내 몸이고 내 피니 이를 먹고 마실 때마다 나를 기억하라"(누가복음 22장 19, 20절)고 말씀하신 것을 근거로 제정된 성례다.

이제 가장 처음에 언급한 '교단' 이야기로 돌아가 보자. 지금까지 이야기한 대로라면, 성경 해석의 차이는 단순히 권력 다툼의 문제 이전에 '읽고' '해석하는' 자리라면 애초에 존재할 수밖에 없는 문제임을 알았을 것이다. 그렇다. 인간은 모두 다르기 때문에 처음부터 자신이 낀 색안경에 투영할 수밖에 없다. 자신의 성향, 처음 신앙을 접한 환경, 지역 등을 무시할 수 없는 것이다. 게다가 성경은 내용이 방대하다. 여기에는 분명한 통일성이 있지만, 동시에 인간의 논리로는 완전하게 하나로 묶을 수 없는 내용들도 분명히 존재한다. 때문에 아무리 정통적 신앙에 동의한다 하더라도, 각론에서는 다를 수밖에 없다.

이러한 성경 해석의 차이에 따라 비슷한 관점(신학)을 기준으로, 혹은 그로 인해 도출된 결과물(교회 정치 제도, 성례 등)을 기준으로 모여 형성된 것이 '교단'이다.

● 닭갈비, 막국수, 순두부찌개, 떡볶이, 부대찌개, 갈비 등 한 가지 메뉴만 다루는 음식점들이 몰려 있는 곳을 방문해 보면 여기저기 가게마다 '원조'라는 단어가 붙어 있다. 어느 가게가 원조인지 도저히 알 수가 없고, 그냥 다 자기가 '원조'라고 주장하는 듯하다. 기독교에서 '정통'이라는 말이 그런 느낌이다. 다들 자기가 '정통'이라고 하는데, 실체를 잘 모르겠다. 차라리 '원조'를 규정하기가 더 쉽다. 검증된 문서와 증인들을 통해 누가 어디서 '처음' 시작했느냐를 가리면 되기에. 반면에 '정통'은 '처음'이 중요한 것이 아니라, '메시지'를 더 정확하게 담아 낸 것이 무엇인지를 다루기에 시시비비를 가르기가 쉽지 않다. 그러나 이단적 가르침과 대조하기 위해서라도 '정통'을 규정하는 일은 필요하다.

애석하게도 '정통'이라는 용어는 이미 (동방) 정교회(Orthodox)에서 쓰고 있다. 이는 '보편의', '전체의'라는 뜻의 라틴어 '카톨리쿠스'(catholicus)에서 유래한 '가톨릭'에 대항하여 붙인 명칭이다. 개신교는 이 두 교단이 확립 분리되기 이전에 성경적 가르침에 의해 조성된, 말 그대로 '원조'라는 의미의 정통적 믿음을 추구한다. 따라서 개신교에서 '정통'이란 종교개혁자들이 ('다섯 솔라'를 통해) 성경을 재해석하여 정리한 믿음 내용과, 그것을 따르는 기독교 전통을 말한다. 이 내용을 문서로 정리하여 교회의 대표들이 승인하였는데, '웨스트민스터 신앙 고백', '하이델베르크 요리 문답', '도르트 신조' 등의 결과물이 그것이다. 이 신앙 고백들은 서로 다른 지역과 상황에서 만들어졌기에 약간의 차이는 있으나, 같은 믿음을 토대로 작성되었다.

우리 시대는 개신교 믿음의 정통적 신앙을 따르는 노선을 가리켜 '복음주의'라 부른다. 뒤에서 소개할 개신교 '교단'들은 복음주의 신앙의 일원으로 여겨지며, 정통 노선에 있다고 평가할 수 있다(물론 '정통'의 정의를 지나치게 넓게 보는 것 아니냐는 반론이 있을 수 있겠지만, 그거야말로 '원조' 논쟁만큼 무의미하다. 그렇게 따지자면 가톨릭만이 정통이 된다).

그런데 이상하지 않은가? 개신교에는 교단이 이렇게 많은데, 가톨릭교는 하나뿐이다. 거기도 사람 사는 동네인데, 개신교만 왜 이리 교단이 많은가? 결국 '분열'의 문제를 지나치게 좋게 해석한 것 아닌가? 가톨릭교와 개신교의 형태적 차이는 앞서 언급한 성경 해석의 역사와 방법론을 아우를 만한 내용이기에 확인해 볼 가치가 있다.

(일반적인 기준으로는) 같은 '기독교'로 분류되지만 가톨릭교는 개신교와 달리 어떻게 하나의 교단으로 남을 수 있었을까? 물론 가톨릭교 역시 그 안에 수많은 교회(성당)가 있고, 관심사에 따라 수많은 단체가 존립하며, 그 안에서 각기 역동을 발산한다. 그럼에도 가톨릭교는 하나다. 이유는 간단하다. 성경에 대한 해석의 권위가 한 군데로 귀결되기 때문이다. 바로 '교회'다.

가톨릭교에서는 하나의 보편적 교회밖에 없다고 여긴다(다시 말하지만 '가톨릭'(Catholic)이라는 단어 자체가 '보편 교회'라는 뜻이다. 성당은 그저 지역을 담당하는 소모임일 뿐이며, 무언가 특수성을 인정받더라도 보편적 교회에 종속된다). 그래서 그 교회의 수장들과 대표를 통해 결정된 성경 해석에 최종 권위를 둔다. 때문에 성경 해석 결과에 이견이 없다. 해석의 권위를 부여한다는 것은 그에 대한 순종까지 동의하는 것이기에, 정치 구조 역시 피라미드형으로 존재한다. 권위의 질서가 이루어지는 것이다.

그러나 개신교는 다르다. 개신교 역시 보편적 교회에 대한 개념이 있지만, 개신교의 '교회'는 그보다는 유형의 지역성과 '공동체'에 집중된다. 물론 그 안에서도 신앙적, 신학적으로 성숙한 개인에게 어느 정도 권위를 부여하나, 가톨릭교만큼 절대적이지는 않다. 최종 권위는 성경 자체에만 두기에, 당연히 공동체별로 다른 이야기를 할 수 있다. 그래서 개신교는 통일되지 않고 늘 시끄럽다. 물론 가톨릭교에도 성경 해석에 이견이 있을 수밖에 없으나, 성경의 최종 해석자인 교회에 권위를 부여했기 때문에 나뉘지 않고 통제할 수가 있다. 반면 개신교는 치열하게 다투다가, 더는 함께하지 못 하겠다고 생각될 때 마지막 수단으로 '분리'를 선택한다. 교회보다 성경의 권위가 절대적이기에 일어나는 현상이다. 또한 지역 공동체(혹은 개인)에 해석의 자유가 주어졌기 때문에 벌어지는 현상이기도 하다. 즉 성경의 권위와 개인의 자유, 이를 통한 다양성을 존중하기에 그렇다. 그래서 개신교회는 시끄러울 수밖에 없다. 아니, 시끄러워야 한다(가톨릭교와 개신교의 차이는 6장을 참조하라).

이해를 돕기 위해서 성경을 '커피'에, 교회를 '카페'에 비유해 보자. 그렇게 따지면 가톨릭교는 '스타벅스'다(질적인 측면을 따지려는 것이 아니라, 프랜차이즈 가운데 오직 스타벅스만 대리점이 아닌 직영점 방식을 취하기 때문이다). 거대 본사가 있고, 본사에서 점주 및 직원을 직접 선발하고 가르쳐서 직영점을 낸다. 본사에서 커피의 질을 모두 판단하고, 운영 매뉴얼도 만든다. 어느 정도 자율을 주지만 가이드라인 안에서만 용인된다. 경직될 수 있지만, 본사가 괜찮으면 괜찮다.

반면 개신교는 협동조합형 대리점에 비유할 수 있다. 지역별, 주력 메뉴별로 브랜드(교단)가 다르다. 협동조합과 같은 기능을 담당하는 연합회(총회, 노회 등)는 각 매장이나 대리점에 안전 문제(이단적 가르침 등)가 없는지 정도만 확인하는 역할을 한다. 그밖에는 개입을 최소화하여 각 매장의 자유를 보장하고, 그들이 카페(교회)로 보호받을 수 있는 법적 보장만 책임진다.

이토록 많은 '교단'이 존재하는 이유

이러한 구도를 이해했다면, 이제 우리 주변에서 확인할 수 있는 각 교단의 차이를 간단히 소개해 보겠다.

교단을 가르는 기준은 앞서 언급한 세 가지로 볼 수 있다. 우선 성경 해석의 시각, 즉 특정 본문이 아닌 통전적 읽기를 통해 도출된 '신학'의 차이가 있고, 다음으로는 현실을 마주할 때 반드시 필요한 교회 운용 방식, 즉 '정치 제도'의 차이가 있으며, 마지막으로 '성례'(세례, 성찬)가 어떤 의미이며 그것을 어떤 방식으로 행해야 하는지에 대한 차이가 있다. 뒤에 언급한 두 가지는 성경 해석과 크게 상관없어 보이지만, 자신들의 근거를 성경에서 끌어 와서 논쟁하다 분리된 것이기에 아예 무관하다고 할 수는 없다. 다만 '성례'에서는 가톨릭교회(동방 정교회)와의 차이만 두드러질 뿐, 개신교 안에서는 큰 차이가 없기에 앞선 두 부분의 차이만 언급하려 한다('성찬'에 관한 차이로 루터교와 장로교가 분열되었지만, 그 이후 개신 교단 안에서는 유의미한 차이가 없었다. '세례'에 대해서도 유의미한 차이가 없으나, 다만 침례교만 조금 독특하게 유아 세례를 인정하지 않고, 물에 완전히 잠겨야 하는 '침례'만을 세례 방식으로 주장한다. 반면 '구세군'은 성례[세례와 성찬]를 거행하지 않는다).

우선 '신학'의 차이는 크게 두 축으로 구성되어 있다. 개혁주의와 웨슬리주의다. '개혁주의'는 하나님의 절대 주권을 강조하는 신학이다. 모든 성경 내용을 이 구도로 바라보지만, 그중에서도 구원에 인간의 참여가 필요한가 하는 질문에, 인간의 참여는 필요 없고 오직 하나님의 은혜로만 이루어진다고 답한다. 이와 같은 신학은 종교 개혁 직후 등장한 아르미니우스의 신학(통칭 '아르미니우스주의'), 즉 하나님과 인간의 동역이 필요하다고 주장한 신학에 대항하다 보니 더 강화되었다.

그런데 시간이 조금 흘러 '존 웨슬리'라는 성공회 계열 목사가 자신의 엄청난 회심에 힘입어 대단한 목회 사역을 펼치게 된다. 그 와중에 아르미니우스주의를 거부하고 하나님의 절대 주권을 인정하지만, 그럼에도 인간의 '반응'은 필요하다고 역설한다(물론 이 반응도 하나님의 은혜로 이루어지는 것이라고 언급한다). 정리하자면, 아르미니우스주의는 아니지만, 아무리 약소해도 인간의 역할이 존재한다는 것이다. 이는 성경뿐 아니라 '사람'이라는 책도 함께 읽어 가는 목회자의 관점이 많이 반영되었다고 볼 수 있다.

다음으로 '교회 정치 제도'의 차이가 있다. 교회 정치 제도는 세 가지로 분류할 수 있다. 감독 정치, 장로 정치(대의제), 회중 정치다. '감독 정치'에서 '감독'(監督)은 한자어로, 우리가 생각하는 그 '감독'이 맞다. 영화감독 말이다. 영

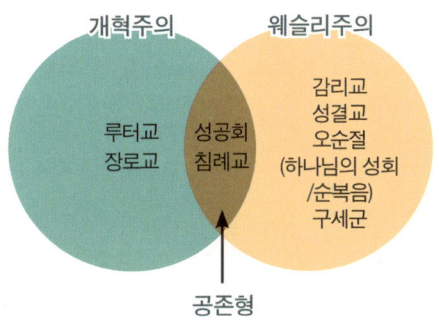

신학에 따른 교단 분류

화감독은 영화가 처음부터 끝까지 연출될 수 있도록 지배하고 통제하고 연출하는 사람이다. 여기서도 마찬가지다. 쉽게 말해서 감독 정치는 가톨릭교의 위계를 떠올리면 된다. 즉 같은 사제도 부제부터 교황까지 다양한 위계로 나뉘어 있듯이, 같은 목사도 위계가 나뉘어 있다. 상위 계급의 목사, 즉 감독이 교회의 일치와 성숙을 위해 지도하고 때로는 통제한다. 혹시나 해서 언급하자면, 이러한 위계를 무조건 부정적으로만 볼 필요는 없다. 가톨릭교의 일치를 염두에 두길 바란다.

'장로 정치'는 우리 사회의 정치 제도를 떠올리면 된다. 대의제 말이다. 때문에 일명 간접 민주주의, 대의 민주주의 제도라고 볼 수 있다. 선거든 다른 방식이든, 모두가 동의하는 방식으로 성도의 의견을 대신 결정해 줄 대표자, 즉 '장로'들을 선발하고, 그들로 하여금 교회의 운영과 치리를 주관하게 하는 방식이다. 이 정치 제도에서 '목사'는 본래 치리를 위해 모인 장로들 가운데 속하나, 설교 권한을 추가로 부여받은 이를 뜻한다.

마지막으로 '회중제'가 있다. 회중제에서는 그 어떤 위계도, 직분도 없다. 모두 동일하다. 교회 내부든, 외부든 그저 역할만 구분된다.

이렇게 정리하였지만, 처음에 언급했듯 같은 교단 안에도 수많은 교파가 존재한다. 사실 여기서부터는 해석의 문제가 아니라 '분열'의 문제가 더 크다. 신학적 차이나, 그로 인한 정치 제도, 성례에 대한 관점의 차이가 아니라,

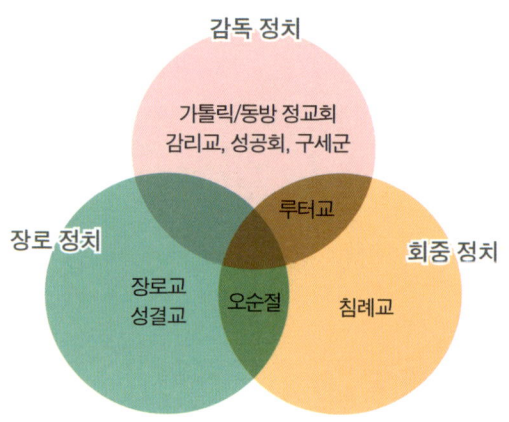

교회 정치에 따른 교단 분류

전혀 중요하지 않은 이유나 알력 다툼에 의한 감정싸움이 분열로 나아간 경우가 허다하다. 신학적 차이라고 에둘러 표현하지만 실은 정당성을 위해 훗날 갖다 붙인 경우가 많고, 여러 이유에서 비롯된 감정싸움의 골이 깊어져서 분열된 경우도 많아 보인다. 애석하다. 물론 앞서 말한 이유들로 인해 개신교 안에서는 온전한 일치가 어렵다. 그러나 가급적 크게 다르지 않다면 연합하는 방향으로 나아갈 필요는 있어 보인다. 같은 메시지를 믿는 이들이라면 마땅히 그래야 한다. 때문에 이렇게 마무리한다. 루터 형에게는 미안하지만, 성경의 계시를 존중하며 정통의 맥락 아래 있는 "나와 너는 영이 다르지 않다!"

참고 도서 및 추천 도서

- 김용주, 「자유주의 신학이란 무엇인가」, 좋은씨앗 펴냄, 2018
- 전희준, 「기독교 교파 한눈에 보기」, 이레서원 펴냄, 2020
- 최종원, 「초대 교회사 다시 읽기」, 홍성사 펴냄, 2018
- _____, 「중세 교회사 다시 읽기」, 홍성사 펴냄, 2020
- 다니엘 밀리오리, 「기독교 조직 신학 개론」, 새물결플러스 역간, 2016
- 로드니 스타크, 「우리는 종교 개혁을 오해했다」, 헤르몬 역간, 2018

- _____, 「기독교 승리의 발자취」, 새물결플러스 역간, 2020
- 로완 윌리엄스, 「과거의 의미」, 비아 역간, 2019
- 알리스터 맥그래스, 「그들은 어떻게 이단이 되었는가」, 포이에마 역간, 2011
- _____, 「기독교, 그 위험한 사상의 역사」, 국제제자훈련원 역간, 2009

5장

오늘에 이르기까지

교회사 3대 인물

성경이 전달하는 메시지, 즉 '복음'을 믿는 자들을 가리켜 '그리스도인'이라 부른다. 최초의 그리스도인은 예수를 따라다닌 열두 제자와, 그들을 위시한 120명의 사람들, 일명 '120문도'(사도행전 1장 15절 참조)에서 그 기원을 찾을 수 있다. 예수의 가르침을 현장에서 직접 듣고 배웠으며, 예수의 사역만이 아닌 그분의 죽음과 부활까지 직접 경험한 산 증인들 말이다.

나아가 이들을 통해 교회가 시작된다. 다만 성경은 교회가 사람들이 아닌, 예수께서 승천하시면서 보내주겠다 약속하신 보혜사, 즉 '성령 하나님의 가시적 임재'(사도행전 2장 참조)로 말미암아 시작되었다고 분명히 선언한다. 교회라는 곳이 사람들이 만들어 낸 조직이 아니라, 하나님이 가능케 하신 신비적 자리임을 강조하는 것이다. 그렇다. 처음부터 교회는 '장소'나 '사람'을 가리키는 말이 아니었다. 다만 이 사건이 예루살렘에서 일어났기에, 지역명을 따서 최초의 교회를 '예루살렘 교회'라 부른 것이다. 그렇게 최초의 교회인 예루살렘 교회는 이후 탄생한 모든 교회의 모체이자 산파 역할을 하게 된다.

그 후 교회는 이스라엘 땅을 넘어, 당대 세계의 지배자인 로마 제국 전역에 우후죽순 등장하기 시작했다. 시간이 흘러 로마는 이를 막으려 했으나 막을 수 없었고, 심지어 훗날 로마 제국이 멸망한 뒤에도 교회는 살아남았다.

그리고 2,000년이라는 장구한 역사와 수많은 장소를 거쳐, 오늘날 머리 검은 우리 앞까지 이르렀다. 이 장구한 역사를 가리켜 교회의 역사, 즉 '교회사'라 부른다.

> ● '그리스도인'이라는 표현 자체는 사도행전 11장 26절에 처음 등장한다. 바울과 바나바가 안디옥이라는 도시에 복음을 전파하자 그곳에도 예수를 그리스도라 고백하며 모이는 이들이 생겨났다. 이들을 보고 안디옥 시민들이 붙여 준 호칭이 바로 '그리스도인'이다. 아마도 말끝마다 그리스도를 이야기하며, 자신들이 그리스도에게 속한 자라고 말해서 그런 것이 아닐까 싶다.

이 역사들이 모여 지금 우리가 누리는 신앙과 교회의 모습이 형성되었을 터이기에, 역사의 각 페이지를 확인하는 것은 매우 값진 작업이다. 다만 그 분량이 몹시 거대해서 일일이 확인하다가는 교회를 떠나고 싶어질 수도 있다. 그래서 교회사에 획을 그은 세 인물과 그들이 끼친 영향을 언급하는 것으로 정리해 보고자 한다. 욕먹을 각오 하고 추린 것이다. 이 정도면 거저먹는 것이니 숟가락을 들어 보자.

거지와 왕자_ 콘스탄티누스 대제

첫 번째 인물은 앞선 장들에서 한두 번 언급한 '콘스탄티누스 대제'(Constantinus, 280?-337)다. 2,000년이라는 장대한 교회사 가운데 단 세 사람을 선정했다더니, 여기에 웬 로마 황제인가? 물론 콘스탄티누스는 '밀라노 칙령'(313년)을 통해 기독교를 공인하고, 그동안 로마의 이름으로 자행되던 기독교 박해를 중단시킨 인물로 잘 알려져 있다. 이는 매우 중요한 사건이긴 하지만, 그렇다고 해서 이 자리에 오를 만한 이유는 아니다. 이 인물을 꼽은 이유는 따로 있다. 실상은 잘 알려지지 않은, 심지어 그 자신도 의도하지 않았으나 감당하게 된 아주 중요한 역할 때문이다.

결론부터 이야기하자면, 콘스탄티누스는 단순히 기독교를 박해에서 벗어나게 한 '해방자' 역할을 넘어, 기독교 혹은 교회의 외형적 틀을 잡은 '건축사' 역할을 감당하였고, 그로 인해 긍정적이든 부정적이든 기독교에 '코페르니쿠스적 전환'이라 부를 수 있을 만큼 엄청난 패러다임 전환을 가져왔다. 이는 가히 기독교사의 '콘스탄티누스적 전환'이라고 칭해도 과언이 아니다.

권력을 찾던 자

유물로 남아 있는 콘스탄티누스의 흉상이나 그림을 보면, 그는 유난히 짧고 두터운 목, 부리부리한 눈매와 매부리코, 돌출된 턱에 각진 얼굴형을 가진 것으로 묘사된다. 누가 봐도 돌격 대장군 스타일이다. 실제 그의 삶도 외모와 비슷했다. 외모에서 예상되듯 그는 정력적인 인물로, 지배와 통치를 열망하며 한 인생을 산 풍운아였다.

콘스탄티누스 대제 흉상

당시 로마는 기독교 핍박자로 유명한(하지만 로마 역사에는 훌륭한 황제로 남은) 디오클레티아누스(Diocletianus, 245?-316)에 의해 '테트라키아'(Tetrachia)라 불리는 사두 정치, 즉 4명의 공동 황제 체제가 실현되고 있었다. 게르만족과 같은 이민족의 침공이 크게 대두되면서 과거의 1인 황제 체제로는 그 광활한 영토를 온전히 통치할 수 없다고 판단한 디오클레티아누스가 뽑아 든 실험적 정치 체제였다.

테트라키아의 골자는 이렇다. 로마 제국을 4등분한 뒤 각 지역에 황제를 세운다. 단, 제국이 한 몸으로 돌아갈 수 있도록 4명의 우열 관계를 정한다. 동과 서에 (정)황제('아우구스투스'[Augustus]라 불렸다)를 한 명씩 두고 둘 중 먼저 된 자가 선임 황제가 된다. 나머지 두 명은 각각 (정)황제 밑에 (부)황제('카

이사르'[Caesar]라 불렸다)로 존재하는 개념이다.

조금 복잡하다. 그러나 우리는 단 한 사람의 이름만 알면 된다. 콘스탄티누스가 살던 당시 로마 제국 서방의 (부)황제, 이름하여 '콘스탄티우스'(Constantius, 250?-306)다. 뭔가 느낌이 오지 않는가? 그렇다. 콘스탄티누스는 바로 이 콘스탄티우스가 '헬레나'(Helena, 248?-329?)라는 여인 사이에서 낳은 아들이다. 훗날 콘스탄티우스는 황제가 되기 위해 신분이 미천한 헬레나와 이혼하고, 당시 (정)황제의 딸과 재혼한다. 그렇게 해서 자신의 노림수대로 (부)황제가 될 수 있었다. 이후에는 수순대로 (정)황제를 계승한다. 하지만 그는 황제의 자리를 단 1년밖에 누리지 못하고, 병환으로 죽고 만다.

● 헬레나는 교회사에서 주목받는 여인이다. 헬레나가 성지 순례를 하던 중 예수께서 매달리신 십자가의 조각을 발견하였고, 그 위에 예루살렘 성묘 교회를 세웠다고 전승된다. 열심이 있던 어머니의 신앙을 그 아들 콘스탄티누스가 이어받았다는 설 역시 지배적이다.

5장_ 오늘에 이르기까지

> 그런데 역사적 사실을 확인할 부분이 있다. 사실 헬레나는 콘스탄티우스가 소싯적 만난 술집 여인이었고, 그 만남을 통해 낳은 아들이 콘스탄티누스였다. 또한 헬레나의 예루살렘 행은 처음부터 성지 순례가 목적이 아니라, 아들이 강제로 보내 버린 일종의 유배행이었다는 사실 역시 부정할 수 없다.
> 시간이 흐를수록 어떤 이의 역사는 찬사 일변도로 채색되고, 또 어떤 이의 역사는 부정 일변도로 비취진다. 세간의 판단을 뒤로한 채 한 발 물러서서 볼 줄 아는 시가이 필요하다. 아무리 대단한 이도, 아무리 대단한 사건도 남모를 명암 정도는 가지고 있다.

자, 그렇다면 버림받은 여인의 아들 콘스탄티누스의 운명은 어찌되었을까? 어느 정도 예상되지 않는가? 아비의 정략적 선택과 함께 추락해 버린 기구한 운명. 그러나 그는 아비의 부침에 좌지우지될 범인이 아니었다.

콘스탄티누스는 진정 타고난 무인이자 희대의 전략가이며, 교활한 정치가였다. 추락할 뻔한 군사적, 정치적 상황이 즐비했으나 그때마다 번뜩이는 재치와 담력, 모략으로 그 위기를 돌파해 낸다. 그래서 그는 정통성을 잃었음에도, 훗날 자신의 기재만으로 서방의 (부)황제 자리를 얻어 낸다. 가히 입지전적 인물이라 할 만하다.

밀비우스 다리 전투

디오클레티아누스가 자신의 권력을 저버리면서까지 시도한 '테트라키아'. 다만 그 좋은 의도에 비해 결과는 신통치 않았다. 역시 권력은 나누는 게 아니었다. 그렇게 세워진 황제들이 로마 제국의 안위를 위해 이민족과 싸우기는 커녕, 자기 권력의 안위를 꾀하며 서로 싸우기 시작하면서 로마 제국은 큰 격랑에 휩싸인다.

그 혼란의 와중에 지역도, 세력도 가장 약한 서방의 (부)황제 콘스탄티누스가 웅크린 채 힘을 기르다가 결국 칼을 뽑아 든다. 단숨에 로마 제국의 수도인 로마 시까지 쳐들어간 그는 불리한 전황을 역전시켜 마침내 승리를 거둔다. 이 승리로 그는 로마(서방)의 패자로 우뚝 서게 된다. 그에게 패권을 안겨 준 이 전투가 그 유명한 '밀비우스 다리 전투'(312년)다.

유명세를 탄 전투들은 어느 정도 공통점이 있다. 극심한 열세를 뒤엎은 역전 한판승이었다거나, 희대의 전술 운용이 등장한 전투였다거나. 밀비우스 다리 전투에도 그런 코드가 있음을 부정할 수 없지만, 사실 이 전투가 유명해진 것은 전혀 의외의 이유에서다. 다름 아닌 콘스탄티누스의 '꿈' 때문이다.

혹시 왼쪽에 있는 문양을 본 적 있는가? 헬라어 'X'와 'P'의 조합, 각각 '카이'(크리스마스를 'X-mas'라고 표기하기도 하는데, 바로 이 'X'가 '카이'다)와 '로'라고 발음하는 두 글자의 조합으로 이루어진 이 문양을 가리켜 가톨릭교에서는 '라바룸'(labarum)이라 칭한다. 무슨 뜻일까? 다름 아닌 '그리스도', 즉 헬라어 '크리스토스'($XPI\Sigma TO\Sigma$)의 첫 두 글자인 'X'와 'P'를 딴 것이다. 즉 '라바룸'은 '그리스도'를 나타내는 단어의 조합이다.

왜 이리 장황하게 설명하느냐면, 밀비우스 다리 전투가 벌어지기 전날 밤, 콘스탄티누스가 꿈에 이 문양을 보았고, 동시에 "이 표시로 이기리라"라는 목소리를 듣고 깨어났다고 전해지기 때문이다. 잠에서 깬 콘스탄티누스는 즉시 병사들에게 모든 방패에 이 문양을 새기라고 명령했고, 전쟁터에서 전황이 불리했음에도 진격을 외쳤다. 그 결과, 밀비우스 다리 전투에서 대승을 거두었다는 것이 전승의 내용이다.

● 전승이기 때문에 양념을 친 것이 아닌지 의심이 들지만, 실제로 콘스탄티누스의 적군이 이해할 수 없는 전술 운용으로 자멸했음을 확인할 수 있다. 즉 밀비우스 다리 전투가 좀 이상하긴 했다. 그렇다고 라바룸에 지나치게 큰 의미를 부여할 필요도 없다. 이후 라바룸이 로마군 군기에 사용되기는 하나, 분명한 것 이 문양이 콘스탄티누스 재위 때부터 사용된 것은 아니기 때문이다. 막상 콘스탄티누스 생존 당시에는 이 문양이 실제 사용된 기록이나 유적이 없다. 때문에 이것이 실제의 신적 개입인지, 그의 자의적 해석이었는지에 대한 해석은 당신 몫이다.

5장_ 오늘에 이르기까지   153

밀라노 칙령

312년의 밀비우스 다리 전투로 모두 끝난 것은 아니었다. 콘스탄티누스가 차지한 것은 서방의 패권뿐이었다. 당시 동방에서도 두 황제가 싸우다가 끝내 리키니우스(Licinius, 263?-325)라는 인물이 권력을 접수한다. 그렇게 준결승을 치르고 올라온 두 승자, 즉 콘스탄티누스와 리키니우스가 훗날 결승전을 치르는 것은 당연해 보였다. 물론 그전까지는 동맹 관계였다. 313년은 아직 그 동맹이 한창일 때였고, 이 무렵 두 황제의 합의로 칙령이 선포된다. 그 유명한 '밀라노 칙령'(313년)이다.

그전까지 기독교는 로마 제국에 공식적인 박해를 받아 왔다. 당시 기독교는 폭발적으로 성장했는데, 물리적 복락이나 사후 세계를 약속하는 다른 종교들과 달리 현실의 변혁을 꾀했기에 통치자들에게는 혁명의 도화선이 될 만한 매우 위험한 종교로 보였다. 또한 특유의 유일신 사상을 강조한 것 역시 위험한 점이었다. 로마의 황제 숭배 사상과 대척점을 이루었기 때문이다.

300년대에 들어서면서 로마 정부는 기독교를 대대적으로 탄압하기 시작한다. 교회 재산을 약탈하고, 그리스도인들의 기본 권리를 빼앗았다. 박해가 가장 심한 시기를 가리켜 일명 '대박해' 시기(303-311년)라고 하는데, 당시 황제가 앞서 계속 언급한 테트라키아의 창시자 디오클레티아누스다. 과거에 자행되던 박해가 산발적이고 지엽적이던 것에 비해, 디오클레티아누스 시대에는 황제의 명으로 로마 제국 전역에서 박해가 이루어졌고 강도도 점점 심해졌다. 그러나 그리스도인은 소멸되지 않았다. 도리어 신자 수가 점점 늘어나, 박해를 주도해야 하는 고위 관료들 가운데서도 기독교 신앙에 동참하는 이가 생겨날 정도였다.

밀라노 칙령이 선포되던 시기, 로마 제국의 상황은 이와 같았다. 때문에 이대로 계속 갈 수는 없었다. 새로 등장할 통치자는 기독교를 극단적으로 박멸하거나, 전격적으로 수용하거나 둘 중 하나를 선택해야 했다. 그 무렵 콘스탄티누스는 밀비우스 다리 전투의 성과에 힘입어 서방의 패자로 급부상하고 있었다. 그는 이러한 로마 제국의 종교 딜레마를 익히 알고 있었다. 그래서 리키니우스와 함께 밀라노 칙령을 반포한다. 박멸이 아니라 수용을 선택한 것이다.

> ● 밀라노 칙령에 대한 몇 가지 오해가 있다. 우선 밀라노 칙령은 '모든' 종교를 대상으로 한 일종의 '종교 관용령'이지, 기독교만 특정한 것은 아니었다. 또한 '밀라노 칙령'이라는 표현 자체는 16세기에 이르러 사용되었을 정도로, 사실 당시에는 그리 무게 있게 받아들여진 칙령이 아니었다. 그럴 만한 이유가 있다.
> 사실 이 칙령은 동방 황제인 리키니우스가 주도하여 이루어졌을 가능성이 더 크다는 것이 정설이다. 콘스탄티누스의 서방보다는 팔레스타인 지방을 끼고 있는 리키니우스의 동방에 그리스도인이 압도적으로 많았기 때문이다. 게다가 밀라노 칙령의 내용 자체도 사실 새로운 것이 아니었다. 디오클레티아누스를 이어 기독교 최악의 박해자라 불린 갈레리우스 황제(Galerius, 250?-311)가 이미 311년에 일명 '갈레리우스 칙령'을 내려 박해를 중지하고 교회 재산을 돌려주기로 결정했었다. 이 갈레리우스 칙령과 밀라노 칙령의 문구는 거의 비슷하다.

콘스탄티누스의 이야기는 여기서 끝나지 않는다. 그에게 권력이란 '전부' 아니면 '전무'였다. 그는 결국 평화를 깨고 동방을 침공한다. 대대로 동방이 서방보다 강력했음에도, 그는 전력상 열세를 뒤집어 대승을 거두며(324년) 명실상부 로마의 유일한 권력자로 자리매김한다.

권력을 거머쥔 콘스탄티누스는 로마 역사상 그 누구도 시도하지 않은 특이한 짓(?)을 벌인다. 로마 제국의 천년 수도 '로마 시'를 버리고 천도를 감행한 것이다. 특이한 짓 같으나 권력을 향한 콘스탄티누스의 지치지 않는 열망을 감안한다면, 매우 자연스러운 일이었다. 역사상 어느 국가든, '천도'는 늘 권력과 연동되기 때문이다. 비록 제국의 대통합을 이루기는 했으나, 제국의 천년 수도 로마 시에는 여전히 기득권을 유지하고 있는 유력 가문이 무수히 많았다. 천도는 기존 기득권을 한 번에 박탈시키는 무서운 정치적 묘수였다. 반발이 예상되나, 이미 그에게는 이를 무마할 힘과 권력이 있었다. 콘스탄티누스는 제국의 새로운 수도로 '비잔티움'이라는 도시를 선택한다. 그리고 6

년간의 공사 끝에 완공된 이 도시에 자기 이름을 붙여 '콘스탄티노플'이라고 명명한다.

> ● 콘스탄티노플은 기존의 비잔티움을 토대로 세워졌으나, 우리나라 행정 수도 세종시처럼 거의 새로 세워진 신도시라고 생각하면 좋을 것이다. 이후 콘스탄티노플은 로마 제국의 수도를 거쳐 서로마 멸망 이후에도 동로마의 수도로 기능하였으며, 이후 이 지역을 지배한 오스만 튀르크의 수도로도 기능하였다. 오늘날에는 '이스탄불'(터키)이라고 불린다.

이유야 어찌 되었든, 그렇게 추진한 천도는 생각보다 로마 제국에 많은 변화를 가져왔다. 황제가 새로운 수도로 누구를 불러들이느냐에 따라 권력 지형도가 달라졌고, 심지어 새로운 수도에 어떤 건물이 들어서고 어떤 교육이 이루어지느냐에 따라 문화에도 지대한 영향을 끼쳤기 때문이다. 이런 맥락에서 또 다른 강력한 변화가 추가되었으니, 다름 아닌 '종교'다.

콘스탄티누스는 새 수도 콘스탄티노플에 여러 개의 기독교 교회당을 지었다(물론 기독교 건물만 지은 것은 아니다. 안타깝지만 태양신 상도 지었다). 그리고 그 교회당을 위해 기독교 사제를 불러들였고, 이를 기념하기 위해 자신의 권위와 재력을 들여 '성경'을 만들기도 한다(3장 참조). 이러한 시도들은 자연스레 로마 전역의 백성에게 일종의 메시지로 전달되었다. 기독교는 분명 황제가 대적하는 종교였는데, 이제는 황제가 선호하는 종교라는 메시지가 전달된 것이다.

니케아 공의회

콘스탄티누스가 로마를 통합한 이 시기에 교회는 사실 분열될 위기에 봉착했다. 아이러니하다. 지긋지긋한 박해를 벗어나자마자 분열될 위기에 내몰린 것이다. '우리는 무엇을 믿는가?'라는 교리 문제에서 여전히 합의되지 않은, 하지만 매우 중요한 의제가 있었기 때문이다. 물론 기독교사 내내 '믿는 바'에 대한 논쟁은 지속되었다. 그러나 이만큼 치열하게, 대규모로, 오랜 기간, 그리고 극단적으로 치달은 논쟁은 없었다. 바로 '아타나시우스파'와 '아리우스파'의 대결 구도다. 시간이 갈수록 이들의 분열상은 점점 강력해졌고, 그 차이가 극심하여 결국 전혀 다른 두 종교로 분열될 위기에 봉착했다.

제국을 통일한 후, 기독교를 제국의 종교로 대두시키길 원한 콘스탄티누스는 교회 내에 이러한 극렬한 분쟁이 있음을 알게 되자 주저하지 않고 손을 쓴다. 역시나 그답다. 제국이 통합된 지 1년 뒤인 325년, 콘스탄티누스는 황제의 별궁이 있는 '니케아'라는 도시에 황제의 이름으로 기독교 주교들을 불러들여 회의를 개최한다. 이전에도 기독교의 공적 회의는 존재했으나 지엽적일 뿐이었다. 그런데 이번은 '클라쓰'가 달랐다. 예루살렘에서 최초의 교회가 탄생한 이래 처음으로 모든 교회를 대상으로 한 회의였기 때문이다. 이 회의를 가리켜 '니케아 공의회'라 부른다.

> ● 이처럼 교회의 지역별 대표(성직자, 신학자)가 모여 교리와 의식에 대한 문제를 정하는 종교 회의를 가리켜 '공의회'라 부른다.

황제는 이런 식으로 '링'을 준비했다. 그렇게 준비된 링 위에서 양 진영은 설전을 벌였다. 결과는 아타나시우스파의 승리였다. 물론 아타나시우스파가 아리우스파를 신학적으로나 논리적으로 압도하였다고 볼 수는 없다. 여기서 중요한 것은 해답 없는 이 문제를 풀기 위해 주교들을 불러 모으고, 강제로 문제를 풀게 하고, 그 답안을 채점한 사람이 '황제'라는 것이다. 콘스탄티누스는 링만 준비한 것이 아니라 '심판'도 보았고, 마지막에 아타나시우스파의 손을 들어 주었다.

이 자리에서 그동안 개념만 있던 '삼위일체'가 기독교 정통 교리로 확립되었고, 이 내용을 기반으로 '니케아 신경(믿는 바에 대한 진술)'이 반포되었다. 이 니케아 신경은 이후 기독교에서 정통을 가르는 기준이 된다.

● '아타나시우스 vs. 아리우스' 논쟁

각 주장을 대변하는 대표 인물의 이름을 따서 '아타나시우스파'와 '아리우스파'라 부른다. 둘의 쟁점을 한마디로 요약하면, 나사렛 예수의 정체성 문제, 즉 "그분은 하나님 본인이 맞는가?"(성자 하나님)였다. 아리우스파는 예수께서 '신성'을 가진 존재임에는 동의하나, 그렇다고 여호와와 '동일한 존재로 보지는 않았다.' 아무리 특별해도 예수는 여호와께서 '창조한' 존재일 뿐이다. 즉 두 분은 급이 다르다는 것이다. 반면 아타나시우스파는 나사렛 예수가 성부 하나님과 '동일 본질'이기에 '성자 하나님'으로 불려야 한다고 주장했다.

그렇다면 둘 중 누가 승리를 얻었을까? 아타나시우스파의 주장이 우리에게 익숙한 삼위일체론에 가까워 보이지 않는가? 그렇다. 결국 아타나시우스파가 승리했다. 오늘날의 기독교(구교와 신교 모두)는 이때 승리한 아타나시우스파의 후예다. 반면 아리우스파는 이단으로 정죄되었다.

그렇다고 아리우스파가 하루아침에 사라지지는 않았다. 아리우스파적 주장을 뒷받침할 만한 성경 구절이 버젓이 존재했고 논리적으로 받아들이기 어려워 보이는 삼위일체보다는 아리우스파의 주장이 훨씬 직관적이었기 때문에, 성경에 심취한 주교들과 달리 일반 신자들은 아리우스의 가르침을 더 많이 따랐다. 심지어 이 판결을 주도한 콘스탄티누스마저 말년에 아리우스파적 가르침으로 넘어가기도 하였다. 니케아 공의회에서 아리우스파가 이단으로 판정된 이후로도 기독교인 다수가 여전히 아리우스파였다.

그 후 380년에 테오도시우스가 기독교를 국교화할 때, '니케아 신경'을 토대로 한 삼위일체만이 기독교의 유일한, 그리고 '보편적인' 가르침이라고 강조하면서 재차 아리우스파를 이단으로 정죄하고 강력하게 탄압하였다. 이때 드디어 '가톨릭'(보편적인)이라는 말이 등장한다. 이것만이 유일한 보편적 교회요 가르침이라는 의미에서다. 그래서인지 아타나시우스파와 아리우스파의 대결을 '가톨릭'과 '아리우스' 논쟁이라고 부르기도 한다.

물론 이때도 아리우스파는 사라지지 않았다. 이단 판정을 넘어 이번에는 황제가 물리적 박해를 가하기 시작하자 이를 피해 게르만족에게 넘어갔다. 그리고 서로마 제국 붕괴 후, 게르만족이 서유럽을 점령하자 아리우스파의 가르침은 다시 부활한다. 당시 게르만족에서 가장 큰 패권을 가진 고트족의 왕들도 아리우스 기독교를 신봉하였을 정도다. 그러나 무수히 많은 게르만족 가운데 결국 패권국으로 우뚝 서게 된 프랑크 왕국의 히어로 클로비스 1세가 훗날 기독교로 개종하면서 아리우스파가 아닌 아타나시우스파의 가르침을 선택했고, 프랑크 왕국이 서유럽의 패자가 되자 더는 갈 곳이 없던 아리우스파는 그때서야 급속히 붕괴되었다.

씁쓸한 영향

콘스탄티누스는 신학자도 아니었고, 심지어 그가 그리스도인이 맞는지에 대한 논란마저 분분하다. 그러나 그의 개입으로 교회는 분열 위기를 넘겼고, 성경의 진리를 더욱 반영하는 교리가 확립될 수 있었다. 니케아 공의회는 매우 시의적절했고, 로마 제국 내에서 유일하게 그만이 추진할 수 있는 일이자, 오직 그만이 정리할 수 있는 일이었다. 역사의 아이러니다. 하지만 환호하기에는 일렀다. 그의 개입은 굉장한 성과와 동시에 엄청난 문제들을 파생시켰기 때문이다.

구체적으로 문제들을 설명하기에 앞서 초대 교회가 어떻게 그 무수한 박해를 뚫고 살아남았으며, 심지어 확산될 수 있었는지를 확인하려 한다. 그래야만 콘스탄티누스로 인한 문제들이 더 선명하게 보이기 때문이다. 기독교는 어떻게 그토록 역동적일 수 있었을까? 간단하다. 그런 악조건에도 믿고 싶을 만큼 기독교가 매력적이었고, 그 신앙이 의미 있었기 때문이다. 사람들은 자발적인 선택과 결단을 통해 그 신앙을 받아들이고 지켜 나갔다. 그런데 콘스탄티누스가 박해 중단을 넘어 친기독교적 행보를 보이자 상황이 달라졌다. 사람들은 이렇게 생각하기 시작했다. '기독교를 믿으면 유리하다!' 남루하던 기독교가 어느덧 황제의 종교가 되어 버린 것이다.

이때를 기점으로 수백만 명이 한꺼번에 교회로 몰려들었다. 당시 제국 내 인구의 최대 10퍼센트 정도로 추산되던 기독교인 비율이 콘스탄티누스 이후 50퍼센트까지 치솟았다고 하니 말 다 했다. 물론 "교회가 부흥(?)했으니 좋은 것 아닌가?"라고 반문할 수 있겠지만, 나는 아니라고 대답하고 싶다. 교회를 찾은 사람들 중에는 진지한 이들도 있었겠지만, 대부분은 진지한 신앙적 고백이 부재한 상태로 유입되었기 때문이다. 기독교 신앙을 '믿지 않은' 채 들어온 것도 문제지만, 이미 가지고 있던 이교적 신앙관을 '믿는' 채로 교회로 들어온 것 역시 큰 문제였다.

박해에만 대응하던 교회도 갑작스런 부흥을 받아들일 준비가 전혀 되어 있지 않았다. 이처럼 갑작스런 상황 변화를 누가 예상이나 했겠는가? 어느덧 교회는 진리를 추구하며 살아 내던 이들이 아닌, 세속적 동기로 찾아온 이들이 주류가 되어 버렸다. 그동안 기독교 신앙은 일종의 반문화적 혹은 대안 문화적 추구를 감행해 왔는데(즉 로마 문명이 아닌 하나님 나라 문명을 추구했는데), 이제 친문화적으로 바뀌어 버린 것이다.

심지어 콘스탄티누스 이후 이런 경향성이 가속화되는 사건이 발생한다. 380년 테오도시우스(Theodosius, 347-395) 황제가 기독교를 국교화하며 신앙을 '강제화'한 것이다. 때문에 이 부정적 흐름, 즉 결단이 부재한 미신적 집단주의 신앙이 감소하기는커녕 가속화된다. 그래서 혹자는 기독교가 공인된 313년을 기독교가 공식적으로 타락의 길에 접어든 기점으로 보기도 한다. 일리 있는 말이다. 세속 권력자의 개입이 기독교의 역동성을 죽이고, 오히려 타락의 방향으로 몰고 간 것이다.

> ● 로마 제국 역사를 통틀어 '대제'(大帝)라는 칭호가 붙은 인물은 단 두 명이다. '콘스탄티누스'와 '테오도시우스'가 그 주인공이다. 둘 다 훌륭한 황제였던 것은 사실이나, 순수하게 정치적 업적으로만 보면 로마 제국의 중흥기를 이끌었다고 평가받는 '오현제'(다섯 명의 현명한 황제)에게, 혹은 망해 가던 로마 제국을 심폐소생술로 되살려 놓은 멋쟁이 '디오클레티아누스'(그는 제국을 위해 스스로 황제의 권력을 내려놓은 자로 유명하다)에게 대제의 호칭이 돌아가는 것이 더 공정한 평가로 보인다. 그런데 어찌 이 두 사람에게만 그 영예로운 칭호가 돌아갔을까?
> 답은 간단하다. 콘스탄티누스는 기독교를 공인한 인물이고, 테오도시우스는 기독교를 국교화한 인물이어서다. 이후의 서유럽은 기독교가 지배했고, 그 기준으로 역사를 판단한 것이다.
> 반대의 관점도 마찬가지다. 중세를 '암흑기'라고 말하는 이유는 실제로 그때가 암울한 시기여서가 아니다. 근대 이후 반기독교적 흐름이 학계를 지배했기 때문에 그리 평가하는 것이다(대중의 인식과 달리 최근 사학계는 더 이상 '중세'를 암흑기라고 평가하지 않는다). 그런 것을 보면 후대에 '어떠한 사람들'이 '어떠한 기준'으로 역사를 평가했는지가 얼마나 중요한지 알 수 있다.

단순히 방향의 문제만은 아니었다. 콘스탄티누스를 통해 때로는 직접적으로, 때로는 의도치 않게 기독교 신앙의 구체적인 형식들이 바뀌고 형성되었다. 그중 가장 상징적인 변화는 '신전'과 '사제'다.

콘스탄티누스 이전에는 교회가 장소의 개념으로 쓰인 적이 없었다. 즉, 그리스도인들은 그저 조금 넓은 가정집(최대 50-70명)이나, 그에 준하는 소규모 공간에 모였을 뿐, 별도의 '예배당'이라는 장소적 개념이 존재하지 않았다. 그런데 콘스탄티노플로 천도하면서 황제의 위용에 걸맞은 건물, 즉 예배당을 짓기 시작했다. 어떻게 지었겠는가? 이는 황제의 사업이다. 뭔가 폼이 나야 한다. 이를 위해 그동안 존재한 거대한 (이방 종교의) 신전, 혹은 그 신전들을 모방하여 건축된 공공건물인 '바실리카'의 형태를 따라 짓는다. 큰 게 좋아 보이고, 큰 게 신성해 보이는 것은 당연하다. 그런데 이처럼 갑자기 예배(모임) 장소의 형태가 바뀌자, 모임의 성격도 확연히 달라진다. '공동체적 모임'에서 '대규모 회집을 통한 제사(예배)' 형태로 변화된 것이다. 형태의 전환은 내용에도 생각보다 큰 영향을 끼쳤다. 또한 이 사업이 교인들의 자발적 헌금이 아니라 황제의 돈으로 추진되었다는 사실도 적잖은 악영향을 끼쳤다. 이러한 황제의 모범(?)은 이후 로마 제국에 존재하는 모든 교회의 건축과 형태에 영향을 끼쳤다.

이와 함께 자연스럽게 패키지로 등장한 것이 있으니 이른바 '사제주의'다. 구약의 제도인 제사장직은 신약 이후, 특히 유대교와 결별한 이후 더는 기독교에 존재하지 않았다. 즉, 기독교에는 사제가 없었다. 교회를 대표하는 장로나 가르치는 교사가 있고 성도들은 교회의 질서를 존중했으나, 그럼에도 지도자는 그저 '그들 중 하나'(one of them)일 뿐이었다. 초대 교회는 이처럼 모두가 존재적으로 평등했으며, 교회는 조직이 아닌 '공동체'로 존재했다.

그런데 대규모 회집을 하기 시작했고, 그 구성원은 대부분 본질적 신앙고백이 이루어지지 않은 상태였기에 이들을 제대로 지도하기 위해서라도 '권위'가 부여된 자가 필요했다. 이에 따라 공동체적 질서를 넘어, 마치 이방 종교의 그것과 같은, 뭔가 신적 권위가 부여된 사제 계층이 생겨났다. 로마 행정관이 자신의 권위를 드러내기 위해 입는 차별화된 의복을 (평상복을 입던) 교회의 장로나 교사가 착용하기 시작했고, 앉는 자리도 별도로 마련되었다. 이러한 맥락에서 그 밖에 로마의 일반 관습들이 교회 공간과 예배 문화, 그리고 수많은 의식 제정에 영향을 끼치게 되었다.

　이렇게 대형화되는 건물과 권위를 부여받은 사제권은 결국 어디로 향할까? 바로 '교황'이다. 물론 교황이라는 존재에 지나치게 개인적인 감정을 투여할 필요는 없다. 다만 처음에는 없던 이 제도가 왜 생겨났는지는 물어야 한다. 단순히 말하면, 권위에 대한 문제 때문이었다. 어쩌면 '콘스탄티누스적 대전환' 아래 일시적으로 권위가 꼭 필요했을 수도 있다. 그러나 일시적이어야 했던 그 흐름이 중단되지 않고 오히려 강화되었다. 그렇게 교회는 피라미드식 위계화와 조직화가 이루어졌고 그 방향은 지속되었다.

　콘스탄티누스의 등장과 개입과 영향은 단지 한두 가지 형식 문제만 안긴 것이 아니라, 기독교의 흐름을 바꿔 놓았다고 평할 수 있다. 일명 기독교 신앙을 담는 '그릇'의 형태를 만든 것이다. 이후 기독교는 그러한 그릇에만 담겨야 했고, 결국 기독교의 본질을 위협하기까지 했다. 그렇다. 콘스탄티누스로 인해 당대 기독교에 엄청나게 좋은 결과가 주어졌지만, 후대 기독교에 엄청나게 부정적인 영향'도' 끼쳤다는 것만 알면 좋겠다. 그는 마치 거지와 같은 기독교를 왕자로 만들어 놓았다. 이는 분명 좋았으나, 생각해 보면 좋은 일만은 아니었다.

　또 다른 문제도 있었다. 사실 지금까지 교회의 논쟁은 집안싸움이었다. 당연하다. 판단 준거가 성경에 있기 때문이다. 성경이 계시임을 믿는 이들끼리 교회 안에서 지지고 볶았다. 그러나 콘스탄티누스가 개입한 니케아 공의회(물론 이 회의는 꼭 필요했고 결과도 훌륭했다) 이후로 교회 분쟁은 이제 교회를 넘어 정치권력과의 관계 여부로 흘러갔다. 누가 더 정확하게 해석하느냐, 누가 더 성경적 근거를 갖느냐가 아니라, 누가 더 힘센 권력자와 함께하느냐가 교회 논쟁의 승패를 좌우하는 열쇠가 된 것이다. 정치권력과 교회가 서로의 이득을 위해 조화되는 야합의 역사가 시작되었다. 다시 말한다. 좋았으나, 좋은 일만은 아니었다.

이쯤에서 콘스탄티누스에 대한 내용을 접을까 고민했으나, 한 가지 질문을 더 던지며 마무리하고 싶다. "그렇다면 콘스탄티누스는 기독교인이었을까?" 전통적으로 교회는 그가 회심했다고 여기며, 신앙적 이유에서 그러한 일들을 추구했다고 해석한다. 심지어 동방 정교회는 콘스탄티누스에게 '성인'의 칭호도 부여한다. 그동안 교회는 콘스탄티누스를 통해 얻은 혜택과 결과에 주목해 온 것이다. 반면 일반 역사가들은 그의 생애를 반추할 때, 그가 기독교적 가르침을 삶으로 실천했다고 보기는 어렵기에 그를 기독교인으로 부르길 꺼린다. 그가 죽기 며칠 전에야 비로소 세례를 받은 것도 의미심장하지만, 말년에 그가 저지른 기행은 더 유명하다.

그러나 콘스탄티누스가 설사 믿음이 없는 자였어도 상관없다. 바빌로니아에 포로로 끌려간 유대인을 해방시킨 페르시아의 왕 키루스를 보라. 그는 조로아스터교 신자였으나 해방령을 내렸고, 심지어 에스라와 느헤미야를 통해 유대인들이 예루살렘에 자리 잡고 성벽을 쌓고 성전을 짓도록 배려하고 지원하는 역할을 감당했다. 그렇게 해서 유대인이 존속되고, 나아가 유대교가 태동할 수 있었다. 마찬가지다. 콘스탄티누스의 신앙 자체는 그리 중요하지 않다. 그가 어떤 의도로 그것을 시행했는지와 관계없이, 이미 우리는 그로 인한 긍정적, 부정적 결과물을 모두 마주하고 있으며, 그것이 우리네 기독교 이해와 신앙에 영향을 끼치고 있음을 부인할 수 없다. 무엇을 잡고, 무엇을 버려야 하는지는 당신이 판단하길 바란다.

성탄절은 로마 제국의 태양절에서 비롯되었다?

콘스탄티누스에게 직간접으로 영향을 받아 이루어진 형식들을 무조건 매도할 수는 없다. 일명 '상황화'는 결코 나쁜 것이 아니다. 기독교 신앙은 그것이 신앙의 본질을 훼손하지 않는 한, 어느 시대, 어느 지역의 문화와도 공존하며 언제나 상황화를 허락한다. 아니, 심지어 장려한다. 오히려 상황화를 포기하고 특정 시대, 특정 지역에서 만들어진 방법론을 강제하는 것을 더 위험하게 본다. 집은 인간의 삶에서 기본 요소지만, 열대 지방의 집과 극한 지방의 집은 그 구조와 형태가 극단적으로 다르다는 점을 비유로 들 수 있다. 상황화한 사례는 부지기수나, 올바른 상황화의 대표적인 예는 아마도 '성경 번역'일 것이다. 말씀(메시지)은 그대로지만, 받아들이는 지역과 시대에 맞게 성경을 번역하여 전달하기 때문이다. 그래서 성경을 한국이라는 지역에 맞게 한글로 번역하고, 시대에 따라 조금씩 변형되는 언어에 맞추어 재번역하는 것이다.

콘스탄티누스를 통해 잘 이루어진 상황화도 있다. 바로 일요일의 안식일화다. 본래 구약 전통의 안식일은 토요일이다. 예수께서도, 사도들도 모두 성전과 안식일 전통을 준수했다. 그러나 유대교와 결별한 후, 그리스도인들의 생각이 바뀌었다. 예수께서 부활하신 날(안식 후 첫날)인 일요일을 모임의 날로 변경한 것이다. 부활이라는 의미를 살리는 바도 있었으나, 사실 그날이 로마 제국의 문화 정서상 '쉬는 날'이기 때문이기도 했다. 그렇다면 로마는 왜 그날 쉬었을까?

일요일(sunday)은 영어 단어에서 예상할 수 있듯이 '태양의 날'이었고, 당시 로마 제국에서는 태양신 숭배가 굉장히 큰 종교적 파이를 담당했다. 황제와 로마 군대도 이러한 신앙에 친화적이었다. 그래서 그날에는 으레 쉬거나 태양신 숭배 행사가 이루어졌다. 이러한 맥락 속에 콘스탄티누스는 321년 3월 7일, '일요일 휴업령'을 내리게 되고, 이때부터 기독교의 모든 예배 모임 역시 일요일로 굳어졌다. 훗날 교회는 이날을 '주일'(주님의 날)이라고 부른다. 이것이 태양절을 계승했다는 반발도 있지만, 그보다는 매우 적절한 상황화일 뿐이다. 사실 일요일뿐 아니라, 모든 날이 '주님의 날'이지 않은가?

'성탄절' 역시 이런 맥락에서 바라보아야 한다. 사실 기독교의 가장 핵심 절기는 '부활절'이다. 성탄의 날을 기념하는 것은 전교회적인 합의도 아니요, 알려진 특정 날도 없다. 다만 이 기쁜 날을 그냥 지나칠 수 없었던지 교회들이 자체적으로, 그리고 자유롭게 날을 지정하여 기념하기 시작했다. 그런데 콘스탄티누스 치세 후기에 모든 교회가 12월 25일을 성탄일로 기념하기로 결의한다. 어찌된 일일까?

12월 25일 역시 본래 의미가 있는 날이다. 이날은 동지(冬至)로, 이날부터 그동안 짧아지던 일조 시간이 다시 길어진다. 그래서 태양신이 패배를 멈추고 승리하기 시작하는 날로 해석하여 기념하던 축제 문화가 있었다. 다시 말해 이방 종교의 축제날이다. 그런데 이날을 성탄절로 기념한 것이다. 마치 그날에 기독교식 세례를 주었다고나 할까?

그 연원이 이방 종교에 있다고 해서 무조건 부정하는 것은 상황화에 대한 그릇된 이해라고 할 수 있다. 예수께서 신의 자리가 아닌, 인간으로 태어나셔서 우리와 함께하신 것 자체가 상황화였음을 잊어서는 안 된다.

고로 우리에게 고민이 남는다. 콘스탄티누스 때 갑자기 사람들이 몰려들어 와 공간의 대형화가 이루어진 것을 무조건 매도할 수만은 없다는 점이다. 마찬가지로 한국 교회 부흥기에 갑자기 사람들이 몰려들어 와 교회 건물의 대형화가 이루어진 것 역시 단순하게 매도할 수만은 없다. 중요한 것은 형태 자체가 아니라 중심과 방향이다. 우리에게는 이를 통한 반성과, 앞으로 어떻게 나아가야 할지를 논의하는 것이 더 바람직해 보인다.

야생마 길들이기_ 아우구스티누스

콘스탄티누스적 전환은 로마 제국 사람들을 일순간에 기독교 교회로 몰려들게 만들었다. 그것은 기회였으나, 동시에 위기였다. 수백 년의 논쟁과 토론, 정리를 통해 어느 정도 기독교 메시지를 정립했는데, 난데없이 몰려온 이들은 이에 동의하지 않는 상태였다. 게다가 자신들이 이미 믿고 있는 신앙이나 사상을 그대로 끌고 들어와 도리어 그것을 주장했기에 엄청난 혼란이 찾아왔다. 갑작스레 찾아온 회오리 급류로 인해, 기존의 모든 믿음 정리가 무너지고 한 방에 짬뽕교로 전락할 판이었다.

이 와중에 등장한 인물이 바로 콘스탄티누스 대제로부터 100여 년 뒤에 나타난 '아우구스티누스'(Augustinus, 354-430)다. 우리에게 익숙한 이름은 영어식 표현인 '어거스틴'(Augustine). 그가 기독교의 가르침을 누구나 공유할 수 있도록 보편적이면서도 정확 명료하게 정립하여 이 사태를 정리하였다. 콘스탄티누스가 의도치 않게 '그릇'의 형태를 결정한 사람이라면, 아우구스티누스는 그 그릇 안에 담긴 '내용물'을 정립한 사람이라고 말할 수 있다. 마치 야생마처럼 사람이 건드릴 수 없는 날 것 그대로의 메시지를, 누구나 탈 수 있는 말로 길들였다고나

아우구스티누스

할까? 다만 콘스탄티누스에게는 명암이 강렬했던 것과 달리, 아우구스티누스에게 있는 것은 그저 찬란한 빛뿐이다.

그래서인지 아우구스티누스에게는 '기독교 신학의 아버지'라는 별칭이 붙는다. 이 별칭만으로도 그의 독보적인 중요성이 설명되는 듯하다. 이를 지지하듯 시카고 대학의 대니얼 윌리엄스(Daniel Williams)는 20세기를 대표하는 철학자 화이트헤드(Alfred N. Whitehead)가 "서양 철학은 플라톤 철학의 각주"

라고 한 말을 인용하며 "서구 기독교 신학은 아우구스티누스의 각주"라고 말했다.

좀 유치하게 들릴지 모르겠지만 이런 비유는 어떨까? 기독교라는 '놀이터'가 있다. 그 놀이터의 주인이자, 놀이 기구들을 만든 분은 '예수 그리스도'시다. 놀이터를 편하게 사용하도록 안내문을 써 붙이고, 놀이 초보도 이용할 수 있도록 친절하게 손잡이를 만든 이가 '바울'이라면, 어디까지가 놀이터의 경계선인지 분별하고, 놀이터를 찾는 이가 두려움 없이 자유롭게 뛰어 놀 수 있도록 알려 준 이가 '아우구스티누스'라 할 수 있겠다. 그런 의미에서 당신이 기독교 신앙에 대한 지식을 조금이라도 가지고 있다면, 혹은 공부하고 있다면, 혹은 더 이해하려 한다면, 당신은 이미 부지중에 아우구스티누스가 쳐 놓은 놀이터의 경계 안에서 놀고 있는 셈이다.

물론 아우구스티누스가 '모든' 기독교 개념을 새로 정립한 것은 아니다. 그러나 그를 통해 기독교 신학에서 기본 토대가 되는 주요 개념들이 정립되었음은 부정할 수 없다. 바로 '삼위일체', '원죄', '은총과 자유 의지', '예정설' 등이다. 그런데 이 개념들의 공통점이 느껴지지 않는가? 특히 기독교인이라면, 한 번쯤 들어 본 것 같은데 도대체가 뭔 말인지 모르겠고, 당장 내 현실과는 아무 관련이 없어서 관심이 가지 않는 따분한 신학 용어들이다. 쉽사리 관심이 가지 않는 이유는 내 삶에 직접적인 관련성이 없어서이기도 하지만, 사실 그리 직관적이지도 않아서다. 그럼에도 이러한 개념들이 계속 회자되는 데는 이유가 있지 않을까? 당장 내 삶과 관계가 없더라도, 궁극적으로 우리가 믿는 대상인 '하나님'에 대한 이야기이자, 그분이 이루시는 '구원'과 연관된 개념이어서다. 또한 당장은 괜찮아도 신앙이 고조될수록 반드시 지적 문제를 불러일으키는 개념이라는 점도 그 이유다.

정리하면, 아우구스티누스에 의해 도출된 결과물은 우리네 실생활과 거리가 있지만 실제로는 기독교에서 가장 중요한 개념들을 정리한 것이며, 성경 스스로가 모순되어서는 안 되기에 꼭 필요한 정리였다. 각설하고, 나와 당신은 죽었다 깨어나도 해낼 수 없는 이 엄청나게 중요한 작업을 그가 이미 해냈다는 말이다. 그리고 그의 정리는 시대를 초월하여 여전히 기독교 신앙의 지적 토대가 되고 있다. 이번 장에서 소개할 마지막 세 번째 인물이 종교개혁자 마르틴 루터인데, 그 역시 아우구스티누스가 정리한 것들 위에 쌓인 먼지를 툭툭 털어 내고 다시 끄집어낸 것일 뿐이니 말 다 했다. 아우구스티누스는 진정 기독교 역사의 핵심이요, 희대의 천재다. 그저 빛이다.

진리를 찾는 자

그런데 앞서 언급한 것은 모두 후대가 해석한 것일 뿐, 정작 아우구스티누스는 자신의 연구들이 이와 같은 반향을 일으키리라 확신하며 작업한 것이 아니었다. 그렇다면 그는 무엇 때문에 이러한 작업을 했으며, 어떻게 이런 어마어마한 대역사를 만들어 낼 수 있었을까? 두 가지 이유에서다. 하나는 그 자신이 어마어마한 진리 추구자이기 때문이다. 즉 '자기 관심' 때문이었다. 또 다른 이유는 그가 살던 '시대'가 이런 작업을 요청해서다. 그렇다. 영웅은 난세에 나는 법이다.

먼저 '시대적 맥락'을 살펴보자. 거짓말 조금 더 보태서 아우구스티누스가 2,000년 넘게 여전히 영향을 끼치고 있다는 것을 감안하면, 고작 그의 생애 정도만 조망하는 것은 너무 가벼워 보인다. 이 정도의 대업이라면 하루아침에 생겨난 것은 아닐 터. 그러니 좀 더 넓은 시대를 아울러 살펴보는 것이 좋을 것이다. 이를 위해서는 '축의 시대'와, 당시 로마 제국의 정신세계에 대한 배경 이해가 필요하다(로마 제국의 정신세계를 더 잘 이해하기 위해서는 이 장 뒤에 수록된 '축의 시대'[186쪽]와, '분명 재미없지만 알면 유익한 서양 고대 철학 이야기'[188쪽]를 참조하라).

아우구스티누스 당시 로마 제국의 정신세계는 이러했다. 이미 그리스-로마 신화 혹은 미신적 사고에 대한 꺼풀이 벗겨진 도시의 식자층과 지배 계급은 종교를 비웃으며 철학자들의 산물을 향유하고 있었다. 그러나 이는 식자층의 이야기일 뿐, 예나 지금이나 철학은 조금 부담스럽고 수준 높아 보인다. 그렇다고 이성 중심 사고의 영향을 받은 대중도 예전처럼 마냥 신화나 미신적 사고에만 머물러 있지는 않았다. 이러한 일반 대중의 마음을 채워 준 것은 거대 담론을 말하는 진리가 아니라, 개인의 행복을 이성적으로 설명하는 스토아 학파와 에피쿠로스 학파의 철학이었다. 스토아 학파는 이성을 통해 행복을 추구하길 주장했고, 에피쿠로스 학파는 쾌락(감각)을 통해 행복을 추구하길 주장했다. 물론 이조차도 배부른 소리로 들리는 로마 제국 전역의 속주 백성이나 피지배 계층은 여전히 미신적 사고와 토속 신앙에 머물러 있었다.

이때는 이미 계시를 통해 진리를 추구한다고 스스로 주장하는 기독교가 로마 제국 전역을 뒤덮고 있었다. 100여 년 전, 콘스탄티누스를 통해 그렇게 전환되었다. 그러나 당시 기독교는 더 이상 진리를 설명하는 의미 있는 종교로 비춰지지 않았다. 앞서 언급하였듯이 콘스탄티누스적 전환에는 분명한 그늘이 있었다. 대부분은 자신에게 유리하기에 기독교를 받아들였을 뿐이다. 심지어 훗날 테오도시우스는 기독교를 강제하기까지 했다. 즉 당시 기독교는 누군가에게 진리를 전달하거나 또 다른 진리 추구 경쟁 상대인 철학을 압도하기는커녕, 자신들 안의 혼탁함에 갇혀 있었다.

참 아이러니하다. 이성 중심 철학인 플라톤주의는 충분히 매력적이었으나 모두에게 영향을 끼치지는 못했다. 대중은 현세의 행복을 위한 무속 종교나 생활 철학에 매료되었으나 답이 없었다. 그리고 공식적으로 주권을 잡고 있던 기독교는 내부 혼란에 빠져 있었다. 이러한 정신적 공백을 노려 마니교(페르시아의 조로아스터교와, 계시가 아닌 깨달음을 통한 구원을 주장하는 기독교 이단 영지주의가 혼합하여 탄생한 신생 종교)와 같은 신흥 종교들이 유행처럼 번지고 있었다.

아우구스티누스는 이런 사상적, 시대적 맥락에서 튀어나왔다. 아니, 그런 인물이 필요했다. 우선 아우구스티누스는 기독교 내부에서 기독교의 믿는 바를 정리하여 제정신으로 돌아오게 만든 인물이라 할 수 있다. 그것만 해도 훌륭한데, 사실 그의 작업은 기독교 내부보다 외부적으로 더 큰 공헌을 이루었다. 아우구스티누스는 철학자들의 이성적 방법론을 사용하여 기독교를 통해 제시된 제3의 진리 추구의 길, 즉 '계시'를 통해 진리에 이르는 길을 소개하고 변론했으며, 심지어 설득하여 압도했고, 한 발 더 나아가 이성과 계시의 방법을 통합시켰기 때문이다.

기독교 신앙을 받아들이기 전까지의 아우구스티누스를 한마디로 요약하면 '진리를 찾는 자'라 칭할 수 있다. 그가 처음 만난 진리는 기독교였다. 그래서 그의 어머니 모니카가 늘 패키지로 등장한다. 아우구스티누스는 독실한 신자인 어머니를 통해 유아 세례를 받고 성경과 교회를 접했기 때문이다.

그러나 그는 성장기를 거치며 기독교 신앙을 떠난다. 그의 눈에 비친 기독교인들은 믿는 바가 일관되지 않고, 미신적이며, 이성적 대화를 무시하고, 고백과 삶이 분리된 듯 보였기 때문이다. 그렇게 기독교를 떠난 아우구스티누스는 이내 점성술에 빠진다. 또한 성적 쾌락과 같은 일탈에 매진하기도 한다. 이런 것들도 재미없고 덧없다고 여기던 중, 당시 한창 주목받던 마니교에 매력을 느껴 귀의한다. 다만 오래가지는 않는다. 앞서 기독교에 실망한 것처럼 마니교를 믿는 신자들의 이중성에 실망하고는 떠나기로 결심한 것이다. 그는 마니교에 귀의한 당시에도 로마 제국에 소개된 대부분의 철학과 사상 종교를 탐식하며 스토아 학파와 에피쿠로스 학파의 논쟁에 귀를 기울였다. 그런데 시간이 흐를수록 그의 마음은 신플라톤주의적 철학에 머물렀다. 거기에 진리가 있는 것 같았다. 그렇게 철학과 종교를 넘나들던 아우구스티누스는 정말 지독한 진리 추구자였다.

30세가 되던 해 어느 날, 아우구스티누스는 이탈리아 밀라노에 머물다가 운명적인 사람을 만난다. 밀라노 주교 암브로시우스(Ambrosius, 339-397)다. 암브로시우스는 당시 로마 제국 전역의 주교들 가운데서도 손꼽히는 학식의 소유자이자, 계시의 권위에만 기대지 않고 이성적으로 납득할 수 있도록 성경을 풀어 설교하는 독특한 인물이었다. 게다가 그는 아우구스티누스가 관심을 가진 신플라톤주의자들의 책을 좋아해서 평소 성경의 가르침에 언뜻언뜻 그 사상을 녹여 전달하기도 했다. 그런 그의 설교를 접한 아우구스티누스는 전율을 느낀다. 계시와 이성이 상반되는 것이 아님을 깨달았고, 그렇게 조화시켜 가르쳐 주는 것을 듣다 보니 새로운 세계가 열리는 것 같았다.

그 후 그는 그동안 외면해 온 기독교의 가르침과 성경을 다시 더듬어 가며 공부하고 정리한다. 그리고 몇 년 뒤, 세상 모든 사상과 종교를 편력하며 방황하던 아우구스티누스가 결국 로마서 말씀을 읽다가 더는 예수를 그리스도로 받아들이는 것을 미룰 수 없다고 여겨, 예수를 자신의 구원자이자 주인으로 고백한다(그는 이때 "톨레 레게"[Tolle, lege], 즉 "집어라, 읽어라"라는 말이 들려서 성경을 폈더니 로마서 말씀이었고, 이를 읽다가 회심했다고 고백한다. 다만 이것이 신비적 사건인지, 내적 감동의 결과물인지는 명확히 밝히지 않는다). 그의 회심은 바울의 그것과 비슷했다. 이는 그 당시를 살던 어느 구도자보다 진지한 자, 즉 세상의 모든 학문과 철학과 쾌락을 거친 자의 회심이었다.

진리를 설명하는 자

그렇게 회심한 아우구스티누스는 이제 '진리를 찾는 자'에서 '진리를 설명하는 자'로 바뀐다. 그런데 어쩌다가 이렇게 독보적 인물이 될 수 있었던 것일까? 그때까지 그처럼 설명하는 인물이 없었던 것일까? 아니다. 그간 기독교 진영에서 진리를 설명하는 자는 많았다. 다만 그간의 설명자들은 계시 중심으로만 설명했다. 쉽게 말해 성경을 토대로'만' 이야기한 것이다. 아우구스티누스보다 200년 앞선 인물인 교부 테르툴리아누스(Tertullianus, 160?-220?)의 상징적 발언이 그 의미를 잘 정리하고 있다. "아테네와 예루살렘이 무슨 상관이 있는가?"

테르툴리아누스는 성경(계시)에서 '삼위일체'의 개념을 도출하여 처음으로 알리기 시작한 인물이다. 그러나 그 개념은 비기독교인들에게 비웃음을 샀다. 지금도 직관적으로 받아들이기가 쉽지 않은 주장인데, 당시에는 어떠했겠는가? 심지어 당시는 기독교가 비웃음을 당하며 박해받는 때였으니 말 다했다. 미치광이의 소리였다. 그럼에도 테르툴리아누스는 아랑곳하지 않았다. 이해받지 못해도 상관없었다. 이를 믿지 않는 이들에게 굳이 설명할 의무도, 의지도 없었다. 오직 계시에만 충실하면 되기 때문이다.

그럼에도 기독교는 폭발적으로 전파되었다. 신학적 설명이 완전하지 않았지만, 로마인들은 기독교의 이론적 설명이 아닌 기독교인들의 '삶'을 통해 기독교에 매력을 느끼고 교회를 찾았기 때문이다. 아니, 그들의 삶 자체가 설명이었다. 그것이 초대 교회의 대략적인 기조였다.

그러나 아우구스티누스의 시대는 달랐다. 콘스탄티누스적 전환 이후 더는 그리스도인의 삶이 다르게 느껴지지 않았기 때문이다. 아우구스티누스 역시 같은 이유로 어릴 적에 교회를 떠난 전력이 있지 않던가? 그 역시 피해자였다. 그가 최종적으로 매료된 신플라톤주의는 철학뿐 아니라 종교마저 아우르는 듯한 포괄적 이성이었다. 반면, 기독교 내부에서는 기독교를 자기 식대로 설명하는 짬뽕교들이 여기저기서 설치고 있었다. 때문에 더는 미룰 수 없었다. 기존 교회 내부에도, 교회 외부에도 온전한 설명과 설득이 필요했다. 그런 면에서 아우구스티누스는 가장 '적확한' 인물이었고, 그의 회심은 가장 '적확한' 때에 일어났다.

진리를 찾아다닌 그 엄청난 시간들을 거쳐 진리를 설명하는 자로 역할이 바뀌자, 아우구스티누스는 엄청난 위력을 발휘한다. 그는 진리 추구 과정을 통해 '아테네'(이성)와 '예루살렘'(계시)이 분리된 것이 아니라, 둘 다 하나님 나라의 일원임을 깨닫는다. 그래서 앞서 말한 헬레니즘과 헤브라이즘, 즉 이성과 계시 둘 중 하나가 아닌 둘의 조화를 추구한다. 특히 플라톤(Platon, BC 428?-BC 347?)과 플로티누스(Plotinus, 205-270)의 철학에서 '단지 몇 마디만' 바꾸면 기독교에서 말하는 진리가 된다고까지 말할 정도로 유사성을 발견하고, 이를 기독교 가르침에 접목시킨다.

아우구스티누스는 신앙을 위해 이성을, 신학을 위해 철학을 부단히 사용하였다. 오해하지 말자. 그는 둘의 가교 역할을 했으나, 언제나 계시가 이성보다 앞선다는 것을 잊지 않았다. 계시가 방향을 제시하면, 이성이 그 방향을 따라가며 이해시키는 식이다. 그렇게 그는 '계시'(성경)를 토대로 신플라톤주의적 논리 구조를 빌려, 진리에 대한 당대의 철학적 질문에 답했다. 그로 인해 탄생한 것들이 앞서 언급한 '삼위일체', '원죄', '은총과 자유 의지', '예정설' 같은 것이다.

결론적으로 아우구스티누스는 계시를 이성으로 이해할 수 있게 도와준 인물로 정리할 수 있다. 아테네와 예루살렘 사이에 오작교를 놓은 것이다. 그렇게 아우구스티누스는 마치 야생마처럼 길들여지지 않던 기독교의 에너지를 붙잡았고, 동시에 자기 혼자 살기 위해 뛰쳐나가려는 야생마를 붙잡아서 사람들을 태우고 달리는, 교감하는 말이 되도록 인도했다.

한 가지 안타까운 이야기로 아우구스티누스를 추모하려 한다. 지난 수천 년간 이성을 토대로 진리를 설명하는 자리는 철학이 차지하고 있었다. 그런데 이제 그 자리를 과학이 차지했다. 과학에 대한 우리네 신뢰는 거의 이성을 넘어 '종교적' 신앙에 필적한다. 과학자는 현대적 의미의 '사제'처럼 보인다. 그런데 안타깝게도 현대 기독교는 아우구스티누스의 길을 거부하고 있는 것 같다. 아테네로 난 다리를 시대에 맞게 보수하고 새롭게 단장하기는커녕 다리를 끊어 버려도 관계없다고 말하거나, 계시의 언어로 과학의 언어를 해석하면서 과학이 잘못되었다고 강변하기도 한다(9장 참조).

아우구스티누스가 우리 시대를 살았다면 과연 어떠했을까? 그는 분명 철학을 대신한 과학과 부단히 대화하고, 심지어 과학의 언어로 신학을 설명하려 노력했을 것이다. 분명히 그리했을 것이다.

도대체 뭣이 중헌디?!_ 마르틴 루터

마르틴 루터

마지막 인물로, 종교 개혁의 시초 '마르틴 루터'(Martin Luther, 1483-1546)를 소개한다. 그를 설명하는 한 단어로 '개혁'을 꼽는 것을 보면, 뭔가 개혁해야 할 것이 있었나 보다. 그는 도대체 무엇을 개혁하려던 것일까? 이를 알기 위해서는 아우구스티누스와 마르틴 루터 사이의 1,000년이라는 시간, 일명 '중세기'에 대한 이해가 필요하다.

중세 교회의 변질

앞서 언급한 슈퍼스타 아우구스티누스의 활약은 대단했다. 아우구스티누스 이후 적어도 기독교에서는 무엇을 믿고 어떤 논리로 설명할 수 있는지에 대한 이견이 더는 등장하지 않았다. 물론 시대의 변화에 따라 대두되는 질문들은 계속 존재했으나, 이미 마련된 아우구스티누스의 놀이터가 매우 안전했기에 그 안에서 잘 놀고 잘 해결되었다. 다만 콘스탄티누스를 통해 생긴 문제들은 여전했고, 시간이 갈수록 해소되기는커녕 부정적 영향이 커져 갔다. 이윽고 기독교의 본질, 즉 내용마저 건드릴 정도까지 이르렀다.

콘스탄티누스 때부터 교회는 세속 군주와 엮이게 된다. 콘스탄티누스는 좋은 의도로 개입했는지 몰라도, 그 후 황제가 교회 내에서 어느 파벌의 손을 들어 주느냐, 혹은 황제가 교회의 손을 들어 주느냐 마느냐에 따라 성패가 갈린다는 인식이 교회를 지배했다. 이렇게 교회가 세속 군주의 눈치를 보고 심지어 한 몸으로 엮이면서 참담한 결과를 낳았다. 많은 세속 군주가 기독교 신앙을 개인적으로 믿기보다는 자신의 통치 수단으로 대하기 시작했고, 교회 역시 세속 군주를 지나치게 의존하거나 이용하게 된 것이다. 중세기로 넘어오면서 세상과 교회의 윗대가리들(?)은 서로를 이용하고 의존하는 구도로 나아갔다.

그렇다면 일반 대중은 어떠했을까? 대중에게 기독교는 신앙이 아닌 일종의 '문화'가 되어 버렸다. 믿음에 의해 선택한 종교가 아니라, 태어나 보니 이미 내 의지와 상관없이 고정값으로 정해진 종교일 뿐이었다. 그것을 신앙이라고 보기는 어렵다.

'남귤북지'라는 중국 고사성어를 들어본 적이 있는가? 양쯔강 이남에 심은 귤을 양쯔강 이북에 심으면 탱자가 되듯이, 사람 또한 자란 환경에 따라 선해지기도 하고 악해지기도 한다는 뜻으로 쓰이는 말이다. 중세기의 기독교 신앙도 마찬가지였다. 복음의 내용과 기독교의 핵심은 늘 같았다. 그러나 콘스탄티누스로 인해 촉발된 구조의 변화, 즉 그를 통해 우연히 만들어진 그릇에 복음을 담았더니 '귤'이 '탱자'로 변했다. 그 달콤한 과일이 점점 쓰기만 해서 먹지 못하는 과일로 변질된 것이다. 심지어 나중에는 내용인 '복음'보다 그릇인 '교회'가 더 중요하다는 데까지 이르게 되었다. 나아가 교회 자체가 권력이 되어 세상 권력마저 지배하려 들었다.

이 그릇의 문제는 위계화와 관료화였다. 공동체가 '조직'이 된 것이다. 이러한 조직을 지탱하기 위해 사제에게 권위가 부여되었고, 그들을 통해 이루어지는 행위가 신앙의 중심으로 대두되었다. 그래서 점점 '계시(메시지)의 수용'이 아니라, 사제를 통해 행해지는 7성사라는 '의식에의 참여'가 핵심이 되었다. 이러한 변화에 신학적 정당성이 없다고 할 수는 없으나(6장의 '가톨릭교' 참조), 필요에 의해 끼워 맞춘 부분이 없지 않다. '이해시키는 것'은 매우 오래 걸리는 일이지만, '참여시키는 것'은 굉장히 간단한 일이기에.

물론 구도가 그러하더라도, 사제가 제 역할을 잘하면 괜찮다. 문제는 그러지 못했다는 것이다. 사제들은 점점 타락했다. 교회가 세속 군주를 압도할 정도로 권력과 재산이 많아지자 순수한 의도를 넘어 먹고살기 위해 혹은 출세를 위해 사제로 서원하는 일이 많아졌다. "염불에는 관심 없고 잿밥에만 관심 있다"는 말이 딱 들어맞는다. 그러니 사제들의 기본 신앙심은 고사하고 실력마저 형편없어지기 시작했다. 실력이 왜 중요할까 싶겠지만, 실력은 중요했다. '라틴어' 때문이다. 계시가 기록된 성경이 언제부턴가 라틴어로만 전승되면서, 사제는 라틴어를 읽고 쓸 줄 알아야 성경을 연구하고 전달할 수 있었다. 당연히 대중은 자기가 쓰는 언어가 아니었기에 읽을 수 없었고, 성경은 오직 교회 사제들에게만 허용된 책이었기에 접근할 수도 없었다. 그래서 사제의 실력은 중요했다.

그런데 시간이 갈수록 사제들조차 라틴어로 된 성경을 읽어 내지 못하는 경우가 태반이었다. 도대체 어쩌라는 말인가? 당연히 믿음의 출발점이 되는, 계시에 담긴 메시지를 풀어 전달하는 일은 점점 줄고, 그것을 녹여 낸 성사라 불리는 의식에 참여하는 형태만 강제되어 갔다. 계시의 종교인데 아무도 계시를 읽을 수 없는 모순적인 상황. 문제가 안 생기는 것이 오히려 이상하지 않겠는가?

> ● '성사'는 필요 없는 것이 아니다(개신교에도 세례와 성찬, 두 가지 성사가 여전히 존재한다). 다만, 계시(메시지)를 받아들인 개인의 믿음을 전제로, 그 후에 이루어지는 성화(거룩해짐) 과정을 돕는 것이 교회에서 베풀어지는 성사의 목적인데, 주객이 전도되어 점점 성사에 대한 참여 자체가 구원을 의미하게 되었기 때문에 문제인 것이다. 그러면서 성사를 베푸는 사제의 권위만 높아지고, 사제에게 의존하게 되었다. 아니, 반대로 사제의 권위가 높아졌기에 그런 현상이 벌어졌는지도 모르겠다. 무엇이 먼저인지는 모르겠지만, 재미있지 않은가? 그릇이 달라지면 내용에도 영향을 주는 것은 분명하다.

그런데 이는 일반적인 교회와 대중의 이야기일 뿐, 의외로 중세는 학문의 전당이었다. '대학'의 설립이 그 증거다. 다만 소수의 엘리트가 독점하면서 대학은 대중의 삶과 전혀 관련 없는, 일종의 상아탑으로 변질되어 갔다. 이 상아탑은 점점 교만해져서 아우구스티누스의 놀이터를 벗어나기 시작했다. 아우구스티누스처럼 계시를 이성으로 설명하는 것이 아니라, 계시 없이도 이성으로 진리에 도달할 수 있다는 분위기로 나아가고 있었다. 그렇게 아우구스티누스의 놀이터가 붕괴되며, 신앙과 학문이 분리되기 시작했다. 아테네와 예루살렘 사이의 다리가 무너져 간 것이다.

결론적으로 기독교는 자신의 본질이자 출발점인 계시를 떠나기 시작했다. 당연히 생명력을 잃어 갔다. 역사는 신앙 없는 종교가 응당 부패의 온상지가 될 수밖에 없음을 증명한다. 기독교도 그렇게 변질되어 갔다. 물론 그 가운데서도 여전히 순수함을 가지고 신앙을 추구하는 이들이 있었으나, 대세를 거스를 수 없을 정도로 부패가 보편화되고 있었다. 심지어 세속의 유력 군주 가문의 자식이 속성으로 교육을 받고 교회의 대표인 교황의 자리에 오르기도 했으니, 말 다한 것 아닌가?

이러한 교회와 주교, 사제들 밑에서 사람들이 도대체 무엇을 배우고 어떤 영향을 받겠는가? 때문에 우리네 상식과 달리, 중세기의 평범한 백성들은 대부분 기독교 신앙을 소유하지 않았다. 교회를 잘 찾지도 않았다. 기독교 신앙은 도시민과 유력자들의 문화였지, 평범한 이들은 각자 자기 민족의 미신과 기독교를 짬뽕시킨 일명 '자기 복음'을 따르고 있었다.

이와 같은 교회와 사제의 부패, 그리고 진지함 없는 미신적 구원관이 결합되어 탄생한 괴물이 바로 중세 교회 타락의 상징인 '면죄부'(면벌부)다.

● 면죄부는 연옥 교리와 맞물려 있다(연옥에 대한 이해는 6장 '가톨릭교'를 참조하라). 연옥 교리에 따르면 모든 신자는 죽은 뒤 천국으로 직행하는 것이 아니라 연옥이라는 세탁소를 거쳐야 한다. 생전에 저지른 죄과가 크면 더 오래 더 아프게 고통을 겪어야 한다. 그런데 '죽은 신자와의 연합'이라는 믿음과 이 연옥 교리가 맞물려, 이 세상에 살아 있는 신자들이 자신과 관계된 이미 죽은 자를 위해 기여한다면, 죽은 자들이 연옥에서 겪는 고통이 단축되고 천국으로 빨리 옮겨 갈 수 있다고 여겼다. 그 '기여'에는 여러 방법이 있지만, 중세 말에 이르러서는 죽은 자의 죄를 면제하는 문서, 즉 성인의 이름으로 축복을 비는 문서를 구매하여 기도하는 것이 가장 큰 기여라고 생각하는 데에 이르렀다. 그래서 그 문서를 사고팔기 시작했는데, 그것이 바로 면죄부다.

물론 순수한 의도에서 시작되었다고 보기는 어렵다. 당시 가톨릭교회는 이민족의 침략으로 폐허가 된 로마 시에 어마어마하게 거대하고 화려한 성당(성 베드로 성당[오늘날의 바티

> 캔)을 지으려 했고, 그러기 위해서는 많은 돈이 필요했다. 이와 같은 대역사에 혁혁한 공을 세운 것이 바로 '면죄부'로 얻은 수입이다.

르네상스

중세의 정신을 떠받들고 있는 교회가 '앙꼬 없는 찐빵'인 데다 심지어 쉰내까지 나기 시작하자, 사람들의 정신세계가 혼란에 빠져들었다. 이때 상공업으로 인해 경제적으로 부유함을 누리게 된 이탈리아 북부의 도시 국가들에서 새로운 정신 운동이 발현한다. 다름 아닌 '르네상스'(Renaissance)다.

사람들은 부패한 교회를 통해 도리어 신이 없음을 보았다. 그래서 아무 감흥도 없는 신에 초점을 맞추기보다 차라리 자신들, 즉 '인간'에게 초점을 맞추길 원했다. 그런데 마침 참고할 만한 시대가 있었다. 기독교 이전 시대, 바로 과거 찬란하던 '그리스-로마' 시대다. 르네상스 정신의 핵심은 교회를 걷어 내버리고, 묻혀 있던 그리스-로마 문화로 돌아가길 추구한 것, 즉 신을 걷어 내고 인간으로 돌아가려 한 것이다.

이 시기를 대표하는 인물들이 있다. 바로 레오나르도 다 빈치와 미켈란젤로를 필두로 한 르네상스 예술가들이다. 르네상스 예술가들은 성화를 그리는 데 만족하지 않고, 인간의 몸을 연구하고 그리고 조각하며 그 감각을 살리는 방향으로 나아갔다. 물론 이들은 르네상스의 표면적 얼굴마담일 뿐이었다.

핵심은 신에서 인간으로 돌아간다는 것이었다. 이는 더 이상 계시가 아닌 이성 중심으로 나아간다는 말과도 같다. 그렇다면 다시 철학인가? 아니다. 대표 주자가 바뀌었다. 당시 수학과 기술의 발전이 르네상스와 맞물리면서 '과학 혁명'을 촉발시킨 것이다. 이제 이성의 대표 주자로 과학이 임명되었고, 이 흐름이 그때부터 우리 시대에까지 영향을 끼치고 있다.

물론 아직 과학이 대두되기 전이었기에, 이성적 진리 추구에서 철학이 여전히 중요했고, 이들 역시 그리스-로마 시대로 돌아가자는 흐름이 대두되었다. 그래서 '아드 폰테스'(*Ad Fontes*), 즉 '근원으로 돌아가자!'라고 외치는 인문주의 운동이 등장하였다. 예술가는 붓과 망치를 잡으면 되고, 과학자는 숫자를 잡으면 된다. 그렇다면 인문학자는 무엇을 잡아야 할까? 당연히 '책'이다. 그런데 붓과 망치, 숫자는 그때나 이때나 같지만, 책은 달랐다. 언어가 다르기 때문이다. 그때로 돌아가려면 그때의 언어를 알아야 했다. 그래서 헬라어와 라틴어 열풍이 분다. 이러한 흐름이 신학교에도 영향을 끼쳐 성경 역시 그때의 언어로 읽자는 열풍이 불었고, 그동안 주구장창 공부하던 라틴어를 넘어 헬라어와 히브리어 공부가 유행한다.

이러한 흐름 아래 마침내 터질 게 터진다. '에라스무스'(Erasmus, 1466-1536)라는 인문학자가 그동안 신성불가침의 문서로 존대받던 라틴어 성경, 즉 불가타역을 사뿐히 제치고, 헬라어 성경을 라틴어로 다시 직접 번역한 사건이다(1516년). 이는 단순히 사적으로 책 하나 번역한 정도의 사건이 아니다. 그동안 굳건하던 불가타역에 금을 낸 것이자, 교회 권위에 도전한 것이다. 여기까지가 종교 개혁자 마르틴 루터가 등장하기 직전의 '교회' 모습이자 '세상'의 모습이다.

본질을 찾는 자

마르틴 루터는 부유한 가정에서 태어나 성장했다. 어려서부터 진리를 추구하는 열망이 있었기에 사제가 될 것을 고민하기도 하였으나, 법률가가 되어 성공하길 원한 아비의 뜻을 존중하여 법대 공부를 시작한다. 그러던 어느 날, 우연히 그의 진로가 뒤바뀌는 순간을 맞닥뜨린다. 길을 가다가 자기 옆에 번개가 떨어졌는데, 그때 찾아온 죽음의 공포 앞에서 불안감에 휩싸이는 자신을 보며 자신에게 구원을 확신할 만한 믿음과 근거가 없음을 확인한 것이다. 이 일을 계기로 아버지의 극렬한 반대에도, 루터는 평소 고민하던 대로 사제가 되기로 서원한다.

그렇게 사제의 길로 나아간 루터는 수도 생활에 전력을 다한다. 특히 자신에게 구원이 없을 수도 있겠다는 생각이 드는 것은 자신의 죄 때문이라고 단정한 그는 죄 문제를 해결하고자 온 힘을 다한다. 그래서 누구보다 엄격히 규율을 지키며 수도 생활에 임한다. 그런데도 자신의 구원에 대한 회의는 점점 커져 간다. 아무리 규율을 지키고 성사에 참여해도 자기 안에 있는 거짓과 악한 욕망이 속속들이 확인되었기 때문이다. 그래서 그가 선택한 다른 방안은 고해성사였다. 죄를 짓지 않을 수 없다면, 짓는 족족 빨아 버리면 된다고 여긴 것이다. 그는 단 한 톨의 죄도 남기지 않으리라는 마음으로 고해성사에 광적일 정도로 집착했다. 얼마나 집착이 심했는지, 그의 담당 고해 신부가 이제 그만 좀 찾아오라며, 차라리 그 시간에 성경을 더 연구하라고 권유할 정도였다. 그렇게 해서 성경, 특히 바울 서신을 연구하기 시작한다.

그 무렵 루터는 가톨릭교의 본산인 로마 시에 4주간 머물 행운을 얻게 된다. 로마 방문을 통해 자신이 정화될 것에 대한 기대로 한껏 부풀어 올랐으나, 그 기대가 도리어 그를 산산조각 내버린다. 사람들이 신성시하며 은혜의 통로로 여기는 계단을 전심으로 기도하며 무릎 꿇고 올랐음에도 그 어떤 은혜도 느끼지 못해 당황했다는 일화도 있으나, 무엇보다 4주간 로마 시에 머물며 지켜본 교회와 사제들의 처절한 부패상이 그의 심령을 뒤흔든 것이다. 그러던 중 그는 (아우구스티누스처럼) 로마서를 읽다가, 특히 로마서 1장 17절 말씀 앞에 고꾸라진다. "복음에는 하나님의 의가 나타나서 믿음으로 믿음에 이르게 하나니 기록된 바 오직 의인은 믿음으로 말미암아 살리라 함과 같으니라"(개역개정).

이는 루터에게 두 가지 전환을 일으켰다. 하나는 (계시에 대한) 믿음이 이성보다 앞선다는 것이다. 이는 아우구스티누스가 한 말과 동일하다. 그럼에도 이것이 전환인 이유는, 앞서 언급했듯 루터 당시에는 이성을 통해 계시를 알 수 있다는 풍조 아래 상아탑 신학이 이루어지고 있었기 때문이다. 그런데 이를 뒤집은 것이다. 이성을 통해 계시를 아는 것은 불가능했다. 오직 믿음이다.

두 번째 전환은 더 중요하고 피부에 와 닿는다. 즉 구원의 전제 조건인 의로움은 행위가 아닌 오직 믿음으로 이루어지는 것임을 확신한 것이다. 이는 그동안 행위 중심적으로 재편된, 더 정확히 말하면 교회 성사에의 참여가 구원을 확보하는 것처럼 여겨지던 가톨릭교의 신앙 문화에 대한 반박이었다. 교회는 믿을 수 있게 돕는 곳이자 그릇일 뿐, 중요한 것은 각자가 하나님을 '믿는' 자리, 그곳에서 하나님이 구원을 주신다는 사실이다.

그래서 루터는 이렇게 정리했다. 구원은 '믿음'을 담보로 '하나님이 주시는' 것이지, '행위나 이성' 등을 통해 '인간이 이루거나 얻는' 것이 아니다. 교회와 사제는 보조일 뿐, 본질은 계시(메시지)에 대한 믿음이다. 루터가 깨달은 이 두 가지는 엄청난 전환이자, 본질로의 회귀였다.

루터는 지금까지 자신이 이를 알지 못한 이유를 교회에서 찾았다. 복음을 가르치고 신앙을 유도하는 곳이 교회이고 사제인데, 그들이 이딴 식(?)으로밖에 가르치지 않는다면 누가 어찌 알 수 있겠느냐는 생각이었다. 연이어 교회가 이렇게 된 이유를 성경의 독점으로 보았다. 즉 성경을 독점하고 이를 해석할 권리마저 교회가 독점하니, 이 사단이 났다고 본 것이다. 당연하다. 제품(계시)이 아무리 훌륭해도, 매번 일어나는 배달 사고 앞에는 버틸 장사가 없는 법이다. 게다가 유통사(교회)의 상태가 좋지 않으면, 유통사 배달 직원(사제)도 덩달아 상태가 안 좋을 수밖에 없다. 고객은 물건을 받지 못하거나 파손된 것만 받을 것이다. 여기에 어찌 선한 것이 나겠는가? 이에 대한 대답으로 루터는 훗날 '만인제사장론'을 주장한다(의미상 '전신자제사장론'이 맞다). 유통사나 배달 직원이 없어도 된다. 누구나 제품을 직접 수령할 자격이 있다는 것이다.

그런데 한 가지 의문이 든다. 정작 본인은 어떻게 이 유통사와 배달 직원을 뚫고 무사히 완제품을 얻을 수 있었을까? 그 자신이 배달 직원이기 때문에 유통사의 문제를 알 수 있었다는 이점도 있지만, 단서는 의외로 외부에 있었다. 바로 앞서 언급한 '아드 폰테스'가 그 단서다. 그 물결 아래 루터 역시 불가타역에 의존하지 않고 성경을 원문 그대로 읽어 갔다. 그러면서 교회가 견지한 전통적 해석의 문제들을 발견한 것이다. 그 당시에 루터뿐 아니라 칼뱅과 츠빙글리 같은 종교 개혁자들이 동시다발적으로 등장할 수 있던 것은 이처럼 교회를 통하지 않고 원문 그대로 성경을 읽고 사유할 수 있는 환경이 조성되었기 때문이다.

루터의 개인적 확신과 전환이 행동으로 드러난 사건이 바로 역사가들이 종교 개혁의 시발점으로 여기는 '95개조 반박문'이다. 교회의 모순들을 견딜 수 없던 루터는 중세 교회의 시궁창이라 불리는 '면죄부 판매'가 자신의 지역까지 영향을 끼치자 뒤집어진다. 그 역겨움과 모순을 더는 견딜 수 없었다. 결국 그는 대망의 1517년 10월 31일, 자신이 교수로 재직하는 비텐베르크 대학 인근 교회의 정문에 '95개조 반박문'을 내걸게 된다.

> ● '프로테스탄트'(protestant)는 '저항자'라는 뜻이다. 사실 이 말은 가톨릭교에서 새로운 도를 따르는 이들을 이른바 '싸가지 없는 놈들'이라며 경멸조로 부른 데서 유래한다. 그럼에도 이 단어의 의미는 되새겨 볼 필요가 있다. 프로테스탄트는 단순히 '가톨릭교'라는 구체제에 대한 저항만을 뜻하지 않기 때문이다.
> 성경은 믿음의 사람들이 늘 프로테스탄트적 역할을 감당했다고 말한다. 즉 언제나 그 당시 주류 문화나 가치에 '저항'하였다. 보통 당대의 주류 가치들은 하나님 나라 문명과 이질적이기 때문이다. 시대가 달라져도 저항해야 할 것은 늘 있다. 교회 안에도, 세상에도 언제나 존재한다. 그런데 언제부터 이 프로테스탄트가 저항이 아닌 '안정'의 상징이 되었을까?

사실 루터는 뭔가 대대적인 사명을 띠고 그 반박문을 내건 것이 아니었다. 면죄부를 포함하여 교회가 지닌 여러 문제를 95개 항으로 정리한 대자보 정도를 붙였을 뿐이다. 즉, 대학에서라도 더는 쉬쉬하지 말고 논쟁해 보자는 의도였다. 그래서 95개조 반박문은 대중 언어인 독일어가 아닌 신학자들의 언어인 라틴어로 쓰였다. 그러나 루터의 소박한 의도와 달리 핵심을 찌르는 그의 명문은 입소문을 타고 독일어로 번역되었고, 마침 50여 년 전 발명된 구텐베르크의 인쇄술과 결합하여 독일 전역으로 퍼져 나갔다. "자고 일어나 보니 스타가 되었다"는 말이 꼭 루터를 두고 하는 말 같다. 본래 의도와 달리 하루아침에 루터는 구체제에 대항하는, 교회의 대항마가 되어 있었다.

사실 루터 이전에도 뭔가 잘못됨을 깨닫고 교회 개혁을 주장한 이들이 종종 있었다. 하지만 성공은커녕, 도리어 박해를 받았다. 그렇다면 의도하지도 않은 루터의 개혁은 어찌 성공할 수 있었을까? 우선 당시 유럽, 특히 독일의 제후들이 교황과 (신성 로마 제국) 황제에게 불만이 많았던 정치적 배경이 한몫했다. 그 제후들이 루터와 그를 따르는 이들을 몰래 지지하고, 심지어 보호하였다. 그러니까 루터의 개혁은 당시 독일의 이러한 정치 상황과, 50년 전 발명된 인쇄술이라는 기술의 도움이 오묘하게 콜라보를 이루었기에 가능했던 것이다.

피해 다닐 수밖에 없는 상황이긴 했으나, 루터는 숨어 지내는 상황에서도 수많은 저술을 선보였다. 중세 교회를 거치면서 본질 이외에 덧붙인 것을 과감하게 들어낸 글들을 엄청나게 쓴 것이다. 그리고 이 글들은 인쇄되어 전 유럽으로 전달되었다. 루터의 저술 중 단연 위대한 작업은 계시가 담긴 성경을 대중에게 돌려준 성경 번역 작업이다. 루터는 모국어인 독일어로 성경을 번역하였고, 이로써 문맹이 아니라면 누구나 성경을 읽을 수 있게 했다. 이는 기존의 1,000년을 뒤엎는 엄청난 전환이었다.

루터로 인해 촉발된 이 당황스러운 도전은 이제 서유럽 전역으로 들불처럼 퍼져 나갔다. 이에 가톨릭교는 고심한다. 루터가 본질을 가로막는 비본질이자 사태의 원인으로 지목한 것들, 즉 7성사 중 세례와 성찬을 제외한 5성사의 폐지, 만인제사장론을 토대로 사제권을 박탈하고 교황 수위권 등을 부정한 것 등은 기존 교회 입장에서 결코 포기할 수 없는 것이었다. 때문에 공존은 불가능했다. 심지어 루터와 별개로 개혁자들이 동시다발적으로 일어나자 탄압하기 시작한다. 교회의 직접 탄압뿐 아니라, 가톨릭교를 신봉하는 세속 군주를 통한 탄압이었다. 그래서 이후 단순한 종교 다툼을 넘어 구교국과 신교국 사이에 실제로 전쟁이 발발한다. 그것이 '30년 전쟁'(1618-1648년)이다.

> ● '30년 전쟁'은 신구교 간의 갈등으로 촉발된 서유럽 최후의 종교 전쟁이자, 그 당시 형성된 민족 국가의 개념 아래 종교를 빌미로 각국의 패권을 다툰 서양 최초의 국제 전쟁으로, 총 네 차례에 걸쳐 따로 일어난 전쟁들이지만(1618-1621년, 1625-1629년, 1630-1635년, 1635-1648년) 서로 깊이 관련되어 있기에 '30년 전쟁'이라고 묶어서 호칭한다. 수천 년 유럽 역사 전체를 결론짓는 마지막 전쟁으로, 오늘날의 유럽 세계를 직접적으로 형성한 전쟁이다. 이때 형성된 국경선이 거의 지금까지 내려온다. 스위스와 네덜란드, 벨기에가 이때 탄생했다. 일종의 '0차 세계 대전'이라고 부를 만하다.

미완의 개혁

종교 개혁은 본질을 추구하는 집념 어린 이들을 통해 이루어진 엄청난 사건이다. 가톨릭교회에서 개혁을 받아들이지 않았기에 결국 분열로 종결되었지만, 반드시 필요한 부분이었다(이후 가톨릭교회는 종교 개혁자들을 이단으로 파문하는 동시에 위기의식을 느끼며 자정의 길을 걷는다. 이러한 주제를 논의하고 결정한 회의가 '트리엔트 공의회'[1545-1563년]다). 그러나 안타깝게도 사실상 미완의 개혁이었다. 기독교 신앙 및 신학의 '내용' 면에서 다시 아우구스티누스가 만들어 놓은 놀이터로 돌아가긴 했으나, 콘스탄티누스를 통해 정착된 구조, 즉 중세기의 '그릇'을 완전히 뒤집지는 못했기 때문이다.

종교 개혁 운동 중에는 그릇마저 싹 다 뒤집으려던 세력도 있었다. 가장 급진적인 '재세례파'가 그 주인공이다. 그러나 이들의 개혁은 그동안 누적된 신앙 주제뿐 아니라 사회적 불만까지 한꺼번에 폭발하여 교회의 권위를 넘어 세속 군주의 권위마저 부정하는 방향으로 흘렀다. 루터는 처음에 이들을 지지했으나, 그들의 과도한 혁명성에 크게 당황한다. 루터는 '개혁'을 원했지 '혁명'을 원한 것은 아니었기에 그렇다. 뭔가 진지하게 대화를 나누기도 전에 급작스레 촉발된 혁명의 불길 앞에, 루터는 서둘러 다시 권위를, 그리고 기존 교회를 어느 정도 끌어안을 수밖에 없었다. 루터는 그 시대의 전적 도움으로 개혁을 이룰 수 있었지만, 한편으로 그 역시 시대적 한계를 가질 수밖에 없는 사람이었다.

이번 장을 마무리하면서 콘스탄티누스, 아우구스티누스, 마르틴 루터라는 주요 세 인물을 '교회'를 중심으로 비유하며 정리해 보겠다. 교회는 세상이라는 야생에 놓인 거대한 집과 같다. 그 안에서 그리스도인은 먹고 마시며 생존하고, 교육받아 성장하고, 서슬 퍼런 외부 공격에서 보호도 받는다. 다만 눈에 보이는 구조물만 있다고 집이 성립되지는 않는다. 단단한 기초가 놓이고 그 기초에 걸맞은 구조물이 세워져야 누구도 흔들 수 없는 좋은 집이 된다. 그 깊고 넓은 기초를 '계시'(메시지)라고 한다면, 그 기초의 설계도를 누구나 볼 수 있게 완성시킨 최초이자 가장 중요한 설계사가 '아우구스티누스'다.

그런데 문제가 있다. 설계도가 완성되기도 전에, 성미 급한 건축사가 눈대중으로 구조물을 올려 버린 것이다. 자기 딴에는 가장 좋다고 생각한 방식이었지만, 정작 구조물은 기초에 딱 들어맞지 않고 엇나가 있다. 그러다 보니 구조물의 균형이 흔들리고, 엇나간 부분으로 웃풍이 세게 들어온다. 게다가 자신이 좋다고 생각한 방식의 인테리어와 장식들이 이 집의 무게중심을 흔들어 더 뒤틀리게 만든다. 이 건축사가 다름 아닌 '콘스탄티누스'다.

'마르틴 루터'는 훗날 그렇게 지어진 집의 문제를 진단하고, 이것이 기초에 대한 문제임을 확신한다. 그리고 다시 한 번 설계도를 확인하며, 이미 세워진 구조물의 형태를 리모델링하고, 구조물의 골격 역시 기초에 맞게 조정하려 한다. 다만 이 둘을 동시에 감당하기는 버거웠던 것 같다. 즉 아직 '공사'는 끝나지 않았다. 아니, 아무리 잘 지은 집이라도 시간이 흐르면 지속적인 보수 공사가 필요하다. 이 보수 공사는 그 뒤를 따르는 기독교인들의 몫이다. 기독교는 늘 개혁적이어야 한다.

축의 시대

'축의 시대'(Axial Age)는 독일 철학자 칼 야스퍼스(Karl Jaspers)가 처음 언급한 단어로, BC 8세기부터 BC 3세기까지 동서양을 막론하고 세계의 주요 종교와 철학이 탄생한, 인류사에서 가장 경이로운 시기를 일컫는 말이다.

BC 9세기 무렵, 종교사적으로 최초의 고등 종교라 일컬어지는 조로아스터교가 중동 페르시아 지역에서 시작됨을 필두로, BC 6-3세기에 동양에서는 중국의 춘추 전국 시대와 함께 공자, 노자, 묵자 등 제자백가라 불리는 수많은 철학적, 종교적 사상가가 한꺼번에 출현하였으며, 인도에서는 진리에 대한 고타마 싯다르타의 깨우침을 바탕으로 불교와 우파니샤드와 같은 철학적, 종교적 사상이 등장했다. 이 당시 서양의 그리스에서는 소크라테스, 플라톤, 아리스토텔레스로 이어지는 이른바 서양 철학이 만개했고, 같은 시대에 페르시아에서 해방되어 팔레스타인으로 돌아온 유대인을 통해 여호와 신앙이 하나의 정립된 종교로 탄생하였다(3장 '주어진 때와 기록된 때가 다르다_ 구약 정경 형성사' 참조). 서로 교류가 없던 동서양에서 동시다발적으로 엄청난 사유의 혁명이 일어난 것이다. 이는 마치 가열된 물이 100도에 이르러서야 갑자기 끓어 넘치는 것처럼, 문명의 발달과 함께 이루어진 지식들이 축적되다가 이 시기에 빅뱅처럼 폭발하였다고 볼 수 있다. 그전까지는 현실의 것에만 집중하다 그제야 비로소 현실 너머의 것, 즉 진리에 대한 탐구와 정립으로 나아간 것이다. 바로 이 시기에 형성된 종교가 여전히 절대다수를 차지하고 있고, 서양 철학이 플라톤의 각주라고 공공연하게 이야기되는 것에서 알 수 있듯, 철학 역시 이때 정립된 데에서 크게 벗어나지 못했다. 이처럼 인류는 이 시대의 통찰을 넘어선 적이 없다.

축의 시대를 통해 등장한 진리 추구 방법은 크게 세 가지로 분류할 수 있다.

첫째, '계시'다. 우주 만물의 진리를 알고 있는 초월적 신이 인간에게 직접 진리를 알려 주는 것이다. 즉, 종교 이야기다. 물론 모든 종교와, 그 종교의 신들 이야기는 아니고, 특별히 유일신(혹은 그에 준하는 소수의 신)을 말하는 종교, 한마디로 아브라함 계열의 종교(유대교, 기독교, 이슬람교) 이야기다. 이러한 계시 의존적 관점을 가리켜 흔히 히브리인(유대인)의 사상, 즉 '헤브라이즘'이라 부른다.

둘째, '이성'이다. 이번에는 신이 아니라 '인간'이 진리 추구의 주체다. 인간이 자신들의 가장 큰 무기인 이성을 통해 진리에 접근하려 한 방식이라 할 수 있다. 이러한 이성 의존적 관점을 헬라인(그리스인)의 사상이라 하고, 헤브라이즘과 대조하여 '헬레니즘'이라고 부른다. 우리가 흔히 떠올리는 서양 철학이 바로 헬레니즘의 대표 주자다. 현대에는 '과학'이 그 대표 주자가 된 듯하나 상관없다. 결국 인간의 이성을 통해 진리를 추구하고 이해하려는 시도인 것은 마찬가지다.

셋째, '영성'이다. 이 역시 주체는 '인간'이다. 다만 외부 세계가 아닌, 내면세계를 성찰하여 진리를 깨닫고자 한다. 때문에 철학과 같은 학문이 아니라, 수도를 통해 진리를 깨우치려 한다. 눈치 챘겠지만 이는 주로 중국과 인도, 즉 동양 문화권의 방법론이다.

축의 시대는 BC 2세기쯤 마무리된다. 승자가 결정되었기 때문이다. 고대 '종교'들을 누르고 결국 인간 이성이 강조되는 '철학'이 승리했다. 물론 계시를 통한 추구는 유대인들을 통해 존속했다. 그러나 그들은 팔레스타인 땅에만 머무는 아무 영향력 없는 민족이었다. 그렇게 인간의 이성을 통한 진리 추구 방법들이 만개하고, 그것만이 유일한 방법이 된다. 그런데 바로 이때 예수께서 도래하셨다. 마치 그것은 틀렸고, 제3의 방법이 있다는 듯이 갑작스레 나타나신 것이다.

분명 재미없지만 알면 유익한
서양 고대 철학 이야기

헬레니즘의 토대는 '이성'이고, 이성을 통해 진리를 추구하는 학문 방법론이자 수단을 통칭하여 '철학'이라 부를 수 있다. 이러한 철학적 사유를 열어젖힌 가장 대표적 인물이 다름 아닌 '소크라테스'(Socrates, BC 470?-BC 399)다. 그가 유명한 이유는 뭔가 엄청난 사상 체계를 남겨서가 아니라, 이처럼 이성을 중심으로 하는 철학 방법론의 문을 열었기 때문이다.

그 뒤를 이어 사상적 체계라는 결과물을 이루어 낸 사람이 바로 그의 제자 '플라톤'이다. 플라톤의 주장을 이해하도록 돕는 우화가 있다. 플라톤 본인이 그의 역작 「국가론」에서 언급한 일명 '동굴의 우화'다. 지하 동굴에 속박된 죄수가 있다. 그는 태어날 때부터 그곳에 결박된 채 살고 있고, 오직 동굴의 벽만 볼 수 있다. 죄수 뒤에는 횃불이 타오르고 있고, 죄수는 평생 횃불에 비친 자기 그림자만 보고 산다는 우화다. 동굴은 우리네 세상을 의미하며, 우리가 바로 그 죄수다. 우리가 보는 것은 실체가 아니라 그림자로, 고작 그림자일 뿐인 그것을 실제라고 인식하고 믿으며 살아가고 있다는 것이다. 때문에 고정관념을 박살 내고, 짝퉁을 진짜라고 믿는 데서 벗어나 '진품'을 향해 나아가자는 것이다. 플라톤은 그 진품을 일명 '이데아'(Idea)라 하고, 짝퉁을 박살 내고 진짜로 나아가기 위한 무기이자 방법을 '이성'이라고 이야기한다. 결국 눈에 보이지 않는 세계에 대한 이야기이며, 이성으로 그것을 추구해야 한다는 이야기다.

그런데 플라톤의 제자 '아리스토텔레스'(Aristoteles, BC 384-BC 322)는 스승과 사뭇 다른 주장을 펼친다. 눈에 보이지 않는 것이 아닌, '눈에 보이는 것'을 토대로 훨씬 현실적인 철학을 시도한 것이다. 그래서 '보이는 것'(형상)과 '보이는 것의 원인이 되는 것'(질료)으로 나누어 연구하고 범주화한다. 이 정도면 눈치 빠른 사람은 알아차렸을 것이다. 가만 보니 우리 시대의 진리 탐구 방법인 '과학'의 방식과 비슷하다. 그래서 혹자는 아리스토텔레스를 과학(철학)의 시조로 보기도 한다.

그렇다면 로마를 지배하던 철학 사조는 무엇이었을까? 바로 '플라톤'의 것이었다. 당시는 아직 눈에 보이지 않는 것, 즉 종교적 관심이 다분한 시대였다. 그리고 이 플라톤의 사상 체계, 즉 플라톤주의는 더 종교적으로 보이는 일명 '신플라톤주의'를 탄생시키기도 한다. 간단히 말해 신플라톤주의는 플라톤의 철학을 기반으로 하는 일종의 '종교' 같은 사조라 할 수 있다.

참고 도서 및 추천 도서

- 강영안, 「철학자의 신학 수업」, 복있는사람 펴냄, 2021
- 김경현, 「콘스탄티누스 황제와 기독교」, 세창출판사 펴냄, 2017
- 최종원, 「초대 교회사 다시 읽기」, 홍성사 펴냄, 2018
- _____, 「중세 교회사 다시 읽기」, 홍성사 펴냄, 2020
- 최주훈, 「루터의 재발견」, 복있는사람 펴냄, 2017
- 로드니 스타크, 「기독교 승리의 발자취」, 새물결플러스 역간, 2020
- _____, 「기독교의 발흥」, 좋은씨앗 역간, 2016
- _____, 「우리는 종교 개혁을 오해했다」, 헤르몬 역간, 2018
- 알렌 크라이더, 「회심의 변질」, 대장간 역간, 2012
- 제임스 스미스, 「아우구스티누스와 함께 떠나는 여정」, 비아토르 역간, 2020
- 조지 바나, 프랭크 바이올라, 「이교에 물든 기독교」, 대장간 역간, 2011
- 헤르만 셀더르하위스, 「루터, 루터를 말하다」, 세움북스 역간, 2016

6장

하나님을 '믿는다'고 말하는 사람들

세 종교 이야기

기독교 신앙의 대상은 누구인가? '하나님'이다. 하지만 아이러니하게도 하나님을 믿는다고 주장하는 종교는 우리(개신교)만이 아니다. 유대교, 이슬람교, 가톨릭교에서도 '하나님'을 믿는다고 말한다. 이 장에서는 우리에게 친숙하기도 한 이 세 종교를 다루고자 한다. 설명을 듣기도 전에 '가톨릭교가 다른 종교야?', '이슬람교가 왜 여기 포함되지?'라는 의구심이 들겠지만, 한국말은 끝까지 들어 보자.

설명을 시작하려니 문득 영화 제목 하나가 떠오른다. 〈좋은 놈, 나쁜 놈, 이상한 놈〉. 각 종교의 실제 정체성과 별개로 개신교인에게는 이 세 종교에 대해 이런 이미지가 연계된다. 유대교는 좋은 놈, 이슬람교는 나쁜 놈, 가톨릭교는 이상한 놈.

(개신교 관점에서) 세 종교를 이렇게 비유해 보는 건 어떨까? 동일한 한 여성에 대해 각기 다른 세 사람이 설명한다. 먼저, 유대교는 마치 결혼한 후 여성이 남편의 성을 따르는 문화에서 결혼 이전의 성으로 여성을 부르는 느낌이다. 그래서 그 여성을 만나려면 결혼 이전의 집으로 찾아가야 한다. 이슬람교는 분명 주민등록증상 같은 사람을 이야기하는 것 같은데, 그 사람과 얽힌 공동의 추억을 이야기하다 보니 뭔가 이상하다. 같은 장면에서 자꾸 다른

이야기를 한다. 서로의 추억이 구도만 비슷할 뿐 매우 다르다 보니, 결론적으로 이름만 같은 다른 사람을 이야기하나 보다 하고 결론짓는다. 마지막 가톨릭교는 이야기할수록 같은 사람이 맞는 것 같다. 그런데 이름이 아니라 자꾸만 그 여성의 '직함'으로 부르는 느낌이랄까? 'OOO'라고 이름을 부르는 사람과, '과장님'이라고 부르는 사람은 관계 면에서 분명 간극이 있다. 그러다 집이 아니라 회사로 찾아갈 수도 있다. 그리고 결재가 떨어져야 만날 수 있을 것만 같은 느낌적인 느낌이다.

가톨릭교

먼저 가톨릭교에 대해 이야기해 보자. 많은 개신교인이 가톨릭교를 '이상한 놈'(?)이라고 여기며 다르다고 생각하지만, 사실 이는 그리 간단한 문제가 아니다. 뭔가 이상한데 설명하기 어려울 때는, 이해관계가 얽히지 않은 외부자의 도움을 받아 보는 것도 나쁘지 않다.

외부 시각으로 보면 '기독교'는 하나다. 그 안에서 구교(舊敎)와 신교(新敎), 즉 '가톨릭교'와 '개신교'로 구분될 뿐, 결국 하나의 종교인 것이다. 둘이 열나게 싸우더라도, 외부에서 볼 때는 같은 녀석들이다. 둘 다 그저 기독(基督), 즉 '그리스도'를 통한 구원을 설파하는 종교로 보이기에 그렇다.

그렇다면 외부인들의 시각이 틀린 것인가? 아니다. 실제로도 그러하다. 둘 다 오직 예수 그리스도를 통해서만 구원받을 수 있다고 주장한다. 또한 이 맥락에서 고백되는 '사도신경' 역시 양 진영 모두 공교회적으로 사용한다. 즉 믿는 바가 크게 다르지 않다고 말할 수 있다.

자, 여기서 '가톨릭'이라는 단어의 의미를 잠깐 확인하고 넘어가자. 가톨릭(Catholic)은 본래 헬라어에서 비롯된 표현으로, 이를 번역하면 '보편적인'이라는 의미다. 즉 하나의 보편적인 믿음을 고백하는, '단 하나의 교회'를 의미하는 용어로 무려 110년부터 사용되기 시작했다. 간단하게 이단과 다른 정통 믿음을 추구하는 하나의 '교회'라고 생각하면 편하다. 물론 우리가 믿는 바가 무엇인지에 대해서는 수많은 논쟁과 다툼이 있었지만, 일명 '교리'가 거의 최종으로 합의된 칼케돈 회의(451년) 이후로 우리가 믿는 바는 달라지지 않았다.

> **● 동서 교회의 분열**
>
> 1054년, 콘스탄티노플을 수도로 하는 동로마 제국이 기반이던 동방 교회는 로마를 기반으로 하는 서방 교회와 결별한다. 그들이 결별한 표면적인 이유는 교리적 문제(필리오케 논쟁으로, 삼위일체 교리에 관한 문제)였다. 그런데 이를 촉발시킨 원초적 이유는 '번역 문제'라고 말할 수 있다. 즉 우리나라로 기독교가 들어올 때 신의 이름을 '하느님'과 '하나님' 둘 중 무엇으로 번역해야 하는가 정도의 문제였던 것이다.
>
> 이 단순한 문제가 교회의 분열로까지 이어진 데서 우리는 예전부터 분열하려고 내심 바라고 있던 찰나에 이 문제가 제기되었고, '옳다구나' 하고 꼬투리를 잡아 상호 파문한 것뿐임을 알 수 있다. 즉 동방과 서방은 이미 정치적으로 결별한 상태였다. 그 후 동방 교회는 스스로 '정통'(Orthodox)이라 불렀고, 이를 우리는 '동방 정교회'라 한다.
>
> 수백 년 후 다시 합치려고 만났으나 그게 어디 쉽겠나? 각자 반장, 부반장, 줄반장까지 다 뽑아 놨는데…….

다만 시대의 흐름에 따라 교회가 입는 옷의 색깔이나 모양이 바뀔 수밖에 없었다. 이렇듯 패션이 발전하면서 언제부터인가 더 멋을 내기 위해 화장도 시작했는데, 이것이 문제였다. 나중에는 이 화장이 분장 수준이 되었나 보다.

결국 참다못해 일련의 종교 개혁자들이 등장한다. 이들을 통칭 '프로테스탄트'라고 불렀다. 그 의미인즉슨 '항의자들'이었고, 이것이 훗날 개신교를 뜻하는 용어가 된다. 실제 '프로테스탄트'라는 말은 세상 물정 모르는 애송이들을 비웃는 용어였다. 그런데 이 애송이들은 기본적으로 빙빙 돌려 말하지 않는다. 거침이 없다. 오해하지는 말자. 모든 것에 대한 부정이 아니라, 잘못에 대한 항의였을 뿐이다. 종교 개혁의 시발점인 마르틴 루터의 생애와 저술을 통해 확인되는 바로, 그는 자신의 싸가지 없는 말이 종교 개혁의 시발점이 될 줄 몰랐고, 이로 인해 가톨릭교와 단절하게 되리라고는 상상도 하지 않았다.

그러나 이미 일은 벌어졌다. 당시 어르신들 보기에 이 자식들은 말하는 내용도 못마땅하지만, 말하는 본새도 무척 버릇이 없다. 그래서 듣기는커녕 치킨 게임을 하기로 결정한다. "묻고 더블로 가!"라며 더 세게 윽박지르기로. 그래서 이렇게 외친다. "그래! 너, 이단!"

몇 십 년 전에도 이런 식으로 이른바 싸가지 없는 녀석들을 다스린 적이 있기에 또다시 이 카드를 꺼내는 것이 어렵지 않았다. 그런데 싸늘하다. 이번에는 뭔가 심상치 않다. 이 시대에 일어난 종교 개혁은 과거처럼 단순히 '종교'만의 이야기가 아니라, 교황에게 불만을 품고 그 영향력에서 독립하고 싶어 하는 세속 군주들이 함께 움직인 '정치' 이야기가 동반된 것이기 때문이다.

4장에서 다루었듯 종교 개혁은 '성경 해석'의 문제로 인해 촉발되었다. 기존에 교회가 해석해 주던 것을 백지화하고 원어로 다시 성경을 보니, 그동안의 해석은 '화장' 수준이 아니라 '분장'이라고 판단한 것이다. 그래서 항의하기 시작했다. 항의 내용을 정말 간단하게 언급하자면 하나는 '분장 문제', 즉 전통 문제이고, 또 다른 하나는 '렌즈 문제', 즉 구원 문제라고 할 수 있겠다.

우선 '분장 문제'를 보자. 편의와 아름다움을 위해 화장을 시작했는데, 덧칠이 지나치게 많아지면서 본 모습을 알아보기 힘들 정도가 되었다. 여기서 화장은 이른바 '전통'을 뜻하는데, 이 전통들이 시대를 거듭하며 하나둘 생겨나다 보니 덧붙인 것이 많아진 것이다. 덧붙인 것을 무조건 부정할 수는 없다. 성경은 그대로지만 문명이 발달하면서 사람들의 세계관이 바뀌기에 그에 걸맞은 옷을 입은 것이고, 이를 '전통'이라고 말할 수 있기에 그렇다. 즉 잘 쌓인 전통은 성경을 더 바르고 쉽게 해석하는, 통역사 같은 역할을 한다. 선배들이 쌓아 온 수고를 통해 오늘 나는 더 쉽고 빨리 그 수준에 도달할 수 있는 것이다. 그런데 알지 않는가? 때론 잘못된 통역과 번역으로 전쟁이 나기도 한다는 것을.

덧칠된 화장을 중간에 한 번씩 지우고 본 얼굴을 확인하며 다시 칠해야 하는데 그러질 못했다. 쉼표가 없었기 때문이다. 이단 논쟁이 심할 때는 본질이 무엇인지 심도 있게 고민하며 투쟁했는데, 통일된 하나의 '보편' 교회가 되자 더는 피곤하게 살지 않아도 되었던 것이다. 그렇게 1,000년 넘게 흘러오면서 끊임없이 덧칠이 이루어졌고, 항의자들은 더 이상 맨 얼굴이 보이지 않는다고, 그래서 현재 가톨릭교의 부패와 몰락이 찾아온 것이라고 여겼다. 이러한 분장 문제의 대표적인 예가 '연옥' 교리다.

● 연옥 교리는 개신교 정경 목록에는 없는 마카베오하서에 수록된 '죽은 자를 위한 기도'(12:41-45)에서 그 근거를 찾는다. 쉽게 비유하면 연옥은 세탁소 같은 느낌이다. 예수를 믿어 그 은혜로 말미암아 원죄를 사함받고 구원 안에 있는 자도, 살면서 저지른 악행의 대가를 치러야 한다. 때문에 극소수의 성인을 제외하고는 누구나 연옥을 거쳐야 하며, 자신이 저지른 과오에 대해 형벌을 치르는 시간을 보내야 천국에 들어갈 수 있다. 가만 보면 예수만 믿으면 구원받는다는, 즉 정의가 상실된 듯한 주장을, 그리고 구원 이후에도 지속되는 신자들의 악의 문제를 충분히 해소해 주는 꽤 괜찮은 관점처럼 보인다.
그러나 백번 양보해서 마카베오서의 정경성을 인정한다 하더라도, 연옥 교리의 성경적 근거는 빈약하다. 이 점은 역사적으로도 확인된다. 연옥 개념은 주요 교리가 정립된 기독교 초기에는 존재하지 않았고 11세기부터 사용된 것이며, 13세기에 이르러서야 서방 교회, 즉 로마 가톨릭교에서만 정식 교리로 차용하였다. 이렇듯 연옥 교리는 그 논리적 정합성과 별개로 성경을 기반으로 한다고 말할 수는 없다. 또한 현실적으로도 큰 문제를 일으킨 결과적 전례가 있기에 성경적이라고 말하기가 더욱 어렵다. 이미 죽어 연옥에서 고통당하는 가족을 위한 '면벌부'가 돈을 받고 발행되어 문제가 생긴 이력 말이다. 그래서 현재는 가톨릭교 내부에서도 도전받는 교리다. 때문에 더 이상 주목받지 못하는 부속 교리인 것이다.

또 다른 문제는 '렌즈 문제'다. 개신교인들이 가톨릭교에 대해 가장 크게 반발하는 이유는 아마도 가톨릭교에서는 믿음이 아니라 '행위', 즉 공로로 구원받는다고 알고 있어서다. 맞지만, 틀렸다. 다시 말하지만, 가톨릭교는 행위가 아닌 그리스도를 통한 구원, 즉 그리스도 중심성에서 벗어나지 않는다. 그런데 왜 이렇게 다르게 느껴질까? 그것이 바로 '렌즈의 문제'다.

구원의 의미를 설명할 때 가장 많이 사용되는 두 단어가 있다. 우선 '칭의'

다. '이신칭의'라고도 하는데, 풀어 설명하면 '(그리스도를) 믿음으로 인해 (은혜로) 의롭다 칭함을 얻게 되는 것'이다. 인간은 아무것도 한 것이 없다. 단지 '믿음'으로 수용할 때, 하나님이 구원을 이루신다. 여기서 마치 동전의 양면처럼, 구원의 앞면이 되는 '칭의'와 짝을 이루는 개념이 있는데, 구원의 뒷면을 담당하는 '성화'가 바로 그것이다. 이는 '(성령의 인도 아래) 거룩하게 변화되어 간다'는 개념이다. '칭의'가 단회적이고, 인간 입장에서 보면 수동적이며, 확인 불가능한 지극히 신비로운 영적 신분 전환 개념이라면, '성화'는 지속적이고, 인간의 능동성이 가미되며, 현실에서 이루어지는 삶의 변화다.

그런데 종교 개혁을 촉발시킨 루터에서 제창된 개신교는 구원의 앞면인 칭의에 중심을 두었다. 여기에서 출발하고 여기에 비중을 둔다. 성경이 칭의를 중요하게 여기기 때문이기도 하지만, 동시에 가톨릭교회의 문제에 대한 반발이기도 했다. 그렇다면 추측할 수 있듯 가톨릭교는 성화에 중심을 두고 있었던 것이다. 물론 종교 개혁자들이 성화를 모르거나 무시한 것은 아니다. 그 역시 성경적이기 때문이다. 다만 가톨릭교에서 말하는 성화 방식을 거부했다. 가톨릭교에서 말하는 성화의 현실성은 '성령의 전'이라 불리는 교회에 소속되어, 성령의 통로가 되는 사제들을 통해 베풀어지는 '성례', 즉 성화를 돕는 예식에 참여함으로 이루어지는 개념이었다. 즉 성화는 교회에 참여하여 교회 방식대로 따라올 때에만 이루어지고, 이에 적극 참여할 때 그 사람이 칭의를 받는 자, 즉 '의로운 자'가 되어 구원 안에 있음을 확인할 수 있다. 교회, 그리고 사제를 통한 성례를 거부한다면, 그는 칭의를 논할 자격 자체가 없는 자인 것이다.

그런데 시간이 흐르다 보니 문제가 생겼다. 뭔가 영적 영역으로 보이는 칭의보다는, 현실적이고 검증 가능한 성화로 관심의 중심이 옮겨지게 되었다. 그래서 '참여해야 구원이다!'라는 행위 중심적인 구원으로 해석될 수밖에 없는 자충수에 걸린 것이다. 또한 그것을 대리하는 교회와 사제의 권위와 권한이 강력해지면서 사제주의로 빠져 버리자, 자연스레 부패가 따라올 수밖에 없었다. 결국 이 구도가 뭔가 잘못되었다며 괴로워하던 마르틴 루터는 "오직 의인은 믿음으로 말미암아 살리라"(로마서 1장 17절, 개역개정)라는 로마서 말씀 앞에서 자유를 맛보며, 성화 의존적 구도에서 탈피하여 칭의 개념을 수면 위로 끌어올렸다. 그러나 당시 가톨릭교는 이미 공고해진 체계와 권위를 버릴 수 없었기에 이를 무시했다.

그렇다면 과연 가톨릭교와 개신교는 다시 하나가 될 수 있을까? 사실 나도 궁금하다. 조금 위험한 발언이겠지만, 이론적으로는 대화와 조정을 통해 하나 될 수 있는 가능성도 있어 보인다. 그러나 현실적으로는 하나가 되기에 너무 멀리 와 버린 것 같다.

가톨릭교에서 교회 역사와 전통이라는 명목으로 덧붙인 것들 가운데는 개신교에서 수용하기 어려운 것들이 꽤 있다. 그렇기 때문에 본 모습을 보지 못하게 가려 버리는 것들의 문제가 해결되지 않는 한, 하나 되기는 어렵다. 그 덧붙인 것이 매우 무겁고 두꺼워서, 이론적이든 현실적이든 그리스도 중심성이 무너질 수밖에 없는 상황이 버젓이 보이기 때문이다. 물론 반대 경우도 마찬가지다. 가톨릭교에서 보기에는 개신교가 단순히 자신들을 등졌기 때문만이 아니라, 검증 불가능한 실체 없는 '믿음'만 강조하고, 성경에 버젓이 기록된 교회의 의미가 없어 보이기에 가까이하기가 어렵다. 가톨릭교와 개신교의 관계는 뭐라 딱 잘라 설명할 수 없을 정도로 참 오묘한 구도임이 분명하다.

오해 1

가톨릭교는 마리아를 숭배한다?

'가톨릭'의 뜻이 '보편적'이라고 하지 않았는가? 그런데 이 보편성은 장소만 해당되는 것이 아니라 시간도 해당된다. 즉 전 세계 교회가 하나라는 것뿐 아니라 과거의 교회, 과거의 그리스도인과도 영적으로 연결되어 있다는 의미다. 그래서 가톨릭교에서는 이미 사망한 과거의 성인(Saint)들과 현재의 신자들이 연결되어 있다고 믿는다. 그에 따라 성인들의 신앙적 공로를 통해 기도하는 문화가 생성되었다. 나와 연대된 성인들이 일종의 메신저 역할을 하며, 동시에 하늘에서 함께 기도하는 것이다. 개신교인들 눈에는 굉장히 낯설고, 심지어 '숭배'로까지 보인다. 그러나 시간 개념을 생각해 본다면 그 주장이 무의미하지는 않기에, 부정적으로만 볼 필요는 없어 보인다.

여기서의 쟁점은 이 개념의 확장 아래 '성모 마리아'의 의의가 존재한다는 점이다. 마리아의 위치는 '하나님의 어머니'다. 이 역시 굉장히 이상할 수 있으나, 이는 개신교의 신앙 고백과도 다르지 않다. 간단하다. 예수께서 '하나님'이라면, 그분을 낳은 마리아는 '하나님의 어머니'라고 보는 게 맞다. 그렇다면 가장 독특하고 우월한 이 성인을 통해, 그리고 이 성인과 하나 됨을 통해 우리의 기도는 더 잘 전달될 수 있다. 그래서 성모 마리아에 대한 가톨릭교의 시각은 성인에 대한 존경을 넘어선다. '흠숭'(欽崇)이라 부르는 특별한 시각을 주장하는 것이다. 그리고 개신교인들은 이것을 마치 성모 마리아에게 절하고 우상 숭배하는 것으로 오해한다.

그러나 오해는 말자. 최소한 교리적 의미에서라면, 가톨릭교 역시 구원은 오직 그리스도의 은혜로만 가능하다. 마리아는 성인과의 연합 맥락에서 가장 존중받는 자이지, 숭배 대상은 아니다. 물론 실제로 숭배적 의미를 품고 접근하는 신자도 있을 수 있겠지만, 이처럼 믿는 이의 주관적 해석으로 인해 초점이 흐려지는 현상의 문제는 개신교 안에도 충분히 많다. 성경적 해석의 문제에 대해서는 가열하게 다름과 틀림을 주장하되, 어떠한 현상을 무조건 폄하할 필요는 없다.

　이처럼 가톨릭교는 인간의 종교성을 굉장히 많은 부분 반영한다. 그래서 더 합리적이고 더 친숙할 수 있지만, 그것들이 본질을 가리는 경향도 많다. 인간이란 존재는 이렇게 좋은 의도로 만들어진 전통을 나쁘게 받아들일 가능성이 매우 크다. 반면 개신교는 본질을 가렸다고 판단되는 것은 다 거세해 버렸기에, 매우 심심하거나 빈약해 보일 때가 많다. '전통'은 다른 의미에서 인간에게 '풍성함'을 담보하는 것이기도 하기 때문이다.

오해 2

교황(교종)은 무오하다?

"이 반석 위에 내 교회를 세우리니"(마태복음 16장 18절). 예수를 향해 최초로 하나님의 아들이라고 고백한 베드로에게 예수께서 하신 말씀이다. 개신교는 교회가 세워진다는 이 "반석"을 '신앙 고백', 즉 '믿음'으로 해석하지만, 그 이전부터 교회는 이 말씀을 '베드로' 개인 위에 내려진 권능으로 해석해 왔다. 그래서 초기 기독 교회는 예수께서 지상 교회의 우두머리로 베드로를 세우셨다고 여기고, 그 후계자들로 소명을 계승하게 했다. 이리하여 교황 제도가 탄생했다.

문법적으로나 직관적으로 볼 때 이 구절에 대한 가톨릭교의 해석이 틀렸다고만 볼 수는 없다. 또한 종교 개혁 이전에 1,000년 넘게 존중되어 온 해석을 무작정 무시하기는 어렵다. 물론 베드로는 자신을 향해 '교황'이라는 칭호를 사용한 적이 없다. 그렇다면 '교황'은 어떻게 탄생하였고, 베드로는 왜 초대 '교황'으로 불리는가?

교회 탄생 후 한두 세기가 지나고 나서 교회는 자신들이 믿는 바, 즉 교리를 정리하기도 전에 다양한 민족이 쏟아져 들어오자 여러 면에 혼란을 겪었다. 때문에 교회 지도자들은 '로마'의 주교좌에 우선성과 우월성을 부여하기 시작했다. 단순히 정치적 목적만은 아니었다. 이미 초대 교회는 예수의 직계 제자들, 즉 '사도직'에 대한 특별성과 우월성을 지지하고 있었고, 그 사도성이 그들로 끝나는 것이 아니라 그들의 후예, 즉 '주교'를 통해 이어진다고 여겼다. 그래서 소급하여 사도들의 대표인 베드로를 1대 교황으로 지칭하였고, 주교 연합체가 사도성을 지속한다고 여겼다. 그렇게 교회는 정치적, 교리적 통일을 이루어 믿음의 유산을 지켜 낼 수 있었다.

그러나 시간이 흐르면서 '교황제'는 도리어 교회의 역동성과 자율성을 제한

하는 장치로 작용하였고, 중세기를 거치며 타락의 상징이 되어 버렸다. 이를 깨고 나온 종교 개혁자들은 교황제의 문제, 즉 우상화와 전제주의적 체제에 대한 반발로 모든 권위를 '성경'에 두었다. 그러나 감내해야 하는 부작용이 있었다. 바로 통일성이 깨져 버린 것이다. 그래서 현재의 개신 교회는 지나친 분열 앞에 늘 어려움을 겪는다.

오해를 넘어서자. 단언컨대 가톨릭교회는 교황을 예수의 권위와 동일선상에 놓지 않는다. 심지어 교황이 무오하다고 주장하지도 않는다. 그리고 사실 교황에게는 단독적 권위가 없다. 베드로가 수위권을 지녔지만, 진정한 사도성은 사도단, 즉 12제자단에 있었던 것처럼, 현재의 교황도 마찬가지다. 그는 주교단의 대표일 뿐이다. 주어진 장소와 때에 신앙이나 신앙적 윤리 문제에 대해서만, 그것도 주교단의 동의가 있을 때에만 비로소 신적 권위가 실린 '무류성'(오류가 없다)이 주어진다. 현재 교황은 우리가 생각하는 만큼 큰 권력이 없다.

그럼에도 눈에 보이는 교황이라는 존재와, 은혜의 통로가 되는 사제들의 존재는 하나님이 아닌 '사제'에게 의존하고자 하는 인간의 심리적 욕구를 자극한다. 그런 당위성을 부여하지 않아도 '목사'라는 '역할'이 부여된 사람들에게 지나치게 의존하는 개신교의 모습을 보면 알지 않은가?

유대교

예수는 누구신가? "주는 그리스도요 살아 계신 하나님의 아들이시니이다"라는 고백이 나온다면 훌륭하겠지만, 질문의 의도에 맞는 답은 이것이다. 예수는 분명 '유대인'이셨다. 성경은 그분이 유대인이시라는 사실을 감추지 않고, 오히려 유대인의 맥락에서 예수가 어떤 분인지를 드러낸다. 다른 민족 분류와 달리 '유대인'이라고 불리는 가장 중요한 기준은 혈통이나 언어가 아니라 '유대 신앙'이다. 우리가 일명 '유대교'라고 부르는 그것 말이다.

유대교는 크게 두 시기로 나뉜다. 70년 로마 제국에 의한 예루살렘 멸망, 더 구체적으로 말하면 '예루살렘 성전 파괴'를 기준으로 그 이전과 이후의 시기로 나뉜다. 앞 시기는 유대 신앙이 일명 '종교'라 불릴 수 있는 자격을 갖춘 에스라 이후부터 70년까지이며(3장 참조), 이 시기의 유대교를 일명 '고대 유대교'라 부른다. 이후 시기는 70년부터 지금까지이며, 이 시기의 유대교를 가리켜 '랍비 유대교'라 부른다. 그리고 고대 유대교에서 랍비 유대교로 넘어가는 전환기 즈음에, 유대교는 큰 결정을 내리게 된다. 당시 막 태동하던 '기독교'를 유대 신앙 내 하나의 분파로 여기던 것에서 '나사렛당'이라며 이단으로 규정한 것이다. 기독교 역시 이때부터 자연스레 유대교와 정서적으로 결별하여 서로 다른 종교라는 정체성을 갖게 된다. 이 말인즉슨 그전까지 기독교인들은 자신들을 유대교와 분리시켜 생각하지 않았다는 뜻이다.

전통적으로 유대 신앙에는 중요한 두 가지 요소가 있었다. '율법'과 '성전'이다. 이는 모세 때부터 인식되어 온 것으로, 그때부터 유대인들은 자신을 하나의 '민족'으로 여겼다. 그때 비로소 그들에게 '땅'이 생겼기 때문이다. '국가'라고 불릴 만한 모양새를 갖춘 것이다.

국가가 운영되려면 사람들만 있다고 되는 것이 아니라, 최소한의 룰이 필요하지 않은가? 바로 이때, 아니 거주할 땅이 생기기도 전에, 모세가 하나님께 법을 받는다. 그 법은 국가 운영 법률이지만 독특하게도 굉장히 종교적

유대 신앙의 두 기둥

이다. 우리는 그것을 '율법'이라고 한다. 유대인들이 만들어 낸 것이 아니라 하나님께 받은 법이다. 또한 이때 법과 함께 하나님께 받은 것이 있으니, 하나님이 그들과 함께하심을 눈으로 볼 수 있는 공간, 바로 '성막'이다. 그런데 이 성막이 훗날 변신한다. 본래 성막은 하나님이 제시하는 방향대로 이동하던 하나님 맞춤형, 일명 '바퀴 달린 집'이었는데, 다윗-솔로몬 시대에 이 성막을 수도 예루살렘에 쫭 박아 버린다. 그것이 '성전'이다. 좋은 의도였지만 결국 화려한 '신전'이라는 건물만 남기고, 정작 '성막'의 의미는 퇴색해 버린다.

이처럼 '율법'과 '성전'은 유대 신앙을 받치는 견고한 두 축이다. 그래서인지 유대인들에게 1순위 위인은 늘 모세다. 단순히 신앙의 위인을 넘어, 모세를 통해 유대인이 유대인다울 수 있는 가장 본질적인 두 가지, 율법과 성막이 주어졌기 때문이다. 그런데 유대인들은 자신들이 이 둘을 보유(?)하고 있다는 이유로 언제부터인가 자신들만이 하나님께 택함받은 '선민'(選民)이라는 의식을 갖는다. 이러한 선민의식은 그들을 지나치게 폐쇄적으로 만들었다. 하나님은 이스라엘의 시조 아브라함을 부르실 때 그 후손이 '열방에 복의 통로'가 되리라고 하셨는데, 그 말씀은 안드로메다로 날아가 버린 것이다.

부름받은 목적과 방향성을 상실한 채 안드로메다행을 고집하던 이스라엘(북이스라엘-남유다)은 훗날 결국 멸망한다. 부름받은 목적과 반대로 가니 존재할 이유가 없는 것이다. 더 정신을 차리지 못하고 하나님을 거부한 북이스라엘이 먼저 아시리아 제국에 멸망하고, 그 다음 남유다가 바빌로니아 제국에 멸망당한다. 이때 북이스라엘은 강제적 혼합 정책에 의해 민족성이 약화된 반면, 남유다는 이집트로 도망가거나 바빌로니아로 끌려가서 자기들끼리 살면서 그나마 민족성을 유지할 수 있었다. 그래서 훗날 바빌로니아를 멸망시킨 페르시아의 해방령이 떨어졌을 때, 남유다의 유민은 몇 차례에 걸쳐 고스란히 고향 땅으로 귀국할 수 있었다. 그리고 이들이 국가 재건의 주류였기에 그때부터 '유대인'이라는 말이 그 동네에 통용된다.

귀환한 남유다의 유민들이 가장 먼저 한 작업은 다시 '성전'을 짓는 것과, '율법'을 정리하는 것이었다. 다시 지은 성전은 비루했다. 가진 것이 없었으니까. 그러나 율법은 화려해졌다. 이 동네 저 동네 전해지다 보니 조금씩 달라진 것을 한데 모아 다 걸어 내고 엑기스를 잘 추려 문서로 정리하였다.

그렇게 페르시아 제국 통치 시기에 정체성을 지켜 가던 유대인들은 그 후 페르시아를 무너뜨린 알렉산드로스의 헬라 제국, 그리고 그 후예인 프톨레마이오스와 셀레우코스에 번갈아 통치를 받는다. 때문에 자연스레 '자유와 해방'을 열망하게 된다. 모세를 통해 이집트에서 해방된 것처럼, 여전히 종 된 상태로 지내는 자신들의 해방을 위해 하나님이 보내 주겠다고 하신 '메시아'를 고대하며 메시아사상에 젖는다. 하나님은 메시아를 여러 의미로 말씀하셨지만, 그들은 메시아를 신정 일치 사회를 이끌어 낼 '정치적 해방자'로 여겼다. 이는 피지배 민족으로서 겪는 설움을 위로하며 소망을 갖게 하는 기제이기도 했다.

그 와중에 새로 그 지역을 통치하게 된 셀레우코스 왕조가 이전과 달리 유대인의 신앙을 건드리고 훼파하자, 유대인들은 독립 전쟁을 일으킨다. 유대인들은 정체성의 상징인 예루살렘 성전을 수복하고 비로소 신앙적, 정치적 독립을 이루어 낸다. 이때 큰 역할을 담당한 부류가 바로 '하시딤'이라 불리는 '신앙적 경건주의자'들이었다. 이스라엘 독립 전쟁의 이유도 신앙이요, 그것을 이루어 낸 주축도 급진적 신앙인들이었기에, 이때부터 이스라엘은 예전에스라 시기보다 강력한 신정 일치 국가의 면모를 갖추게 된다.

하지만 기쁨도 잠시. 유대인들은 이전 어느 나라와 비교할 수 없을 만큼 강력한 로마 제국의 통치를 받게 된다. 이때의 이스라엘은 (복음서에도 등장하는) 5개 정파가 정치 사회적 지분을 차지하고 있었다. 소수지만 제사장권을 비롯한 종교 권력을 독식하고 있는 '사두개파', 하시딤의 후예이자 백성에게 존경받는 율법 교사 역할을 담당한 '바리새파', 종교 권력의 타락을 등지고 광야로 들어가 공동체 생활을 한 '에세네파', 로마로부터 정치적 독립을 꾀하며 무력 항쟁을 벌인 '열심당', 로마와 결탁하여 권력을 지향한 '헤롯당'이다. 이것이 로마가 이스라엘을 막 지배하던 시기의 정치적 혹은 신앙적 지형도다. 이중에서 주류는 유대 신앙의 수호자이자 전방위적 위치를 차지한 바리새파였고, 권력으로만 국한하면 사두개파가 주요 지분을 점유하고 있었다.

그런데 이때, 폭탄 하나가 떨어진다. 종교적, 정치적 불모지인 북쪽 갈릴리 지방의 나사렛 출신 예수가 그 주인공이다. 특히 바리새파가 사사건건 예수와 충돌한다. 예수의 출신지나 출신 성분도 문제였지만, 듣도 보도 못한 랍비가 기적을 일으키고 기존과 다른 접근의 율법 해석을 통해 사람들의 마음을 얻고 있으니 엄청나게 당혹스러웠다. 아니, 바리새파에게는 일종의 위협이었다. 나아가 '율법'이라는 자신들의 신앙 한 축을 무시하는 것 같았고, 심지어 또 다른 한 축인 예루살렘 '성전'마저 무시하는 듯한 뉘앙스도 느껴졌다. 물론 예수의 가르침이 모든 바리새파에게 혐오감으로 다가오지는 않았다. 신선해하며 동의하는 이들도 더러 있었다. 그러나 그마저도 사람들이 예수를 '메시아'로 추종하자 이야기가 달라졌다. 정치적 유불리를 떠나, 바리새파의 소망을 지탱하는 메시아는 적어도 그런 모습이 아니었기 때문이다.

바리새파는 예수를 받아들일 수 없었다. 정치적 입지를 넘어, 기존의 신앙 개념을 전복해야 했기 때문이다. 그렇다면 박해하는 수밖에. 그렇게 예수는 죽는다. 예수께서 부활했다고 말하며 그분의 유산을 전하는 예수의 제자들과 그들을 따르는 무리가 있었으나 우두머리가 사라졌기에 바리새파는 큰 의미를 두지 않았다.

    시간이 흐르자 로마 제국은 점차 유대인의 독특성을 인정하지 않는다. 그럴 만한 이유가 있었다. 놀랍게도 당시 로마 제국에서 유대인의 비율은 전체 인구의 10분의 1가량이었다. 인구의 10분의 1이 특별대우를 받는다면 어느 제국이 제대로 운영되겠는가? 동시에 로마는 유능하지 않은 데다 심지어 부패하기까지 한 총독을 계속 유대 땅에 보내는 정치적 악수를 둔다. 결국 참지 못한 유대인들이 이에 반기를 든다. 66-73년에 걸쳐 일어난 '1차 유대-로마 전쟁'이다. 그러나 이 작은 민족이 어찌 제국인 로마의 벽을 넘을 수 있겠는가? 유대인들은 패배하여 엄청나게 많은 사람이 희생당하지만, 그보다 더 충격적인 일이 70년에 벌어진다. 예루살렘 성전이 파괴된 것이다. '고대 유대교'의 종말이다.

    그러나 여전히 다른 한 축은 남아 있었다. 바로 '율법'이다. 그때부터 율법이 유대 신앙과 민족을 지탱하는 '유일한 축'으로 기능한다. 게다가 유대-로마 전쟁을 치르면서 율법을 중심으로 뭉쳐 있던 바리새파만 살아남고 나머지 네 파벌은 사라지거나 해체된다.

    이런 상황이 되자 90년, 얌니아에서 랍비들이 주축이 되어 유대 재건 사업을 일으킨다. 물리적 재건이 아니라 '정체성'의 재건이다. 성전이 사라졌기에, 더 이상 제사는 드릴 수 없었다. 그래서 바빌로니아 포로기 때부터 성전의 대체재로 활용되던 '회당'에서 율법을 공람하고 나누는 모임으로 자연스레 탈바꿈하게 된다. 그리고 이를 주도하는 랍비는 자연스레 그 정체성 유지의 핵심이 된다. 물론 랍비는 그저 율법 교사일 뿐 제사장이 아니다. 이때 유대교의 경전이 최종 확립되고, 이후 유대교는 '랍비 유대교'로 존속한다.

    그렇게 깨지고도 정신을 차리지 못한 이 독특한 민족은 자신들의 특별함을 용인하지 않고 점점 옭아매 오던 로마를 향해 돈키호테처럼 또 돌격한다. 2차 유대-로마 전쟁(115-117년)을 거쳐 최종으로 132년에 3차 유대-로마 전쟁(132-135년)이 발발한다. 이때 대장군으로 전쟁을 주도한 인물이 '바르 코크

랍비 유대교

바'였기에 그의 이름을 따서 '바르 코크바의 난'이라고도 부른다. 재미있는 것은 바르 코크바가 당시 최고 랍비에게 공식적 메시아로 인정받고 전쟁에 나섰다는 점이다. 그만큼 그들의 메시아관은 정치적으로 편중되어 있었다.

그러나 슬픈 예감은 틀리지 않는다. 메시아로 인정받은 장군의 최후 전쟁이었으나 비참하게 패배했고, 메시아로 불리던 그 사나이가 결국 자결함으로 전쟁이 끝난다. 한편 더 이상 유대인들의 난동을 참을 수 없었던 로마는 전격적으로 이 민족을 소멸해 버리기로 결정한다. 이 전쟁 후, 유대인의 3분의 2가 죽거나 노예로 팔렸고, 예루살렘은 사람이 살 수 없는 곳으로 지도에서 지워졌으며, 그 땅은 유다가 아닌 '팔레스타인'으로 명명된다. 그리고 마지막으로 로마는 유대인들에게 그 땅에 거주하는 것을 금지한다고 선포한다. 그렇게 2차 디아스포라가 이루어진다.

이때부터 1,800여 년간, 즉 1945년 2차 세계 대전 종전 결과 '이스라엘'이라는 국가와 영토가 생길 때까지 유대인에게는 영토 없는 길고 긴 유민 생활이 시작된다.

> ● 유대인 디아스포라는 크게 세 지역으로 흩어진다. 중동 땅에 거주하게 된 이들은 '미즈라힘', 동유럽 라인강 지류로 이주한 이들은 '아슈케나짐', 뜬금없지만 스페인으로 이주한 이들은 '세파르딤'이라 불리며 명맥을 유지한다.

그러나 유대인들은 무너지지 않았다. 유대 신앙이 무너지지 않았기 때문이다. 그들은 늘 민족끼리 연대하며 모여 살았고, 회당을 중심으로 신앙과 공동체성을 지켜 냈다. 그들의 중심은 토라, 즉 율법이다. 토라는 시간이 흐르면서 내용이 조금씩 확장되어 우리가 잘 아는 '탈무드'로 귀결된다.

● 토라에는 '기록된 토라'와 '구전으로 전승된 토라'가 있는데, 구전으로 전승된 토라는 기록된 토라에 대한 적용이라고 볼 수 있다. 그리고 이 내용들을 요약 정리한 것이 '미쉬나'다. 그런데 이 미쉬나도 이해하기가 녹록치 않기에 또 다른 주석이 필요했다. 그렇게 탄생한 것이 미쉬나에 대한 주석 '게마라'다. 바로 이 미쉬나와 게마라의 합본으로 '탈무드'가 구성된다.
탈무드는 유대 신앙과 유대 교육과 유대 정신의 중심서가 되어 지금까지 이어져 왔다. 우리가 아는 탈무드는 그중 일부분으로, '이야기' 형식으로 된 부분만 발췌한 버전이다. 사실 탈무드는 굉장히 방대한 서적이다.

그렇다면 기독교는 유대교를 어떻게 바라봐야 할까? 우선 유대교는 구약 성경(기독교의 구약 성경과 내용은 같으나 분류법이 다르다)을 기반으로 여호와 신앙을 추구한다고 볼 수 있다. 다만 유대교에서 여호와를 신앙한다는 것의 핵심은 기독교에서 말하는 '믿음'이 아니라, 그분이 주신 신성한 법, 즉 '율법대로 사는 것'이다. 율법을 제대로 지키는 것이 매우 중요하기에, 이를 지키는 법을 설명한(혹은 모세 때부터 이미 주어졌다고 말하는) 구전 해석도 계시의 일환으로 여긴다. 그렇기 때문에 그들의 신앙은 전적으로 '현실적'이다. 사후 세계에 별로 관심이 없다. 사후 세계가 있다면 그것은 그저 현실의 연장선상일 뿐이다.

이처럼 유대교와 기독교는 신앙적 관점과 방식이 다르다. 그중에서도 가장 큰 차이는 '신앙의 대상'이 다르다는 것이다. 기독교는 그 이름처럼 '그리스도'를 믿는 신앙이다. '예수 그리스도', 즉 예수께서 메시아라는 사실, 그분의 대속으로 구원이 이루어진다는 것, 그리고 그 사실을 믿음으로 구원이 우리에게 임한다는 것을 믿는다. 이처럼 예수를 빼놓고 기독교는 존재할 수 없다. 반면 신앙적 방법론은 차치하더라도, 예수의 메시아 됨을 부정하는 것을 넘어 자신들 손으로 못 박은 예수를 결코 긍정적으로 인정할 수 없는 유대교는 그런 점에서 기독교와 매우 멀리 떨어져 있다. 한 배를 타기 어렵다.

그런데 정말 이상하게도 우리나라 기독교인들은 이스라엘과 유대인을 좋아한다. 한마디로 '좋은 놈'이다. 왜 그런지 모르겠다. 과거 근대 이전까지 대부분의 기독교인은 그리스도를 못 박은 유대인들을 미워하고 박해했는데, 한국인들은 심성이 고운 것 같다. 종교 평화주의의 길을 걷는 것 같다. 그런데 뒤에 나오는 종교에는 그러지 않는 것을 보면, 실상 평화주의자는 아닌 것 같다.

이슬람교

혹시 당황했는가? '하나님'을 믿는다는 사람들에 왜 이슬람교가 포함되었을까? 앞서 2장에서 우리는 '하나님'의 이름에 대해 나누었다. 정리하자면, 하나님은 이름이 없다. 단지 모세가 그 이름을 물었을 때, "나는 스스로 있는 자니라"고 답하신 히브리어 문장의 첫 자음을 따고 모음을 붙여 '야훼'라고 발음하는 것이다. 즉 야훼는 이름이 아닐 뿐더러, '고터'(고속버스터미널)처럼 축약어일 뿐이다. 성경 어디에도 그분의 이름은 등장하지 않는다. 그래서 그분의 이름 없음과, 모세에게 답하신 문장을 통해 하나님의 유일성, 초월성이 드러남을 밝혔다('하나님'이라는 표현 역시 2장에서 밝혔듯 '신' 혹은 '여호와'에 대한 번역어일 뿐이다).

여기서 하나님의 이름을 소환한 이유는, '알라'(Allah)라고 표현되는 이슬람교의 신을 소개하기 위해서다. '알라'는 아랍어로, '그 신'(유일한 신)이라는 뜻이다. 즉 알라 역시 신의 이름이 아니라, 사람들이 부르는 호칭일 뿐이다. 그러니 종교 색을 떠나 단순하게 생각하면, 평화주의자 눈에는 이 두 종교가

'같은 신'을 호칭한다고 볼 수도 있다. 둘 다 유일한 초월자를 말하고 둘 다 특정한 이름이 없다면, 서로 같은 신을 지칭한다고 여길 수도 있지 않은가? 물론 이 정도만으로 같다고 하기에는 근거가 빈약하다. 문제는 그 다음이다.

기독교인은 '그 신'에 대해 어떻게 알 수 있는가? '그 신'의 계시가 담긴 경전 '성경'을 통해서만 가능하다. 그런데 이슬람교 역시 '그 신'에 대해 알 수 있는 유일한 방법이 '그 신'의 계시가 담긴 경전 '꾸란'을 통해서라고 답한다. 게다가 꾸란에 등장하는 내용과 인물은 성경 구약의 그것과 당황스러울 정도로 많이 겹친다. 이 정도면 정말 같은 신 같기도 하다.

다만 주의할 것이 있다. 호칭이 같고, 같은 사람을 떠올리며 이야기하는데, 서로의 이야기가 같지는 않다. 예를 들면 같은 인물을 말하는 듯한데, 외모에 대한 묘사나 그를 만날 수 있는 방식이 전혀 다르다. 그렇다면 그 둘이 진짜 같은 대상이 맞는지 의심해 볼 만하다. 기독교의 '여호와'와 이슬람교에서 말하는 '알라'는 과연 같은 분일까? 아니면 전혀 다른 존재일까?

> ● 무슬림들은 최초의 무슬림(그 신을 따르는 사람)을 아브라함으로 본다. 메소포타미아 지역의 다신교 사회에서 처음으로 유일신 믿음으로 전환한 인물이 아브라함이라면, 무함마드는 다신교적 아랍 사회에 나타난 제2의 아브라함 같은 인물이라고 생각하면 이해하기가 쉬울 것이다.

이슬람교는 아라비아 반도의 '메카'라는 도시에 거주한 '무함마드' (Muhammad, 570?-632)라는 상인이자 구도자에게서 기원한다. 당시 아라비아 반도는 메소포타미아-이집트로 이어지는 거대 문명권뿐 아니라 로마 제국과도 괴리된 채 부족 연맹체로 운영되는 지독히 낙후된 지역이었다. 즉 변방 중의 변방인 깡시골인 것이다. 그 땅은 여전히 부족 신앙을 기반으로 하는 미신적 다신교 사회였고, 먹고살 만한 산물이 별로 없기에 엘리트층은 무역으로 먹고살았으며, 부족끼리 서로 약탈해서 연명하였다. 뺏고 빼앗김을 신앙적 운명으로 받아들이는, 즉 많이 뒤떨어지는 사회였다. 이러한 배경에서 메카에 살며 영적 수련에 관심이 많던 무함마드가 어느 날 '각성'이라 불리는 체험을 한다. 마치 구약에 기록된 선지자들처럼 천사 가브리엘을 통해 하늘의 계시를 받은 것이다.

2차 디아스포라 후 팔레스타인을 벗어난 유대인 중 많은 이가 아라비아 반도 곳곳에 공동체를 이루었는데, 무함마드가 거주하는 메카에도 유대인 공동체가 존재했다. 그래서 무함마드 역시 토라를 접하고 유일신 사상을 어느 정도 이해하고 있었다는 것이 중론이다. 또한 '그리스도인'들도 들어와 있었기에 '그리스도'에 대해서도 알고 있었다. 때문에 무함마드는 자신이 받은 계시와 그 근원이 유대인들이나 그리스도인들이 말하는 그 유일자 하나님임이라 여겼다. 즉 같은 분을 믿는다고 주장한 것이다.

이슬람교 경전인 꾸란의 형성 과정은 다음과 같다. 계시를 받은 무함마드. 그러나 그는 문맹이었기에, 그가 받은 계시를 외워서 구술하면 주변인들이 정리하여 기록하였다. 그래서 장르별로, 역사별로, 이야기 흐름대로 큰 통일성 안에 정리된 성경에 비해 이슬람교 경전인 꾸란은 맥락도, 앞뒤도 맞지 않는다. 사실이다. 그런데 이슬람교는 그것을 근거로 꾸란만이 '계시'라고 말한다. 앞뒤가 맞지 않음이 사람의 손을 타지 않은 날 것 그대로라는 증거라는 것이다.

이슬람교에서는 유대교 경전 타나크나 기독교 경전인 성경이야말로 인간의 손을 타서 때가 묻은, 즉 구미에 맞게 편집되어 오염된 계시라고 생각한다. 물론 그렇다고 타나크나 성경이 다 거짓이라고 말하는 것은 아니다. 꾸란과 공유하는 주요 원형은 분명 의미 있으나, 구체적인 내용이 변질되었다고 주장하는 것이다. 그래서 아브라함까지는 공동의 역사를 공유하지만, 그 이후부터는 조금 다른 노선을 택한다. 이슬람교에서는 이삭이 아닌 '이스마엘'이 선택되었다고 본다. 유대인에게 가장 중요한 인물인 '모세'는 이슬람교에서도 주요 인물이긴 하지만, 그에게 전달된 계시를 주변 사람들이 흐트러뜨렸다고 생각한다.

믿을지 모르겠지만 무함마드의 초기 언행을 보면 그는 같은 신을 믿는 유대인이나 기독교인과 하나가 되려 한 것 같다. 그리고 이 역시 믿을지 모르겠지만, 무함마드의 가르침의 핵심은 부족 간 연대와 신 아래의 평등이었다. 이를 위해 칼을 들 수밖에 없는 시기도 있었지만, 전쟁을 즐겨 하지는 않았다. 그가 원한 것은 그들의 현재 인사 표현인 "앗살람 알라이쿰"에 담긴 뜻, 즉 '신의 평화가 당신에게'였다.

그러나 무함마드의 자기 인식은 유대교나 기독교와 맞닿을 수 없는 차이를 낳았다. 그는 예수께서 승천하시며 약속하신 보혜사, 즉 기독교에서 '성령'이라고 부르는 존재, 혹은 '성령'의 역할을 감당하는 자가 바로 자신이라고 여겼다. 무슨 말일까?

이슬람교에서는 신의 계시가 중요하기 때문에, 그 계시를 이 땅으로 전달하는 통로 역할을 담당한 예언자들을 가장 중요하게 여긴다. 기독교에는 직분으로 왕, 선지자, 제사장이 있지만, 이슬람교에는 계시를 전달하는 예언자만 의미가 있다. 꾸란에 소개된 예언자는 25명이다. 가장 처음에 등장하는 '아담'을 포함하여 모두 기독교인에게 친숙한 성경 인물들이다. 단 한 명, 마지막 예언자인 무함마드만 빼고. 무함마드는 예언자들 중에서도 독특하고 가장 위대하다. 무함마드보다 앞서 받은 계시들은 점진적으로 완성되어 갈 뿐 아직 완벽한 계시가 아니었다. 물론 24번째 예언자이자 그들이 '이사'라 부르는 예수도 신에게 신비한 능력을 위임받아 엄청난 기적을 발휘한 위대한 예언자다. 그러나 더 중요한 것은 계시다. 그 계시의 완결과 종결을 무함마드가 이루었기 때문에 무함마드가 가장 중요한 인물이다. 이전 계시들 중에서 원형을 추리고 계시의 완성을 담은 꾸란을 최종 완결 계시라고 본다.

초창기 이슬람교는 관계가 돈독하던 유대인이나 기독교인과 불화를 겪는다. 무함마드가 자신이 받은 계시의 확실성과 자신이 새롭게 등장한 최종 예언자라고 밝히자, 유대 공동체와 기독교인들이 그를 도외시한 것이다. 이에 상처받은 무함마드 역시 그들과 결별한다.

그럼에도 이슬람 신앙은 유대교 체계와 비슷하다. 꾸란을 통해 계시된 율법을 철저히 수행하는 것이 신앙이다. 다만 유대교만큼 율법이 다양하고 세밀하며 무겁지는 않다. 순한 맛 유대교 느낌이다. 또한 신의 천사가 아랍어로 계시하였기에, 아랍어로 볼 때만 계시다. 번역할 수는 있으나, 번역되는 순간 계시의 의미는 사라진다.

이슬람교는 유대인이나 기독교인하고만 충돌한 것이 아니다. 그보다 앞서 본질적인 충돌 세력이 있었는데, 바로 부족 신앙을 토대로 권력을 유지하던 메카의 유력자들이다. 그들이 보기에 유일신 사상을 내세우며 신앙 안에서 하나 됨과 평등을 강조하는 무함마드의 신앙은 매우 위험했다. 그래서 무함마드와 그를 따르는 무리를 핍박한다. 그렇게 핍박받던 무함마드의 무리는 '메디나'라는 도시로 이주한다. 이슬람교에서는 이를 '헤지라'라 하며, 이렇게 이주한 622년을 이슬람의 원년으로 본다. 무함마드는 그곳에서 '움마'라 부르는 이슬람 공동체를 형성하였고, 세력이 커지자 군사를 이끌고 다시 메카로 돌아와 고향 사람들을 해방하고자 한다. 결국 그가 그곳을 점령하면서 비로소 이슬람 세력이 기지개를 켠다.

그 후 아라비아 반도에 머물며 분열된 채 서로 싸우던 아랍 민족들은 이슬람 신앙 아래 무함마드와 하나로 연합하여 신정 일치제로 급부상한다. 그리고 순식간에 아라비아 반도를 넘어 북서쪽으로 로마 제국령을, 북쪽으로 시리아 지역을 점령하고, 서쪽으로는 북아프리카를 넘어 이베리아 반도로, 동쪽으로는 인도와 중앙 아시아 지역까지 진출한다. 심지어 시간이 한참 흘러서는 동남아시아 지역까지 들어간다.

물론 무함마드가 주장한 신앙적 순수성은 몇 세대 지나지 않아 정치적 관점으로 변질된다. 무함마드 이후, 자신의 통치 기반과 권력을 위해 이슬람 신앙을 이용하는 군주들이 나타나기 시작한 것이다. 그 와중에 가장 큰 두 집단인 '시아파'와 '수니파'로 이슬람이 갈라진다.

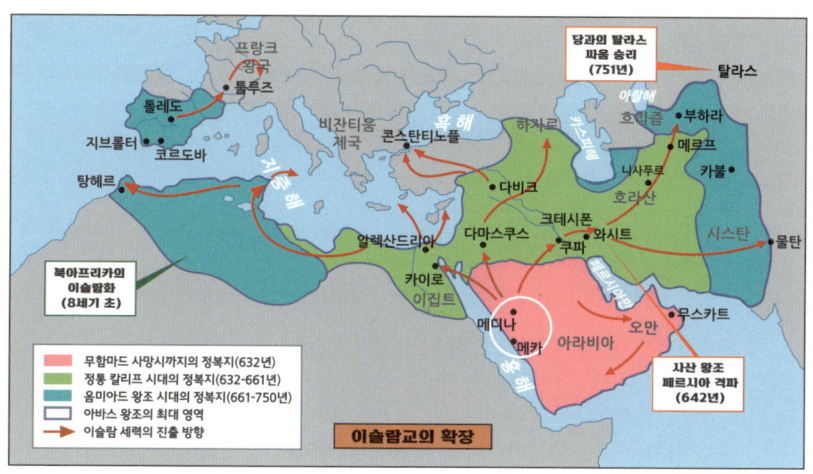

현재 이슬람교는 전 세계 두 번째로 교인 수가 많은 종교이자, 예상대로라면 곧 최대 종교가 될 것이다. 그러나 국교화된 국가들의 실제 신앙적 참여율이 현저히 떨어지는 것처럼, 또한 신정 일치를 이루었다고 여겨지는 중세 시대에도 실제 자신의 신앙을 제대로 고백하며 살던 그리스도인의 비율이 현저히 떨어진 것처럼, 이슬람교 역시 그러하다. 그들에게 종교는 인격적 신앙이라기보다는 문화적 정체성일 뿐, 실제 그 신앙에 열정적으로 참여하는 이들의 비율은 우리가 아는 것만큼 높지 않다.

결론적으로 이슬람교는 신분증상으로 분명 같은 사람을 이야기하는데, 그 사람에 얽힌 공동의 추억은 전혀 다른 사람의 것을 말하는 것 같다. 서로의 추억이 구도만 비슷할 뿐 많이 다르다 보니, 결국 이름만 같고 다른 사람을 이야기하나 보다 하고 결론 짓게 된다. 그리고 우리에게 고착화된 이슬람교는 언제부턴가 한마디로 '나쁜 놈'이 되어 버렸다.

오해 3

이슬람교는 폭력적이다?!

기독교인들이 더 그렇게 여길지 모르겠지만, 어쨌든 이슬람교에 대한 사람들의 첫인상은 '폭력적'이다. 실제로 9.11 테러나 IS 같은 극단적 이슬람 분리주의자들의 행태가 사실이기에 마냥 부정할 수는 없다. 그러나 약간 수정할 필요는 있는 듯하다.

자, 질문을 던져 보자. 이슬람교 역사가 1,400여 년 정도 흘렀다. 그 1,400년 동안 이슬람교는 늘 폭력적 종교로 비춰졌을까? 아니, 비교적 근시일인 50여 년 전만 해도 전 세계 사람들이 이슬람교를 그렇게 인식했을까? 그렇지 않다. 물론 무함마드가 주창한 것처럼 '평화의 종교'로 인식했다는 말은 아니다. 그러나 이렇게까지 부정적이지는 않았다. 무엇보다 이슬람교가 고등 종교로 분류된다는 사실을 잊지 말라. 잘못된 정보로 그들의 종교성을 쉽게 폄하하나, 그들 역시 분명한 교리 아래 윤리 도덕적인 부분을 강조한다. 또한 그것이 구원의 필수 요건이기에, 선행을 실천하는 데 어떤 면에서는 기독교인보다 뛰어나다.

이를 이해하려면 1차 세계 대전의 패전국으로 전락하여 오늘날의 터키 지역만 남기고 해체된 이슬람 제국 오스만 튀르크 이후의 역사 흐름, 나아가 2차 세계 대전 이후 세계의 패권 국가가 된 미국과, 미국이 이스라엘의 뒷배가 되어 중동의 권력 구조를 주관하려 한 역사를 알아야 한다. 자신들의 운명을 쉽게 조종하여 찢어 놓고 주도하려 한 서구 열강, 특히 미국에 대한 증오심이 누적되어 풍선 효과처럼 이와 같은 일이 발발한 것이다.

기독교가 사회적 물의를 일으키는 신천지 같은 집단과 선을 긋듯이, 대부분의 무슬림은 극단적인 분리주의자들의 테러 행위에 동의하지 않는다. 그러나 인정할 것은 인정하자. 다수가 그렇지 않다고 해서 부정할 수만은 없다. 이슬람의 테러는 엄연한 사실이기에, 그들이 책임져야 할 문제다. 또한 아무리 평화의 종교를 외치더라도, 무함마드와 꾸란의 의도와 다를지라도, 이슬람 제국의 초창기 역사가 칼과 무력으로 이루어진 것도 엄연한 사실이다. 십자군이 기독교의 잔혹성을 드러내는 데 언급되지만, 그에 상응하는 이슬람 국가들에도 잔인성, 아니 더 큰 잔인성이 있었음을 역사가 증언하고 있다.

세 종교의 비교

어떤가? 알고 있던 사실도 있고, 처음 알게 된 사실도 있을 것이다. 동의하는 부분도 있고, 약간 의아한 부분도 있을 것이다. 그런 부분은 각자 더 공부하길 권한다.

마지막으로 남기고 싶은 말이 있다. 세 종교를 쉽게 이해하기 위해 영화 제목을 빌려 〈좋은 놈, 나쁜 놈, 이상한 놈〉이라는 이미지로 설명해 보았는데, 그렇다면 '우리'는 과연 어떤 놈(?)일까? '바른 놈'일까?

하나님이 성경을 통해 계시하신, 있는 그대로의 하나님을 추구하는 기독교(개신교) 신앙에 자부심을 가져도 좋다. 그러나 뼈아픈 이야기를 던지며 마무리해야 할 것 같다. 웃기게도 우리네 신앙은 이 세 종교, 즉 가톨릭교와 이슬람교와 유대교의 잘못된 관점 어디에나 쉽게 빠질 수 있다. 기독교의 만인제사장론은 누구나 믿음 아래 하나님 앞에 단독자로 설 수 있음을 천명한다. 개인의 주체적 신앙을 강조하는 획기적인 이 개념은 가슴 뛰는 개념인 동시에 지나치게 무책임한 개념이기도 하다. 성경의 손도, 교회의 손도, 지도자의 손도 벗어나 자기만의 종교로 나아갈 가능성이 있기 때문이다. 예수 그리스도를 중심으로 성경의 계시를 존중하며, 교회와 교회 지도자들의 지도를 존중하고, 선배들의 전통을 향유하며 나아갈 때, 비로소 당신은 '바른 놈'이 될 것이다.

참고 도서 및 추천 도서

- 주원준 외, 「신학의 식탁」, 들녘 펴냄, 2019
- 홍익희, 「세 종교 이야기」, 행성B 펴냄, 2014
- 다니엘 밀리오리, 「기독교 조직 신학 개론」, 새물결플러스 역간, 2016
- 알리스터 맥그래스, 「기독교, 그 위험한 사상의 역사」, 국제제자훈련원 역간, 2009
- 카렌 암스트롱, 「이슬람」, 을유문화사 역간, 2012
- 한스 큉, 「한스 큉의 유대교」, 시와진실 역간, 2015
- _____, 「한스 큉의 이슬람」, 시와진실 역간, 2012

1장

그렇다면 어떻게
살아야 하는가

기독교 윤리

지금까지 우리는 기독교의 전반적인 내용을 다루었다. 성경의 메시지, 성경이 계시라고 불리는 이유, 그리고 그 내용을 토대로 기독교인이 믿는 바, 즉 복음에 대한 정리, 나아가 그와 같은 정리가 나오기까지 필요한 성경 해석법 등 말이다.

자, 그러면 우리는 이제 기독교에 대해 다 알았다고 할 수 있을까? 아니다. 여기서 끝낸다면, 기독교는 머리와 가슴만 있는 기형적 종교가 된다. 그렇다면 손과 발은 어디 있는가? 우리는 실제 삶에서 겪는 구체적인 질문들에 대답해야 한다. 이번 장에서는 그 이야기를 하려 한다. "그렇다면 기독교인들은 구체적으로 어떻게 살아야 하는가?" 다른 말로 "기독교 윤리란 무엇인가?"

답은 간단해 보인다. 골머리 앓을 것 없이 그저 '성경에서 하라는 대로' 하면 된다. 그런데 그렇게 단순한 기준으로 삶을 다룬다면, 단언컨대 현존하는 그리스도인은 모두 이단 사이비요, 지옥의 자식으로 평가될 것이다. 구약 성경 몇 장만 넘겨 봐도 확신할 수 있다. 현대 그리스도인은 절대 다수가 혈통으로 유대인이 아니고, 할례를 받지도 않았으며(어릴 때 돈가스 사 준다는 말에 고래 잡으러 다녀온 수많은 한국 남자는 그런 면에서 탁월하다), 율법에 금지된 돼지고기는 없어서 못 먹지 않던가? 이스라엘 절기도 지키지 않고, 심지어 안식일(토요일)이 아닌 일요일을 주일이랍시고 지킨다. 그 외에도 셀 수 없다. 어떤 것은 아예 지키지 않고, 어떤 것은 변용한다. 현대 기독교인이 지키지 않는 것들이 '구약'에만 한정된 것이라고 생각하지 말라. 구약만큼은 아니더라도 신약에서 제시하는 행위 원칙이나 권면도 많으며, 현대 그리스도인들은 그것들 역시 거의 따르지 않는다.

그렇다. '성경에 기록된 대로'가 아니라 뭔가 변주되었다. 물론 당신이 의지를 가지고 일부러 그렇게 변형하지는 않았을 것이다(다행스럽게도[?] 우리는 그만큼 철저하게 성경을 외우고 있지 않다). 당신의 선배든, 그 선배의 선배든, 누군가가 어느 시점에 변형한 것을 그저 따르는 것뿐이다. 그렇게 변형시킨 이들 역시 자신보다 100년 전 사람들의 신앙 행동과는 뭔가 다를 것이다. 그렇다면 어떤 이유에서, 어떤 근거로 변형된 것일까? 한편으로 부정할 수 없는 것은 성경과는 다른 행동들 가운데 일부는 선배들의 것이 아니라, 당신 스스로 결정하여 행하는 것이라는 사실이다. 그렇다면 당신이 그렇게 결정하고 선택한 기준은 또 무엇인가?

이러한 실제 '행실' 이야기를 일명 '기독교 윤리'라고 말할 수 있다. 기독교인이 마땅히 따라야 할 도리나 원칙, 그리고 그로부터 드러난 행실의 이야기 말이다. 기독교 윤리를 가장 단순하고 쉽게 마주할 수 있는 예시가 바로 '십계명'이다. 십계명은 명백히 '……하라', '……하지 말라'라는 내용을 담고 있다. 이보다 명확하게 기독교 윤리를 담고 있는 유명한 예도 없다. 심지어 윤리 정도가 아니라 마치 '법' 같다. 그래서 대부분 이를 어길 때 받을 벌까지 기록되어 있다. 이는 하나님이 직접 말씀하신 내용이기에 있는 그대로 지키면 된다. 하지만 기독교 윤리가 모두 이처럼 직접적이지만은 않다. 이와 같은 '직접 윤리' 외에도, 성경의 다양한 본문을 통해 도출할 수 있는 수많은 '간접 윤리'가 있다. 직접 명령하는 것은 아니지만, 조금 가벼운 권면이나 정황을 통해 도출한 교훈 역시 충분히 윤리적 기능을 담당한다. 따라서 우리에게는 이러한 것들까지 읽어 낼 눈이 필요하다.

그런데 사실 진짜 문제는 따로 있다. 성경에서 언급하는 사안도 있지만, 언급하지 않는 사안도 많다는 점. 이것이 바로 문제의 핵심이다. 무슨 말인가? 예를 들어 이 글을 쓰고 있는 2021년 현재, 젊은이들의 가장 큰 관심사이자 희로애락을 결정하는 '주식'이나 '가상 화폐'를 보자. 기독교인이 주식이나 가상 화폐에 투자해도 되는가? 투자해도 된다면, 어떤 기준으로 해야 하는가? 성경에는 주식이나 코인 이야기가 1도 나오지 않는데 어떻게 기준을 찾을 수 있는가?(만약 보았다면, 정신과에 들러 보길 진심으로 권한다. '맘몬'이라는 마구니가 낀 것이니)

이렇듯 21세기를 살아가는 우리에게는 당장의 실제적 의제지만, 성경에 전혀 '없는 이야기'도 매우 많다. 그렇기 때문에 성경을 통해 도출된 직간접적 윤리를 '해석'하는 과정과, 우리네 상황에 맞게 '적용'하는 과정이 필요하다. 나아가 또 다른 문제도 있다. 성경이 직접 다루지 않는 주제들도 있지만, 다루더라도 가부를 말하지 않거나, 동일 주제에 대해 가부를 다 이야기하는 경우도 있다는 점이다. 복잡하다. 그렇다면 도대체 그리스도인은 어떻게 살아야 하는가?

Who vs. How

본격적으로 이야기를 시작하기 전에 확인해야 할 내용이 있다. 앞서 성경에는 구체적으로 이래라 저래라 명령하는 내용이 가득하다고 말했다. 그런데 분명한 것은 성경이 절대 '행동'을 앞세우지는 않는다는 점이다. 기독교는 행위가 아니라 '믿음'의 종교이기 때문이다.

성경은 하나님이 어떤 분인지, 그분이 무엇을 하셨는지에 대한 실존적 믿음이 있다면 자연스럽게 행동으로 이어질 수밖에 없다고 말한다. 비가 오면 땅이 젖고, 바람이 불면 바람개비가 돌아가듯이. 이때 앞서는 것은 땅이나 바람개비가 아니라, 비와 바람이듯이. 물론 이를 오해하여 기독교 신앙에서 행위가 전혀 중요하지 않은 것처럼 말하는 이들도 있다. 그런데 이는 자연적 논리 구조를 애써 무시하는 사람들, 즉 기본적으로 산수가 안 되는 사람들의 착각일 뿐이다.

계시인 성경의 메시지, 그리고 그것을 해석하는 과정을 거쳐 '그리스도인은 무엇을 믿는가?'에 대한 정리가 이루어진다. 해석은 지식을 갖게 하고, 그 지식이 바르다고 생각되면 동의하게 되며, 그 지식이 바름을 넘어 신의 계시라고 불릴 만큼 가치 있다고 여겨지면 당연히 행동으로 이어질 수밖에 없다. 때문에 대부분의 사람들은 인간이 윤리적이지 못한 것을 삶의 문제로 치부하지만, 기독교는 '삶'보다 바른 '앎'이 없어서임을 꼬집고, 그 바른 '앎'이 내 것이 되는 '믿음'이 부재하기에 비윤리적이 되는 것이라 말한다.

그런 점에서 기독교는 다른 종교와 다르다. 다른 종교에서는 행위 자체가 중요하며, 행위를 통해 선을 이룬다. 그러나 기독교 신앙에서 '어떻게 살아야 하는가'라는 문제는 앞에서 끄는 '기관차'가 아니라 기관차에 연결되어 자연스레 딸려가는 '객차'에 해당한다. 즉 행위는 앞설 수 없다. 'how'의 이야기가 아니라, 언제나 'who'의 이야기, 즉 누구를 믿는지, 그분이 어떤 분이고 무엇을 하셨다고 믿는지가 앞선다. 그럼에도 깨알같이 놓치지 않고 언급하는 것은 '무엇을 믿는가'와 '어떻게 살아야 하는가'가 서로 다르지 않으며, 자연스레 영향을 끼칠 수밖에 없다는 점이다.

행위보다 믿음이 앞서며 중요한 이유는 2장 '기독교인은 무엇을 믿는가'(복음)에서 이미 다루었다. 그 이유는 죄에 대한 정의가 달라서다. 죄의 정의에 대한 차이가 윤리를 정의하는 데도 전혀 다른 관점을 제시한다. 2장에 인용한 '나무 그림'을 다시 한 번 떠올려 보라. 죄가 행동의 문제 혹은 그 행동을 일으킨 마음의 문제라면, 그 부분에 대해 '……하라' 또는 '……하지 말라'면 충분하다. 믿음이고 나발이고 '행동' 혹은 '마음가짐'만 언급하면 그만인 것이다. 그러나 죄의 정의가 인간이 볼 수도, 만질 수도, 개입할 수도 없는 '뿌리'

의 문제라면, 윤리의 정의 역시 달라진다. 이는 내 힘으로 어찌할 수 없는 문제다. 그런데 이 뿌리의 문제를 해결하신 분이 기독교 믿음의 대상인 예수시다. 예수의 정체와 그분이 하신 일에 대한 믿음이 신비적으로 뿌리의 체질을 바꿔 놓는다. 그에 따라 마음이 변하고 이어서 열매, 즉 행위도 달라진다. 이것이 기독교 윤리의 기본 구도다. 다시 말하지만 'how'보다 'who'가 앞선다.

믿음에는 요청 사항이 하나 더 있다. 믿음은 그분이 뿌리의 문제를 건드리신 '구원자'라는 데만 한정되지 않음을 이미 언급했다. 믿음은 그분이 '주인'이시라는 사실까지 함께 받아들이는 것이다. 내 인생의 주인이시자, 이 우주의 주인이시라는 의미다. 그렇다면 자연스럽게 드러나는 행실을 기반으로 하면서도, 그전에 주인 마음에 합하여 따라야 할 행실과 따르지 말아야 할 행실을 분별해야 한다. 즉 그리스도인은 주권을 넘겼기에 주인 마음대로, 주인이 원하시는 대로 살아갈 것에 자발적으로 동의한 사람들이다.

재미난 것은 성경이 이처럼 믿음이 앞서며, 행동은 이 믿음에 근거하여 자연스럽게 따라 나오는 것이라고 말하고 있지만, 동시에 수많은 삶의 준칙으로 범벅되어 있다는 점이다. 가만 보면 중요도와 별개로 분량만 따졌을 때 오히려 믿음을 토대로 살아간 이들의 '행동'을 조망하는 데 더 많은 에너지를 들이는 것 같기도 하다. 즉 행동 자체를 다루는 메시지가 정말 많다. 그리고 정리된 행동만 따를 것이 아니라, 각자 삶의 맥락 속에서 자발적으로 선택하여 살아갈 것을 요청한다. 때문에 우리에게는 기독교적인 삶, 즉 윤리를 판단할 기준과 원칙이 필요하다.

윤리에 대한 여러 생각

사실 '어떻게 살아야 하는가'는 기독교와 같은 종교만의 이야기가 아니라 세상의 일반적인 관심 주제이기도 하다. '무엇을 믿는지'는 타인에게 드러내지만 않으면 문제될 것이 없지만, 인간의 행동은 타인에게 영향을 끼치기에 그렇다. 예를 들어 돈을 사랑하는 것은 자유지만, 그 사랑 때문에 남의 돈을 훔친다면 문제가 된다. 예수를 믿는 것은 자유지만, 타인에게 강제로 믿을 것을 강요한다면 문제가 생긴다. 알라를 믿는 것은 자유지만, 그 믿음 때문에 테러를 감행한다면 문제가 되는 것처럼 말이다.

우리 모두 경험상 이미 알고 있는 사실이 있다. 세상을 자연 상태로 놔둔다면 큰일 난다는 것 말이다. 우리가 사는 세상은 '윤리'를 언급할 필요가 없는 곳이 아니라, 반드시 언급해야 하는 곳이다. 그래서 과거부터 현재에 이르기까지 무언가를 근거로, 무언가를 기준으로 일종의 '선과 악'을 분별하여 옳은 행위를 하도록 이끌고, 때로 강제했다. 이러한 의제에 대해 논하고 정리하고 제안하는 것, 즉 '옳고 그름의 기준이 있는가?', '그 근거는 무엇이고, 어떻게 가능하며, 왜 그렇게 이루어져야 하는가?'에 대한 이야기가 '윤리학'이다.

지금부터 간단하게 윤리학이 분류되어 정리되는 과정을 살피려 한다. '그리스도인은 어떻게 살아야 하는가'를 이야기하다가 뜬금없이 왜 일반 윤리를 이야기하나 싶을 것이다. 그러나 이 과정을 살펴보아야 '기독교 윤리'가 어느 위치에 있는지를 더 잘 이해하고 정리할 수 있다. 물론 모든 분류를 살펴볼 수는 없으므로 네 가지 분류만 확인해 본다.

절대주의 - 상대주의

윤리를 분류하는 출발점은 "인간 모두에게 적용할 수 있는 기준이 있는가?"라는 질문이 될 수 있을 듯하다(이 질문에서 윤리적 원칙이 '얼마나' 되느냐는 상관이 없다. 그러한 기준이 '있느냐, 없느냐'가 중요하다). '절대주의자'는 그러한 기준이 '있다'고 본다. 절대주의자에게 윤리적 개념은 어느 정도 '타고나는 것'이다. 누군가에게 배우지 않아도, 경험하지 않아도 인간으로서 타고난 선과 악의 기준이 있다는 것이다. 시공간에 따라 변하는 것도 있지만, 시공간을 초월하여 어느 시대에나 동일한 윤리 의식, 그리고 그에 따라 지켜야 할 선이 있다고 여긴다. 이러한 관점이 극단적으로 치달으면 '절대 선'으로 여기는 윤리를 타인에게 강요하게 된다.

반면 '상대주의자'는 그런 기준이 '없다'고 본다. 윤리적 개념은 타고나는 것이라기보다는 '학습된 것'이다. 좁게는 부모, 더 넓게는 자신이 속한 지역과 문화, 민족, 그리고 인류를 통해 학습된 것일 뿐이다. 때문에 절대적이라고 주장할 만한 윤리란 없으며, 윤리는 시공간에 따라 변할 수 있고, 변할 수밖에 없음을 강조한다. 이것이 윤리의 불필요함을 말하는 것은 아니지만, 극단적으로 치달으면 한 개인의 선택에 대해 어느 누구도 옳고 그름을 '평가할 수 없다'는 방향으로 나아갈 수 있다.

물론 사람들은 대부분 절대주의와 상대주의 사이 어느 지점에 위치하지, 양 극단에 서는 이는 거의 없다. 그것은 책에서나 주장될 법하다. 그러한 사람이 실존한다면, 극단적 절대주의자는 결국 절대 선으로 여기는 윤리를 따르지 않는 누군가를 해칠 것이고, 절대적 상대주의자는 누군가가 자기를 해치든, 타인을 해치든 아무 문제가 되지 않을 것이다. 그런 사회는 존재할 수 없고, 그런 인생은 지구를 떠나 버리는 것이 나을지 모른다. 아무리 절대주의를 지지하더라도, 인간의 삶이 시공간에 따라 바뀐다는 사실을 무시할 수 없다. 변용이 필요한 것이다. 또한 아무리 상대주의를 지지하더라도 완전한 상대주의는 불가능하다. 누군가의 개인 윤리라고 해서 '사람을 죽여도 된다'는 윤리 의식을 허용할 수는 없기 때문이다.

그렇다면 어떤 관점을 지지하는 이가 많을까? 주변을 가만히 둘러보면 '절대주의적 관점'을 가진 사람이 많아 보인다. 예를 들면 적극적인 의미까지는 아니더라도, 대체로 사람들은 '혐오'를 '혐오'한다. 배움이 많지 않은 장삼이사도 '권선징악'을 향한 열망이 있다. 그러나 사회 전체적으로는 근대에서 현대에 이르면서 '절대주의'보다 '상대주의'적으로 윤리를 해석하려는 관점이 커지고 있다. 이는 절대 선을 이야기하는 종교의 부재와도 맞물린다. 절대 선을 이야기하는 종교에 의해 수많은 갈등과 폭력이 발생하면서, 그에 대한 반발로 절대 선은 없으며 윤리란 교육으로 자리매김된다고 이해하고 서로 다른 이들의 윤리를 평가하지 않는 방향으로 나아간 것이다. 이런 방향이 소기의 성과를 거두었음도 부정할 수 없다. 그러나 상대주의는 인간이 '혐오를 왜 혐오하는지'나, '그렇게 느끼는 것이 왜 나쁜지'에 대해 답변할 수 없는 논리적 어려움이 있으며, 교육과 학습이 그토록 발전했음에도 인간의 윤리를 온전히 잡아 주지 못하는 현상에 대해서도 답할 수 없는 현상적 어려움을 가지고 있다.

그렇다면 '기독교 윤리'는 어느 지점에 있을까? 단순하게 보자면, 기독교 윤리는 '절대주의' 쪽에 서 있다. 인간의 '본성'에 선과 악의 기준이 놓여 있음을 믿기에 그렇고, 그것이 신에게서 주어졌음에 동의하기에 그렇다. 내부에만 기준이 있는 것이 아니다. 그 기준이 틀어졌기 때문에 보완책으로 외부에서 기준이 다시 주어졌다. 바로 하나님의 뜻, 즉 하나님이 규정하신 선과 악의 기준이 포함된 계시인 '성경'이다. 그 안에 담긴 하나님의 성품과 의지를 따르는 것, 그 안에 담긴 하나님의 명령을 따르는 것이 선과 악의 기준이다. 그런 면에서 기독교 윤리는 '신적 절대주의'라고 할 수 있겠다.

한편으로 우리는 성실한 탐구와 해석이 없는 절대 윤리는 폭압의 도구가 되어 살상 무기가 될 수 있음을 잊어서는 안 된다. 그러한 문제가 드러난 대표적인 예가 '바리새인'이다. 바리새인은 신적 윤리를 모두에게 동일하게 적용하고, 이를 지키지 못하는 이들을 쉽게 악인으로 정죄했다. 그런데 누구보다 신적 절대주의의 관점을 지니신 메시아 예수께서는 오히려 그 윤리들을 제대로 지키지 못하는 이들을 긍휼히 여기셨다. 역설적이지만 시사하는 바가 크다. 그 안에서 사람을 '사랑하기 위함', '회복시키기 위함'이라는 코드를 읽어 내지 못한다면, 기독교 윤리는 애초부터 신의 이름을 빙자한 폭력 도구로 내쳐질 가능성을 담고 있음을 기억해야 한다.

규범 윤리 - 상황 윤리

절대주의자든 상대주의자든, 신적 계명에 의해서든 태생적 감상에 의해서든, 기독교인이든 불교도든 마르크스주의자든 모두가 동의하는 규범이 있다. 바로 '살인하지 말라'라는 규범이다.

그런데 당신이 다음과 같은 상황에 있다면 어찌하겠는가? 당신은 전쟁터에 놓여 있다. 적군이 당신을 죽이려 든다. 이때 당신은 어찌해야 하는가? 애초에 '전쟁'이라는 것을 거부하는 반전주의자일 수 있지만, 당신이 총을 들지 않는다고 해서 상대가 당신을 적으로 간주하지 않는 것은 아니다. 이런 상황은 충분히 있을 수 있다. 어찌하는 것이 옳은가? 더 나아가 무리 중에 당신에게만 싸울 힘이 있고, 당신이 총을 들지 않는다면 온 무리가 끔찍한 상황에 처할 게 불 보듯 뻔하다면? 게다가 그 무리가 당신의 가족이라면? 그래도 살인하지 않을 것인가?

앞서 논의한, 윤리적 기준의 '있고 없음'이 정해진 다음에 생각해 볼 것은 바로 이러한 '규범 윤리'와 '상황 윤리'의 분류다. 이를 설명하기 위해 앞과 같은 예를 들어 보았다. 먼저 '규범 윤리'란 윤리적 법칙이나 원리가 있다면, 그에 따라 판단하고 행하는 것이다. 그에 반해 '상황 윤리'는 법칙이 있더라도, 현재 나에게 주어진 상황을 고려하여 윤리적 행위를 판단하고 실천하는 것이다.

평소 지닌 생각과, 실제로 어떤 상황이 닥쳤을 때의 반응에는 간극이 있을 수밖에 없다는 것을 인정하더라도, 규범 윤리와 상황 윤리 중 당신에게 더 앞서는 윤리가 있을 것이다. 대체로 절대주의는 규범 윤리와 가깝고 상대주의는 상황 윤리와 가깝지만, 꼭 그런 것만은 아니다. 규범 윤리에서도 규범 안에 우열이 있다면 충분히 상황에 맞게 조정하고 변용할 수 있다. 더 우선되는 규범에 따라 하위 규범을 조정하는 것이다.

그렇다면 기독교 윤리는 어디에 더 가까울까? 언뜻 보기에는 규범 윤리에 가까워 보인다. 종교란 으레 그 종교의 관점에서 선과 악이 나뉘고, 그에 따라 해야 할 것과 하지 말아야 할 것이 제시된다고 여겨지기에 그렇다. 그런 면에서는 기독교도 그리 다르지 않다. 즉 '하나님'이라는 분이 엄정하게 정하신 선과 악의 기준이 있고, 그 기준에 수반된 수많은 규범이 있다. 해야 할 것과 하지 말아야 할 것 말이다. 특히 구약의 윤리가 그러하다. 613개나 되는 율법 조항에는 해야 할 것과 하지 말아야 할 것이 엄정하게 제시되어 있고, 마치 법조문처럼 그것을 어길 경우에 받을 벌이, 또한 마치 계약서처럼 그것을 지킬 때 누릴 복이 그려져 있다. 이 전통은 아브라함 계열의 종교(유대교-이슬람교)에 여전히 남아 있으며, 많은 종교가 이 맥락에 놓여 있다.

그러나 신약 시대 이후의 윤리는 그 색이 다르다. 구약의 윤리적 시각을 뒤엎는다. 우리가 하나님이라고 신앙 고백하는 예수께서 구약의 모든 윤리를 한마디로 정리하셨다. "하나님을 사랑하고, 이웃을 사랑하라." 기독교 윤리의 근간은 기독교에서 말하는 신, 즉 하나님의 유일 욕망인 '사랑'이라는 한 단어로 귀결된다. 나머지는 그 절대 계명의 우산 아래 달린 하위 계명일 뿐이다. 이 하위 계명들은 상위 계명에 저촉되지 않는 한, 상황에 따라 충분히 변형될 수 있다. 물론 지나치게 단순하게 생각해서는 안 된다. '사랑하면 다 되는가?'라고 하기에는 '사랑'에 대한 정의가 사람마다 다르기 때문이다. 한 문장으로 정리되었다고 해서 쉽게 볼 내용이 아니다.

논의가 길어질 수밖에 없어서 이쯤에서 멈추려고 한다. 분명히 기억할 것은, 그럼에도 성경은 우리가 살고 있는 시대를 신약 시대, 즉 예수로 인해 옛 약속(구약)이 이루어지고 새로 주어진 약속(신약) 아래 살아가는 시대로 규정한다는 것이다.

그리고 규범 윤리와 상황 윤리 사이에서 하나 더 생각해야 할 것이 있다. 규범이 일상의 모든 영역에 주어지지는 않는다는 점이다. 아니, 주어질 수 없다. 속된 말로 똥 닦는 법까지 규정하지는 않는다는 것이다. 직접이든 간접이든 규범에 대해 논할 수 있는 영역이 있다. 중요하기 때문이다. 그러나 그 외에 해도 되고 안 해도 되는 영역들, 그래서 상황에 따라 판단이 달라질 수 있는 윤리의 영역들도 있다. 이를 '아디아포라'(adiaphora)라 한다. 선도 아니요, 악도 아니요, '하라', '하지 말라'라는 명령이 주어지지 않거나, 주어졌더라도 양쪽 모두 주어져서 명확하게 긍정도 부정도 할 수 없는 그런 영역에 대한 윤리 말이다.

의무론적 윤리 - 목적론적 윤리

셋째 분류는 '그렇다면 윤리를 왜 지켜야 하는가?' 혹은 '윤리는 왜 성립하는가?'라는 질문에 대한 답이다. 간단히 분류하면 이 질문에는 '그것이 인간 된 도리로 마땅하기에'라는 설명(의무론적 윤리)과, '이익이 있기 때문에'(목적론적 윤리)라는 설명이 있다. 당신은 무엇이 더 맞는다고 생각하는가?

이렇게만 말하면 목적론적 윤리가 좀 가벼워 보인다. 이익이 없으면 지키지 않아도 된다고 말하는 윤리로 들리기 때문이다. 그러나 이는 인간 본성의 문제와도 연관된다. 인간이라는 존재가 과연 '이익'에 대한 동기 부여 없이 움직일 수 있는가 하는 질문에 대한 대답 말이다. 이에 대해 '아니다! 인간은 동기 부여가 필요하다!'고 대답한다면, 당신 역시 목적론적 윤리와 별개일 수 없다.

그렇다면 기독교는 어디에 가까울까? 당연히 의무론적 윤리에 가까운 것 같다. 하나님의 절대성에 기반한 윤리, 그에 따라 주어진 규범들에 근거한 윤리, 이익이나 대가가 아니라 마땅히 해야 하는 옳은 것이기에 하는 윤리. 그러나 성경에는 반대의 이야기도 있다.

성경은 인간을 욕망덩어리로 분류한다. 하나님과 이웃을 사랑할 욕망이 어그러져 오직 자기 자신의 이익만 바라며 뒤틀려 버린 자기 사랑의 화신들 말이다. 때문에 '복'에 대해 말한다. 하나님의 뜻을 따르는 것이 '복'이라고 유도하는 것이다. 실제 그것이 내 현실의 삶에 유익하고, 미래의 삶을 조성하며, 모두가 그리할 때 공공의 이익, 즉 공공선이 이루어지기에 그리해야 함을 역설한다. 마땅히 해야 하기에 해야 한다는 말보다, 이를 따르면 유익이 있을 것이라며 접근하는 바가 더 많다. 실로 능숙한 영업 사원의 멘트 같은 말이 성경에는 참 많다.

나 - 집단

근래에 새로운 관점의 윤리가 주목받고 있다. 일명 '덕 윤리'다. 우리가 어떤 규칙을 준수하고 어떻게 적용하는지의 문제 이전에 그 사람에게 어떤 덕이 있는가의 문제, 즉 정체성 문제가 앞선다는 것이다. '덕'이라 불리는 마음이나 성품의 성숙이 있다면, 훌륭한 윤리적 시민으로 살아간다는 것이다. 일견 불교와 같은 동양 종교 이야기 같지만, 서양에서도 고대부터 이어진 주장이다. 간단히 말해 '덕 있는 사람이 덕스러운 행동을 한다'는 것이다. 그러니 무엇을 하느냐 마느냐보다 덕의 함양에 신경 써야 한다는 주장이다.

그러나 이 역시 한계가 있다. 결론은 '건강한 개인을 만들어야 한다'는 것인데, 개인은 저마다 다르기에 '덕'에 대한 시각도 서로 다르다는 것이 문제다. 자신이 생각할 때는 덕스러운데, 타인이 볼 때는 그렇지 않을 수 있다. 이런 상황에서 개인의 자율성이 지나치게 강조되다 보면 불가피하게 충돌이 일어난다. 그런 단점을 보완한 주장이 '공동체 윤리'다. 이는 우리나라에도 엄청난 돌풍을 일으킨 책 「정의란 무엇인가」(마이클 샌델, 와이즈베리 역간, 2014)에서 소개하는 개념으로, 훌륭한 덕성을 지닌 개인의 활동도 결국 우리 사회에 현존하는 구조 안에서 검증되고 확인되어야 한다고 여긴다. 일종의 '집단 지성'이다. 한 개인이 어떤 행동을 아무리 훌륭하다고 생각하더라도, 공동체(가족, 부족, 민족, 국가 등)가 그 행동을 건강하지 못하다고 여긴다면 이를 조정해야 한다는 것이다.

그러고 보면 어떤 면에서 근래 윤리학의 주장들은 기독교 윤리와 맞닿아 있다. 기독교 윤리는 덕 윤리에서 이야기하듯 그 근간을 기준이나 행동 이전에 눈에 보이지 않는 영역인 '회심'에 두기 때문이다. 즉, 예수를 통해 '죄'라는 문제가 해결된 사람은 그 안에 '덕'이 피어난다. 물론 이전의 악이 남아 있기에 지속적으로 충돌하지만, 점점 덕성의 꽃들이 피어나 열매를 맺게 되어 삶이 변화되는 것이 기독교 윤리의 기본 도식이다. 물론 덕 윤리에서 말하는 덕은 자기 발견과 수양, 절제를 통해 이루어진다는 점에서 기독교와 차이가 있지만, 결국 행동은 정체성의 문제라고 이야기하는 부분에서 맥을 같이한다.

또한 공동체 윤리적 접근 역시 기독교 윤리와 비슷하다. 기독교 윤리는 회심한 개인을 근간으로 하지만 '공동체'라 불리는 교회가 보조적 기구가 아닌 그리스도인의 본질적 자리임을 강조한다. 우리 개개인이 홀로 사는 것이 아니라 가족과 살고, 타인과 관계를 맺고 살며, 국가에 소속되어 국가를 통해 일구어진 사회적 자산을 사용하는 것처럼, 한 그리스도인은 의식하든 못 하든 '교회'라는 공동체 안에 소속되어 살고 있다. 때문에 공동체 윤리를 지속적으로 강조한다. 다만 사회의 공동체 윤리는 충돌을 방지하고 악을 억누르기 위해 존재하고 그 '합의' 방식이 중요하다면, 그리스도인의 공동체 윤리는 적극적 선을 일구어 가기 위한 방식으로 존재하며 절대자의 계시를 해석하는 '협의'의 과정이 우선된다.

자, 정리해 보자. 기독교 윤리는 '절대주의'를 표방한다. 계시를 근거로 하기 때문이다. 또한 '규범 윤리'를 표방한다. 그러나 인생사 모든 것에 대한 규범이 주어진 것은 아니며, 신약 시대에는 이전의 규범 역시 재해석될 여지에 대해 이야기한다. 그리고 기독교 윤리는 신이 명한 바를 따르는 '의무론적 윤리'로 보이나, 그 결과가 복에 있음 역시 강조하므로 '목적론적 윤리'를 배제하지 않는다. 그러나 모든 것에 앞서는 것은 그와 같은 사랑의 시작이 하나님을 사랑함에 있고, 그 사랑함이 있는 자의 정체성은 이미 어디에서든 윤리적으로 살 수 있는 가능성을 품고 있기에 그렇게 살면 된다. 그러나 완전히 선한 정체성으로 바뀐 것은 아니기에 '공동체적' 고려와 협의를 통해 살아가야 할 마땅한 방식을 도출해 낸다. 아니, 더 짧게 요약해 보겠다. 기독교 윤리란, 성경적 절대주의를 기반으로 한 시대적 재해석과 공동체적 평가와 적용이다. 이러한 기독교 윤리가 추구하는 방향을 이렇게 정리할 수 있겠다.

"정의와 사랑이 입 맞출 때까지."

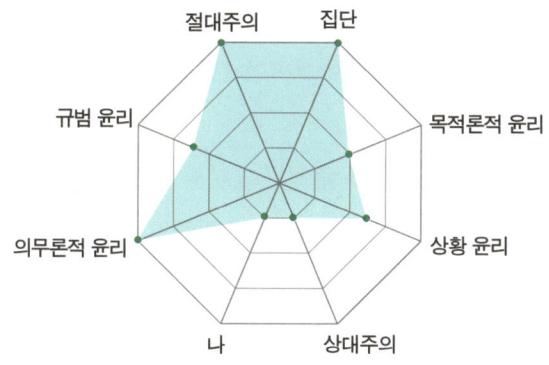

기독교 윤리는 어디에 속하는가?

희락인가 약물인가_ 음주와 금주 사이에서

지금까지 나눈 이야기들이 조금 복잡한가? 개념 이해도 쉽지 않지만, 이러한 과정을 통해 어떻게 살아야 할지를 도출하기란 꽤 피곤해 보인다. 이딴 것보다는 딱 부러지게 '해야 할 것'과 '하지 말아야 할 것'이 규정되어 있는 것이 차라리 속 편하다. 그래서인지 몰라도 타종교의 윤리와 달리 기독교 윤리는 저마다 주장하는 바의 진폭이 꽤 넓다. 심지어 같은 종교를 믿는 사람들의 주장이 맞나 싶을 정도로 차이가 클 때도 있다. 상황이 그렇다 보니 '믿는 바'가 아니라 '행하는 바'의 차이에 따라 열나게 싸우는 것 같다. 그래서 여기서는 개념적 이해보다는 지금까지 한국 교회 내에 지속되어 온 한 가지 행동 사례를 통해 정리해 보면 어떨까 한다. 그 사례로 필자가 정한 주제는 바로 '술'이다. 부제를 달자면 '음주와 금주 사이에서.'

이 주제를 예로 든 이유는 여러 가지다. 한국 교회 역사 이래 지속적으로 화두가 된 문제였고, 교회 밖 사람들마저도 이것이 그리스도인의 윤리와 연계된다고 믿던 시절이 있을 정도이기 때문이다. 그리고 교회 내부에서도 실제 이를 기준으로 정죄하거나 반발하는 사례가 많았기 때문이다. 또한 이것은 단순한 윤리 제시가 아니라 교회 교단 법으로까지 제정되어 있는 법령이며, 여전히 삭제되지 않은 주제다. 그러면서도 약간 식어 버린(?) 주제이기에 다루기 적합해 보인다.

당장 핫한 주제들은 '믿는 바'에 의거해 분별할 마음의 여유가 없다. 간단히 말해 그 문제를 언급하는 순간 내 견해가 밝혀질 것이고, 그렇다면 당신은 이 책 자체에 대한 신뢰를 거두어 버릴 가능성이 크기에 그렇다.

성경

기독교 윤리의 기준은 '성경'이다. 그렇다면 성경은 '술' 혹은 '음주'에 대해 뭐라고 말하는가? 성경에는 술이나 음주와 관련된 구절이 굉장히 많다. 그만큼 술은 인간의 일상과 밀접하다. 그런데 성경에는 "술 마시지 말라!"는 금언이 없다. 술과 관련하여 금하는 것은 '취하는 것'뿐이다. 오히려 성경에는 술과 음주의 긍정성을 언급하는 구절이 꽤 있다. 물론 음주에 대해 부정적으로 다루는 본문이 긍정적으로 다루는 것보다 2배 이상 많다는 사실에 주목해야 한다. 하지만 '부정적으로만' 다루지는 않는다는 사실도 분명하다. 그렇다면 성경에서 직접적으로 금지나 허용을 이야기하지 않기에, 술 문제는 맥락에 따라 해석하고 적용할 수 있는 '아디아포라'의 문제로 넘어감을 확인할 수 있다.

왜 아디아포라인가? 그동안 한국 교회에서 술을 바라본 시각과 달리 성경은 술을 그저 조금 '독특한 음식'의 하나로 여기기에 그렇다. 그래서 그 독특함, 다시 말하면 '취함으로 이끄는 바'에 대한 부분만 부정적으로 이야기할 뿐, 이를 제외하면 술은 그저 '음식'에 지나지 않는다. 당연하다. 술이라는 것 자체가 인간이 굳이 화학적으로 제조하지 않아도 자연 상태에서 발효되면 생겨나는 것이기에. 이렇듯 술은 인류 역사 초기부터 함께해 온 음식이다. 그렇다면 술의 상위 카테고리인 '음식'에 대한 성경의 접근부터 확인한 후,

'술'이라는 하위 카테고리를 다루는 게 맞겠다.

음식에 대해서는 구약과 신약의 접근 방식이 다르다. 구약에서는 먹어도 되는 것과 먹어서는 안 되는 것의 목록을 율법으로 분명하게 정하고 이를 따라야만 하며, 그것의 준수 유무로 의로운 자와 불의한 자를 구분한다. 그런 목록을 어떠한 기준에서 왜 주셨는지에 대해서는 그다지 친절한 설명이 없다(그 이유는 신학자들의 몫으로 남겨 놓자). 그러나 지금의 우리는 고민할 필요가 없다. 신약에 등장한 예수, 즉 성자 하나님의 선언 때문이다.

> "밖에서 사람의 몸속으로 들어가는 것이 사람을 더럽히지 못한다는 것을 알지 못하느냐? 밖에서 사람 안으로 들어가는 것은 무엇이든지, 사람의 마음속으로 들어가지 않고, 배 속으로 들어가서 뒤로 나가기 때문이다." 예수께서는 이런 말씀을 하여 모든 음식은 깨끗하다고 하셨다(마가복음 7장 18, 19절).

구약에서 어떠한 일이 있었든, 성자 하나님인 예수의 선언 이후에는 그 어떤 음식도 인간의 의로움과 부정함을 결정하지 못한다는 사실이 명백해졌다. 때문에 술이 음식에 포함되는 것이라면, 원론적으로 술은 누구라도 마실 수 있다.

단, 술은 그냥 음식이 아니라 '독특한' 음식이라고 하지 않았던가? 그래서 '취하지 말라'는 직접 금지 명령까지 주어졌다. "술에 취하지 마십시오. 거기에는 방탕이 따릅니다"(에베소서 5장 18절). 그런데 이는 구약의 명령이 아니라, 예수의 선언 이후인 바울 서신에 등장하는 말이다. 따라서 무시할 명령이 아니다. 오히려 예의주시해야 한다.

같은 음식인데 왜 술에는 이처럼 특수한 윤리가 덧붙었을까? '취했을 때' 혹은 '취할 정도까지 마실 때'의 술은 인간의 에너지원이 되거나 미각을 통해 쾌락을 선사하는 '음식'을 넘어 인간을 인간답지 못하게 파괴하는 일종의 '약물'이 되기 때문이다. 재미있게도 술은 인간의 삶을 더 인간답게 만드는 동시에 인간을 전혀 인간답지 못하게 만드는 특수성이 있다.

하나님은 인간을 하나님의 형상으로 만드셨다. 이 말은 여러 의미를 담고 있지만, 그중에서도 인간은 하나님의 대리 통치자로 옳고 그름을 판단해야 하는 존재라는 뜻이 있다. 그러나 사람이 술에 취하면 지성이 마비되고, 오직 욕구에 따라 움직이도록 변질된다. 술에 취해 야기되는 수많은 문제를 일일이 열거할 필요는 없을 것이다. 특히나 그리스도인이라면 그 안에 '성령'이 거하는 존재인데, 성령의 말을 듣기보다는 본능의 말을 듣는 상태로 끌고 가버리는 '취함'은 '불가'하다. 때문에 '취하지 말라'는 강력한 윤리적 권면이 등장한 것이다.

맥락

그렇다면 취하지만 않고 즐기면 되는가? 여기서 끝날 정도의 주제라면 시작하지도 않았다. 성경의 가르침이 이렇게 명백한데도 왜 한국 교회에서는 유독 금주가 강조되었는가? 이제부터는 '맥락'에 대한 이야기를 하려고 한다.

예를 들면 이런 것이다. 인간이 생존하는 데 가장 필요한 것으로 의식주를 꼽는다. 술은 음식의 문제이지만, 더 적절한 이해를 돕기 위해 '의'(依), 즉 '옷'을 이야기해 보자. 음식에는 꼭 술이 아니어도 조심해야 할 것들이 있다. 건강을 해치는 음식, 독이 든 음식처럼 말이다. 그러나 옷은 그렇지 않다. 때문에 의복에 대해서는 간섭할 필요가 없어 보인다. 그런데 정말 그러한가? 내 집이라면 혹은 해변 같은 곳이라면 옷을 거의 걸치지 않고 있어도 상관없다. 그러나 의복 착용을 간섭받는 장소가 있다. 즉 맥락이 주어지면 달라진다. 누군가의 장례식에 하와이안 셔츠를 입고 슬리퍼를 질질 끌고 간다면 어떨까? 그 사람은 테러범이다. 고인을 모욕하는 것이다.

마찬가지다. 아무 맥락 없는 상태에서는 술을 마셔도 된다. 심지어 성경은 술의 즐거움에 대해 말한다(전도서 9장 7절, 시편 104편 14, 15절, 아모스 9장 14절, 디모데전서 5장 23절 등을 보라). 그런데 '맥락'이 주어지면 달라진다.

앞서 예로 든 옷에 비유해 보자. 지금 우리가 사는 이 나라는 장례식 자리일까, 일상적인 자리일까? 옷을 거의 걸치지 않아도 무방한 해변일까? 분명한 것은 초기에 기독교가 우리나라에 유입될 때, 선교사들은 이 나라의 맥락을 '장례식'으로 판단했다는 것이다. 이 나라에 들어오기 전에 그 선교사들이 금주에 영향을 받기도 했지만, 특정 국가 선교사들만 들어온 것이 아님에도 전 교회가 술을 금지하기로 결단한 것은 우리나라가 처한 맥락이 끼친 영향이 크다.

조선 말 일제 강점기 때, 실제로 술은 민족정신을 갉아먹는 최고 악행으로 꼽혔다. 그 암울한 시기에 수많은 이가 미래를 상실하고 술 중독에 빠져 있었던 것이다. 개인들이 과도한 음주에 영향을 받기도 했지만, 이 나라의 음주 문화가 참 지저분했다. 즐기는 것을 넘어 중독되고, '부어라 마셔라' 하는 집단적 강요 문화에, 술과 함께 늘 '색'(色), 즉 뒤틀린 성 문화가 수반되었다. 때문에 초기 선교사들은 복음의 능력에 대항하는 문화 중 하나로 술을 꼽았고, 예수를 그리스도로 믿은 이후 새로운 삶에 대한 고백의 상징이자, 실제 새로운 삶으로 전환하는 일환으로 주초(酒草)를 금하는 것을 법제화하였다. 이때 축첩 제도 역시 거부하였다.

의무인가, 목적인가

정리해 보면, 원론적으로 술은 음식이므로 마셔도 된다. 그러나 맥락이 중요한데, 우리나라 초창기 선교 시기 맥락대로라면 술을 금지하는 것이 옳았다.

그렇다면 지금의 맥락은 어떠한가? '해변'인가? 아니면 여전히 '장례식'인가? 단순히 말하면 바뀐 것도 있고, 바뀌지 않은 것도 있다. 바뀐 것은 인식과 문화의 전환이다. 개인주의의 발달로 집단적 회식 문화가 근절되어 가고, 회식 참석 여부를 개인의 선택에 맡기고 있으며, 술 문화가 취함이 아닌 즐기는 것으로 자리 잡아 가고 있다. 그러나 여전히 우리나라는 전 세계에서 유례없이 술을 허용하는 국가로 분류된다. 술로 일어난 문제에 관용적이어서 그로 인해 범죄가 발생하더라도 충분한 감형 사유가 된다. 또한 많이 근절되었으나 여전히 2차, 3차를 통한 음성 문화가 존재하는 것을 부정할 수 없다.

그렇다면 그리스도인으로서는 술을 어찌 대하는 것이 좋을까? 원칙은 마시는 것이 문제되지는 않는다는 것이다. 다만 여러 가지를 고려해야 한다. 자신의 맥락이 해변에 가까운지, 장례식에 가까운지를 스스로 판단해야 한다. 지금껏 마시고 있었는지 마시지 않고 있었는지, 자신의 중독 성향을 확인해야 한다. 또한 누군가와 함께 어울릴 경우에는 그 사람들에 대해서도 고려해야 한다. 강제하는 이들이나 중독적으로 마시는 이들, 그릇된 문화를 조장하는 이들과 함께라면 애초에 마시지 말 것을 권한다. 그렇다고 건강하게 마시는 이들을 정죄할 필요는 없으며, 중독 활동으로 넘어간 이들은 도와야 한다.

공동체

마지막으로 고려할 부분이 있다. 아직 한국 교회에는 금주 문화가 전통으로 남아 있다. 그리고 이것을 생각보다 중요하게 여기는 이가 많다. 그들 앞에서 굳이 술을 마시거나 이를 자랑할 필요는 없다. 물론 이런 결정은 개인보다는 자신이 속한 공동체의 지도에 따르길 권한다. 공동체적 고민 아래, 모인 청중에 대한 고민과 대안적 고려를 통해 나온 결과가 있다면 그것을 따르길 바란다.

당장에 금지 혹은 절제하기로 하더라도, 다시 말하지만 술은 음식이다. 심지어 이를 통해 누릴 수 있는 좋은 쾌락들이 있다. 종교 개혁가 마르틴 루터는 이렇게 말했다. "맥주는 하나님이 주신 최고의 선물이다!" 그렇다. 기독교 윤리에서 아디아포라의 문제는 이 긴장 상태를 끝까지 끌고 나가는 데 관심이 없다. 최종 관심은 모두가 건강해져서 제약 없이 누리는 것이다. 때문에 궁극적으로는 '해변'의 환경이 되어야 하고, 또한 재미와 의미를 다 누릴 수 있는 술자리, 즉 그리스도인 형제자매들과 어울려 마시는 날이 오길 고대한다. 천국에는 이른바 '치맥'이 넘쳐 날지도 모른다.

지금까지 '술'이라는 주제로 기독교 윤리에 대해 나누었다. 이외에도 기독교 윤리의 주제는 무궁무진하다. 삶은 수많은 갈림길과의 조우 아니던가? 사실 사회적으로 '윤리적이다', '비윤리적이다'라고 평가하는 많은 부분이 성경의 적용과 크게 다르지 않다. 그런데 시간이 갈수록 사회적 윤리와 기독교 윤리의 간극이 커지는 것 같다. 특히 '섹스'(sex, 생물학적 의미의 성)와 '젠더'(gender, 사회적 의미의 성) 문제가 그러하다. 이는 좀 더 심도 깊은 논의와 적용이 필요할 듯하다.

어떤 주제든 성경을 기반으로 본의를 해석해 내어 현실에 적용하기란 언제나 쉽지 않다. 그러나 필요하다. 기도하는 당신, 생각하는 당신, 살아 내는 당신이 반드시 필요하다.

참고 도서 및 추천 도서

- 김용규, 「데칼로그」, 포이에마 펴냄, 2015
- 노먼 가이슬러, 「기독교 윤리학」, CLC 역간, 2011
- 로날드 사이더, 「가난한 시대를 사는 부유한 그리스도인」, IVP 역간, 2009
- 리처드 헤이스, 「신약의 윤리적 비전」, IVP 역간, 2002
- 마이클 샌델, 「정의란 무엇인가」, 와이즈베리 역간, 2014
- 윌리엄 프랑케나, 「윤리학」, 철학과현실사 역간, 2003
- 존 스토트, 「현대 사회 문제와 그리스도인의 책임」, IVP 역간, 2011

Intermission
성경 밖 하나님

나는 당신이 지난 한 시간 동안 무엇을 가장 많이 했는지 알아맞힐 수 있다. 바로 '스마트폰 보기!' 이 책을 읽고 있는 지금도 끊임없이 그 네모난 화면을 확인했을 것이고, 앞으로도 확인할 것이 분명하다. 딱히 울리지 않더라도 당신 스스로 중독 증세를 못 이겨서.

우리 현대인은 디지털 중독과 디지털 공해 한복판에서 살아가고 있다. 그러나 아무리 디지털에 중독된 당신일지라도, 어느 날 길을 걷다가 마주한 주황색과 보라색, 그리고 그 중간 어느 즈음으로 그러데이션된 저녁노을을 바라보고 있노라면, 잠시 호흡을 고르며 자연이 창조해 낸 빛깔에 경탄할 것이다.

사람들은 자신도 모르게 초록빛으로 둘러싸인 산이나 숲, 바다의 푸른빛을 쫓아 나아간다. 특히 스트레스가 심할수록. 살다 보면 안다. 대자연 한복판에 있을 때 비로소 무언가 규정할 수 없는 그런 '쉼'이 느껴진다는 것을. 그리고 그런 자리에 있을 때, 쉼을 넘어 비로소 "인간답게 산다는 것은 도대체 무엇일까?"라는, 답도 없는 철학적 질문이 생기는 것을 경험한다. 심지어 어떤 이들은 그러한 장소에서 문득 무언가 초월적인 기운, 존재에 대한 심상으로까지 나아간다.

이 모든 것은 특정 부류에게서만 발견되는 낯선 현상이 아니다. 우리 모두 그러하다. 물론 끝내 이런 질문들에 답을 찾지 못하고 다시 일상으로 돌아가는 것이 태반이지만, 그럼에도 그 자리에서 누리는 뭔가 모를 감상이 있다. 이런 것들은 도대체 다 뭘까? 인간이 자연의 일부라서? 태곳적 근원으로 돌아가고자 하는 본능 때문에?

이 책 2장에서 우리는 한 가지 분명한 사실을 짚어 봤다. 인간은 신을 알 수 없다는 사실 말이다. 인간에게 인식될 수 있는 존재라면, 이미 그 존재는 '신'이라 불릴 자격이 없다. 좀 딱딱하게 표현하자면, 인간이라는 유한자가 신이라는 무한자를, 3차원 세계에 사는 존재가 12차원의 존재를 알 수 없는 것은 당연하다. 성경 메시지에 따르면 본래의 인간은 신을 아는 것을 넘어 막힘없는 소통할 수 있는 정말 특별한 존재였으나, 타락으로 인해 일종의 동물과 다름없는 존재로 격하되었다. 더는 신을 알 수도, 신과 소통할 수도 없는 지경에 이른 것이다. 신이 자신을 드러내지 않으면(계시하지 않으면) 인간은 결코 신을 알 수 없다. 그래서 신이 본인을 알리셨고, 그 알리신 내용이 '성경'으로 남겨졌다. 인간은 성경에 기록된 메시지를 통해 신을 알 수 있고, 나아가 다시 특별한 존재로 돌아갈 길에 대한 메시지도 파악할 수 있다. 그런 이유로 성경 내용을 특별한 계시, 즉 '특별 계시'라 부른다.

지금까지 우리는 이 특별 계시를 토대로 기독교에 대해 나누어 보았다. 기독교인들이 말하는 신은 누구이고, 기독교에서 말하는 구원에 이르는 길은 무엇인지, 즉 무엇을 믿는지, 그리고 어떻게 그런 결론이 도출되었고, 그것에 근거하여 어떻게 살아야 하는지를 말이다. 그것이 이 책 전반부 내용이었다.

자, 여기서 우리가 놓친 것이 있다. 눈치 빠른 독자라면 이미 생각이 거기까지 닿았을 터. '특별'이 있다면, '일반'이라는 개념도 있지 않을까? 그렇다. '특별 계시'가 있다면 '일반 계시'도 있다. 일반적인 것이 있어야 당연히 그중에서 특별한 무언가가 있다고 말할 수 있다. 어휘의 구성 순서를 생각해 보면, '일반'이 먼저 있어야 그 다음에 '특별'이라는 개념이 형성될 수 있다는 사실을 유추할 수 있다. 즉 중요도로만 따지면 '특별함'이 우선될지 몰라도, 시간적 순서로는 '일반'이 우선된다는 의미다. 이를 감안하고 '일반 계시'에 대해 알아보자.

'일반 계시'란 '이 세상(우주) 자연 만물, 즉 하나님이 창조하신 "피조물"에 새겨진 하나님을 알 만한 것(메시지)'이라고 간단히 정의할 수 있다(인간 역시 피조물이기에 당연히 포함된다). 더 간단하게 말하면, 창조되었을 당시 첫 세계의 전부가 일반 계시다.

우리는 인간이기에 어쩔 수 없이 인간 중심으로 세상을 바라본다. 그래서 자연 만물 가운데 인간만을 특별하고 우월한 존재로 볼 때가 많다. 근거가 없지 않다. 창세기 1장의 창조 기사 역시 이를 지지한다. 창조 순서를 따라가 보면, 이 세상 만물이 '하나님의 형상'이라 불리는 특별한 존재인 인간의 삶을 위한 터전으로 지어진 것임을 알 수 있기 때문이다. 그러나 놓쳐서는 안 되는 사실이 있다. 여섯째 날 인간이 창조되기 이전의 모든 피조물 역시 절대자에게 "보시기에 좋았더라"라는 평가를 받았다는 점이다. 모든 피조물이 인간을 위해 지어진 것은 맞지만, 인간이 없어도 창조 세계는 그 자체로 가치가 있다는 것이다. 인간만이 아니라 자연 만물 역시 신의 작품이다.

이태리 장인이 한 땀 한 땀 만든 명품. (어차피 썩어 없어질 것이라지만 그래도 갖고 싶다. 그러나 그딴 생각은 잠시 내려놓고) 이 명품을 들어 비유해 보자. 명품 하나만 봐도, 장인이 어떠한 기법으로 어떠한 과정을 거쳐 그 작품을 만들었는지 알 수 있다. 또한 어떠한 의도로 이러한 모양과 재질을 선택했는지도 파악할 수 있다. 즉 완성된 작품이라는 결과물을 통해 거꾸로 장인의 됨됨이와 실력, 가치관까지 파악할 수 있는 것이다. 물론 평범한 우리는 아무 관심 없겠지만, 관심을 가지고 연구하겠다고 마음먹는다면 불가능한 일도 아니다. 마찬가지다. 이 세상 자연 만물이 신의 작품이라면, 그 작품을 통해 그것을 만든 신에 대해 유추할 수 있다. 때문에 세상 자연 만물은 '하나님의 형상'

들이 생존하고 누리는 터전의 기능이 있지만, 동시에 계시의 장소, 즉 하나님에 대해 간접적으로 알게 하는 터전으로서의 역할과 기능도 가지고 있다.

지금까지는 작품을 바탕으로 장인에 대해 알아 가는 방법을 이야기했는데, 사실 더 간단하고 직접적인 방법은 장인과 직접 소통하는 것 아닌가? 간접적 방식이 아닌, 직접적 방식 말이다. 실제로 최초의 인간은 그것이 가능했다고 성경은 말한다. 그런데 문제가 생겼다. '타락'이라는 엄청난 깨어짐에 모든 것이 악영향을 받은 것이다. 그로 인해 인간은 더 이상 하나님과 직접 소통할 수가 없다. 본래 직접 계시와 일반 계시만 있던 자리에 직접 계시가 사라지고, 고육지책으로 주어진 것이 특별 계시라 할 수 있겠다. 직접 계시이긴 하나 최초의 것보다는 제한된 그런 계시다. 그렇게 하나님은 더는 본인과 소통할 수 없게 된 인간들에게 다시 자신을 알리시기 위해, 나아가 막힘없이 소통하던 그 시절로 돌아갈 수 있는 방법을 알리시기 위해 메시지를 주셨다. 이를 '특별 계시'라 하며, 이 계시, 이 메시지가 담긴 책이 바로 '성경'이다. 이를 도식화하면 다음과 같다.

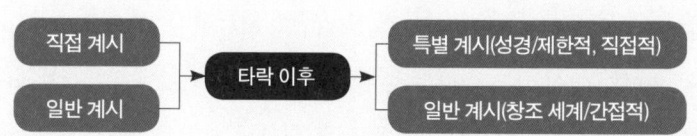

간접 계시의 터전인 자연 만물 역시 타락의 영향을 받는다. 타락으로 인해 인간의 정체성이 뒤틀렸으나, 그렇다고 인간이 돼지로 바뀌지는 않았듯, 자연 만물 역시 마찬가지다. 자연 만물은 하나님을 알 수 있는 (간접적인) '일반 계시' 역할을 여전히 수행한다. 어쩌면 타락의 주모자가 아니라 피해자이기 때문에 더 잘 보존되었을 수도 있겠다.

이렇게 비유해 보자. 다들 스마트폰 액정이 깨진 경험이 있을 것이다. 금이 간 액정을 볼 때면 마음이 아프지만, 액정에 비치는 내용을 아예 보지 못하는 것은 아니다. 물론 금이 많이 간 곳에 중요한 내용이 나오면 낭패지만, 그런 상황에서도 모든 부분이 안 보이지는 않는다. 화면이 바뀌면 때로 깨지지 않은 부분을 통해 꽤 많이 볼 수도 있다. 전체적으로 완성된 그림을 볼 수는 없지만, 절대 알 수 없다고는 말할 수 없다. 그렇다면 이것을 버릴 것인가? 특별 계시와 연합하여 잘 활용할 것인가? 당신은 답을 알고 있다.

자연 만물 안에 머물다 보면, 그리고 물끄러미 조망하다 보면 인간이 뭔가를 느끼고 깨달을 수 있는 것은 타락 이후에도 하나님의 형상이 여전히 잔존하기 때문이다. 다만 일반 계시를 바르게 읽어 내는 일은, 특별 계시를 먼저 받아들이고 다시금 하나님의 형상으로 전환되고 있는 이들만이 가능하다. 뒤틀린 인간이 역시나 뒤틀린 세상을 해석하면 그 결과물도 뒤틀릴 수밖에 없음이 자명하기에. 그래서 타락 이후, 직접 소통은 되지 않고 나아가 일반 계시도 제대로 해석할 수 없기에, '특별'한 계시가 주어진 것이다. 때문에 시간적으로는 일반 계시가 앞서나, 우선순위 면에서는 특별 계시가 앞선다.

그러나 일반 계시는 여전히 존재하고 중요하다. 이 역시 '계시' 아니던가? 에르메스가 최고라고 루이비통이 가치 없는 것이 아니듯, 롤스로이스가 최고라고 람보르기니가 가치 없는 것이 아니듯, 이들의 스타일이 다르기에 상황에 어울리는 것이 따로 있다(오해하지 마시라. 사 본 적도, 만져 본 적도, 타 본 적도 없는 것들이다). 즉 '계시'는 그 자체로 위대하다. 신의 것 아니던가? 물론 일반 계시가 그 기능을 얼마나 하는지, 어디까지 영향을 끼치는지는 명확히 분간할 수 없다. 그러나 특별 계시와 일반 계시, 이 둘은 나름의 기능이 있기에 서로 보완된다. 그렇게 보완될 때, 우리는 하나님을 더 잘 알 수 있고, 하나님의 형상으로 삶을 더 풍성히 누릴 수 있다. 대표적인 예로 시편에서 시인이 자연 만물을 바라보며 하나님을 찬양하는 것을 들 수 있겠다. 그 시인은 메시지가 기록된 책을 손에 들지 않았지만, 자연에 쓰인 글을 읽어 나가며 하나님을 깨닫고 찬양한다.

결론적으로 이렇게 말할 수 있다. 우리에게는 하나님을 알 수 있는 두 권의 책이 있다. 하나는 '성경', 다른 하나는 '자연'(피조물)이다.

> ● '자연'이라는 단어를 우리는 보통 산, 강, 초목, 동물 등 이 지구별의 생태계를 일컫는 말로 이해한다. 하지만 본래 '자연'은 우리가 생각하는 것보다 광범위한 의미를 담고 있다.
> '자연'(그리스어 *physis*, 라틴어 *natura*)은 본래 그리스 철학자들이 사용한 말로, '인간 세계와 독립하여, 자신의 존재 원인이 자기 스스로에게 있는 존재'를 일컫는다. 즉 그것이 무엇이든 간에 인간과 별개로 원래 존재하는 것을 말한다. 여기에는 물질만이 아니라 비물질적인 것까지 포함된다.
> 그러나 성경에는 이런 의미의 자연이 없다. 물질뿐 아니라 인간과 비물질적인 것까지 포함한 모든 것이 결국 하나님의 창조물이기 때문이다. 그래서 기독교에서는 자연보다는 '피조물'이라고 쓰는 것이 더 어울린다. 인간도 피조물에 포함되기 때문에. 그러나 여기서는 언어 관습상, 피조물이라는 딱딱한 단어를 쓰기보다는 '자연'이라고 부르겠다. 다만 우리는 자연과 분리된 존재가 아님을 잊지 않길 바란다. 모두 '피조물'일 뿐이다.

우리는 일반 계시의 대상인 '자연'(피조물)을 크게 두 가지로 분류할 수 있음을 알 수 있다. 하나는 궁극적 피조물인 '인간'이고, 다른 하나는 우리가 보통 쓰는 의미의 '자연'이다. 그런데 인간은 다시 두 가지로 분류할 수 있다. 하나는 '인간 자신'이고, 또 하나는 '인간 사회'다. 인간 자신이란, 개별적 인간의 내면, 즉 인간 됨을 말하며, 그 인간 됨 자체에서 하나님이 드러난다. 반면 인간 사회는 인간 외부를 말하며, 인간들이 군집하여 만들어 낸 사회에서 발견된 일들을 통해 하나님이 드러난다. 예를 들어 역사와 문화, 철학 등의 학문이 바로 그것을 알아내고 고민하는 작업들이다.

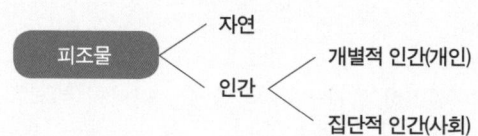

사실 일반 계시는 그동안 기독교 진영에서 많이 다루어지지 않았다. 특별 계시에 집중하는 것만으로도 벅차기 때문이기도 했지만, 애써 그 가치가 무시되어 왔다. 물론 이유는 있다. 아무리 특별 계시가 중요하다고 한들, 우리가 사는 세상 터전과 별개로 살 수 있는 인생은 없다. 즉 굳이 강조하지 않아도 인간은 일반 계시의 영역에서 살아온 것이다. 성경은 일부러 접근해야 하지만, 자연은 일부러 접근할 필요가 없는 우리의 삶이기에 그렇다.

그런데 재미있는 사실이 있다. 일반 계시가 기독교의 관심 밖으로 밀려 나기 시작한 것이 특별 계시로서 '성경'이 최종 정립된 시점이라는 것이다. 이때부터 특별 계시가 기독교인이 '우선'으로 대해야 할 주제로 규정된 것이다. 어쩌면 성경의 정립과 함께 시작된, '정통이란 무엇인가'에 대한 정리가 아마 더 큰 이유였을 것이다. 정통을 정립하기 위해 기독교 내에서 일종의 소리 없는 내전이 지속되었다. 이 가운데 수많은 이단과 아류가 생겨났는데 그들이 주로 근거로 삼은 것이 일반 계시로 불리는 영역에 속했기에, 또한 정통에 대한 합의된 근거를 성경에서만 찾을 수 있었기에, 이처럼 정통을 수립해 가는 과정에서 점점 특별 계시가 중요해졌다. 게다가 '특별'한 것이 있는데 굳이 '일반'을 찾을 이유도 없지 않은가?

이렇게 해서 특별 계시가 계시의 중심이 되었고, 기독교계에서 주된 관심과 연구의 대상이 되었다. 반면 일반 계시는 굳이 있지 않아도 될 만한 것 정도로 여겨졌다. 이 와중에 감성을 통해 일반 계시를 누리려는 영성의 흐름이 나름 지속되어 왔지만, 이마저도 가톨릭 전통과 결별한 종교 개혁에 의해 많이 사라진다. 종교 개혁의 가장 위대한 구호인 '오직 성경'(Sola scriptura)은 부패한 교회와 성경 해석권의 독점을 깨뜨렸지만, 동시에 성경만이 유일한 계시처럼 여기게 만들었다. 그래서 개신교 전통에서는 더더욱 일반 계시에 무관심하다.

일반 계시에 대한 이러한 무관심 혹은 배제는 의외의 문제를 낳았다. 이 세상을 탈출해야 하는 곳으로 느끼게 만든 것이다. 세상은 타락으로 가득하고 하나님의 형상이 존재하지 않는 곳, 은총에 의해 들어 올려져 저 세상으로 옮겨져야 하는 곳으로 느껴진다. 즉 세상은 악하기에, 일명 '가는' 하나님 나라, '완성될' 하나님 나라에만 몰입한다. 전형적인 성속 이원론적 주장이다.

그러나 이는 기독교의 정통적 내용이 아니다. 성경은 '오는' 하나님 나라, '이미 시작한' 하나님 나라 역시 분명하게 말하며, 그것이 바로 이 세상에서 시작되었다고 말한다. 때문에 일반 계시의 영역에 대한 이해와 누림이 필요하다. 이는 일반 계시가 '계시', 즉 하나님을 알아 가는 것만 있는 것이 아니라, 우리가 실제 살아가는 세상에 대한 이야기이기에 그렇다. 나아가 메시지를 깨달은 이들에게 주어진 사명이 바로 이 세상 안에서 특별함을 가지고 살아가는 것이기에 그렇다.

'하나님의 형상'은 그냥 존재함으로 끝나는 것이 아니라 역할을 가지고 있다. 이 터전을 하나님 나라에 걸맞게 일구고 다스리는 것. 그러려면 터전에 대해 알아야 한다. 그렇기에 일반 계시 영역에 대한 이해는 반드시 필요하다.

8장

인간이 종말을 창조한다

기독교와 환경

넷플릭스에서 개봉한 〈씨스피라시〉(seaspiracy)라는 탐사 다큐멘터리물이 있다. 제목이 독특하다. '바다'(sea)와 '음모'(conspiracy)의 합성어다. '바다 음모'라니. 제목으로 낚는 듯싶지만, 생각보다 내용에 충실한 제목이다.

이 다큐멘터리는 지구별 생태계의 보고이자 출발점이 되는 바다의 오염 실태를 다룬다. 무엇보다 '플라스틱' 이야기다. 한 번쯤 그런 사진을 본 적 있지 않은가? 코에 빨대가 꽂힌 채 숨이 껄떡껄떡하는 거북이나, 그물에 감겨 피를 흘리는 바다사자……. 이와 같은 참혹한 장면을 만들어 내는 플라스틱 쓰레기가 엄청나게 배출되고, 대양에 쓰레기 섬처럼 자리하며 점점 커져 간다. 더 심각한 문제는 따로 있다. 눈에 보이지 않는 미세 플라스틱 말이다. 잘 보이지도 않을 뿐더러 분해되지도 않는 이 쓰레기들이 바다 생명체 체내로 들어가 축적되고, 결국에는 인간에게까지 영향을 끼친다.

여기까지는 환경에 관심 없는 이라도, 지나가는 뉴스를 통해 어느 정도 인지하고 있을 것이다. 새로운 게 없어 보인다. 그런데 지금까지는 애피타이저일 뿐이다. 이 다큐멘터리는 그보다 심각한 문제로 대기업에 의해 운영되는 '어업'을 꼽는다. 대기업의 어업 활동이 수익 극대화를 위해 바다 생태계를 강제로 조정하고 물고기 씨를 말리고 있다. 심지어 물 위에 떠다니는 플라스틱 쓰레기보다, 어업 활동을 하며 버려진 어구들로 인한 쓰레기의 양이 훨씬 많아 그 문제가 크다고 고발한다.

이 다큐멘터리는 2048년에 결국 바다 생태계가 끝장나 버릴 것이라는 잔인한 전망을 내놓는다. 과연 실제로 그리될까? 모르겠다. 예전부터 대두된 환경 위기에 대한 예측이 거의 맞지 않았기에. 또한 우리네 생각보다 자연의 복원력은 늘 더 대단했기에. 그러나 '2048'이라는 구체적 숫자는 믿지 못하더라도, 만약 이대로 어떤 조정도 없이 환경 오염이 지속된다면 무언가 큰 문제가 생기리라는 생각에는 다들 동의할 것이다.

주변에 바다가 없어서 무슨 말인지 공감되지 않는다면, 잠시 눈을 들어 하늘을 보자. 뿌옇다. 좀처럼 파란 하늘을 보기가 어렵다. 해마다 봄부터 여름까지 창공을 점령하는 미세 먼지의 작품이다. 이 미세 먼지는 단지 파란 하늘을 가리는 것을 넘어 호흡기 질환을 유발하며, 나아가 생태계를 망가뜨린다. 추운 것을 싫어하는 우리가 언제부턴가 우습게도 시베리아에서 북동풍이 불어오길 기대한다. 적어도 파란 하늘을 볼 수 있기에. 우리는 이 먼지가 어디서 왔는지 알고 있다. 그렇다고 해서 그 먼지가 모두 서쪽에서 넘어왔다고만은 할 수 없다. 자생적 오염도 크다.

사실 미세 먼지는 표면적 위기일 뿐, 이면에 깔린 본질적 위기는 '탄소 증가'일 것이다. 미세 먼지만이 아닌, 지구 온난화의 주범 말이다. 이로 인해 빙하가 녹아내리고, 바다 온도 상승과 해수면 상승으로 북극곰을 비롯한 한대 기후 동물뿐 아니라 해양 생물이 점점 죽어 간다. 이와 더불어 이상 기후 현상이 속출하면서 육지 생태계도 파괴된다.

"탄소가 늘면 뭐가 문제인데?"라고 묻는다면, 얼추 '성격이 나쁘면 뭐가 문제인데?'라는 질문에 대한 대답 정도라고 말할 수 있다. 구구절절 답할 필요가 없을 정도로 문제가 많다. 때문에 이 엄청난 공멸 위기를 해결하기 위해 전 세계 국가가 머리를 맞대었다. 각국은 탄소를 엄청나게 배출하는 내연기관 주도 에너지에서 신재생 에너지로 눈을 돌리고 장려했다. 또한 한데 모여 각국의 탄소 배출 쿼터와 감축 목표를 정하는 '교토 의정서'(1997년)를 발효했다. 그런데 지구에서 가장 많은 탄소를 배출하는 3대장인 미국, 중국, 인도는 제외되었다. 중국과 인도는 개발 도상국이어서 제외되었고, 미국은 스스로 빠졌다. 싫다는 것이다.

위기가 심각해지자 재차 협정을 맺는데, 그것이 '파리 협정'(2015년)이다. 유엔(UN)을 통해 의결된 국제 협약이자 국제법에 적용받는 한층 강화된 협정이다. 그러나 2017년 트럼프 전 대통령 당시, 미국은 이 협정에서도 탈퇴하였다. 다행히 2021년에 당선된 바이든 대통령이 첫 업무로 파리 협정 재가입에 서명하지만, 이는 세계열강이 자신의 이익에 따라 언제든 협약 따위를 백지화할 수 있음을 각인시킨 소동이기도 하다.

그렇다면 현재 세계 제일의 오염물 배출 국가인 중국과 인도는 어떠한가? 자신들이 이미 오염물 배출의 가장 큰 피해자가 되었지만, 그럼에도 억울하다. 서구에서 시작된 산업 혁명으로, 지구의 자원을 다 빨아먹고 오염물을 최대로 배출한 전력이 있는 놈들에게 욕먹는 것이 억울한 것이다. 자기들은 이미 오만 군데 똥 다 싸 놓고 더럽혀 놓았다. 그래서 어차피 더러워진 거 나도 싸지르려는데, 갑자기 말끔하게 입고 찾아와서 왜 여기에 싸냐고 욕하는 형국이랄까? 억울하다. 우리도 너희처럼 개발해서 잘 살고 싶은데 왜 막느냐는 본새다. 그렇다. 각국이 노력하고 표면적으로 협력하고는 있지만, 사실 완전히 해결하기란 요원해 보인다. 도대체 이 문제를 어떻게 풀어 가야 할까?

여기서 짚고 넘어가야 할 재미있는 사실이 하나 있다. 환경 문제와 기독교를 연관지어 생각할 여지가 있다는 점이다. 환경 오염이라는 개념을 탄생시킨 기폭제인 산업 혁명이 이른바 '기독교 국가'라고 불린 영국에서 시작되어 유럽을 통해 확산되었기 때문이다. 나아가 성경 정신으로 세워졌다고 자부하는 후발 주자 미국의 폭발적인 산업 발전은 현대 환경 오염의 주범임을 부정할 수 없다. 우스갯소리로 우리가 아무리 열심히 쓰레기 분리수거를 해도 미국 사람들이 버리는 쓰레기를 보면 아무 의미가 없다고 말할 정도니 말이다. 그래서 기독교 비판가들, 혹은 환경 운동에 관심 있는 학자들 중에는 오늘날 생태 위기의 주범이 성경이라고 비판하기도 한다(이에 대해서는 뒤에서 좀 더 자세히 설명하겠다).

그러나 사실 성경은 "기독교가 문제다!"라고 말하는 듯한 현실과는 전혀 다르게 말하고 있다. 오히려 성경은 생태계를 보호하기 위해 창조된 인간의 역할을 강조한다. 아니, 보호만일까? 심지어 그 생태계와의 소통까지 이야기한다. 성경뿐 아니라 근대 이전의 기독교 역사에는 그와 같은 역할을 감당한 인물들 이야기가 심심치 않게 등장하고, 나아가 그러한 생태계와의 교감과 소통을 그리스도인의 주된 역할이자 영성으로 주장한 흐름도 있었다.

성경이 생태 위기의 주범?!

생태 위기의 주범을 '성경'으로 지목하며 비판한 이야기를 해보자. 어떻게 성경이 생태 위기의 주범이 될 수 있을까? 단언컨대 틀린 말이다. 성경 안에는 생태 위기를 촉발시킬 만한 내용이 없다. 즉 '성경'은 죄가 없다. 그럼에도 그러한 문제 제기는 어느 정도 공감할 만한 지적이기도 하다. 무슨 말인가? 술은 마셨지만 음주 운전은 안 했다, 뭐 이런 것인가? 아니다. 성경 안에는 그런 문제를 일으킬 원인이 없다. 다만 성경을 읽은 사람들의 잘못된 '해석'이 이를 조장한 적은 있다. 이 역시 미리 변명하자면, 4D로 봐야 할 세상을 오직 2D로 조망할 수밖에 없는 인간 시야의 한계로 인한 부작용이라고 말할 수 있다. 무슨 말인지 살펴보자.

우선 이 인물에 주목해 보고 싶다. 기독교의 정통을 논할 때, 무조건 1순위로 손꼽히는 인물 말이다. 누구일까? 이 책을 순서대로 읽었다면 기억할 만하지 않은가? 바로 5장에서 언급한 아우구스티누스다.

아우구스티누스에게 중요한 키워드는 은총이다. '하나님의 은총'('은혜'라고 이해해도 된다) 말이다. 이는 인간이 하나님의 은총 없이는 '하나님을 알 수 없다'는 데서 시작한다. 하나님은 인간이 그분 자신을 알 수 있게 하시려고 '특별한 계시'를 주셨고, 그것을 정립한 것이 성경이다. 계시가 주어졌다는 것 자체도 은총이지만, 또 다른 강력한 은총이 있다. 인간은 이미 타락의 지배 아래 있기 때문에 이 은총이 없다면 하나님을 받아들일 수 없다. 그 은총이 바로 '예수'다. 그분을 통한 구속(救贖, 누군가를 대신해 값을 치러 구원한다는 의미)이 중요하다. 때문에 예수는 최종적이며 불가역적인 은총의 끝판왕이시다. 그런데 이러한 예수를 구속자, 즉 '그리스도'로 믿는 것조차 인간의 자의로는 가능하지 않다고 말한다. 믿는 것 역시 하나님의 은총이 주어졌을 때에야 비로소 가능하다.

어떠한가? 은총에 대한 아우구스티누스의 강조가 지독하지 않은가? 집착이 아니다. 이는 분명한 성경적 신앙이자 신학임이 틀림없다. 성경 전체는 예수를 향하고, 삼위 하나님을 통해 이루어지는 구속 이야기가 거의 전부이기에 그렇다. 그런데 이러다 보니 어쩔 수 없는 문제가 발생한다. 한쪽 주장을 강하게 밀면, 의도치 않았으나 자연스레 반대쪽이 소외될 수밖에 없다. 즉 아우구스티누스가 특별히 자연을 폄하하지는 않았지만, 그렇게 정립된 정통적 신앙은 그도 모르는 사이에 자연을 무시해도 될 여지를 남겼다. 무슨 말일까?

은총이 강조된다는 것은 반대로 은총이 필요한 이유, 즉 타락의 영향력을 크게 본다는 의미다. 이는 자연스레 두 가지로 귀결된다. 하나는 '세상은 선하지 않다'는 것이고, 또 하나는 '인간은 선하지 않다'는 것이다. 이 둘의 조합으로 인해 인간의 노력이나 세상을 통한 하나님 추구는 하나님을 아는 데 무의미하다는 흐름으로 나아간다. 그러다 보니 일반 계시에는 관심을 끄고, 오직 성경, 즉 '특별 계시'에만 집중하는 방향으로 이어진다. 비슷한 이유에서 하나님의 만드시는 사역, 즉 '창조'는 잊히고, 타락해 버린 세상을 회복하시는 사역, 즉 '구속'에만 집중하게 되었다.

더 직접적 원인이라 볼 수 있는 문제도 있다. 창조에 대해 기록된 성경 본문 자체가 잘못 해석되어 온 것이다. 창조를 직접 설명하는 유일한 본문 창세기 1, 2장 이야기다. 이 천지 창조 기사를 통해 사람들은 큰 전환을 이루게 된다. 기독교가 전파되기 이전의 인간은 (몇몇 철학자를 제외하고) 자연을 위대하게 여기고 두려워했다. 미신적 사고에 따라 움직이고, 그들의 종교 역시 그러한 자연 미신적 믿음을 기반으로 존재했다. 그러나 기독교인들의 성경이 품고 있는 창조의 메시지는 확고했다. 자연은 하나님의 형상인 인간이 존립할 수 있도록 주어진 것이고, 그 자체로 신성하고 위대한 존재가 아니라고. 인간이야말로 특별하고 위대한 존재라고 말이다. 이렇게 기독교 신앙으로 일종의 계몽이 일어나자 미신적 사고에서 벗어나 더는 자연을 두려워하지 않게 되었다. 인간 의식사의 굉장한 진보다. 그러나 반작용도 찾아온다. 인간과 자연을 '분리'하는 관점으로 귀결되어 버린 것이다. 인간과 자연을 하나로, 즉 연합체로 보는 것이 아니라 이원론적으로 보게 되었고, 이것이 자연스레 기독교의 일반적인 시각이 되었다.

물론 이원론적으로 보는 것 자체를 문제 삼을 수는 없다. 다만 둘을 나눈 후, 우열을 매길 때는 문제가 된다. 자연이 인간보다 위대한 줄 알았는데 인간을 위해 지어졌다는 인식으로 전환되면서, 이제 자연을 인간보다 열등한 것으로 여기고 마음대로 활용해도 된다고 생각하기 시작한 것이다. 게다가 성경의 창조 기사에는 이를 뒷받침하는 것처럼 '보이는' 성경 구절도 있다. 창세기 1장 28절에는 이렇게 기록되어 있다.

> 하나님이 그들에게 말씀하시기를 "생육하고 번성하여 땅에 충만하여라. 땅을 정복하여라. 바다의 고기와 공중의 새와 땅 위에서 살아 움직이는 모든 생물을 다스려라" 하셨다.

"모든 생물을 다스리라"라는 말씀에서 이 '다스림'을 '지배'로 해석한 것이다(심지어 바로 앞에는 '정복'이라는 단어까지 나와 있어 더욱 이런 오해를 불러일으켰다). 즉 '자연은 오직 인간의 유익을 위해서만 존재한다'는 의미로 해석하는 흐름이 고착화된 것이다. 물론 잘못된 해석이다. 그래서 칼뱅과 같은 종교 개혁자들은 '다스림'을 '돌봄'이라는 말로 해석하길 선호하였다. 즉 '이용'이 아니라 '일구어 내다', '가치를 드러내다'가 성경 전체 맥락에 더 부합한다는 것이다.

환경의 위기 앞에 이제야 새로운 해석에 주목할 뿐, 기독교 2,000년 역사는 내내 자연의 '지배'라는 맥락으로 해석해 왔음을 부정할 수 없다. 자연은 인간의 목적에 봉사하는 것을 제외하고는 다른 목적이 없다는 개똥철학이 일반적 시각이었다는 것이다. 이렇게 해석하고 그렇게 믿는다면 어찌 될까? 당연히 그렇게 산다.

> ● 문자적으로만 보면, '정복'과 '다스림'을 '지배'로 이해한 과거의 역사는 잘못되지 않았다. 특히 '정복'(카바쉬)이라고 번역된 히브리어는 말 그대로 누군가를 '공격하고 굴복시키는 것'을 의미한다. 이에 대해 성경학자들은 창조 이야기가 창세기 1장에만 있는 것이 아니라 조금 다른 버전으로 2장에도 등장하며, 이 둘을 보완적 관계로 해석할 때 창조의 본래적 의미를 도출할 수 있다고 주장한다. 때문에 '정복'과 '다스림'은 2장, 특히 15절을 통해 보충 설명될 수 있다. "주 하나님이 사람을 데려다가 에덴동산에 두시고, 그곳을 맡아서 돌보게 하셨다." 이 본문에서 우리는 '정복'과 '다스림'이 '지배'가 아니라 '돌봄'에 가깝다는 것을 알 수 있다.
> 또한 '정복'과 '다스림'이라는 말은 창세기가 기록된 고대 근동 사회에서 '왕'에게만 국한된 말임을 기억해야 한다. 즉 1장에서 드러내고자 하는 방점은 '지배하는 행위'가 아니라, '왕'만이 선택받은 신의 후손이고 나머지 인간은 신의 노예일 뿐이라는 당시 사상에 반박하여 지음받은 모든 '인간'은 '왕과 같은 존재'임을 드러내는 데 방점이 있다. 그리고 2장은 왕적 신분을 지닌 그 인간이 '하나님의 형상'으로서 어떤 의미를 지니는지, 어떤 역할을 하는지 보완 설명하고 있다. 그러므로 '정복'과 '다스림'은 문자적 의미를 넘어 2장 15절에서 말하는 '돌봄' 혹은 '경영'적 의미로 이해하는 게 옳다.

시대를 건너뛰어, 본격적으로 환경 오염 문제가 발생하기 시작한 것은 18세기 중반 영국에서 시작된 '산업 혁명' 이후다. 서구 사회를 뒤흔든 산업 혁명은 자원을 무한히 빨아들이고 자연을 파괴했으며, 대신 오염 물질을 마구 배출하였다. 이로 인해 자연이 복원력을 가동할 겨를도 없이 오염이 가속화되었다. 오직 생산력에만 집중한 것이다. 여기서 어떤 학자들은 기계가 발명된 이유, 아니 그 이전에 과학이 발달한 배경을 기독교에서 찾기도 한다. 중세 말 신학자 오컴의 윌리엄(William of Ockham, 1285?-1349?)의 신학적 방법인 유명론(唯名論)을 통해 인간과 자연을 분리시킨 시각과, 과학 연구의 토대가 되는 귀납적 사고방식을 주장하고 보편화했다는 것이다. 말이 어렵다. 결론적으로 '기독교 사상'을 토대로 하는 서구인들이 시작한 산업 혁명으로 인해 환경 오염이 유발되었기에, '기독교'에 그 책임을 묻는 게 당연하다는 시각이다.

물론 전적으로 동의할 수는 없다. 기독교적 관점이 과학 혁명과 산업 혁명의 토대가 된 것을 무조건 부정할 수는 없지만, 할 말은 있다. 우선, '당시 서양에 명목상이라도 기독교와 별개로 사는 사람이 얼마나 되었을까'라는 합리적 의문이다. 또한 자연이나 인간을 단지 '물체'로만 인식하게 된 데에는 '기독교'의 힘이 컸을까, 아니면 마침 등장한 '진화론'이 일반 사회 인문학에 영향을 끼치면서 생겨난 '기계론적 세계관'의 힘이 컸을까? 후자라고 보는 것이 더 타당하다. 때문에 기독교에 환경 오염의 전적 책임을 물으려는 것은 객관적 추궁이 아닌, 다분히 반기독교적 감성이 섞인 발언으로 보인다. 근대 이후, 서구 사회에서 기본적으로 기독교를 까고 들어가야 지식인처럼 여기는, 이 거지 같은 문화에는 나 역시 감정적으로 반응할 수밖에 없다.

주저리주저리 변명을 늘어놓은 것 같다. 그러나 이러한 흐름을 알아야 무엇이 문제인지, 어떻게 나아가야 할지가 그려지기에 늘어놓아 보았다. 결론부터 말하겠다. 성경에 따르면 '기독교 신앙'과 '자연'은 대립하지 않고 오히려 상보적이며, 나아가 기독교인은 '자연'의 수호자가 되어야 한다.

그렇다. 이원론적 사고는 성경에서 말하는 바가 아니다. 하나님은 인간이 '특별'하다고 했지, 그렇다고 해서 다른 피조물이 특별하지 않다고 말씀하시지 않았다. 즉, 모두 다 귀하다. 인간이 '우선'될 수는 있지만, 우열의 문제는 아니다. 집에 불이 났다고 해보자. 당신은 당신의 자녀를 먼저 구할 것이다. 그리고 나서 위험하다는 이유로 키우던 반려동물을 포기하지는 않을 것이다. 반려동물 역시 구한다.

지구별에 있는 모든 것은 하나님의 피조물로, 소중하고 특별하다. 피조물을 지을 때마다 하나님은 '보시기에 좋았다'고 평하셨다. 그 자체로 가치가 있는 것이다. 물론 인간을 창조하시고 나서는 '보시기에 참 좋았다'라며 이중 긍정을 하셨지만, 어쨌든 인간도 창조 기간에 만들어진 '피조물' 중 하나다.

성경의 하나님은 '이신론(deism)적 신', 즉 창조해 놓고 개입하지 않는 신이 아니시다. 오히려 세상에 개입하시고 동행하시는 신으로 드러난다. 이 말인즉슨, 인간에게만 개입하시는 것이 아니라 인간을 포함한 모든 피조물에 개입하시고 관계하시며 이끌어 나가신다는 뜻이기도 하다. 그렇다면 같은 피조물이라는 정체성 아래 자연과 인간이 연결되어 있음을, 나아가 그 둘이 일종의 '가족'임을 알 수 있다. 진정 가족으로 여긴다면, 이렇게 쉽게 착취하고 이용하지는 못한다. 그런데 현실은 가족이 아니라, 자칭 '가족 같은 회사'라고 주장하는 회사의 사장 노릇을 하려는 것이 인간이다. 최악이다.

타락은 몹시도 뼈저린 현실이다. 그래서 회복(구속)이 필요하다. 타락은 인간을 통해 시작되어 인간에게 영향을 끼쳤으나, 인간만이 아니라 자연에도 영향을 끼쳤다고 성경은 말한다. 그래서 예수께서 도래하셨다. 성경 말씀은 이렇게 답한다. 그 유명한 요한복음 3장 16절이다.

> 하나님께서 세상을 이처럼 사랑하셔서 외아들을 주셨으니, 이는 그를 믿는 사람마다 멸망하지 않고 영생을 얻게 하려는 것이다.

하나님이 '인간'만이 아니라 '세상'을 사랑하셨다. 그래서 예수께서 오셨다. 인간은 예수께서 메시아이심을 믿음으로 영생을 얻는다. 인간에게 필요한 정보는 거기까지다. 다만 인간을 제외한 세상 역시 사랑하시기에, 마치 불난 집에 남겨진 반려동물을 구하는 주인처럼 나머지 피조물도 구하신다. 예수를 통한 회복(구속)은 인간만이 아니라 하나님의 피조물 전부, 즉 전우주적 회복이다.

피조물의 회복이 구체적으로 어떻게 구현되는지는 알지 못한다. 자연은 본래부터 (최초의 인간처럼) 하나님과 직접 소통할 수 있는 존재는 아니기에, 그것들이 예수의 은총을 어떻게 받아들이는지는 알 수 없다. 다만 피조물이 회복되는 간접 방식은 유추할 수 있다. 그 결정적인 단서가 바로 '인간'이다. 인간의 타락으로 자연도 타락하게 되었다면, 반대로 '영생을 얻은 인간'에 의해 자연도 회복되는 것이 마땅하다. 즉 인간이 자연 만물 회복의 협력자인 것이다.

이는 자연스레 창조 당시 하나님의 형상에게 주어진 명령인 '다스림'으로 향한다. 지배, 즉 착취가 아닌 '돌봄' 말이다. 피조 세계는 하나님의 숨결이 여전히 남아 있는 작품이며 하나님이 관계하시고 드러나시는 곳으로, 우리의 가족이라는 인식, 우리가 돌봐야 한다는 자각은 자연이 이대로 파괴되도록 방치할 수 없게 만든다. '어차피 미국 사람들이 다 더럽히고 중국 사람들이 다 망가뜨리는데, 나 하나 뭐 한다고 달라지겠어?'라는 생각은 정말 처참한 반응이다.

다행히 최근 기독교에서 자연에 관심을 갖기 시작했다. 선제적 관심이라면 더 좋았겠지만, 환경 오염 문제가 지나치게 심해지다 보니 늦게나마 그에 반응하기 시작한 것이다. 그 과정에서 그동안 성경을 잘못 해석하고 적용한 것을 반성하고, 일반 계시 영역에 대한 무관심도 뼈저리게 절감했다. 지난날에는 무지해서, 몰라서 그랬다고 해도, 이제는 과거와 같은 자리에 위치해서는 안 된다. 그리스도인은 지난날을 반성하고, 그와 더불어 더 적극적으로 자연환경을 보호하는 데 앞장서는 사명을 회복해야 할 것이다.

이를 위해서는 세 가지가 필요하다. 먼저 '왜 보호해야 하는가?'에 대한 대답이다. 성경이 말하는 '다스리는 자'로서 하나님의 형상에 대한 분명한 믿음과 소명 의식을 회복하는 것이 우선이다. 가치관이 바뀌지 않으면 행동하지 않는다. '보호해야만 한다!'라는 또 다른 강제적 '율법'이 되는 것이다.

둘째, '공부'가 필요하다. 현재 문제가 얼마나 심각한지, 얼마나 아픈지 알아야 고칠 수 있다. 회복에 어떻게 참여할 수 있는지에 대한 공부도 필요하다. 성경은 정체성에 대한 이야기만 할 뿐, 방법을 가르치지 않는다. 당연하다. 성경 시대에는 자연이 이렇게까지 망가지지 않았을 뿐더러, 자연과 하나 된 가운데 살고 있었기 때문이다. 때문에 현재 수준과, 회복에 참여할 수 있는 방법을 반드시 새로 배워야 한다.

마지막으로 '실천'해야 한다. 대단한 것을 생각하지 않아도 된다. 우리는 '툰베리'(Greta Thunberg. 〈타임〉[Time]지에서 선정하는 '올해의 인물'에 역대 최연소로 선정된 스웨덴의 환경 운동가로, 17세에 유엔에서 대표 연설을 했다)가 아니다. 그러한 입법 감시 운영 활동 등도 필요하겠지만, 대단한 결심은 결국 처참히 무너진다. 그냥 당장 실천할 수 있는 것부터 하자. 매일 마시는 음료에서 빨대를 없애자. 그리고 텀블러를 쓰자. 불편한 게 당연하다. 어쩌면 이와 같은 불편함을 받아들이는 것이야말로 '실천'일 것이다.

과연 뽀삐는 천국에 갔을까?

길을 걷다 보면 반려견을 데리고 산책하는 이들을 심심치 않게 본다. 굳이 길이 아니라 내 손 안의 스마트폰 속을 걸을 때에도 동물과 관련된 코너나 귀여운 반려동물 짤을 만날 수 있다. 어느 때보다 자연에서 멀어진 인간들이 어느 때보다 동물과 가까워 보인다는 것이 참 역설적이다. '집사'는 교회에만 있는 줄 알았는데, 일반 가정에도 즐비하다. 아니, 이제는 고양이 집사가 더 각광받는 시대가 된 듯하다. 용어도 바뀌었다. '사육'이나 '애완'이 아닌, '반려'라는 이름이 붙었다. 집에서 키우는 반려동물을 넘어 야생의 길고양이에게 먹이 주는 것에 대해서도 논란이 일 정도니, 시대가 많이 바뀌긴 했다.

반려동물을 키우지 않는 이들은 사실 반려동물이 가정에서 차지하는 위치를 온전히 공감하기가 어렵다. 인간끼리 주고받는 의미의 소통과 사랑까지는 아니지만, 인간과 동물의 관계에도 분명 뭔가 표현하기 어려운 애틋함 교감이 있다. 그것을 '사랑'이라고 부르는 것은 물론 자유다. 즉 인간과 동물 각자가 자기 방식대로 서로를 향해 사랑한다. 그리고 가치가 있다. 때문에 마치 인간을 대하듯, 자녀를 대하듯 대한다. 어떤 이들은 그러한 에너지를 사람에게 쏟는 것이 낫지 않느냐고 반문하지만, 무의미한 질문이다. 동물을 사랑하고 위하는 것이 사람을 무시하는 것은 아니기에 그렇다. 사람마다 관심을 갖는 대상이 다르지 않은가? 즉 대상이 사람이 아니라는 것은 중요하지 않다. 그보다는 어떤 중심을 가지고, 어떻게 사랑하느냐가 더 중요하지 않을까?

안타깝게도 반려동물의 수명은 인간과 달라서, 십수 년이 지나면 생을 마감한다. 엄청난 아픔이다. 그래서인지 이런 궁금증이 떠오른다. '나보다 먼저 떠난 사랑하는 뽀삐는 천국에 갔을까?'(가상의 강아지 이름이다. 생각나는 이름이 없어서 '뽀삐'라고 했다. 작명 센스에 감탄할 필요는 없다.) 우리가 고민해 보아야 할 지점이다. "천국에는 과연 동물이 있을까?"

이 질문에 답하기 위해서는, 우선 '동물'에 대한 정의를 내려야 한다. 사전적 정의에 따르면, 동물이란 '동물계로 분류되는 생물들의 총칭'이다. 즉 식물과 균류를 제외한 생물체 전부를 의미한다. 동물은 그 안에서 다시 연충류, 곤충류, 어류, 양서류, 파충류, 조류, 포유류로 나뉘는데, 곤충이 동물군의 80퍼센트를 차지한다. 복잡하다. 이런 설명을 원한 것이 아닌 줄 안다.

우리가 말하는 동물은 이러한 생물학적 분류가 아닌, 단순하게 '짐승'으로 보는 것이 낫겠다. 굳이 따지자면 포유류와 조류가 우리가 자연스레 연상하는 동물에 속한다. 누가 가르쳐 준 것도 아닌데 왜 그렇게 여길까? 이유는 생각보다 간단하다. 인간과 닮았기 때문이다. 그래서 조류보다는 포유류, 포유류 중에서도 인간과 외형이 비슷한 동물에 더 친숙함을 느낀다(실제로 인간을 닮은 동물일수록 더 많이 교감할 수 있다). 물론 우리는 동물이 인간과 다르다는 것을 분명히 안다. 그리고 동물 역시 또 다른 피조물들과 뭔가 다름을 안다. 뭔가 설명할 수 없는 차이가 있는 것이다.

생물학적 차이에 대해서는 과학 책을 펴고 공부하시라. 다만 나는 설명하기 애매한 이 차이를 '성경'이 이야기하고 있다는 사실을 언급하고 싶다. 고로 다시 '그곳'을 보자. 창조에 대해 설명한 창세기 1, 2장 말이다.

창세기 1장은 하나님이 주체가 되어 우주 만물을 6일간 창조하시고 마지막 일곱째 날 안식하셨다고 보고한다('날'이라는 단어의 정의는 9장을 참조하라). 그런데 여기서 쉽게 착각하는 부분이 있는데, 바로 '여섯째 날'에 관한 것이다. 생각보다 많은 이가 여섯째 날에 '인간만' 창조되었다고 알고 있다. 그렇지 않다. 창세기 1장 24, 25절은 하나님이 여섯째 날 인간을 창조하시기 전, 집짐승과 들짐승을 먼저 창조하셨다고 밝힌다. 그렇다. 우리가 흔히 '동물'이라고 부르는 존재는 인간과 같은 날 창조되었다. '같은 날'이라는 말이 의미심장하다. 그래서 인간과 동물은 분명 차이가 있으나, 동시에 인간과 동물이 생물학적으로 비슷하고, 동물 역시 인간처럼 다른 피조물과 구별되는 위치에 있음을 유추할 수 있다.

놓쳐서는 안 될 또 다른 독특한 점이 있는데, 바로 '다섯째 날'이다. 성경에는 이렇게 서술되어 있다.

> 하나님이 커다란 바다짐승들과 물에서 번성하는 움직이는 모든 생물을 그 종류대로 창조하시고, 날개 달린 모든 새를 그 종류대로 창조하셨다. 하나님 보시기에 좋았다. 하나님이 이것들에게 복을 베푸시면서 말씀하시기를 "생육하고 번성하여 여러 바닷물에 충만하여라. 새들도 땅 위에서 번성하여라" 하셨다(창 1:21, 22).

여기서 주목할 것은 '충만하여라, 번성하여라'이다. 이 명령은 하나님의 형상이라 불리는 특별한 존재 '인간'에게도 주어졌다. 다만 인간이 받은 명령과 다른 점이 있다면 '다스리라'라는 말이 누락되어 있다는 것이다. 그러나 같은 점도 있다. 다섯째 날 창조된 동물에게도 '명령이 주어졌다'는 것이다 (여섯째 날의 동물들에게는 별개의 명령이 없으나, 다섯째 날 창조된 동물과 여섯째 날 창조된 인간에게 주어진 명령의 연속성을 고려할 때 여섯째 날의 동물들에게도 이 명령이 동일하게 주어졌으리라고 여기는 것은 무리가 아니다). 즉 동물은 분명 인간과 다르지만, 그럼에도 동물 역시 하나님의 명령을 듣고 수행할 수 있는 존재라는 것을 알 수 있다.

성경은 인간의 독특성을 '하나님의 형상'이라는 말로 표현한다. 흔히 인간에게만 영혼이 존재하기에 그렇다고 이해하지만, 이는 분명하지 않다(영혼을 어떻게 정의하느냐에 따라 동물에게도 영혼이 있다고 볼 수 있기 때문이다). 그보다는 인간을 하나님과 소통이 가능한 존재라고 규정하는 게 낫다. 그러나 아무리 독특성이 있다 한들, 유일한 창조자이자 절대자이신 하나님을 제외한 다른 모든 것은 만들어진 피조물일 뿐이다. 인간도 결국 하나님의 피조물이다. 때문에 우리는 그 어떤 피조물도 함부로 대할 수 없다. 모든 피조물이 하나님의 작품이고 소유이기에 그렇다. 그 피조물 중에서 (인간만큼은 아니어도) '동물' 역시 다른 피조물과 차별성이 있으며, 그 차별성은 '인간'과 비슷하다는 점에서, 그리고 인간과 교감할 수 있다는 점에서의 차별성이라고 말할 수 있다.

정리하면 이렇다. 20세기 기독교 사상가 프랜시스 쉐퍼(Francis A. Schaeffer, 1912-1984)는 하나님과 피조물의 관계를 이렇게 설명하였다(표1). '무한함'(초월성)을 기준으로 범주화하면, 창조자(무한한 존재)와 피조물(유한한 존재) 사이에는 엄청난 차이가 있기에, 인간이 아무리 독특한들 그저 다른 피조물과 하나로 묶일 수밖에 없다. 그러나 '인격성'을 기준으로 범주화하면, 인간은 하나님과 한 범주에 묶인다. 모든 피조물 중에 인간만이 유일하게 인격성, 무엇보다 하나님과 소통할 수 있는 정도의 특별한 인격을 지닌 존재이기 때문이다.

또한 표1과 비슷한 구도로 인간, 즉 '하나님의 형상'과 다른 피조물의 관계를 설명할 수 있다(표2). 즉 인간은 하나님의 형상이기에 다른 피조물과 현격한 차이가 있으며 전혀 다른 범주에 속한다. 그러나 '관계성'을 기준으로 하면, 인간은 동물과 묶인다. 피조물 중에 유일하게 인간이 하나님과 소통할 수 있었던 것처럼, 피조물 중에 유일하게 동물이 인간과 소통할 수 있기 때문이다.

무한하신 하나님	인격적인 하나님		
	(하나님의 형상) 인간	(하나님의 형상) 인간	(관계적인) 인간
(유한한) 인간			동물
동물	동물	동물	
나머지 피조물	나머지 피조물	나머지 피조물	나머지 피조물
표1		표2	

그렇다면 앞선 질문으로 돌아가 보자. 과연 천국에도 동물이 있을까? 아쉽게도 성경은 이 부분에 대해 말하는 바가 없다. 이런 경우, (7장에서 기독교 윤리를 다룰 때 언급했듯이) 우리에게는 성경 전체의 맥락을 통해 유추할 수 있는 자유가 주어진다.

유추하자면 이렇다. 성경이 말하는 천국, 즉 '하나님 나라'에는 분명 물리성이 부여되어 있다. 기독교 신앙은 현재의 몸과는 같지 않더라도, 몸의 부활을 믿는다. 즉 하나님 나라는 혼령들의 나라가 아니다. 그런데 예수를 통한 구속이 전 우주 만물에 영향을 끼친다면, 그리고 동물 역시 하나님의 피조물이고 회복의 대상이라면, 분명 천국에도 동물이 존재하리라고 받아들이는 것이 합리적이다. 아니, 이미 멸종한 동물도 존재하지 않을까?

무엇보다 뽀삐는 반드시 있을 것이라고 생각한다. 당신이 그 나라 백성이라면, 종말에 이루어질 '하나님 나라'라는 곳에서 하나님의 백성은 절대적 복락 가운데 있을 텐데, 그 복락의 근간은 강제적 약물이 아니라 사랑, 즉 '관계성'에 기반한다. 때문에 이 세상에서 유대 관계를 맺은 반려동물이 있다면, 분명 그날에도 함께하지 않을까 싶다. 심지어 죄의 결과로 인간들 사이에 언어가 혼란해져(창세기 11장에 나오는 바벨탑) 서로 소통하지 못하는 것처럼 이 세상에서는 인간과 동물이 넘어설 수 없을 만큼 언어 체계가 달라 소통할 수 없지만, 그날에는 막힘없이 소통할 수 있지 않을까 예상해 본다. 영적 존재인 하나님의 형상과 하나님 사이에 소통의 벽이 뚫리는 것처럼, 관계적 존재인 하나님의 형상과 동물 사이에서도 소통의 벽이 뚫릴 것이다.

> ● '천국에도 (반려)동물이 있는 것'과, '동물이 천국에 들어가는 것'은 전혀 다른 문제다. 동물이 천국에 들어갈 수 있는지에 관해서라면, '동물에게 영혼이 있는가'(의식의 문제)부터 '동물이 스스로 죄 가운데 거하는가'(죄의 문제) 외에도 수많은 논쟁이 있을 수 있다. 명확히 답할 수 없는 문제이기에 넘어가도록 하겠다.

종말까지 말할 필요도 없다. 이 땅에서도 그와 엇비슷한 일들이 일어나기 때문이다. 대표적으로, 하나님 나라를 살아 낸 위인으로 손꼽히는 인물인 아시시의 성인(聖人) '프란체스코'(d'Assisi Francesco, 1182-1226)의 일화는 유명하다. 일체의 소유욕에서 해방되어 빈민을 구휼하고 영성 훈련에 매진하며 대중을 가르친 성인 프란체스코는 피조물에도 남다른 사랑을 내비쳤다. 그 사랑은 동물에만 국한되지 않고 식물이나 감각 없는 피조물에까지 이르렀다고 한다. 심지어 새들을 모아 놓고 설교했다는 일화, 마을에 내려와 사람을 죽이던 늑대를 찾아가 계약을 맺었다는 이야기 등은 참 신비롭다. 그 일화들의 사실 여부는 알 수 없으나, 그만큼 그의 삶은 자연 만물과 막힘없이 소통했다고 볼 수 있다.

마지막으로 인간과 가장 가까운 반려동물인 '개'에 대한 단상을 남겨 보고자 한다. 과학자들의 연구에 따르면 늑대와 개는 같은 종에서 분화되었고, 추정하기로는 7,000-30,000년 전에 가축화되었다. 그런데 엄밀히 말하면 개는 소나 양과 같은 가축과 다르다. 가장 먼저 가축화되었다는 점도 다르지만, 개의 원류인 늑대가 초식 동물이 아닌 공격성 강한 육식 동물인 점에서도 다른 가축과는 다르다. 아무리 오랜 시간 길들이더라도, 본래 인간과 함께할 수 있는 동물이 아닌 것이다. 그래서 어쩌다 개가 늑대에서 분화되어 가축화되었는지에 대해서는 아직도 과학적으로 명쾌한 답변이 없고, 가설만 난무할 뿐이다.

다른 가축들처럼 새끼 때 포획하여 사회화 과정을 거치다가 가축이 되었다는 추정도 있지만, 그중에서도 한 가지 꽤 재미있는 추정이 있다. 인간이 개를 가축화한 것이 아니라, 개가 인간을 먼저 찾아왔다는 추정이 바로 그것이다. 개를 반려동물로 삼은 이들의 뇌피셜이 아니라, 인간이 개와 비슷한 것을 먹기 때문에 먼저 찾아왔다는 것이다. 그런데 최근의 유전적 발견이 또 다른 흥미를 불러일으킨다. 개가 가축화된 이유를 유전자에서 찾은 것이다. 개는 늑대와 유전 체계가 동일하나 특정 유전자의 변형(사실은 결함이다. 인간에게서도 종종 나타나는 '윌리엄스-보이렌 증후군'으로, 지나치게 친절하고 낯을 가리지 않는 증후군이다)으로 인해 인간 종에게 더 친근감을 갖는다는 것이다.

무엇이 참인지는 모르겠다. 하지만 인간이 개를 찾은 것이 아니라, 개가 인간을 먼저 찾아왔다는 말이 내게는 참으로 신비하게 들린다. 게다가 개를 쳐다보고 있으면, 특히 꼬리를 흔들어 주는 그 모습을 보고 있으면, 그 추정이 '참'으로 느껴진다.

타락이라는 비참한 사건 이후 인간은 '다스림'은커녕 경계선을 긋고 자기보다 신체적으로 뛰어난 동물들을 두려워하거나, 오직 생존을 위해 동물을 먹이 대상으로만 여겼다. 다스림의 사명을 받은 하나님의 형상들이 그렇게 스스로 그 역할을 망각하고 있을 때, 자연은 '싸울' 존재가 아니라 '다스리고 연합할' 존재라는 것을 깨우치기 위해 하나님이 보내신 선물이 바로 개가 아닐까 싶은 생각이 든다. 논리적 비약임을 인정한다. 그러나 나는 그렇게 믿고 싶다. 그렇게 개는 스스로 인간들에게 들어왔다.

잊힌 보화, 켈트 영성

자연은 우리가 마주하는 가장 뚜렷한 일반 은총이다. 급속도로 발달한 도시 문화가 인간들을 자연과 분리시키고 점점 격리시켰지만, 초록빛 생명력은 여전히 힘을 내어 보도블록 사이, 건물의 틈 사이에서도 생명이 존재함을 알리며 우리의 시선을 강탈한다. 대부분은 쉽게 무시하거나 무심히 밟고 지나가거나 귀찮아하는 것이 현실이지만, 그럼에도 마치 '나를 알아봐 달라, 나를 통해 신을 묵상하라'고 아우성치는 듯하고, 가끔은 나도 모르게 설득당할 때가 있다.

오늘날의 환경 문제에 대해서는 이구동성으로 동의하기에 이제 환경 교육은 필수가 되었고, 개발과의 싸움에서 늘 져 온 환경 관련 법안이 무엇보다 우선되고 있다. 누구나 공감하고 동의할 만한 현재의 위기로 인해, 인간 스스로 삶의 방식을 되돌아보게 된 것이다.

기독교인 역시 되돌아보아야 한다. 우선은 '보호'의 측면에서 돌아보아야 한다. 이에 대해서는 다스림의 문제와 연관하여 이미 언급하였다. 자연은 지배의 대상이 아닌 돌봄의 대상이며, 동시에 그 자체로 하나님과 소통하는 통로가 되기도 한다. (특별 계시와 다른) 일반적이며 간접적인 방식의 소통 말이다.

이 시점에서, 우리 곁에서 사라졌으나 매우 고귀한 기독교 전통 하나를 소개하고 싶다. 구속주만이 아니라 '창조주'를 찬양하던, 특별 계시만이 아니라 '일반 계시'를 통해 하나님과 소통하려던, 즉 자연과 인간을 분리시킨 것이 아니라 동일한 피조물로 연대하며 건강한 '다스림'을 추구하던 전통 말이다. 역사의 우연인지 필연인지 이 전통은 자취를 감췄지만, 오늘날처럼 환경 위기가 극에 달한 시점에서는 재조명받을 만하다. 바로 '켈트 신앙'이다. 켈트 신앙은 무엇이고, 지금은 왜 사라진 것일까?

'켈트'는 고대(BC 2000-BC 200) 알프스 이북 서유럽(프랑스, 독일, 영국, 스페인 북부)을 기반으로 번성하던 고대 민족의 이름이다. 그러나 시간이 흐르면서 동쪽으로부터 게르만족에게 밀리고, 무엇보다 라틴족(알프스 이남의 남유럽과 북아프리카 계통의 백인)이 주류인 로마 제국에 차례로 정복당한다. 그렇게 켈트인은 로마 제국에 동화되거나 바다 건너 영국으로 넘어갔으나, 영국 땅 역시 가장 비옥한 남부 땅의 3분의 2가 로마에 정복당하면서(브리타니아) 켈트인들은 다시 영국 북부(스코틀랜드)나 바다 건너 서부(아일랜드)로 넘어간다.

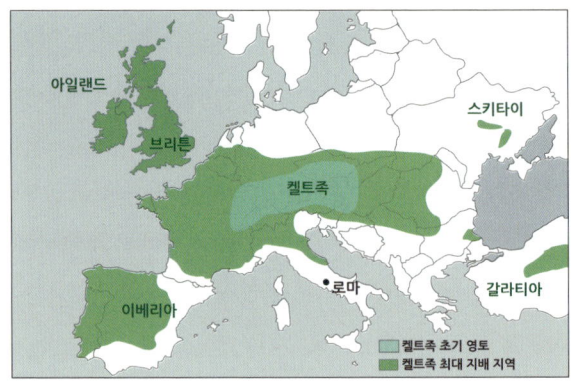
고대 켈트족 점령지

현재 켈트족 거주지
(켈트 6국)

그런데 영국 땅이 로마 제국에 정복될 즈음, 팔레스타인 땅에서 발원한 기독교가 얼마 지나지 않아 로마 제국 전역으로 퍼져 나갔고, 로마 제국에서 가장 변방인 영국 땅까지 이른다. 가장 변방이기에 가장 늦게 기독교가 전파되었지만, 로마 군대가 철수한 이후에도 아일랜드의 성인이라 불리는 성 패트릭(St. Patrick, 385?-461)과, 성 콜롬바(St. Columba, 521-597) 등 위대한 선교자들의 활동으로 영국 땅 역시 기독교화된다. 그렇게 서유럽의 변방인 영국 땅, 그곳에서도 가장 변방인 아일랜드까지 기독교가 흘러 들어간다.

그런데 시간이 지나면서 역설적인 현상이 발생한다. 게르만족의 침공으로 서로마 제국이 멸망하고 로마 제국의 옛 수도인 (이탈리아 반도의) 로마 시마저 점령당하자, 이곳에 토대를 둔 기독교도 근간이 흔들린 것이다. 이 당시 서유럽의 기독교는 게르만족의 지배 아래에서 종교적 구심점을 세우기가 어려웠다. 게르만족이 자연스레 기독교화되기는 했지만, 로마의 보호를 받으며 발전해 가던 옛 영광은 사그라들었다(물론 이미 옮겨진 수도 콘스탄티노플을 중심으로 하던 동로마 제국의 기독교[훗날의 동방 정교]는 건재했으나, 게르만족이 다스리던 서유럽과 교회와 소통이 단절되면서 점점 결별하였다). 그런데 이때, 가장 변방에 위치했기에 오히려 게르만족의 침공에서 안전했던 아일랜드에서 그동안 수도원들을 통해 보전되던 초대 기독교의 전통이 역으로 영국 본토와 대륙에 영향을 끼치기 시작한다. 역사의 신비이자 역설이다.

조금 복잡한가? 단순화해 보자. 로마가 (쓸모없는 땅이라고 여기던 라인강 동부 땅에 살던 게르만족을 제외하고) 유럽의 모든 민족을 정복한다. 그리고 로마는 기독교를 국교로 받아들인다. 시간이 갈수록 기독교는 크게 두 갈래의 신앙 색으로 갈라지는데, 그중 주류는 아우구스티누스가 자리한 '라틴 신앙'(앞서 4장에서 언급한 안디옥 학파와 알렉산드리아 학파가 훗날 알렉산드리아 학파로 귀결된 이후를 가리키는 표현이다)이다. 라틴 신앙은 특별 계시인 성경을 유일무이한 최우선으로 둔다(훗날 결별한 동방 정교는 정치적 이유로 인한 분열이었기에 라틴 신앙의 연속이라 봐도 틀리지 않다). 다른 하나는 앞서 언급한 유럽의 최변방 아일랜드에서 구축된, 일명 켈트족의 신앙인 '켈트 신앙'이다.

> ● '켈트 신앙'이라는 표현이 오해를 살 수도 있겠다. 켈트 신화나 드루이드로 대표되는 켈트인의 본래 '신앙'과 연계될 수 있기에 그렇다. 그러나 기독교 안의 신앙 색을 지칭하는 말이기에 '켈트 기독교'라 부르기에는 적합하지 않고, 집단이나 조직화된 일파가 아니었기에 '켈트 교회'라고 부르기도 어렵다. 때문에 불가피하게 '켈트 신앙'이라는 표현을 사용하겠다.

'라틴 신앙'과 '켈트 신앙'이라 지칭한 것은, 초기 기독교에서 내려온 전통 아래 정립된 기독교의 기본 진리에 각 민족적 특색이 결합되어 전혀 다른 색의 신앙을 추구했기 때문이다. 우선 라틴 신앙은 성경을 토대로 로마 제국 내 철학, 종교와의 싸움과 변증을 통해 성립되었으며, 지금도 칭송받아 마지않는 지극히 합리적이고 체계적인 로마 제국 문화를 토대로 구축되었다. 보다 '이성적'이다. 반면 켈트 신앙은 켈트인의 특성을 오롯이 반영한다. 결과적으로 라틴 신앙에 반해 '감성적'이라고 단순화할 수 있다.

'켈트인'을 떠올릴 때 쉽게 연상되는 단어가 있는데, 바로 켈트의 사제 '드루이드'다. 우리나라로 말하면 무속인이겠지만, 드루이드는 귀신 혹은 특정 인격신을 믿거나 힘을 빌리는 것이 아니라 자연 만물에 깃든 에너지와 공명하는 영매이자 지혜자다. 즉 기본적으로 켈트인은 자연을 찬양하고 사랑하기에 자연과 공존하는 문화를 갖고 있었다.

켈트인에게 복음을 전하고 켈트 신앙의 토대를 놓은 성 패트릭이나 성 콜룸바 같은 경우, 켈트인의 민족 신앙과 대립하며 선교한 것이 아니라, 그들의 토착 문화와 영성에 매우 관대한 관점으로 접근하였다. 그들이 보기에 자연을 향한 켈트인의 사랑은 악한 문화가 아닌, 오히려 방향만 바꾸면 기독교 신앙의 맛을 듬뿍 살릴 수 있는 터전이었기 때문이다. 즉 일반 은총에 대한 추구, 나아가 창조주에 대한 경외와 누림으로 이어지길 바랐다. 그 상징이 바로 '켈트 십자가'다.

켈트 십자가

● 켈트 십자가의 기원과 의미는 정확하지 않다. 성 패트릭이 다신교도들에게 십자가의 중요성과, 생명을 주는 태양의 가치를 연결하기 위해 태양을 상징하는 원과 십자가를 합쳤다는 주장이 가장 타당해 보인다. 십자가에 뭔가를 더했다는 이유로 이교적으로 보이기도 하지만, 오해하지 말자. 앞서 1,000년 간 그리스도인들에게 켈트 십자가는 이교의 상징이 아니었다.

그렇게 구현된 일명 켈트 신앙에는 켈트족 특유의 자연 친화적 감성이 듬뿍 반영되었다. 모든 생명 안에 선이 남아 있음을 강조하기에, 비록 제한적이지만 인간이 자연을 통해 하나님을 알 수 있음(느낌)을 강조한다. 그러나 그렇다고 해서 인간의 노력(행위)을 통해 선을 이룰 수 있다고 주장하지는 않는다. 당연히 그리스도를 통한 구속이 필요하다. 다만 그리스도의 구속을 통한 해방과 벗어남을 강조하는 전통적 관점의 구원과는 뉘앙스가 조금 다르게 다가온다. 켈트 신앙에서의 그리스도는 벗어남이 아닌 '창조 시점으로의 회복'으로 이끄는 분으로 강조되기에 그렇다.

요점은 라틴 신앙은 '죄'에 무게를 두기 때문에 구속과, 그 구속을 통한 해방에 초점이 맞춰져 있다면, 켈트 신앙은 '창조'에 무게를 두기에 그 창조로의 회복에 초점이 맞춰져 있다는 것이다. 또한 의도야 어찌 되었든 가톨릭교는 '교회'의(혹은 교회를 통한) 구원을 강조하는 뉘앙스로, 개신교는 '개인'의 구원을 강조하는 뉘앙스로 비춰진다면, 켈트 신앙은 '만물'의 구원을 강조하였다. 켈트 신앙은 인간의 특별함을 부정하지는 않지만, 인간을 피조물 중 하나로 바라보는 관점이 강하고, 개별성보다 전체를 강조하였다. 그러다 보니 그들에게 일반 계시의 터전인 자연은 중요했고, 피조물의 하나인 인간 역시 자연과 연합하여 하나님을 '느끼길' 원했다. 하나님은 자연 만물을 통해 우리의 숨결보다 더 가까이 우리 곁에 계시기에 그렇다. 때문에 그들에게 그리스도는 우리를 세상 밖이 아닌, 세상 안에 계신 하나님과 새로운 관계를 맺도록 이끄는 분이었다.

인간은 분명히 한계를 지니고 있다. 나무와 숲 둘 다 균형 있게 보기란 여간 쉽지 않다. 누군가는 숲 전체가 먼저 눈에 들어오고, 누군가는 나무가 먼저 보일 수밖에 없다. 어쨌든 출발은 둘 중 하나에서 시작된다. 어떤 상황이 발생했을 때 누군가는 이성이 먼저 반응하고, 누군가는 감성이 먼저 반응하는 것처럼. 때문에 왜 균형 있게 보지 못하느냐는 주장은 의미가 없다. 인간이라 그렇다.

켈트 신앙은 그 민족의 특색이 반영되어 '숲'을 먼저 보고, '감성'으로 수용하려 했을 뿐이다. 반면 기독교의 토대가 된 라틴 신앙은 그 민족의 특색이기도 하지만, 더 넓고 다양한 세계와의 통합과 갈등 과정을 거치다 보니 지금과 같은 색을 만들어 낸 것이다. 라틴 신앙과 켈트 신앙의 고착화는 이 정도로 정리할 수 있겠다.

애석하게도 켈트 신앙은 현재 우리 곁에서 자취를 감추었다. 세 가지 이유가 있다. 첫째는 '신학적' 이유다. 라틴 신학이 결국 정통이 되었기 때문이다(사실 라틴 신학에는 굳이 '라틴'이라는 명칭을 붙일 필요가 없다. 현 기독교의 그것과 같기 때문이다).

라틴 신학의 아버지인 아우구스티누스가 그 신학을 정립함에 있어 교회 내부적으로 가장 크게 충돌한 사람이 있었으니, 그 이름은 '펠라기우스'(Pelagius, 354?-420?)다. 그와 논쟁을 하면서 아우구스티누스는 은총에 더 몰입하였다. 펠라기우스는 죄가 인간의 본성을 오염시키지 않았기에, 인간이 선과 악을 선택할 수 있다고 보았다. 죄가 인간의 본성까지 오염시켰다고 본 아우구스티누스는 펠라기우스의 주장에 대해 은총 없는 자연 상태의 인간이 선을 행할 수 없다고 단언했다. 아우구스티누스에게 펠라기우스의 사상은 마치 인간의 노력을 통해 선을 이룰 수 있다는 여타 종교와 다를 바 없는 위험한 발상처럼 보였다. 때문에 아우구스티누스는 외부적으로는 다른 종교들과의 논쟁, 내부적으로는 펠라기우스와의 논쟁을 통해 원죄의 개념과 그 무게를 정의했고, 이는 오직 그리스도를 통해 주어지는 은총인 구속만이 정답이라는 주장으로 귀결되었다. 그렇게 인간의 노력이 아닌 신의 은총이 강조되는 신학이 정립되었고, 이것이 이른바 '기독교 정통'이 되었다.

켈트 신앙이 자취를 감춘 것과 이것이 무슨 관련이 있을까? 공교롭게도 펠라기우스는 브리타니아(영국) 출신의 켈트 신앙을 기반으로 하는 신학자였다. 즉 펠라기우스가 인간의 본성이 오염되지 않았다고 본 전제는 켈트 신앙, 즉 모든 피조물에는 선이 남아 있다는 사상에서 기인했음을 부정할 수 없어 보인다. 펠라기우스라는 개인과 켈트 신앙을 분리해서 볼 필요는 있지만, 그럼에도 펠라기우스의 주장을 통해 확인되는 바는, 분명 켈트 신앙이 자칫 그릇된 '신학'으로 나아갈 가능성을 내포하고 있다는 것이다.

켈트 신앙이 사라진 둘째 이유는 '교회 정치'다. 초대 교회는 5대 도시를 기반으로 성장하고 그곳 주교들이 교회의 대표가 되었으나, 시간이 갈수록 제국의 수도 로마로 집중되었다. 그런데 서로마가 게르만족에 멸망당한 뒤, 로마 제국 아래 보호받던 서방 교회는 게르만족의 통치를 받는 동안 생존에 더 집중할 수밖에 없었고, 그러면서 신학적으로든 신앙적으로든 더 나은 것을 추구할 수가 없었다. 그런데 이때, 의외의 흐름이 일어났다. 앞서 언급했듯 대륙과 단절되고 게르만족의 침공에서도 제외된 섬나라 영국, 그곳에서도 또 다른 섬인 아일랜드에 보존되어 있던 (켈트 신앙과 조합된) 기독교의 힘이 터져 나온 것이다. 그 힘은 역으로 영국 본토와, 그 너머 대륙에까지 영향을 끼쳤다. 그러나 그렇게 변방 아일랜드에서 대륙을 넘어 로마 교회까지 이르렀을 때는 이미 교회가 교황제를 비롯하여 위계화되고 제도화된 후였다. 켈트 신앙과 수도원 영성이 서방 교회에 충분히 자극을 준 것은 맞으나, 거기까지였다. 중앙에서 보기에는 통제해야 할 대상이었던 것이다.

마지막은 '역사적' 이유다. 스칸디나비아와 유틀란트반도(현 덴마크)에 머물던 노르만족이 살기 좋은 대륙 곳곳을 침탈하고, 나아가 그 지역의 왕들과 협상하여 정착하기 시작한다. 그 주요 대상이 프랑스 북부와 영국이었다. 그 와중에 프랑스 북부에 세워진 노르망디 공국의 정복 왕 윌리엄(William I, 1028?-1087)이 영국으로 건너가 그 지역을 지배해 버린다. 그 당시 노르만족은 기독교인이 아니었다(훗날 기독교로 개종한다). 노르만족의 정복으로 그나마 미약하게 존재하던 켈트 신앙과 아일랜드 발 신학 작업의 명맥이 끊어져 버린다.

이렇게 켈트 신앙은 유명을 달리한다. 그 후의 신학 사조는 점점 이성이 강화되고 분석적 사고를 중시하는 방향으로 나아간다. 그 뒤의 흐름을 우리는 잘 알고 있다. 기독교 내의 그러한 경향성은 훗날 유명론과 이어지고, 과학 혁명과 연계된다. 또한 예술 영역에서는 르네상스가 일어난다. 이로써 자연이 아닌 인간을 찬양하는 문화가 형성되고, 자연은 이성으로 분석해야 하는 대상이 되어 버린다. 이런 흐름이 가져온 긍정적 결과(산업 혁명, 과학 혁명)

뿐 아니라 부정적 결과(환경 오염)마저 마주하고 있는 것이 우리의 현재다.

켈트 신앙의 전통은 사라졌지만 자연을 바라보는 켈트족의 시각은 사라지지 않았다. 그것은 인간이라면 누구나 품고 있는 자연스런 시각이다. 게다가 그리스도를 받아들인 이들 가운데에는 켈트적 성향을 지닌 사람들이 늘 있었다. '켈트'라는 말로 전수된 것은 아니지만, 기독교 역사 내내 켈트적 영성을 추구하고 향유한 신앙의 선배들은 늘 존재했다. 앞서 언급한 중세 성인의 대표 아시시의 프란체스코가 대표적이다. 그는 무소유와 나눔의 빈자 영성으로 유명하지만, 동시에 자연을 사랑함을 넘어 자연 만물과 공명한 인물로도 잘 알려져 있다. 빙엔의 힐데가르트(Hildegard von Bingen, 1098-1179)라는 수녀 역시 유명한 자연 영성가이자 박물학자였다. 이러한 개인의 노력만 있었던 것은 아니다. 동방 정교회에는 이와 같은 신비주의와 관조적 기도와 연계하여 자연을 추구하는 영성의 흐름이 남아 있다.

지금 우리가 마주한 가톨릭교-개신교 전통('정통'이라 하자)은 초대 교회 이후 수많은 신학적 논쟁과 갈등을 이겨 내고 살아남은 신학이다. 물론 역사가들과 기독교에 비판적인 이들은 이것이 (교회가 아닌 사회) 정치적 갈등의 결과물이라고 애써 해석하지만, 그 비판을 인정한다손 치더라도 그렇게만 볼 수는 없다. 그 자체의 신학적, 신앙적 타당성이 없었다면 이렇게 확산되지는 못했을 것이기 때문이다.

그러나 우리는 '정통'이라 불리는 신학의 한계도 겸허히 인정해야 한다. 그것이 아무리 더 훌륭하고, 더 통합적이고, 더 탄탄하다 할지라도, 성경이 말하는 모든 것을 담지하지는 못한다. 인간의 손을 거치면 '무언가'가 더 강조될 수밖에 없고, 또 다른 '무언가'는 소외될 수밖에 없기에 그렇다. 2,000여 년의 역사 가운데 소외된 것이 꽤 있겠지만, 켈트 신앙이 그 대표적인 사례다.

생태 위기라는 전 지구적 위기 앞에 다시 이 귀중한 전통이 소환되고 있다. 늦었지만 이를 복기하고 화해하며, 이를 통해 현재의 아픔을 보완하고 균형을 잡아야 한다. 이성적 추구에만 매몰되는 신앙은 메마를 수밖에 없다.

그런 신앙에 대자연 속에서 신의 동행을 '느끼는' 감성적 신앙이 병행된다면 신앙이 풍성해질 것이다. 구속만이 아닌 창조 그 자체를 느끼며, '가는' 하나님 나라만이 아니라 '이미 온' 하나님 나라를 '다스리는' 사역에 동참할 수 있다. 상상해 보라. 오감을 통해 내 곁에 있는 모든 것에서 신의 흔적을 느끼고, 신과 동행하는 것을. 판타지 영화나 무협지에서만 보던 신인합일의 경지가 아니던가. 그런 소설은 그만 보고, 이제 눈을 들어 자연을 보자.

참고 도서 및 추천 도서

- 김도훈,「생태 신학과 생태 영성」, 장로회신학대학교 펴냄, 2009
- 이충범 외,「창조 신앙 생태 영성」, 대한기독교서회 펴냄, 2010
- 도로시 세이어즈,「창조자의 정신」, IVP 역간, 2007
- 존 필립 뉴엘,「켈트 그리스도」, 대한기독교서회 역간, 2013
- 티모시 조이스,「켈트 기독교」, CLC 역간, 2003

9장

미개한 기독교인

기독교와 과학

당신이 우리나라에서 의무 교육을 받았다면, 분명 '과학'을 알 것이다. 스스로 과학 상식이 부족하다고 하는 이도 생각보다 많이 알고 있으며, 학창 시절에 과학 시험 점수가 매우 낮았던 이도 차별 없이 과학 기술의 혜택을 누리고 있다. 어쩌면 과학이라는 과목이 의무 교육 과정에 반드시 포함된다는 사실 자체가 현대 문명인이 되는 데 과학이 꼭 필요한 것임을 증명하는 듯하다. 반면, 성경이나 종교 등의 과목은 의무 교육에 포함되지 않는다. 이것 역시 부정할 수 없는 명백한 현실이다.

신앙이 중요하다고 여기는 부모 밑에서 자란 아이들이나, 신앙이 가장 우선되는 가치임을 받아들인 아이들은 이런 배움의 현장에서 딜레마를 느낀다. 예를 들어 과학 시험 시간에 "인간이 어떻게 존재하게 되었는가?"라는 문제가 출제되었다고 하자. 물론 학생은 선생님의 출제 의도와 이 문제의 정답을 안다. 답안지에는 '진화'에 대해 써야 한다. 그러나 자신이 배운 기독교 신앙으로는 불행히도 '진화'라고 쓸 수 없다. 그렇다면 좋은 점수를 받기 위해 잠시 신앙적 양심을 내려놓고 진화에 동의해야 하는가? 아니면, 틀리더라도 신앙적 양심에 따라 창조에 대해 써야 하는가? 그도 아니면 선생님을 찾아가 왜 검증되지도 않은 '설'(說)을 사실처럼 주장하느냐고 따져야 할까?

그런데 이렇게 상상해 보자. 제3의 비기독교인이 이 학생의 내적 갈등을 알게 된다면 어떻게 생각할까? 심지어 그가 이 학생이 따지려고 한 교사라면? 아마도 그는 그 학생을 미개하다고 생각할 것이다. 여전히 과학 이전 시대를 사는 계몽되지 못한 무식한 사람 말이다. 신앙이든 과학이든 둘 중 하나에 몰입한다면, 당연히 이와 비슷한 딜레마에 빠질 수밖에 없다. 아직 빠지지 않았다 하더라도 필시 예정된 수순이다. 그렇다. 21세기를 살고 있는 우리에게 신앙과 과학의 관계는 결코 피해 갈 수 없는 주제다.

과학에 아무 관심 없는 사람도 많기에, 이 주제에 전혀 흥미를 느끼지 않을 수도 있겠다는 생각이 든다. 그래서 당신의 고정 관념을 깨뜨릴 만한 몇 가지 재미난 사실을 던지며 시작할까 한다. 우선, 원숭이는 아무리 오랜 시간이 지나도 사람이 될 수 없다. 심지어 과학(생물학)이 그것을 입증한다. 또한 신학자들은 진화 과정을 거쳐 사람이 될 수 있다는 과학의 주장을 거부하지 않는다(물론 모든 신학자는 아니다). 마지막으로 과학과 신앙의 대립 의제에서 가장 많이 쓰이는 예화, 즉 '지동설'을 주장하던 갈릴레오 갈릴레이가 패소한 이유는 어이없게도 그의 주장이 비과학적이었기 때문이다.

어떤가? 이제 좀 관심이 생기는가?

아인슈타인의 헛소리_ 과학이란 무엇인가

우리는 '기독교'에 대해 계속 두드려 보며 지금까지 왔다. 그래서 과학과 대화하기에는 추가 지나치게 한쪽으로 기운 느낌이다. 때문에 이 둘의 대화를 주선하기 위해서는 먼저 '과학이란 무엇인가'에 대해 최소한의 이해가 있어야 할 듯하다. 자, 과학이란 무엇인가? 지나치게 무게 잡지 말고(나는 과학자가 아니라 목사다) 상식선에서 정리해 보자.

사전적으로 과학은 "보편적인 진리나 법칙의 발견을 목적으로 한 체계적인 지식"(국립국어원 표준국어대사전)이라고 정의된다. 때문에 조금 더 설명하자면, '숫자'를 통해 구현될 수 있는 보편적 법칙을 산출해 낸 모든 것에 '과학'이라는 말을 붙일 수 있다. 그래서 얼핏 모순되어 보이는 '사회 과학'이라는 말도 성립한다. 데이터와 통계를 가지고 사회 현상을 분석하여 일종의 법칙을 만드는 방식 말이다. 다만 이 책에서는 학교에서 교과목으로 다루는 그 '과학'을 이야기하고 싶다. '자연 과학' 말이다.

다시 정리하자면, 과학이란 '자연 현상 안에서 나타나는 인과 관계를 끊임없이 연구하여 (숫자를 통해 정리되는) 보편적 법칙을 발견해 내는 것'이라 할 수 있다. 이와 같은 방식의 과학을 통해 도출된 연구 결과물이 '보편적 원리'로 통용된다.

그러나 과학적 방식으로 연구했다고 해서 모든 결과물이 '참'은 아니다. 이 결과물이 '참'이라고 평가받기 위해서는 세 가지 요소가 필요하다. 먼저 'A는 B일 것이다'라는 '전제'(이론), 그 전제를 뒷받침해 주는 '증거', 그리고 그 전제와 증거를 이어 주는 '논리'가 바로 그것이다.

이 셋 중 가장 중요한 것은 '증거'다. 모든 증거(발견, 실험, 계산 등)가 전제, 그리고 논리와 맞아야만 보편적 법칙으로 인정받을 수 있기 때문이다. 예를 들어 같은 전제로 실험했는데 한국에서의 데이터와 미국에서의 데이터가 다르고, 1년 전 데이터와 지금의 데이터가 다르고, 낮과 밤의 데이터가 다르다면, 그 전제는 틀린 것이다. 10만 번 실험해도 동일한 결과물이 나오거나, 증거물로 추출한 표본 10만 개가 다 같은 논리를 알려 줄 때에야 비로소 '참'이다. 무슨 말이냐면, 과학에서는 "내가 아는데 그게 맞아요"라거나 "내 마음이 그렇게 느껴요" 등과 같은 소리가 통하지 않는다는 말이다. 당신도, 나도, 그리고 쟤들도 부정할 수 없는, 이른바 데이터화할 수 있는(숫자) 객관적 증거여야 하고, 나아가 증거 한두 개가 아닌 모든 증거가 참이라고 가리킬 때, 그 전제는 비로소 보편적 법칙으로서 참이라고 인정받는다.

우리 모두 동의하는 격언이 있지 않은가? "숫자는 거짓말하지 않는다." 과학은 누구도 달리 생각할 수 없는 중립적 언어인 숫자나 데이터를 사용한다. 만국 공통어이기 때문에 번역도 필요 없고, 오해할 일도 없다. 그래서 인간은 과학에 무한한 권위를 부여하고 신뢰하는 것이다. 모두에게 적용되는 보편적인 것인 동시에 가장 객관적이고 합리적이며 군더더기 없이 명료한 합의이기 때문이다.

이런 맥락 아래, '갈릴레오 갈릴레이'(Galileo Galilei, 1564-1642)의 이야기를 해보자. 인류는 아주 오랫동안 자신이 발 딛고 서 있는 지구를 중심으로 천체를 관찰하였다. 그 결과물이 '천동설'이다. 헷갈릴 수 있으므로 '지구 중심설'이라고 부르겠다. 즉 지구가 중심이고 태양(하늘)이 지구 주위를 돈다고 생각한 것이다. 그런데 16세기 초, 코페르니쿠스(Nicolaus Copernicus, 1473-1543)가 '지동설'이라는 개념을 주장하기 시작한다. 그 당시 알려진 바와는 정반대로 태양(하늘)은 가만히 있고 지구가 그 주위를 돈다는 주장이다. 마치 그동안 귀신이 보인다고 말하던 아이가 사실은 귀신이었다는 결말로 충격을 준 영화 〈식스 센스〉(Six Sense)의 마지막 장면 같다. 때문에 이 주장을 처음 들은 사람들은 웃었다. 그런데 뒤이어 등장한 갈릴레이가 이를 더 구체적으로, 더 강력하게 주장한 것이다.

우리는 갈릴레이에 얽힌 이야기를 대략 이렇게 알고 있다. 갈릴레이가 지동설을 주장하자 가톨릭교회 측 학자들과 논쟁이 붙었고, 끝까지 자신의 주장을 굽히지 않던 그는 결국 교회에 미움을 사게 되었다고. 그 결과 종교재판에 넘겨진 갈릴레이는 교회의 힘 앞에 무력하게 패소했으나, 재판장에서 나오며 "그래도 지구는 돈다"고 발언했다고 말이다.

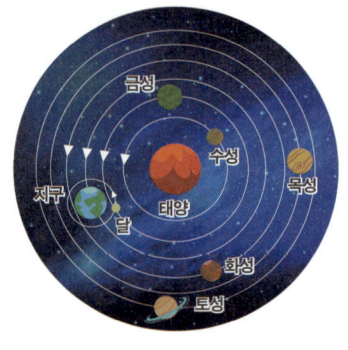 

지동설(태양 중심설) 체계　　　　천동설(지구 중심설) 체계

그런데 거짓이다. 우선 갈릴레이는 재판장에서 나오며 그런 말을 한 적이 없다. 훗날 이탈리아의 한 소설가가 창작해 넣었다는 것이 정설이다. 또한 갈릴레이가 패소한 이 사건은 중세 가톨릭교회의 무지에서 비롯된, 과학을 향한 마녀사냥의 상징처럼 언급되지만, 이 역시 후대에 각색되고 고정 관념화된 이미지일 뿐 사실은 다르다. 물론 결과적으로 갈릴레이의 주장은 맞았으나, 숨겨진 사실이 따로 있다. 그가 패소한 것은 가톨릭교회의 의견에 반대한다는 이유에서 종교적 괘씸죄를 뒤집어써서가 아니라, 그가 내세운 주장의 '증거'가 잘못되었기 때문이다.

갈릴레이는 피사의 사탑 실험, 지동설 주장, 망원경의 발명가로 유명하다. 그는 자신의 지동설을 확증하기 위해 망원경을 사용했다. 자, 앞서 말했듯 과학에서는 증거가 왕이다. 이론을 구성하는 논리력과 직관력도 중요하나, 결국 증거가 모든 것을 말한다. 그런데 이때 갈릴레이가 지동설을 주장하기 위해 내민 증거는 '태양의 흑점'이었다. 하늘을 구성하는 물질이 완벽해야 하는데, 그 완벽한 태양에서 흑점이 발견되었기에 태양 중심설이 틀렸다고 주장한 것이다. 어찌 보면 갈릴레이의 증거야말로 그의 주장이 비과학적이라는 증거였다. 게다가 지동설을 주장하기 위해 내놓은 또 다른 증거들 역시 천동설을 뒤집기에는 적절치 않았다. 때문에 당시 과학계는 지구 중심설을 바꿀 이유가 없었던 것이다. 그렇다. 갈릴레이의 주장은 비과학적인 데다 증거가 불충분했다. 훗날에서야 갈릴레이의 주장이 앞뒤가 맞지 않고 억지스러울 수밖에 없었던 이유가 밝혀졌다. 그는 행성들이 원형 궤도를 돈다고 생각하고 계산했던 것이다.

그러나 시간이 흘러 결국 지동설은 정설로 받아들여졌다. 그 이후에 등장한 과학자들, 특히 '요하네스 케플러'(Johannes Kepler, 1571-1630)의 공로 때문이다. 케플러는 지구의 공전 궤도가 원형이 아닌 타원형이라는 사실, 그리고 지구축이 기울어져 있다는 사실들을 발견하여 새로이 계산했고, 결국 지동설이 참이라는 사실을 증명해 냈다. 다시 말하지만 갈릴레이가 재판에서 패한 주요 원인은 그의 증거가 비과학적이었기 때문이다.

이제 도발적인 소제목 "아인슈타인의 헛소리"에 대해 이야기해 보겠다. "아니, 과학의 상징인 아인슈타인이 도대체 어떤 헛소리를 했단 말인가? 오히려 이렇게 말하는 당신이 헛소리를 하고 있는 것 아닌가?"라고 반문하고 싶을 게다. 아니다. 진정하고 들어 보시라.

이 내용은 과학의 흐름과도 연계되어 있다. 나는 앞서 '과학함'에 있어 '증거'가 가장 중요하다고 말했다. 마치 수사 기법이나 법정에서나 언급될 만한 '증거 제일주의' 말이다. 이러한 과학 방법론이 절대적인 것은 맞지만, 이런 분위기는 근대 시기까지였다. 물론 여전히 과학은 증거를 중심으로 움직인다. 그러나 현대 과학, 특히 현대 과학의 총아로 불리는 물리학은 이제 마치 철학처럼 변모하고 있다. 증거를 먼저 수집하기보다 전제(가설)를 먼저 수립하기 때문이다. 무슨 말이냐면, 분명한 객관적 증거를 발견하지 못했더라도 직관적으로 만든 이론(가설)을 먼저 상정한 뒤, 그 이론에 맞는 증거를 모으는 것이다. 대표적으로 '힉스 입자'가 그렇게 발견되었다. 아직 기술이 발전하지 않아 증거를 발견하지 못할 뿐, 계산대로라면 어떤 미발견 입자가 있어야 한다고 생각하여 가설을 수립한 것이다. 그리고 꽤 오랜 시간이 지난 후, 힉스 입자의 존재 여부가 검증되었다. 놀랍지 않은가? 과학자들은 우리 생각보다 훨씬 똑똑하다.

한 발 더 나아가 현대 물리학에서도 새로운 세계가 열렸는데, 이를 '양자 물리학'이라고 통칭한다. 과학자들도 이해하기 어렵다는 신비의 개념. 이 개념을 듣고 있노라면, 이해 안 되기는 매한가지이나 마치 고대 철학자나 동양의 수행자들이 고민하던 형이상학적 세계에 대한 설명을 듣는 것 같은 느낌이 든다.

다시 아인슈타인을 소환해 보자. 아인슈타인(Albert Einstein, 1879-1955)은 현대 물리학의 포문을 연 인물이다. 그리고 증거보다 전제가 앞선 방식을 통해 제시되고 추후 검증된 대표적인 이론이 바로 1915년에 발표된 그 유명한 '상대성 이론'이다. 다시 말하지만 증거를 쌓아 이론을 만든 것이 아니라 직관적으로 이론을 구상한 뒤, 뒷받침하는 증거들을 확인하였다. '과학함'에 있어 놀라운 대전환을 불러일으킨 상징적 사건이다.

그런데 이 상대성 이론이 '정설'로 받아들여지던 시기에 조르주 르메트르(Georges Lemaître, 1894-1966)라는 천문학자가 상대성 이론을 기반으로 역산하여, 우주가 좁쌀보다 더 작은 엄청난 고밀도의 점에서 시작되었다는 답을 구해 내고 이를 발표한다. 이것이 '빅뱅'(Big Bang, 대폭발) 이론의 기원이다. 그렇다. 빅뱅 이론도 우주 탄생 당시에 무슨 일이 있었는지를 관찰하거나 그때 남은 사진으로 확정된 것이 아니다. 확정된 다른 '이론'을 토대로 계산(역산)하여 필연적으로 과거의 시점에 이러한 사건이 있었다고 확신한 이론이다. 즉, 증거는 없다. 그래서 가설이라고 말할 수 있지만, 모든 숫자가 그 사건이 필연적으로 있었을 수밖에 없다고 주장한다. 때문에 현재 빅뱅 이론(理論)은 이론(異論)의 여지가 없는 사실로 받아들여진다.

여기서 진짜 재미있는 점이 뭔지 아는가? 현대 과학자들이 정설로 받아들이는 이 빅뱅 이론, 그러니까 아인슈타인의 상대성 이론을 근거로 계산하여 주장된 이 빅뱅 이론을 다름 아닌 아인슈타인 본인이 반대했다는 점이다. 아인슈타인은 일명 '정상 우주론'에 동의하는 사람이었다(정상 우주론이란 우주가 처음부터 이 모습 이대로 존재했고 변하지 않았다는 이론이다). 아인슈타인뿐만 아니라 당시 대부분의 과학자들은 정상 우주론에 동의했다. 물론 아인슈타인이 이를 거부한 이유는 단순히 기존 믿음을 포기하기 싫어서가 아니었다. 시간이 상대적으로 흐른다는 상대성 이론과 같은 개념을 통해 그는 이미 세상을 뒤집어 보는 데 익숙한 사람이었다. 그런 그가 처음에 빅뱅 이론을 거부한 것은, 그 이론에 따르면 우주의 시작, 즉 빅뱅이 왜 일어났고, 그 사건 전에 무슨 일이 있었는지를 검증할 수 없기 때문이었다. 그에게 빅뱅 이론은 마치 소설처럼 들렸다. 증거를 초월한 천재 과학자가 도리어 증거를 내놓으라고 이야기한다는 것이 참 재밌다.

재밌는 점은 또 있다. 훗날 아인슈타인은 상대성 이론에 '우주 상수'라는 것을 추가한다. 우주 상수를 기반으로 할 때 더 정확히 설명될 수 있다는 이유에서. 그런데 아이슈타인은 상대성 이론에 우주 상수를 추가한 것이 '인생 최대의 실수였다'고 고백하고 삶을 마감한다. 그러나 재미있게도 아인슈타인 사후에 이 우주 상수가 물리학 추론에 필수적인 개념으로 재조명되었다. 이 영감님이 좀 왔다 갔다 하는 것 같다. 지나치게 똑똑해서 탈인 것일까? 아니다. 그의 갈지자 행보는 도리어 그만큼 과학이 유연하다는 것을 증명한다.

이처럼 절대적인 보편 법칙을 추구하지만, 새로운 증거나 계산에 의해 언제든 뒤바뀔 수 있는 것이 과학이다. 여기서 우리는 과학의 힘을 확인할 수 있다. 과학의 힘은 현재의 결과나 결론이 아니라, 그 법칙을 발견하고 추론해 내는 '과정'에 있다. 이런 보편적 법칙을 발견하고 정립하는 '객관적 과정'이야말로 과학의 힘이자, 과학이 무한한 권위를 부여받는 이유다.

화성에서 온 남자, 금성에서 온 여자

과학만큼 권위를 부여받은 것이 종교의 '인격신'이다. 권위를 부여하는 사람은 과학보다 적을지 몰라도, 권위가 갖는 무게는 더 무거울 것이다. 그래서인지 생각보다 많은 사람이 과학과 신앙이 충돌하는 개념을 '권위와 권위의 충돌'로 받아들이는 것 같다. 과연 이것이 맞는 시각일까?

당신은 왼쪽 그림이 어떻게 보이는가? 젊은 여인으로 보는 사람도 있고, 코 큰 노파로 보는 사람도 있다. 이것은 '착시 현상'을 불러일으키는 대표적인 그림이다(미안하지만 누군가가 설명해 줄 때까지 다른 형상이 보이지 않는 분들도 있다. 괜찮다. 자신에게 무슨 문제가 있는 것은 아닌지 걱정할 필요는 없다). 동시에 이 그림은 '또래 편향'이라는 심리 효과를 설명하기도 한다. 30세를 기준으로 그 아래 연령층에서는 이 그림에서 '젊은 여인'이 보인다고 답한 비율이 높지만, 그 위 연령층에서는 '할머니'가 보인다고 답한 비율이 높았다는 결과 때문이다. 즉, 이 그림은 개인의 시각에 따라서도 다르게 보이지만, 자신이 속한 집단에 따라서도 다르게 보이는 것이다. 이처럼 인간이 무언가를 바라보는 관점, 표현하는 방식은 사람마다 다르기도 하지만, 소속된 집단과 세대의 시각도 꽤 많이 반영될 수밖에 없다. 인간이 그렇다.

심리 테스트만이 아니라 일상에서도 이처럼 서로 다른 관점을 확인할 수 있다. "눈이 녹으면?"이라는 제시어에 이과생들은 "물이 된다"고 답하고, 문과생들은 "봄이 온다"고 답한다는 일례만 보아도 사람이 얼마나 다른지 알 수 있지 않은가? 무엇보다 연애를 하면 명확히 알게 된다. 남성과 여성의 언어는 매우 다르다는 사실 말이다. 분명 같은 장면을 보았는데 이해하는 바가 다르고, 표현하는 방식이 다르다. 이렇듯 인간은 같은 것을 보고도 다르게 이해할 수 있고, 다르게 말할 수 있다.

　과학과 신학(신앙)도 마치 이런 관계 같다. 관점도 다르지만 이를 표현하는 방법, 즉 화법도 다르다. 과학의 화법은 '정량적 사고'를 기반으로 한다. 그래서 양을 평가할 수 있는 정확한 숫자가 중요하다. 반면 신학을 포함한 인문학의 화법은 '정성적 사고'를 기반으로 한다. 이해할 수 있게 하는 묘사와 그 의미가 중요한 것이다. 예를 들어 한 사람이 자기 키보다 높은 곳에서 뛰어내렸다고 치자. 정량적 사고는 그렇게 만든 외부 요인이 무엇인지(누가 밀어서인지, 바람 때문인지 등), 높이가 몇 미터인지, 뛰어내린 각도는 어땠는지, 어디에 어느 정도로 상해를 입었는지 등에 대한 데이터를 제공한다. 그러나 정성적 사고는 이 사건을 다른 각도로 바라본다. 그 사람이 뛰어내린 내적 이유는 무엇인지, 그 사건이 그의 삶에 어떤 영향을 끼칠지 등을 중심으로 사고하는 것이다. 마치 사진과 그림의 차이랄까? 둘 다 예술성을 논할 수 있으나, 사진의 관점으로 보면 반 고흐의 그림, 나아가 피카소의 그림은 큰 의미가 없다. 반대로 현대 미술의 관점에서는 피사체를 있는 그대로 담는 방식이 의미가 없다. 관점과 화법이 전혀 다르다.

　그런데 재미있는 사실이 있다. 과학과 신학의 차이를 이처럼 열심히 설명했지만, 사실 이러한 설명들은 애초부터 필요 없었다는 점이다. 기독교와 과학의 정의에 따르면, 이 둘은 애초에 충돌할 이유가 없기 때문이다.

　간단한 질문 하나면 무슨 말인지 이해될 것이다. "당신은 신이 있다는 증거를 내놓을 수 있는가?" 아니면 반대로 "당신은 신이 없다는 증거를 내놓을 수 있는가?" 물론 이 질문을 듣고 (기독교인이든 아니든) '증거'들을 내놓는 사람들이 있다. 그러나 막상 그 증거라는 것을 보면, 누구에게나 해당되고 모든 사람이 인정하며 언제든 꺼내어 확인해 볼 수 있는 직접 증거가 아닌, 개인에게만 귀속된 간접 증거이자 일시적이며 주관적인 증거들이다. '믿음'의 도약이 필요한 간접 증거만 있을 뿐, 누구나 그 자리에서 보고 확신할 수 있는 직접 증거는 없다. 논리 수사학적으로는 설명할 수 있을지 모르나 그것을 과학적 '증거'라고 부를 수는 없다. 이는 '신이 없다' 혹은 '신이 있다'는 주장에도 동일하게 적용된다. 다시 말하지만 이는 믿음의 문제다. 물론 확고하게 믿는 자는 그것을 사실이라고 주장하겠지만, 모두에게 사실이라고 강변하는 것은 또 다른 문제다.

그래서 하고 싶은 말은 이것이다. 과학은 신이 있는지 없는지에 관심이 없으며, 과학의 방법으로는 알 수도 없다. 과학은 이 우주를 '닫힌 세계', 즉 이미 주어진 보편 법칙 아래 외부 개입 없이 모든 것이 인과 관계에 맞물려 돌아가고 있는 상태로 전제하고 접근하는 학문이기 때문이다. 그것이 '열린 세계'라면 과학은 힘을 잃는다. 보편 법칙이라고 주장하던 것이 언제라도 예측하지 못한 특수 법칙(신의 개입)에 침범당할 가능성 있다면, 과학자들은 과학하기를 포기하고 싶을 것이다. 그래서 신의 존재 여부는 과학의 관심사가 아니다. 뿐만 아니라 과학에서 다룰 대상도 아니다. 그것을 증명할 '증거'가 보편 검증 가능하거나 데이터화 할 수 있는 것이 아니기 때문이다(기적 역시 마찬가지다). 그런 면에서 신이 있다고 '믿고' 신에 대해 이야기하는 '신학'(신앙)과, (신처럼) 보이지 않는 비물리적 세계가 아닌, 눈에 '보이고 확인할 수 있는' 물리적 세계를 이야기하는 '과학'은 사실 충돌하고 말고 할 거리 자체가 없다.

정리하자면 과학은 관찰된(관찰될) 증거를 중심으로 물리적 세계에 대한 보편적 법칙(진리)을 발견해 나가는 과정 중심적 학문이고, 신학은 계시를 통해 비물리적 세계에 대해 주어진 결과를 해석하는, 즉 비물리적 세계에 대한 보편 법칙(진리) 중심적 학문이다. 그래서 과학은 '인간이 왜 살아야 하는가'에 대해 답할 수 없고, 반대로 신학은 '우주가 어떤 물질로 구성되어 있는가'에 답할 수 없다. 그렇다면 이는 서로 존중해야 할 각자의 영역이라는 결론이 도출된다. 그게 맞다.

● 신의 존재와 함께 과학과 신학이 충돌하는 주제가 바로 '기적'이다. 기독교 신앙은 신이 물리적 세계 밖에만 계시는 것이 아니라, 이 세계에 직접 개입하신다고 믿는다. 그래서 우리는 기적에 주목한다. 그런데 기적은 과학과 충돌하지 않는가?

신의 존재 문제와 마찬가지로 과학은 기적에 관심을 두지 않는다. 나아가 그런 기적 현상이 발견되더라도, 그 현상에는 아직 확인되지 않았을 뿐 분명한 물리적 원인이 있다고 여길 것이다. 그런 의미에서 (지금은 모르지만 앞으로 밝혀질) 원인이 있는 '특이한 현상'이 있을지언정 기적에는 관심을 두지 않는다.

그러나 과학을 다루는 사람, 즉 과학자의 경우라면 다를 수 있다. 과학자는 과학을 논하는 자리에서는 기적을 제거한 채 연구하겠지만, 한 인간으로서는 기적을 믿을 수 있다. 그가 신이 있다고 믿고, 그 신이 개입하는 신이라면, 그 과학자는 기적을 믿을 것이다. 나아가 특별한 종교적 신앙이 없는 과학자도 자신이 사랑하는 이가 불치병에 걸리면 자신도 모르게 기도할 것이다. 기적을 바라기에. 때문에 과학은 기적을 믿지 않으나 과학자는 기적을 믿을 수 있고, 나아가 과학은 그 전제 상 기적을 배제하고 보아야 하기에 그러할 뿐, 과학이 이를 '없다'고 단언할 수는 없다.

창조 과학과 진화주의의 갈등

그럼에도 신앙과 과학의 갈등은 현실이다. 한 명의 신앙인으로서 그러한 갈등에 노출된 경험이 있을 수 있지만, 역사에서도 종교가 과학을 적대시한 이력을 어렵지 않게 볼 수 있다. 갈릴레오 갈릴레이의 지동설 논쟁이 대표적이다. 앞서 나누었듯이 이 둘은 충돌할 이유가 없는데 그건 이론상의 이야기이고, 실제로는 충돌한 역사가 즐비했으며, 지금도 한 개인 안에서든 사회적으로든 충돌이 빈번하다. 뭔가 문제가 있는 것이다. 도대체 왜 이런 충돌이 일어나는 것일까? 그 맥락을 살펴보자.

우선 조금 큰 그림을 보자. 문명사에서 인류는 두 번의 문명 부스터를 가동시킨 전력이 있다. 첫 번째는 '축의 시대'라 불린 기간으로(5장 참조), BC 8세기에서 BC 3세기에 이르는 약 600년간의 1차 지식 폭발 기간이다. 두 번째는 17세기 과학 혁명에서 20세기 정보 혁명에 이르는 400년간의 2차 지식 폭발이다. 첫 번째 시기는 간단히 말해 '인문학적 언어'로 지식의 보편성을 추구하고 정리한 시기라면, 두 번째 시기는 '수학적 언어'로 지식의 확실성을 추구하고 정리한 시기다. 전자를 대표하는 학문이 '철학'이라면, 후자를 대표하는 것은 '과학'이다. 그리고 이때 앞 시기를 마무리하고 뒤 시기가 찾아오기까지 패권을 쥔 것이 다름 아닌 '신학'이었다.

"철학은 신학의 시녀다!"라는 말까지 등장했을 정도니 말 다했다. 물론 이렇게 말한다고 해서 신학이 문명의 발달을 막았다고 생각하면 오산이다. 엄밀히 말하면 철학의 정리들이 신학으로 녹아 이어졌다고 보는 게 맞는다. 철학은 보편적 진리에 대한 정리인데, 그것을 성경이 모두 답하고 있다고 믿었기에 그대로 신학으로 종합된 것뿐이다. 즉 철학과 신학의 구분은 후대인들의 정리일 뿐, 당시에는 그러한 구분이 선명하지 않았다. 물론 축의 시대에도 한쪽에서는 자연을 수학화하려는 시도가 있었지만, 자연을 신학화하는 작업에 비할 바가 못 되었기에 자연스레 자취를 감췄다. 그때는 수학이 그렇게까지 발달하지 않았고, 그 정도까지 증거를 모을 여력도 없었다.

이성과 신앙은 이렇게 신학 안에서 자연스럽게 조화를 이루어 흘러왔다. 물론 그 안에서도 주도권 다툼은 있었다. 초기에는 신앙이 이성을 앞섰지만, 시간이 흐를수록 이성으로 신앙을 설명하려는 기조가 강해졌다. 그렇게 시간이 흘러 누적된 지식들이 어느 순간 '과학 혁명'을 이루어 냈다. 재미있는 점은 이 과학 혁명을 이룬 시조들이 대부분 신앙을 고백하는 기독교인이었다는 사실이다. 이것만 보아도 과학은 본래 신앙과 대립되는 영역이 아니었음을 유추할 수 있다. 도리어 근대 과학은 하나님이 만드신 창조 세계에 일정한 법칙이 있다고 믿은 이들이 지속적으로 연구한 결과 탄생한 것이라고까지 말할 수 있다.

반면 '근대'가 단순히 지식 축적과 함께 도래했다고 볼 수만은 없다. 근대를 세운 또 다른 거대한 축은 중세의 부패한 종교 권력, 즉 가톨릭교회에 대한 반발이었다. 그래서 종교 개혁이 함께 일어났다. 이때 가톨릭교회는 자신을 신학적으로 부정하는 '개신교'에 대항했지만, 동시에 지금껏 유일한 진리를 설파해 온 교회를 벗어나 또 다른 진리를 이야기하는 것 같은 '과학'에도 대항해야 했다. 즉 신의 영역이 점점 좁아진다며 위기감을 느낀 것이다. 단순히 말해서 종교와 과학의 갈등에 선빵을 날린 것은 '종교'가 맞는다.

가톨릭교회의 위기감과 선빵을 이해할 만하다. 사실 근대 과학이 출현하기 전에는 미신적인 신앙이 많았다. 자연 현상에 대한 원인을 모르니, 모든 것을 종교적으로 해석했다. 그중에서도 기독교 신앙이 가장 권위 있는 해석이자 대안이었다. 그런데 과학이 발전하면서 객관적인 인과 관계로 재해석하기 시작했고, 교회는 자신의 권위가 무너질 것이라는 위기감을 느낀 것이다. 그래서 교회는 과학의 설명을 쉽게 폄하했지만, 시간이 흐를수록 사람들은 알게 되었다. 과학의 말이 더 합리적임을.

그러던 중 경천동지할 사건이 하나 발생했다. '만성절'('모든 성인들의 날'이라는 뜻으로, 가톨릭교에서 지키는 대축일이다. 알려지지 않은, 혹은 축일이 별도로 지정되지 않은 성인들[Saints]을 한꺼번에 기억하고 기리는 축하와 축복의 날이다. 그만큼 성스러운 날이기에, 만성절 전날 밤에 악령들이 가장 크게 활동한다는 미신이 생겼고 그 악령들을 물리치기 위한 행사로 할로윈이 생겨났다)에 포르투갈에서 역사상 최악의 지진으로 불리는 '리스본 대지진'(1755년)이 일어난 것이다. 가장 신성한 날, 가장 신성한 나라로 불리던 포르투갈 리스본에서 벌어진 대참사 앞에서 그동안 사람들 안에 누적된 신에 대한 회의감이 그만 폭발하였다. "왜 이런 일이 일어났는가?"

이 대지진에 대해 역설적이게도 신(교회)은 침묵했으나, 과학은 그 원인에 대해 대답할 말이 넘쳐 났다. 그런데 궁지에 몰리면 더 옹졸해지는 게 사람 심성 아니던가? 이후 종교(가톨릭교)는 과학과 대화를 주선한 것이 아니라 오히려 더 편협해졌다.

● 리스본 대지진은 서구 사회와 기독교사에 엄청난 변곡점을 가져온 사건이다. 유럽 대륙은 이미 종교 개혁으로 종교적 헤게모니가 사라지고 정치권력과 과학 혁명의 산물에 귀 기울이고 있었다. 그러나 '부지기 망해도 3년은 간다'고, 1,000년 넘게 이어 온 교회 권력은 여전히 유럽인들의 정신을 사로잡고 있었다. 그저 구교와 신교로 나뉘었을 뿐, 여전히 기독교 신앙이 지배적이었던 것이다. 교회와 신앙의 이러한 권위에 종지부를 찍은 사건이 바로 리스본 대지진이다.

사건은 포르투갈의 수도 리스본, 1755년 11월 1일 토요일, 만성절에 발생했다. 많은 신자가 성당에 모여 미사를 드리고 있던 이날 아침, 5분간 진도 8.5-9.0의 지진이 발생했다. 이 지진으로 엄청난 지각 균열과 함께 건물이 붕괴되고 화재가 일어났으며, 40분 뒤 일어난 대규모 해일이 그나마 살아남은 사람들을 덮쳐 또다시 아수라장이 되었다. 당시 리스본 인구가 20만 명이었는데 사망자를 그 반절로 추정할 만큼 역사상 가장 끔찍한 자연재해였다(아직도 그때의 잔해가 남아 있다).

전대미문의 이 참사를 겪고 사람들은 고통의 이유를 묻기 시작했다. 그때까지는 고통을 자연스레 인과응보 논리로 해석했는데, 이 최악의 참사는 도대체 이해되지 않았다. 그래서 더 이상 묻지 않을 수 없는 지경에 이른 것이다(이러한 질문과 그에 대한 답을 '신정론'이라고 한다). 그러나 당시 교회는 이 질문을 숙고하지 못하고, 여전히 틀에 박힌 듯 '하나님의 징벌'로 해석하였다.

교회의 해석은 당연히 사람들로 분노를 일으켰다. 가장 신성한 나라에서 가장 신성한 날, 가장 신성한 미사를 드리던 사람들은 모두 죽고, 역설적이게도 당시 홍등가만이 리스본에서 유일하게 피해를 입지 않았다는 사실이 교회의 대답을 비웃게 만들었다. 때문에 이미 교회의 권위가 실추되던 이 시기에 리스본 대지진을 계기로 유럽 사회(특히 지성계)는 교회의 권위를 존중하지 않는 것을 넘어, '신'에 대해 회의하게 된다. 이때를 변곡점으로 인간은 최종 권위를 종교(신)에서 과학으로 옮겨 갔다고 볼 수 있다.

반면 과학자들은 가톨릭교를 포함한 종교에 반발감을 느끼기 시작하면서 점점 '기계론적 세계관'에 함몰되었다. 작동 법칙만 알면 필요에 따라 얼마든지 분해하고 조립할 수 있을 뿐 아니라 변형할 수도 있는 대상으로 자연을 바라보기 시작한 것이다. 자연은 더 이상 신성한 대상이 아니라, 숫자로 표현될 물건일 뿐이었다. 과학이 발달할수록 과학과 조화되지 못한 신앙으로 인해 신의 영역은 점점 축소되고 기계론적 세계관이 팽배해졌다.

이것이 신학과 과학의 갈등에 대한 전체적 맥락이다. 그렇다면 신학이 과학을 건드리지만 않는다면 더는 싸움이 일어나지 않을까? 그렇지 않다. 앞서 이 충돌은 본래 일어날 이유가 없는데, 결국 사람 때문에 일어난 것이라고 하지 않았는가? 근대로 넘어오면서 신앙이 과학을 배척한 문제가 있었다면, 지금은 상황이 바뀌었다. 과학에 대한 신뢰가 굳건해지면서 기계론적 세계관이 강화되는 것을 넘어, 이것을 신념화한 과학자들이 나타나기 시작한 것이다. 신은 과학적으로 증명될 수 없는 개념이기에 허구이며, 나아가 종교(특히 기독교)는 과학 발전뿐 아니라 문명 발전을 저해하고, 종교 전쟁으로 인해 세계 평화에 독이 되었다고 주장하는, 일명 종교를 배척하는 과학자들이 등장했다. 과거에는 두려움에 신학이 과학을 공격했다면, 이제 과학은 자신감을 넘어 오만을 부리며 신학을 공격하고 있다. 손바닥도 마주쳐야 소리가 난다고, 갈등은 양 진영의 문제다. 다만 분명히 해야 할 것이 있다. 여기서 문제는 '과학'과 '신앙' 그 자체가 아니다. 그것을 따르는 '사람'들이 문제다.

우리는 기계적 세계관으로 자연 세계를 설명하는 과학을 객관적이라고 받아들인다. 이 말은 참이다. 과학 자체는 과정이며, 합리적이고 객관적인 증거와 논리를 요구하기에 그렇다. 그러나 과학자는 온전히 객관적이지만은 않다. 그런 면에서 과학자도 사람이다. 실제로 과학 철학자 토머스 쿤(Thomas Kuhn, 1922-1996)은 「과학 혁명의 구조」(까치 역간, 2013)라는 책에서 이를 증명한다. 그 내용인즉슨 과학자 역시 사람이기에, 증거나 논리에 앞서는 자기 전제가 있다는 것이다. 때문에 명백하고 객관적인 증거들과 함께 새로운 이론이 등장하더라도 쉽게 자기주장을 바꾸지 않는다. 그 이론이 검증을 넘어 점점 따르는 이가 많아져서 임계점을 넘기면, 그때서야 자기주장을 바꾸고 새 이론을 받아들인다는 것이다. 각설하고, 과학자도 사람이고, 모든 사람은 저마다 믿는 것이 있다.

이쯤에서 '진화론'이라는 용어를 등장시키고 싶다. 진화론이야말로 기독교의 창조와 상충하는, 이른바 기독교를 파괴하는 적그리스도적 이론으로 많은 기독교인이 두려워하기까지 하는 과학 이론의 대명사 아니던가? 그래서 일부러 늦게 데뷔시켜 보았다.

진화론은 그저 과학 '이론'일 뿐이다. 철저히 과학적 주장이기 때문에 진화론 자체는 사실 전혀 문제되지 않는다(이에 대해서는 뒤에서 설명하겠다). 진짜 문제는 진화론이라는 단순한 생물학 분야의 이론을 토대로, 기계론적 세계관에 대한 믿음을 비가시적 세계에 적용하여 과학을 신앙의 대상으로 삼는 일부 과학 지상주의자, 즉 '진화주의자들의 믿음'이다. 그리고 이에 대한 반발로 등장한 신앙 근본주의자, 즉 성경은 과학 지식 측면에서 보아도 오류 없이 분명하게 서술되어 있다고 주장하는 '창조주의자들의 믿음'이 문제다.

극과 극은 통한다고 했던가? 결국 두 진영의 날선 근본주의자들이 각각 과학과 성경을 토대로 자신들의 믿음을 진리라고 주장하며, 그와 충돌되는 것들을 찍어 누르려다 보니 다툼이 생겨났다. 그리고 우리 같은 대부분의 소시민은 이 둘의 싸움에 휘말려, 한쪽만 편들거나 정신 분열적 사고를 하며 살게 되는 것이다. 왜? 우리는 신학도, 과학도 잘 모르니까.

그렇다면 과학과 신앙이 충돌하게끔 만든 양 극단, '진화주의'와 '창조 과학'의 주장이 얼마나 모순되는지 잠시 짚고 넘어가 보자(아직 책을 덮지 않고 여기까지 왔다면, 당신의 정신력은 검증된 셈이다. 그렇다면 조금만 더 힘을 내 보자. 뒤에 재미있는 이야기도 많다).

대학생 필독서인 「이기적 유전자」(을유문화사 역간, 2018)라는 책을 아는가? 그 책의 저자 리처드 도킨스(Richard Dawkins)가 대표적인 진화주의자다. 그는 훌륭한 진화 생물학자, 즉 과학자다. 때문에 그가 인용하는 증거들과, 그를 통해 나온 과학 연구물은 존중받아 마땅하다. 문제는 그가 자신의 전공인 진화 생물학을 토대로, 즉 과학의 이름을 빌려 신이 없다고 주장한다는 점이다. 여기서도 오해하지 말 것은, 신의 부재를 논하는 그의 논증이 비합리적이지 않다는 점이다. 꽤 설득력 있다(물론 그것을 반박할 기독교의 주장 역시 충분히 설득력이 있다). 물론 누구나 개인의 신념으로 신이 없다고 주장할 수 있다. 문제는 신념 섞인 도킨스의 주장이 얼마나 논리적 정합성을 갖느냐와 별개로, 과학자가 과학을 매개로 하여 혹은 과학의 권위를 빌려 그런 주장을 하는 것 자체가 모순이라는 점이다.

앞서 정리했듯 과학의 관점에서 신 혹은 영적 세계를 논할 때 최선의 답은 '불가지'(不可知, 알 수 없음)다. 이 영역은 과학이 과학다울 수 있는 전제이자 방법인 실험이나 관찰로 증거를 도출할 수 있는 영역이 아니기 때문이다. 때문에 도킨스의 주장은 과학에 근거한 연구를 통해서가 아닌, 신이 없다고 '믿는' 무신론자의 주장일 뿐이다. 다만 그렇게 주장하는 그의 직업이 과학자일 뿐이다. 그런데도 그의 주장이 마치 신에 대한 '과학 전체'의 대답인 양 버젓이 유통되고, 아무런 비판적 사고 없이 받아들여지는 것이 현실이다. 몹시 안타깝다.

반면 '종교' 역시 손 놓고 있지는 않았다. 적수가 등장한다. 과학의 약진과 과학에 권위가 주어지는 것에 대한 두려움과 반발로 기독교 진영에서도 근본주의적 주장이 등장하는데, 바로 '창조 과학'이다. 창조 과학은 '안식교'(제칠 일 안식일 예수 재림 교회)를 기반으로 시작되었다. 안식교는 오늘날에도 성경에 기록된 문자 그대로 안식일을 지켜야 한다고 주장하는 기독교 종파다. 물론 안식일 준수는 대표적인 예일 뿐, 이 종파는 모든 것을 경직된 문자주의로 해석하고 주장하기에 논란이 있다(한국에서 일부 교단은 안식교를 이단이라 규정하지만, 전 세계적으로 보면 그 기준이 다르다).

이 안식교의 한 학자(지질학자가 아니다)가 자신의 신앙 양심상(?) 진화를 상정하는 당시 최신 지질학을 받아들일 수 없었기에, 나름의 체계로 '홍수 지질학'을 주장하기 시작했다. 그러자 과학에 어찌 반응해야 할지도 모르고, 나아가 진화주의자들의 공격 앞에 불안해하던 정통 기독교가 (비록 안식교에서 나온 주장이지만) 이내 그 주장을 받아들인다. 성경을 진리로 받아들인다는 주장과도 일맥상통해 보이기에 보수적 신앙을 가진 많은 이가 호응했고, 신앙을 고백하는 과학자들이 속속들이 이 주장에 합류하면서 일종의 객관성도 확보되었다.

> ● 홍수 지질학은 노아 사건에 기반하지만, 안식교의 극단적인 문자주의 해석 방법으로 본 성경의 독법은 한결같다. 때문에 창세기 1장에 기록된 '날'을 24시간으로 해석하여 말 그대로 '24시간 X 6일'로 계산하는 '6일 창조'를 주장한다.
> 그러나 이 주장은 우선 창세기 본문 안에서 반박된다. 해와 달이 만들어지기 전에는 하루를 24시간으로 계산할 수 없다는 점 때문이다. 또한 '날'이라고 번역된 단어는 '기간'과 같이 다른 뜻으로도 번역될 수 있기에 문법적 의미에서도 반박이 가능하다. 나아가 아브라함 이전까지 담긴 창세기 11장은 '원 역사'로 구분되며, 조금 다른 해석법으로 접근해야 한다는 것을 이미 설명하였다(1장 참조).

그러나 과학이 신의 존재 유무를 논하는 것이 모순이듯, 창조 과학 역시 태생적으로 모순을 지닌다. 무엇보다 창조 과학은 과학적 결과를 부정하면서도, 성경을 과학으로 입증할 수 있다고 주장하지 않는가? 이는 심각한 자기모순이다. 또한 창조 과학은 과학의 정의를 의도적으로 축소한다. 과학을 지금 내 눈앞에서 벌어지는 '실험'으로 검증될 수 있는 것으로만 한정 짓는 것이다. 과거의 유물(증거)을 토대로 재구성하는 것은 그들에게 과학이 아니기에, (화석처럼) 제시된 증거들을 애써 무시한다. 또 한 가지, 창조 과학자들은 안타깝게도 전문성이 떨어진다. 예를 들어 지질학자가 생물학에 대해 주장하거나, 생물학자가 물리학을 주장하는 식의 역설이 반복되는 것이다. 때문에 앞서 갈릴레오 갈릴레이가 대차게 까인 이유가 여기에도 동일하게 적용된다. 적그리스도의 모략이나, 과학계가 진화주의에 점령되어서 창조 과학이 받아들여지지 않는 것이 아니다. 기억하자. 창조 과학이 거부당하는 것은 그것이 충분히 과학적이지 않기 때문이다. 그래서인지 신실한 기독교인이면서 과학자로 살아가는 많은 이가 창조 과학에 비판적이다. 더 나아가 창조 과학의 무리한 주장이 오히려 무신론 진화론자들의 입지를 더 든든히 해 주지 않을까 우려한다.

결국 앞서 언급한 진화주의자의 오류가 반대 극단에 있는 창조 과학자들에게도 그대로 반복됨을 알 수 있다. '과학자라고 하면서' 과학적 증거가 아닌 내적 신념만으로 진화주의적 발언을 일삼는 자들이나, '과학자라고 하면서' 과학적 증거가 아닌 성경의 계시를 믿는 믿음으로 주장을 펼치고, 그것을 과학이라고 하는 자들 둘 다 뭔가 이상하다. 극단적인 두 진영 모두 그들 주장의 권위를 위해 '과학'이라는 타이틀을 빌려 왔을 뿐, 결국 그저 자기들의 믿음을 이야기하고 있다고 보는 것이 맞는다. 정말 이상하다.

당연히 원숭이는 인간이 될 수 없다_ 진화론 이해

이제야 뜨거운 감자 '진화론'을 나눠 보려 한다. 신학이 과학과 대화하기 위해 거쳐야 할 가장 큰 걸림돌로 보이는 진화론. 그런데 진화론은 진짜 두려워할 만한 대상일까? 살펴보자.

진화론의 사전적 의미는 '생물학 범주에 속하며, 분류학, 생태학, 고생물학, 유전학 및 분자 생물학을 연결하는 현대 생물학의 주요 기축 이론'이다. 간단히 말해 과학 분야 중 '생물학'의 뼈대를 형성하는 이론인 것이다. 때문에 생물학에서 진화론은 마치 '밥'과 같다. 밥 위에 다양한 반찬을 얹어 먹듯, 진화론이라는 토대 위에 생물학 연구가 진행된다. 미리 말하지만, 진화론 안에서도 자신이 고생물학자인지, 유전학자인지 등에 따라 주장하는 바나 견해가 조금씩 다르다. 그러나 그러한 이견들도 결국 쌀밥이냐 현미밥이냐, 쌀과 보리를 어느 정도 비율로 맞추어야 건강하냐 정도의 차이지, 진화론적 토대 자체를 부정하지는 않는다. 즉 어느 생물학자도 '진화론' 자체를 부정하지는 않는다는 말이다.

> ● 인문학에서 말하는 '이론'과 과학에서 말하는 '이론'은 현격하게 다르다. 인문학에서 '이론'(설, 론)은 세상을 설명하는 방식으로, 굉장히 다양하게 존재할 수 있다. 때문에 누구나 그중 하나를 취사선택하면 된다. 마치 '진보'냐 '보수'냐 같은 정치, 경제 이론처럼 말이다. 그래서 인문학에서 완벽한 이론이란 없다. 그저 선택의 문제다. 따라서 역으로 인문학 이론은 쉽게 깨지지 않는다. 애초에 내가 '맞음'만 잘 주장하면 되지, 남의 것을 깨뜨릴 이유가 없기 때문이다.
>
> 그러나 과학에서 말하는 '이론'은 전혀 다른 개념이다. 그것 자체의 옳고 그름이 객관적 지표로 검증된다. 즉 '맞다'는 것뿐 아니라 '틀리지 않다'는 것이 언제 어디서나 증명되어야 한다. 더 정합성 있고, 증거로 잘 검증된 이론이 나온다면 뒤집히고 깨질 수 있다. 그래서 과학은 과거의 이론을 지속적으로 연구하는 인문학과 달리 과거 이론을 더 이상 다루지 않는다.
>
> 이러한 과학 이론의 특성에 비추어 볼 때, 진화론이 단지 '론'을 넘어 '기축 이론'이 되었다는 것은 그만큼 무수히 많은 증거와 실험으로 검증되고 또 검증된 것임을 알 수 있다. 다시 말하지만, 진화론은 생물학의 기축 이론이다. 때문에 과학계에서 진화론에 대한 신뢰는 지구가 태양 주위를 돈다고 확신하는 정도의 신뢰와 맞먹는다고 봐도 과언이 아니다.

그런데 과학적 확실성이 아무리 강조되더라도, 기독교인들은 여전히 진화론을 우려한다. 진화론이 마치 '기원'을 말하는 것 같기 때문이다. 성경이 말하는 대로 '모든 기원'이 하나님에게서 나왔다는 '창조론'을 믿는 기독교인 관점에서는 마치 '창조론'과 '진화론'이 대척점에 있는 것처럼 느껴진다.

이 생각은 부분적으로 맞다. 진화론 역시 기원에 대해 말한다. 단 이 둘은 전선(戰線)이 맞지 않다. 무슨 말이냐면, 이런 것이다. 둘 다 스포츠 팀에 실력도 좋고, 스포츠 경기이니 규칙도 비슷하다고 해서, KT 위즈와 전북 현대가 경기를 치를 일은 없지 않는가?(오해하지 마시라. 개인적으로 둘 다 관심 없는 팀이다. 2021년 우승팀을 예로 들었을 뿐이다) 마찬가지로 과학과 신학에서 말하는 기원의 의미와 강조하는 바는 서로 다르다. 그래서 전선이 맞물릴 일이 없다.

일반적 의미에서 기원론은 크게 네 분야로 정리할 수 있다. '우주', '생명', '종'(種), '인류'의 기원이다. 우선 '우주의 기원'은 당연히 생물학과 관련 없는 물리학, 그중에서도 천체 물리학 분야에서 다루어야 할 것이다. 그런데 우리네 짐작과 달리 재미있게도 천체 물리학은 기원을 다루지 않는다. 그렇다면 앞서 말한 '빅뱅'은 무엇인가? 기원 아닌가? 우주의 시작 말이다. 그런데 빅뱅은 엄밀히 말해 기원 이야기가 아니다.

성경에서 말하는 우주 기원의 핵심은 '하나님이 만드셨다'는 것이다. 주체, 즉 'who'에 대한 이야기지, 'how'에 대한 이야기가 아니다. 그런데 빅뱅은 'how'의 이야기'만' 한다. 이는 계산으로 증명된다. 즉, 우주가 확장되는 속도와 에너지를 관찰하고 분석하여 현재의 우주에서 역산하여 보니 '한 점'에 귀결됨을 계산해 낸 것이다. 때문에 처음에 분명 '대폭발'(빅뱅)이 있었으리라 추정한 것이고, 이는 과학적으로 거의 확실하다. 그러나 엄밀히 말하면 빅뱅은 '시작점'(혹은 직후)을 이야기한 것이지, 누구에 의해 어떤 이유로 시작되었는지는 말하지 않는다. 그것은 과학이 말할 수 있는 것이 아니다.

과학은 '현재의 우주'를 기준으로만 계산과 검증이 가능하다. 우주가 있기 전 일이나 시작된 동기에 대해서는 알 수 없다. 그것을 주장하는 과학자가 있다면, 과학이 아니라 무신론을 믿는 사람의 주장일 뿐이다. 그래서 결론적으로 우주의 기원은 진화론과 전혀 관계없다고 보는 것이 맞다.

'생명의 기원' 역시 비슷한 맥락에서 볼 수 있다. 진화론의 토대가 되는 '종의 기원'을 기준으로 역산하면, 인간은 단세포에서 출발한 것이 맞다. 굳이 생물학자가 아니어도 이미 우리는 동물(인간) 자궁 속에서 태아가 형성되는 과정을 통해 작은 세포에서 발전할 수 있는 가능성과 증거를 알고 있다. 또한 과학은 단세포 생물이 만들어지는 데 필요한 물질에 대해서도 언급한다.

단, '생명이 왜 생겨났는가?'에 대해서는 말하지 못한다. 아니, 말하지 않는다. 그것은 과학이 아니기 때문이다. 그래서 '우연'을 이야기한다. '하나님'을 말하지 않는다고 해서 발끈하지 말라. 과학자에게 우연은 사실 '모른다'는 말일 뿐이다. 그렇다고 과학이 신을 개입시킬 수는 없지 않은가? 그것은 신앙인의 고백이지, 과학자의 자세는 아니기 때문이다.

다음으로 '인류의 기원'은 '의식의 기원'이라고 바꿔 말하는 것이 좋겠다.

즉 인간과 동물의 차이인 '의식'에 대한 이야기다. 이 역시 마찬가지다. 과학자들은 인간 역시 진화의 산물이라는 이유에서, 진화 과정에서 의식이 생겨났을 것이라고 주장하지만 '언제, 어떤 식으로, 왜' 생겨났는지는 알지 못한다. 다만 진화의 산물로, 인간의 뇌 용적이 다른 동물보다 크기에 지능이 더 높다고 생각할 뿐이다.

그리고 마지막으로 소개할 '종의 기원'이 바로 진화론의 토대가 된 이론이다(이 말인즉슨 우리가 말하는 진화론은 과학 전체도 아니요, 네 가지 기원론 가운데 '종의 기원'에만 국한된다는 뜻이기도 하다). '종의 기원'은 기원론의 이름이자 현대적 의미의 진화론을 처음으로 설파한 영국의 학자 찰스 다윈(Charles Darwin, 1809-1882)의 저서명이기도 하다. 대대로 의사를 배출한 명망 높은 집안의 자제인 다윈은 한때 성공회 사제가 되기 위해 신학까지 공부하였다. 평소 지질학과 동물학에도 흥미를 느낀 그는 우연한 기회에 군함 비글호에 승선했는데, 이것이 그의 운명을 바꾸었다. 5년간 미지의 세계를 탐험하며 기록하고 연구한 결과를 보고하여 유명인사가 된 그는 훗날 자신의 이론을 정리하여 「종의 기원」(On the Origin of Species)을 출간한다. 그리고 이 책은 과학 역사의 한 획을 긋는 기축 이론인 진화론의 토대가 된다.

책을 요약하면 이렇다. 모든 종이 처음부터 지금의 모습으로 존재했다고 여기던 기존의 믿음을 부정하고, 생명체의 각 종은 진화 과정을 거쳐 현재 모습으로 존재하게 되었다는 것이다. 다윈은 비글호를 타고 수없이 많은 생물과 조우하였고, 자연스레 엄청난 사례 연구를 진행할 수 있었다. 그러다가 과거의 생물과 현재의 생물이 아무런 관련 없이 지금 모습 그대로였다는 기존의 믿음을 받아들이지 못하는 자신을 발견하였고, 자연 환경이 살아남아 자손을 남길 개체를 '선택한다'는 생각에 이르게 되었다. 이것이 바로 '자연 선택'으로, 주어진 환경에 적응할 수단이 있으면 살아남고 그렇지 않으면 사라진다는 뜻이다. 다윈은 이렇게 자연 선택 과정을 거치면서 생물이 진화한다고 결론지었다. 완전한 '패러다임 시프트'(paradigm shift)다.

1859년, 다윈이 「종의 기원」을 출간한 이유는 무신론적 신념을 확대하기 위해서가 아니라 자신이 지속적으로 관찰한 결과를 과학적으로 설명하기 위해서였다. 다윈의 진화론은 유신론을 부인하지도, 무신론을 뒷받침하지도 않는다. 그저 자연 현상에 대한 설명일 뿐이다. 그리고 150년이 지난 지금까지 생물 진화에 대한 증거는 더 공고해졌을 뿐, 부정되지 않고 있다.

그런데 여기서 확인해야 할 사실이 하나 있다. 우리가 이해하는 진화론은 사실 다윈이 말한 진화론이 아닐 가능성이 크다는 점이다. 우리에게 익숙한 '진화론' 개념은 다윈보다 앞선 프랑스의 생물학자 장바티스트 라마르크(Jean-Baptiste Lamarck, 1744-1829)가 주장한 '용불용설'(用不用說)에 가깝다. 용불용설은 다윈의 진화론보다 앞선 최초의 진화적 개념으로, 어떤 기관을 계속 사용하면 발달하고 그러지 않으면 퇴화한다는 주장이다.

라마르크에 따르면 모든 생물은 계단과 같은 일정한 위계질서 안에 배열되어 있다. 마치 어류의 다음 단계가 양서류이듯, 개개의 모든 동물에 공식적으로 적용된다. 예를 들어 시간이 지나면 송사리가 그다음 단계로 정해진 동물인 개구리로만 진화한다는 것이다. 그렇게 계속 완전해져서 조류에 속하는 동물이 되고, 그다음에 포유류, 그다음에는 영장류가 된다. 영장류 안에서도 점점 침팬지가 되고, 나중에는 사람이 되는 것이다. 이 주장대로라면 우리가 보는 침팬지는 충분한 시간이 지나면 사람이 된다.

그러나 다윈의 진화론에 따르면 진화는 방향성이 없고, 다음 단계를 알 수도 없다. 그때그때 주어진 환경에 따라 선택된 것들이 살아남기에 예측할 수 없다. 간단히 말하면, 1억 년이 흘러도 침팬지는 사람이 될 수 없다. 우리가 알 수 없는 뭔가 다른 종으로 진화할 뿐이다. 즉 진화론은 침팬지가 사람이 된다고 주장하지 않는다. 단지 진화는 '시간'이 존재할 경우 모든 생물의 존재 방식이다. 이것이 '용불용설'과 '자연 선택'의 차이다. 어떠한가? 당신이 이해하고 있는 것은 '용불용설'인가, '자연 선택'인가?

그렇다면 다윈이 자연 선택을 기반으로 주창한 진화론은 정말 믿을 만한 것인가? 현재, 진화론을 뒷받침하는 근거는 다섯 가지 정도로 분류된다. 화석, 생물 지리학, 공통의 진화 기원, 공통 유전자 서열, 실험이 그것이다(이를 일일이 설명하기에는 지면이 부족하니, 개인적으로 공부해 보길 권한다). 그리고 이 증거들은 진화론이 참이라는 것을 명확하게 증명한다.

> ● 특별한 실험 관찰 없이 누구나 동의할 만한 '소진화'의 사례는 많다. 상황이나 환경에 따라 신체 구조가 조금씩 변형되는 것 말이다. 예를 들어 펜싱 선수의 다리 근육은 좌우가 분명히 다르다.
> 과학적으로 유명한 소진화의 증거는 '초파리 실험'을 통해 도출되었다. 한 세대의 수명이 짧은 초파리를 선택적 조건 아래 살아남게 하여 60세대까지 실험을 진행한 결과, 첫 세대 초파리와는 구조와 생태 조건이 전혀 달라졌음을 확인할 수 있었다.

그럼에도 신앙과 진화론을 조화하기에는 '대진화', 즉 종과 종을 뛰어넘는 부분이 걸릴 것이다. 정서상 인간이 처음에는 인간이 아니었다는 사실을 받아들이기를 어려워하고, 조금 더 관심 있는 이들은 '잃어버린 고리', 예를 들어 어류에서 양서류로 진화하는 중에 존재했을 생명체에 대해 화석 같은 증거물이 없다는 것으로 반론을 제기한다.

그런데 이미 이 논쟁은 결론이 났다. 어류와 양서류의 화석 시기를 유추하여 그것을 품고 있는 지질층이 북극 근처에 있음을 확인하고 탐사한 결과, 어류와 양서류 중간에 해당하는 '틱타알릭'(Tikttaalik. 데본기 후기 동물로, 육상의 네발동물과 매우 유사한 육기어류에 속한다)이라는 생명체의 화석이 발견된 것이다. 물론 과거의 기록뿐 아니라 현재에도 종에서 종으로 진화하는 증거가 필요하다. 그런데 이 역시 증명되었다. 20년간 대장균 4만 5,000세대를 지켜본 결과, 새로이 효소를 만들어 내는 종이 탄생되는 것을 확인하였다. 종 단위 진화가 확인된 것이다. 물론 여기에 한계는 있다. 대장균 실험은 미세 조정된 연구 환경에서 의도를 가지고 이루어졌다. 즉 자연 생태계에서 우연히 이루어진 것이 아니다(그래서 오히려 창조주를 상정할 수 있다).

또한 생물학자들 안에서도 진화의 계통도가 완전히 일치하지는 않는다. 추가되는 증거와 현상들로 인해 계속 수정된다. 그러나 수정되는 것은 진화의 '계통도'이지, 기축 이론인 '진화론' 자체가 아니다. 신의 존재 유무와 관계없이, 진화는 생명체가 시간과 만났을 때 마땅히 그렇게 이루어지게 되는, 생명체의 가장 확실한 존재 방식이다.

신앙과 과학의 대화

지금까지의 흐름을 잘 따라왔다면, 이제 당신도 신앙과 과학의 대화를 주선할 수 있으리라 생각한다. 어떤 방식으로 대화해야 한다는 단정적인 결론이 아니라 당신이 취사선택할 수 있도록 선배들이 고민한 대화의 여러 방식을 제안하고자 한다. 다만 대화에 들어가기에 앞서 불필요한 갈등을 피하기 위해 '용어'와 그 '의미'부터 정리하며 시작하려 한다. 개인적으로 신앙과 과학의 대화에서 가장 문제가 되는 것이 이 '용어 사용'과 '의미 정리'라고 생각하기 때문이다. 뭐든 용어가 정리되어야 불필요한 다툼이 없어진다. 앞서도 틈틈이 개념을 정리했지만 다시 한 번 정리해 보자.

'진화'는 주변에서 분명히 발견되고 모두에게 적용되는 자연 현상이다. 그리고 '진화론'은 진화라는 자연 현상을 토대로 관찰, 탐구하고 증거를 통해 수립한 흔들림 없는 자연 과학 이론으로 'how'를 이야기한다. 즉, '어떻게 이렇게 되었는가?'를 객관적이고 수학적인 용어로 설명하는 것이다. 때문에 과학이 신(신앙)에 대해 내놓을 수 있는 최선의 대답은 '불가지론'이다. '신의 존재 유무를 알 수 없다'는 것이다. 물론 과학을 수단으로 하는 사람(과학자)은 대답할 수 있다. 그의 믿음에 따라 유신론이든 무신론이든 말이다.

반면 '창조'는 자연 현상이 아닌 계시된 것(성경)을 믿음으로 받아들임을 통해 주장된다. 성경이 말하는 창조의 핵심은 창조주가 세상을 '어떻게(how)

만드셨는가?'가 아니라 '누가(who) 만들었는가?'이다. 성경은 창조의 주체가 '하나님'임을 드러내고, 그래서 그 소유권이 누구에게 있는지를 알린다. 또한 '어떤 의도'로 세상을 만드셨는지도 드러낸다. 성경은 이를 인문학적 표현들로 전달하셨기 때문에 강조하는 바도, 표현 방식도 '과학'의 그것과는 전혀 관계가 없다.

확실한 것은 '기독교인'은 창조를 믿는다는 것이다. 이 말인즉슨, 창조의 주체가 하나님임을 믿는다는 것이고, 나아가 이 창조에 담긴 의도들도 수용한다는 뜻이다. 반면 '과학자'들은 진화라는 현상과, 이를 이론으로 풀어낸 진화론을 믿는다. 분명하게 검증된 자연 현상이기 때문이다. 과학 용어는 인종, 언어, 문화, 시대와 상관없이 가장 객관적인 용어로 사용되기에, 인류 모두에게 '믿음'을 준다(물론 과학적 결과물을 믿지 않는 사람들도 여전히 존재한다. 지금도 지구 평면설을 믿는 사람이 꽤 많다).

이제 갈등의 원인이 무엇인지 알 수 있을 것이다. 일부 기독교인, 즉 이른바 '창조주의자'라 부를 수 있는 '창조 과학자'들은 성경을 토대로 과학을 주장한다. 그러나 이는 성경(이 말하는 창조)의 의도와 맞지 않을 뿐 아니라 과학적이지도 않다. 'how'에 관심도 없는 곳에서 억지로 'how'를 끄집어내는 격이다. 출발이야 그렇다 쳐도, 그 주장을 뒷받침하는 증거들 역시 전혀 과학적이지 않기에 그 어떤 과학적 대담에도 끼지 못한다. 축구장에 야구 방망이를 들고 가서 경기하자고 하는데 누가 좋아하겠는가?

반면 일부 과학자들 가운데 '진화주의자'들은 모두가 동의하는 최종 권위인 '과학'이라는 가면을 쓰고 'who'의 이야기를 한다. '누가 만들었는지'가 아니라 그 '누가'는 없다는 것을 주장하기 위해서다. 이 역시 모두가 축구에 열광하는 월드컵 기간, 월드컵 경기가 열리는 날에 야구장을 찾아가 왜 지금 여기서 야구나 하고 있느냐고 호통 치는 꼴이다. 전 국민이 축구에 미쳐 있을 때이기에, 왠지 그 호통이 맞다고 느껴지는 것뿐이다. 그러나 사실 따지고 보면 이는 굉장히 오만한 행동이다.

분명한 것은, 진화주의를 배격한다고 해서 진화(진화론)를 거부하는 것은 아니요, 창조주의를 배격한다고 해서 창조(창조론)를 믿지 않는 것도 아니라는 점이다. 반대로 진화에 동의한다고 해서 진화주의자는 아니며, 창조에 동의한다고 해서 창조주의자도 아니다. 기독교인이 지켜야 할 것은 '창조'이지, '창조론'이 아니다. 마찬가지로 기독교인이 배격할 것은 '진화주의'이지 '진화'나 '진화론'이 아니다. 오히려 아무 관계가 없어 보이는 서로 다른 생명체들이 진화라는 동일한 생명 법칙에 귀속되어 있다는 사실이 신비롭게 다가오지 않는가?

자, 진화주의와 창조주의를 몰아냈는가? 그렇다면 이제야 신앙과 과학의 몇 가지 대화 방식에 접근할 수 있다. 우선, 여전히 갈등은 있지만 그나마 성경을 보수적으로 보는 기독교인들이 과학과 대화하려는 의지를 보인 첫걸음이 바로 '오랜 지구 창조론'이다. 이들은 현대 과학의 압도적인 증거를 무시하지 않는다. 때문에 우주 나이가 137억 년이라는 천체 물리학의 정설을 받아들인다. 그러나 생명 진화는 제한적으로 반대한다. 특히 종 분화를 반대한다. 모든 생명체를 그런 관점으로 보지만, 특히 사람은 처음부터 그 모습으로 창조되었다고 생각한다. 천체 물리학과는 대화하였으나, 생물학과는 제한적인 대화만 시도한 것이다. 무의미하지 않다. 이는 의식의 기원을 명확하게 설명할 수 없는 과학의 맹점을 노린 대화다. 그래도 아직은 신앙의 관점에 치우쳐 있기에, 상대를 보는 눈에 약간 날이 서 있다.

다음으로는 '인도된 진화'라고 표현할 수 있는 방식이다. 여기서는 '진화'라는 자연 현상을, 그리고 그것을 토대로 형성된 '진화론'의 모든 것을 인정한다. 다만 '인도된 진화'는 진화 현상이 창조주에 의해 감독되고 인도된다고 본다. 창조주가 자신의 의지 아래 적절한 때를 잡아 의도적으로 진화를 일으킨다는 것이다. 즉 진화는 창조주가 생명체에 준 방식이며, 그분의 지속적인 개입 아래 진행된다. 다만 인간은 그 시기를 전혀 알 수 없다.

그 다음으로 '계획된 진화'라고 표현할 수 있는 방식이 있다. '인도된 진화'와 비슷하지만 차이가 있다. 창조주는 세상을 창조할 때부터 진화의 방식으로 생명체가 존재하게끔 계획만 하신 것이다. 즉, 창조의 첫 시점에 이미 우주 안의 진화 과정이 담겨 있고, 그 이후 신은 개입하지 않는다. 생명체는 창조주가 계획하신 대로 알아서 진화한다.

마지막으로는 계획되지 않은 진화, 즉 '비목적론적 진화'가 있다. 이는 신의 창조를 믿지만, 신은 자연 세계에 간섭하지 않으며 진화가 어느 방향으로 흘러갈지를 미리 계획하지도, 개입하지도 않는다는 견해다. 즉 진화를 아예 창조주와 별개로 보는 것이다. 이는 '오랜 지구 창조론'과 반대로 과학의 관점에 치우쳐 있으며, 이 역시 상대를 향해 약간 날이 서 있는 듯하다.

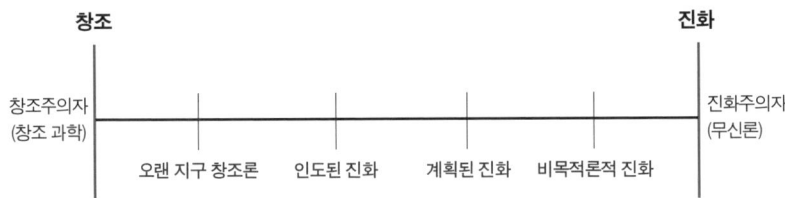

극과 극은 통한다. 진화주의와 창조주의는 서로를 필요로 한다. 서로를 비난하며 생존하는 것이다. 우리는 이 극단적인 주장들을 배격하고, 대화를 주선해야 한다. 재미있게도 벤저민 워필드(Benjamin B. Warfield, 1851-1921), 제임스 패커(James I. Packer, 1926-2020), 존 스토트(John Stott, 1921-2011) 등 이름만 들으면 알 만한 정통 신학자들도 진화론에 대해 극단적으로 반발하거나 배제하지 않았다. 진화론이 창조를 건드리는 주장이 아니기 때문이다(물론 진화주의화되는 견해는 경계했다. 이들의 견해를 살펴보면 '오랜 지구 창조론'과 '인도된 진화' 사이 어딘가에 위치한다).

창조와 진화를 조화시키는 데는 이와 같이 여러 부류가 있을 수 있다. 이는 과학의 이론과 달리 각자 취사선택하는 것이다. 마치 복음주의 안에 성경 해석의 차이로 수많은 교단이 존재하나 서로를 존중하는 것처럼 말이다. 이

중 어느 관점을 지지하더라도 비난받을 이유는 없다. 오히려 극단을 꾀하는 이들이 비난받아야 한다.

> ● 종교 개혁뿐 아니라 근대의 도래를 마주한 장 칼뱅은 창세기 주석에서 이렇게 표현하였다. "모세는 학문적인 훈련이나 교육을 받지 않은, 평범한 상식을 지닌 일반인이 이해할 수 있는 쉬운 방식으로 설명했다. 반면 천문학자들은 인간 지성의 예리함이 파헤칠 수 있는 모든 것을 엄청난 노력을 들여 연구한다. 그러한 연구에 반감을 가져서는 안 되며, 과학은 자신들이 모르는 것이라면 생각 없이 거부하는 일부 광신도들의 오만으로 비난받을 대상이 아니다."
>
> 3대 개혁주의 신학자로 평가받는 벤저민 워필드는 진화론에 대한 자신의 견해를 이렇게 남겼다고 전해진다. "나는 창세기 1, 2장에서든 혹은 다른 곳에서든 성서 안의 어떤 일반적인 진술이나 창조 기사 안의 어떤 내용도 진화에 반드시 맞서지 않는다고 생각한다."
>
> 존경받는 현대 복음주의 신학자 존 스토트는 로마서 강해에서 진화의 방법으로 인간이 창조되었음을 내비치는 해석을 내놓았으며, 그와 비견되는 또 다른 신학자 제임스 패커 역시 이렇게 말했다. "성경에서는 과정에 의한 창조와, 과정 없는 창조가 명백하게 구분되지 않는다. 그러므로 하나님의 주권적 창조 진리와, 과학에서 기술하는 일련의 과정을 포함하는 사상 사이에는 원칙상 아무런 괴리가 없다. 둘 다 하나님의 주권 행위다."

나아가 과학과 신앙은 충돌하는 것이 아니라 오히려 보완하는 관계임을 밝히고 싶다. 현대 지성인으로서 기독교인 역시 과학을 이해해야 하며, 하나님의 창조 세계를 읽어 내는 또 다른 표현 방식인 과학을 존중해야 한다. 때로는 과학을 통해 자신이 믿는 신앙이 더 단단해질 수 있다.

말하자면 이런 것이다. 나는 우연히 존재하는 것처럼 보이는 이 자연 세계에 보편 법칙들이 존재하고 그 방향대로 나아간다는 사실 자체가 도리어 창조주의 존재를 드러낸다고 생각한다. 법칙이 계속 바뀌면서 지금 형태가 된 것이 아니라, 처음부터 동일한 법칙으로 이어져 왔다는 것 자체가 신비하다. 즉 이 법칙은 진화하지 않았다. 그래서 자연스레 '누가 이렇게 완벽한 설계를 한 것인가?'라는 질문을 품게 만든다. 과학 역시 신앙이 필요하다. 기계론적 세계관에 매몰되어 세상을 그런 관점으로만 바라본다면, 그 안에 있는

'가치', '윤리', '생명' 등은 파괴된다. 때문에 신앙은 때로 과학에 적절한 브레이크를 거는 역할을 해야 한다. 다시 말하지만 결국 과학도 사람이 하는 것이기에 그렇다.

지금까지 설명한 내용이 약간은 '과학 예찬론'처럼 들렸을지도 모르겠다. 그런데 재미있는 사실 하나를 언급하고 갈무리하려 한다. 모든 것을 합리적으로 설명하고 이해할 수 있으리라 여긴 과학이 최근에 역설적이게도 '불확실성'을 논한다는 사실이다. '알 수 없다'는 것이다. 이름만 들어도 머리 아픈 최신 양자 역학의 화두는 '불확정성 원리'(uncertainty principle)다. 이는 과학이 자연 현상을 결정적으로 완벽하게 기술할 수 없으며, 그저 확률적으로 기술할 수밖에 없다는, 자연 세계의 '미결정성'을 의미한다. 100퍼센트 확실한 설명은 애초에 존재할 수 없다는 것이다. 인간의 오감을 벗어난 것, 인간의 사고 구조를 넘어서는 것들이 있을 수밖에 없는데, 인간은 이것을 표현할 수도, 알 수도 없음을 인정하는 것이다. 과학의 자매인 수학에서도 비슷한 일이 일어났다. 바로 쿠르트 괴델(Kurt Gödel, 1906-1978)의 '불완전성 원리'(incompleteness theorems)다. 이는 어떤 진리 체계도 참이라고 밝힐 수 없음을 말한다.

나도 '불확정성의 원리'나 '불완전성의 원리'가 정확히 무슨 말인지 모르겠다. 다만 분명한 것은 이 원리들이 기존 과학을 뒤엎는 개념이라는 것이다. 그동안 '확률'은 과학이 아니었다. 확률처럼 예측 불가능하고 보편 법칙화할 수 없는 것은 과학이 아니었다. 그런데 양자 역학은 확률을 말하고, 그렇게밖에 표현할 수 없다고 한다.

오만하던 과학에 뭔가 엄청난 균열을 낸 획기적 사건이다. 그래서 종교마저 정복한 과학이 드디어 목의 깁스를 풀고 겸손해지고 있다. 이를 잘 표현한 서울대학교 우종학 교수의 말을 인용해 본다. "과학은 자연에 대한 영원한 근사다." 과학이 아무리 객관적이더라도 '설' 혹은 '론'이라고밖에 말할 수 없는 이유다. 인간이 아무리 대단해도 파악할 수 없는 11차원의 일들이 있기에 그렇다. 나는 그것이 신의 영역이라고 굳게 믿는다.

지금까지의 논의가 기억나지 않는다면, 한 가지만 기억하자. KT 위즈와 전북 현대는 경기를 치를 일이 없다는 것. 그런 일은 누군가의 뇌 속에서 상상하는 뇌피셜 이상도, 이하도 아니다. 문제는 그런 상상 속의 일을 굳이 실제라고 우기며 서로 우열 관계를 만들어 내려는 이들의 망상이다. 그 정도면 뭔가 의도가 있어 보인다. 그런 의도에 넘어가지 말고 충분히 대화하길 바란다. 그만 싸우자. 오히려 대화하며 풍성해지고, 그 여유를 누리자.

참고 도서 및 추천 도서

- 우종학, 「무신론 기자, 크리스천 과학자에게 따지다」, IVP 펴냄, 2014
- _____, 「과학 시대의 도전과 기독교의 응답」, 새물결플러스 펴냄, 2017
- 장수철 외, 「아주 명쾌한 진화론 수업」, 휴머니스트 펴냄, 2018
- 나탈리 앤지어, 「원더풀 사이언스」, 지호 역간, 2010
- 데니스 라무뤼 외, 「아담의 역사성 논쟁」, 새물결플러스 역간, 2015
- 브라이언 그린, 「엔드 오브 타임」, 와이즈베리 역간, 2021
- 제럴드 라우, 「한눈에 보는 기원 논쟁」, 새물결플러스 역간, 2016
- 제임스 호프마이어 외, 「창세기 원역사 논쟁」, 새물결플러스 역간, 2020
- 존 월튼, 「창세기 1장과 고대 근동 우주론」, 새물결플러스 역간, 2017
- _____, 「아담과 하와의 잃어버린 세계」, 새물결플러스 역간, 2018

10장

인간이란 무엇인가 1

기독교와 심리학

"인간이란 무엇인가?" 사실 딱히 당신의 답을 기대하고 던진 질문은 아니다. 'ㅇㅇㅇ'라 이름 붙은 자기 자신조차 잘 모르는 것이 우리네 실상인데, 무슨 깜냥으로 '인간'이라는 존재를 운운할 수 있겠는가? 물론 시간이 남아 돌아서, 혹은 뭔가를 잘못 먹어서 갑자기 이 질문에 답하고자 하는 마음이 들 수도 있지만, 아무리 짱구를 굴려 봐도 딱히 답할 거리가 없을 것이다. 이유는, 질문이 구려서다. "인간은 이렇다!"라고 답하기에는 질문이 지나치게 포괄적이고, 그런 이유로 아무 말 대잔치를 해도 오답이 아니기에. 먹물깨나 먹은 학자나 '구루'라 불리는 이들, 혹은 종교인들이 답해야 할 질문 같다.

그런데 장삼이사 중 하나인 아무개도, 세상만사에 아무 관심 없는 범인도, 살다 보면 한 번 정도는 이런 생각을 하게 된다. '인간은 선한가, 아니면 악한가?' 이는 당장의 내 삶, 특히 '관계'의 문제를 통해 엄습하는 현재적 고통과 연계되어 있기에 누구나 한 번쯤 떠올려 보았을 법한 질문이다.

그렇다면 이번에는 회피하지 말고 대답해 보자. 인간은 선한가, 악한가? 이른바 '성선설'이 맞는가, '성악설'이 맞는가? 아니면 제3의 범주인 '성무선악설'(인간의 본성은 선과 악으로 나뉘지 않고, 오직 욕구만 있다는 학설)이 맞는다고 생각하는가?

이 질문은 앞서 언급한 "인간이란 무엇인가?"라는 질문과 실상 그리 다르지 않다. 둘 다 '인간의 본성'에 대한 질문이기 때문이다. 물론 인간의 본성이 인간이란 무엇인지에 대한 대답의 전부는 아니다. 하지만 인간 본성에 대한 관점을 토대로 교육이나 제도들(정치, 사회, 경제, 문화)이 형성되었음은 분명하다. 그러하기에 만약 선악에 대해 고민하고 답해 본 적이 있다면, 우리는 모두 작은 철학자라고 말할 수 있다.

분명한 사실 하나가 있다. 누군가 나에게 인간이 어떤 존재인지 물을 때 근본적인 답변은 얼버무리더라도, 인간의 본성과 관련하여 1초도 망설임 없이 말할 수 있는 답 하나쯤은 있다는 사실이다. 인간이란 무엇인지, 또한 인간의 본성이 선한지 악한지는 모르겠지만, 분명한 건 '당신은 악하지만, 나는 선하다'는 것이다. 그렇다. '내가 하면 로맨스요, 남이 하면 불륜'이다. 이는 만고의 진리이자, 인간 본성에 대한 가장 정확한 고찰이다. 이 책 가장 첫 문장으로 소개한 프로타고라스의 말을 변용하자면, 이와 같다. "'내'가 만물의 척도다!" 무슨 의미일까? 조금 더 이야기를 나눠 보자.

'인간이란 무엇인가?'를 이야기할 때, 우리는 어쩔 수 없이 눈에 보이는 것에서 시작할 수밖에 없다. 누구라도 인지할 수 있는 현실의 것 말이다. 뭘까? 바로 '몸'이다. 현대 과학(의학)은 원소 기호와 숫자를 통해 육체를 구성하고 있는 물질과 그 비율, 그리고 생명 유지 원리를 설명한다. 물론 여기서 그치지 않는다. 어떻게 현재와 같은 몸에 이르렀는지 그 과정에 대해서도 과학적으로 설명한다. 그것이 '진화'다(이에 대해서는 9장에서 다루었다).

과학에 따르면 인간은 화학 공식과 숫자로 표현될 수 있고, 그에 덧붙여 '진화하는 존재'로 정리될 수 있다. 무미건조한가? 그렇다. '인간이란 무엇인가?'라는 질문이 의도한 바는 사실 이런 대답을 바란 것이 아닐 것이다. 굳이 과학적 용어로 표현하자면, 우리가 묻는 것은 '의식'에 대한 이야기다. 물론 과학은 여기에 대해 할 말이 많지 않다. 증거를 찾기가 매우 까다롭기 때문이다. 증거를 찾았다면, 이미 의식의 기원도 해결되었을 것이다.

> ● 지금껏 순수 과학은 의식에 대한 접근을 회피해 왔다. 아니, 회피라기보다는 마치 신의 존재처럼 의식은 과학이 다룰 수 없는 영역으로 보았다. 그러나 최신 과학 경향은 과거에 포기한 추상적 영역 역시 물리적 영역과 연계된 통합적 세계로 설명할 수 있다고 여기기 시작했다. 구체적으로는 뇌(신경) 과학에서 의식의 물리적 구조와 원리를 파악하려 접근하고 있다.

인간 존재는 몸뿐 아니라 인격, 즉 '지성'(이성) 또는 '정신'이라 불리는 것을 지니고 있고, 우리는 인간의 본질을 몸보다는 몸이 아닌, 그러나 내가 인지할 수 있는 '그것'에서 찾는다. 그래서 "인간이란 무엇인가?"라는 질문에 답하기가 어려운 것이다. 보이지 않고 과학적 도구로 측정하기 어렵지만, 그럼에도 분명히 존재하는 것, 그러나 딱히 설명하기는 어려운 것. 게다가 그것을 설명하려는 '나'와 '너'도 다 다르기에, 일반화하기도 쉽지 않다.

우리는 이것을 가리켜 '인격'이라 하는데, 이러한 이유로 지금까지 인격에 대한 부분은 눈에 보이지 않는 것을 이야기하는 종교인과 철학자에게서, 혹은 인간을 이용하고 다스리기 위해 인간을 이해해야 했던 정치학자, 경제학자, 교육학자 등에게서 대답을 들어 왔다. 다시 말하지만, 이것은 과학적 도구로 검증할 수 없는 통찰일 뿐이기에 누구의 것이 맞는다고 주장할 수 없었다.

그런데 지금은 상황이 달라졌다. 확실한 것이 찾아왔다. 그 주인공은 바로 '과학'이다. 아니, 앞서 과학은 '몸'만 이야기하고 '의식'에 대해서는 말할 게 없다고 하지 않았던가? 그런데 인간 존재에 대해 이야기하는 '과학인 듯 과학 아닌 과학 같은 너'가 있다. 다름 아닌 '심리학'이다.

다시 한 번 정리해 보자. 과학 혁명은 그동안(중세 시대)의 시각을 뒤집어 신과 세상을 분리하여 생각하고, 인간 역시 신과 분리하여 생각할 수 있게 했다. 모든 것에는 '섭리'(신의 일함)가 아니라 인과 관계가 있고, 세상 어디에나 보편타당하게 부합하는 원리라는 것이 있음을 밝혀내기 시작한 것이다. 과학은 세상을 대상으로 물리학과 화학 등의 결과물을 내놓았고, 인간을 대상으로는 생리학을 토대로 '의학'으로 비약적인 발전을 이룩했다. 이 발전은 지속되고 있기에, 2020년대의 현대 의학은 인간의 몸을 거의 완벽하게 이해하고 있다. 그래서 (타이밍과 같은) 적절한 운(?)과 돈만 따른다면, 많은 경우 인간을 살리고, 살게 만들 수 있다.

이러한 과학 혁명 끝자락에 등장하여 과학계를 넘어 지성계를 충격에 빠뜨린 결과물이 바로 '심리학'이다. 심리학은 '보이지 않으나 실재하는 인간의 마음, 의식, 정신을 과학적 방법론을 통해 분석하고 근거를 만들어 도식화한 학문'이다. 쉽게 말하면 "인간이란 무엇인가?"라는 질문에 모두가 동의할 수 있는 과학적 대답을 도출해 낸 것이다. 심리학은 바로 그 '인간이란 무엇인가?'에 대한 대답이며, 그 대답을 기초로 발달(회복과 성장)을 꾀하는 학문이다.

심리학의 문을 연 이는 누구나 한 번쯤 들어봤을 '지그문트 프로이트'(Sigmund Freud, 1856-1939)다. 정신과 의사였던 프로이트는 수많은 환자의 임상을 통해 인간의 정신을 분석하고 구조화할 수 있음에 착안했다. 그렇게 해서 나온 결과물이 '정신 분석학'이며, 이 정신 분석학은 현대 심리학의 모체가 된다.

그렇다. 프로이트는 인간의 정신을 분석하고 구조화했다. 마치 폐와 심장과 간과 장이 몸통 어디에 있는지를 표현한 해부 표본처럼 인간 내면의 구조를 나누어 놓은 것이다. 이 과정에서 태동한 용어가 바로 심리학을 전혀 모르는 평범한 사람들도 '무의식적으로' 쓰는 '무의식'이라는 말이다. 그리고 심리학은 단순히 통찰이 아닌, 최소한의 근거를 통해 증명하고 규정하는 과학적 방법론을 사용했기에 '과학'이라는 타이틀이 붙는다. 눈에 보이는 '몸'에 대해서만 대답할 수 있던 과학이 이제는 보이지 않는 '인격'(정신, 마음)에 대해서도 대답할 수 있게 된 것이다.

서문이 길었다. 내가 하려는 말은 심리학, 즉 '인간(인격)이란 무엇인지'를 다루는 세상의 가장 확실한 답변인 현대 심리학을 이야기해 보자는 것이다.

물론 그보다 앞서 기독교인에게 확실한 것, 즉 '성경'이 말하는 '인간이란 무엇인가'를 먼저 정리하고자 한다. 그러고 나서 심리학의 결과물과 비교 대조해 보면 아주 예쁜 그림이 나올 것 같다. 나처럼 예쁜.

기독교에서 말하는 인간

기독교는 "인간이란 무엇인가?"라는 질문에 뭐라고 답하는가? 그 답은 당연히 성경에서 찾아야 할 것이다. 앞선 장들에서 부분적으로 언급한 적이 있지만, 이 자리를 빌려 다시 정리해 보고자 한다. 사실 매우 중요한 내용이라 전반부에서도 서두에 다루었어야 마땅하나, 이번 장에서 다루기 위해 일부러 남겨 두었다. 자, 그럼 빨리 들어가 보자. 현기증 나기 전에.

'기독교적 인간관'이라고 하면 거창해 보이지만, 사실 단 하나의 단어로 정리할 수 있다. 성경 가장 앞부분에 등장하는 창조 이야기에 언급된 '하나님의 형상'(창세기 1장 26, 27절)이 바로 그것이다. 성경은 이 형상이 타락으로 일그러졌음을 밝히고 있으나, 그럼에도 '하나님의 형상'이라는 표현이 그 효력을 다하고 역사에 안녕을 고한 것은 아니다. 인간이 하나님의 형상대로 만들어졌다는 성경의 발언대로라면, 그것은 사라지고 끝난 것이 아니라 인간이 다시 돌아가야 할 유일한 자리인 것이다.

● '형상'이라고 번역된 히브리어 '쩨렘'의 뜻에 대해서는 의견이 분분하다. '쩨렘'은 '모양', '꼴' 등과 같이 형태를 의미하는 말로 쓰였다. 그러나 창세기의 기록 의도와 문맥, 고대 근동에서 이 단어가 쓰이던 용례와 연계하여 해석해 보면, 이 단어는 이집트나 메소포타미아 사회에서 왕이나 고위 관직을 '신의 형상'이라 부르던 것을 차용한 표현으로도 보인다. 즉 당시에는 '특별한 계급'만 신의 형상이라고 불렸는데, 성경은 '사람'이라고 불리는 모든 존재가 신의 형상임을 드러내기 위해 이 표현을 사용했다는 설이 가장 유력하다. 여기서 우리는 사람이란 존재에 대해 두 거대 문명과 성경이 정반대로 규정하고 있다는 사실을 알 수 있다.

> 나아가 고대 근동의 거대 제국들은 자신들의 통치 영역에 마치 신상처럼 왕의 모습을 본뜬 '형상'들을 세워 놓아, 그곳이 왕의 통치권에 속한다는 것을 표시했다. 마찬가지로 '하나님의 형상'이란 (하나님의 형상으로서) 인간이 존재하는 그 자리가 하나님의 통치권이 이루어지는 곳임을 드러내는 징표이기도 하다.

성경은 타락 이후, 좀처럼 되찾기 어려웠던 하나님의 형상을 되찾을 길이 열렸음을 알린다. 이를 다른 말로 '구원'이라 한다. 성경은 바로 그 구원 이야기를 우리에게 들려준다. 그리고 옛 약속(구약), 즉 구원을 이루기 위해 보내겠다고 약속하신 메시아, 그분을 통해서만 구원이 가능하다고 단언한다. 그 메시아(그리스도)가 바로 '예수'시다. 이 예수께서 약속된 메시아임을 믿는 것, 즉 그분이 십자가의 희생을 통해 죄의 대가를 치른(대속) 구원자이심을 믿는 것과 온 우주의 창조주이자 주권자, 즉 주인이심을 믿는 것이 구원의 방식이다.

그런데 메시아는 그저 숨만 쉬며 살다가 십자가에 달려 돌아가시는 분으로만 존재하지 않으셨다. 가르치기도 하셨다. 가르침의 내용은 하나님의 뜻과 마음이었다. 물론 이런 가르침들은 이미 '구약'을 통해 전달되었다. 다만 사람들이 제멋대로 해석하고 적용하다 보니, 많은 오해가 생겼다. 그래서 재해석해 주신다.

무엇보다 구약의 모든 내용을 이렇게 정리하신다. "하나님을 사랑하라. 이웃을 사랑하라"(기독교에서는 이를 '대계명'[The Great Commandment]이라 부른다). 예수께서 이렇게 말씀하신 것은 그렇게 해야 선해지고 복 받기 때문이 아니다. 그것이 회복된 인간, 즉 하나님의 형상으로 돌아간 이가 보이는 삶의 태도이기 때문이다. 또한 이는 하나님의 형상에 담긴 의미를 정리할 수 있도록 도와준다. 하나님의 형상이란 '사랑하는 존재'라는 사실과 함께 그 사랑의 대상에 대해서도 말씀하신 것이다. 먼저 '하나님'이 그 대상이고, 또한 '이웃', 즉 또 다른 하나님의 형상들이 그 대상이다.

아우구스티누스는 「기독교 교육론」(De Docrtina Christiana)에서 이 사랑의 대상에 두 가지를 덧붙여 네 가지 관계로 확장하여 설명한다. '하나님'과 '이웃'에 '자기 자신'과 '물질'(세상)을 추가한 것이다. 이 두 가지를 추가하면서 그는 예수께서 다른 두 가지를 말씀하시지 않은 것은 말하지 않아도 알아서 그 둘을 잘 사랑하기 때문이라고 언급한다(개인적으로 아우구스티누스의 이러한 언급은 창조 이야기를 근거로 한 확장적 주석으로 보인다). 따라서 우리는 예수의 이 말씀과 창세기에서 언급한 하나님의 형상에 대한 내용을 통해, 지음받은 그대로의 본래적 인간인 '하나님의 형상'의 의미를 최종적으로 정리할 수 있다. 이를 도식화하면 다음과 같다.

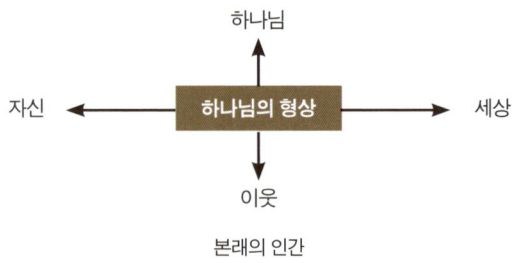

본래의 인간

본래의 인간인 하나님의 형상은 사랑하는 존재다. 우선 자신의 기원인 하나님, 즉 부모인 하나님을 사랑한다. 그 부모인 하나님의 절대성으로 인해 무엇 하나 부족함 없는 만족을 누리며, 하나님의 초월성에서 흘러나오는 정서적 충만함으로 가득하다. 성경은 이렇듯 하나님에 의해 충만한 상태를 '샬롬'이라 표현하며, 일반적으로는 '지복'(至福)의 상태라고 말할 수 있다. 말이 어렵다. '초슈퍼울트라그레이트따봉'인 상태의 지속이다.

이 관계가 온전하다면, 자연스레 그 사랑은 '자기 자신'에게로 흘러간다. 현실에서 잘 찾아볼 수 없지만 아주 가끔 이런 아이들이 있다. 부모에게 풍성한 사랑과 관심을 받으며 바른 교육 가운데 자란 아이 말이다. 이런 아이들은 내면에 꼬챙이가 없다. 무엇보다 타고난 재능과 관계없이 자존감이 높다. 심리 정서적 회복 탄력성도 높고, 무언가에 도전하기를 주저하지 않는다. 인간 부모의 사랑에도 이럴 수 있는데, 초월자의 사랑을 온전히 누린다면 어떨까? 두말할 필요가 없다. 타인과 비교하지 않아도, 엄청난 재능이나 결과로 평가받지 않아도, 자신의 존재를 긍정하고 자신의 독특성을 주장하며 끝없이 도전하고 계발할 것이다. 그것이 자기 자신을 사랑하는 본래적 인간인 하나님의 형상이다. 또한 이처럼 자기를 사랑할 수 있는 자는 자연스레 타인도 건강하게 사랑할 수 있다. 여유가 있기에. 바로 '이웃' 사랑 말이다.

지금부터는 이런 논리적 흐름을 넘어 성경이 이야기하는 바에 조금 더 집중해 보려고 한다. 무엇보다 창조 이야기에는 "성경 좀 봤다"고 주장하는 이들조차 자주 착각하는 사실이 있다. 바로 인간이 처음부터 '복수'로 존재했다는 사실이다. 무슨 소리인가? 아담을 만들고, 그가 외로워하는 것을 보신 하나님이 그의 갈비뼈로 하와, 즉 여자를 만드신 것 아니던가?

설명하면 길지만 간단히 말하자면, 창조를 이야기하는 창세기 1장과 2장은 이어지는 내용이 아니다. 동일한 '창조'를 묘사하지만, 핵심이 조금 다른 창조를 이야기하고 있다. 두 이야기가 서로 보완될 때에야 하나의 완성된 창조 이야기를 도출할 수 있다. 그 보완의 결과, '아담-하와'라는 순차적 차이는 있을지언정 둘 다 '여섯째 날'이라 불리는 같은 날 창조되었음을 알 수 있다 ("하나님의 형상대로 사람을 창조하셨다. 하나님이 그들을 남자와 여자로 창조하셨다"[창세기 1장 27절]). 즉 사람은 처음부터 복수로 창조되었다.

그렇게 만들어진 각 인간은 존재론적으로는 같았으나, 외형이 현저히 달랐다(우리는 남녀가 외형만 다른 것이 아니라 성격도 참 다르다는 것을 알고 있다. 한 책의 제목이 생각난다.「화성에서 온 남자, 금성에서 온 여자」[존 그레이, 동녘라이트 역간, 2004]). 그런데 하나님은 그렇게 서로 다른 두 하나님의 형상에게 "한 몸을 이루라"(창세기 2장 24절 참조)고 명하신다. 처음부터 복수적 존재인데, 하나가 되어야 한단다. 이것이 '참 인간'의 존재 방식이다. '1+1=2'라는 수식적 결합을 의미하는 것이 아니라, 사랑으로 말미암아 온전히 하나 된다면 그때야말로 '1+1=100'인 완전한 인간, 즉 '하나님의 형상'이 된다. 마치 삼위일체라는 말이 '1+1+1=3'이 아니라 '1+1+1=무한대'를 의미하듯, (인간이 이해할 수 없는 신비적 차원에서) 삼위가 완전히 하나인 것처럼, 하나님의 형상 역시 완전히 하나일 때 참된 인간이다. 이 말인즉슨 반대로 이야기하면, 아무리 대단해 보이는 인간도 타인과의 사랑 없이 홀로 있다면 반쪽일 뿐이라는 것이다. 즉 인간은 '공동체'적으로 존재해야 한다.

자, 이렇게 하나님은 '하나님의 형상'을 만드셨다. 그것이 창조의 목적이다. 그러나 하나님의 형상은 분명 하나님과는 차원이 다르다. 창조자가 아니라 그저 피조물일 뿐이다. 차원의 차이는 영이신 하나님과 달리 물성이 있는 존재로 구현되었다는 점으로 표현된다. 이처럼 물성이 있는 인간에게는 발 딛고 살아갈 터전이 필요하다. 그래서 주어진 것이 바로 '세상'이다. 그런데 사랑하는 자녀가 살 집을 막 지을 수 있는가? 하나님은 자녀가 살아갈 터전임을 염두에 두시고 다른 피조물들을 만드신다. 그 모든 것 역시 초월자의 입에서 "보시기에 좋았더라"는 평가를 받을 정도로 멋지게.

다만 한 가지가 더 필요하다. 그냥 숨만 쉰다고 끝이 아니다. 살아 있다는 것은 계속 무언가를 하는 것이다(사실 숨 쉬는 것 역시 의식하지는 못해도 뭔가를 하는 것이다). 그렇다면 하나님의 형상은 무엇을 할까? 하나님의 형상은 '하나님 미니미' 아니던가? 지금까지 하나님이 무엇을 하셨는가? '사랑'을 하셨고, '창조'를 하셨다. 그렇다면 그분의 형상이 할 일도 같다. '사랑'을 하고 '창조'를 한다. 다만 무한하신 전능자의 그것과는 레벨이 다르다. 그분처럼 없는 것을 만들어 내는 것이 아니라, 하나님이 주신 것을 재구성하는 식의 '창조'다. 이는 '마술사'의 창조가 아닌 '예술가'의 창조와 같다. 또한 이 창조는 '노동'이 아니라 '놀이'에 가깝다. 이것이 바로 인간이 세상과의 관계 속에서 이루는 '사랑'의 실체다.

덧붙이자면 하나님은 인간에게 세상에서의 역할을 명하셨다. 바로 '다스리는 것'이다. 이는 지금까지의 오해와 달리 지배가 아닌, 그 안에 선한 것, 하나님이 좋다고 하신 그것을 일깨우고 발견하는 것, 즉 일종의 '돌봄'이다

('다스리다'의 의미는 8장을 참조하라).

지금까지 (네 가지 대상을) 사랑하는 존재로서의 하나님 형상, 즉 "인간이란 무엇인가?"에 대한 성경의 답변을 정리해 보았다. 그런데 문제가 있다. 실제 우리가, 실제 세상이 저렇게만 존재한다면 얼마나 좋을까? 아무 근심, 걱정, 슬픔, 고통, 미움, 다툼, 시기, 질투, 분노, 불안 없는 이상향의 모습이다. 그런데 우리는 우리가 사는 세상이 그렇지 않다는 것을 안다. 그렇다면 성경의 답변은 한낱 종교 경전의 혹세무민, '구라'인가? 아니다. 성경은 오히려 지금 우리가 느끼는 것보다 더 신랄하게 현재 인간의 잘못됨을 까발린다. 그리고 그 원인을 최초의 인간의 타락으로 들어온 '죄'에서 찾는다. 즉 하나님의 부모 됨(주인 됨)을 거부하고 자신이 주인으로 있고자 하는 경향성, 의지 말이다('죄'의 의미는 2장을 참조하라). 성경은 모든 인간이 이 '죄' 아래 있기에 현재의 모든 문제가 비롯되었다고 이야기한다. 이 죄로 인해 본래의 네 가지 관계를 통해 이루어지던 사랑이 뒤틀어진 것이다. 이를 도식화하면 다음과 같다. 현재 인간의 실존이다.

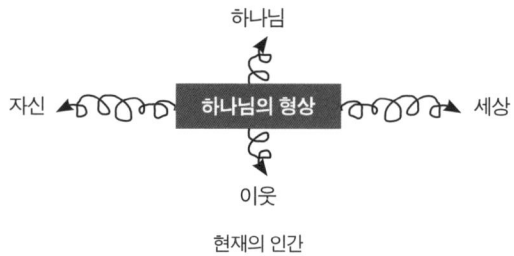

현재의 인간

'뒤틀어졌다'고 표현했는데, 그 이유는 죄로 인해 관계들이 제대로 기능하지 못하는 것은 맞지만, 그렇다고 아예 박살 나 사라져 버린 것은 아니기 때문이다. 그런데 이게 문제다. 문제를 인식하지 못하면, 문제가 되지 않는다. 그래서 그 정도로 괴롭지도 않다. 즉 태어날 때부터 개미인 존재는 자신이 인간답지 않고 개미로 살아간다고 불평하지 않는다. 그러나 인간에서 개미로 탈바꿈했다면, 그리고 여전히 인간일 때의 기억과 느낌이 남아 있다면,

개미로 살아가는 것은 죽을 맛일 것이다. 이렇듯 '죄'로 인해 네 가지 관계와 사랑이 뒤틀어진 상태가 바로 현존하는 우리 인간의 현실이다. 우리에게는 온전했던 하나님 형상의 잔재와 기억이 남아 있다. 그래서 딱히 문제가 없어도 우리는 늘 채워지지 않는 갈망과 싸운다.

우선 '하나님'과의 관계에서 참 부모이신 하나님을 알 수 없고 그 사랑을 온전히 누릴 수 없으며, 당시 누리던 기분에 대한 기억만 심중에 남아 있다. 그래서 누가 가르쳐 주지 않아도 신을 향한 열망이나 의식이 있다. 다만 뒤틀어졌기에 하나님을 바르게 알 수도, 그분과 소통할 수도 없다. 그래서 기억을 더듬어 가며 만들어 낸 유사 신을 가리켜 성경은 '우상'이라고 표현한다. '미신'도 그 연장선상에 있다. 그러나 어떤 이들은 미신적 지향마저 사라져 아예 신에 관심이 없다.

마찬가지로 신과의 사랑이 단절되자, 자신의 특별함에 공감하지 못한다. '자신'을 향한 사랑도 뒤틀어진 것이다. 세상에서 가장 먼저 자각되는 자기 자신을 부정적으로 느끼는 사람, 즉 자기를 사랑하지 못하는 존재는 삶을 이어 가기가 어렵다. 때문에 강제로 자신에 대한 사랑을 끌어올리려고 하는데, 가장 흔한 유형이 '성취'를 통한 평가에 목매는 것이다. 스스로가 아닌 타인에게 '훌륭하다'는 평가를 받을 때에야 비로소 자존감이 충족된다(물론 오래 가지 않는다). 그러나 그게 어디 쉬운 일인가? 지속적으로 성취를 얻는 인간은 거의 없다. 때문에 또 다른 방법을 추구하는데, 바로 타인과의 '비교'를 통해 상대적 존재감을 얻어 내는 것이다. "내가 그래도 쟤보다는 낫지!"라는 것 있지 않은가? 그러나 그렇게 해서 얻는 것은 '열등감'뿐인 것 같다. 물론 그 와중에도 어떻게든 정신 승리를 이루기도 한다.

이 부정적인 영향은 당연히 '이웃'과의 관계로도 이어진다. 타인은 나와 하나 되는 대상이 아니라, 비교 대상으로만 존재한다. 타인과 하나 되려는 근원적 욕구는 남아 있기에 끊임없이 관계를 시도하지만, 언제나 '나'를 중심에 두기에 결국 연합은, 그리고 사랑은 이루어지지 않는다.

물론 인간이 살면서 진정한 하나 됨을 경험할 때가 있긴 하다. 남녀 간의 원초적 사랑이 있지 않은가? 그런데 (결혼을 해도) 그조차 느껴 보지 못하거나, 쉬이 휘발되어 버린다. 가장 강력한 이웃인 남녀 간의 사랑마저 그러한데, 다른 이웃들과의 관계야 뻔하지 않겠는가. 그래서 계속 분열한다. 인류의 역사를 보라. 아니, 당신 곁을 지나간 사람들을 보라. 분열하거나 잊힌다.

이쯤 되면 자신이 발 딛고 사는 '세상'과의 관계에도 영향을 끼치는 것은 불 보듯 뻔하다. 세상을 양육하는 것이 아니라 말 그대로 '지배한다.' 그리고 '이용한다.' 하나님의 형상이 하던 모든 놀이는 노동으로 격하된다. 나아가 그 노동마저 자아실현의 장이 아닌 그저 돈벌이 수단으로 탈바꿈하며, 그런 인간들이 모여 이루는 '노동 사회'는 착취 구조와의 싸움터가 된다.

인간 됨에 대한 과학적 대답인 진화론을 문과적 표현으로 바꾸면, 인간은 '진보하는 존재'라고 정리할 수 있다. 그래서인지 다윈의 진화론은 생물학을 넘어 인문학 곳곳에 영향을 끼쳤다. 시간이 갈수록 인류는 진보한다는 믿음을 토대로 인간을 바라보기 시작한 것이다. 그러나 성경은 정반대 대답을 내놓는다. 문명은 발전할 수 있지만, 인간 자체는 오히려 과거보다 후퇴한 존재라는 대답 말이다. 그리고 성경은 인간상에 대해 또 다른 모델을 제시한다. 다시 하나님의 형상으로 돌아간 인간상, 이른바 '회복된 인간'이다. 이를 도식화하면 다음과 같다.

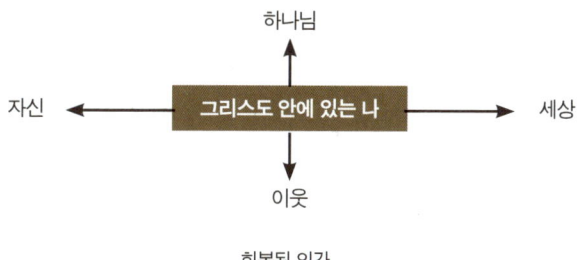

회복된 인간

회복된 인간의 유일한 열쇠는 '예수'다. 이 예수를 메시아(그리스도)로 믿을 때, 하나님과의 관계가 제자리로 돌아간다. 그리고 나머지 관계들도 차차 정상화된다. 그렇게 완전히 정상화된 모델이 현존했으니, 그분이 바로 '죄 없는' 참 인간 예수시다. 즉 예수는 믿음의 대상이자, 동시에 완전히 회복된 '하나님 형상'의 실제 모델이시다.

여기서 '완전히' 회복되었다고 표현한 이유가 있다. 예수가 아닌 인간은 아무리 예수를 믿더라도 뒤틀려진 것이 단기간에 정상화되지 않기 때문이다. '차차' 정상화된다. 다시 설명하자면, 예수를 믿음으로 정체성에 큰 전환이 일어나기에 '이미' 하나님의 형상이 된다. 그러나 '실제' 하나님의 형상으로서 기능과 역할과 존재감을 누리는 것은 '지속적 회복'을 거친 후다. 그래서 신앙의 여정이란 뒤틀어진 인간상의 물이 빠지고, 회복된 하나님 형상의 물이 채워지는 과정을 말한다. 그런데 그게 쉬울까? 눈에 보이는 것도 아니니 말이다.

그래서 성경은 이 과정에 동행하며 인간을 지도하고 위로하는 존재로 '성령'을 소개한다. 어떤 이가 예수를 그리스도로 받아들일 때, 성령께서 자연스레 그 사람 안에 머물며 이런 역할을 감당하신다고 언급한다. 여전히 타락한 현존의 모습과의 충돌과 갈등이 남아 있지만, 종국에는 회복의 방향으로 나아간다. 그리고 보면 성경은 성선설(하나님의 형상)도 말하고, 성악설(뒤틀어진 인간)도 말하며, 또한 엇비슷하게 (욕망이 아닌) 믿음을 근간으로 하는 성무선악설(회복된 인간)마저 말하는 것 같다.

심리학이 말하는 인간

이제 심리학에 대해 언급하려 한다. 여기서는 한 사람만 기억해도 좋다. 앞서 언급한 '프로이트' 말이다. 우리에게는 아버지가 많다. 물론 각자의 육적 아버지는 한 분이지만, 우리는 지금까지 의무 교육을 받으면서 굉장히 많은 아버지를 만났다. 뭔 아버지가 이렇게 많은지 모르겠지만, '프로이트' 역시

그 아버지들 중 하나로 당당히 이름을 올린다. 바로 '심리학의 아버지.'

프로이트가 아버지라 불리는 이유는 앞서 말했듯 최초로 사람의 내면, 즉 인격의 구조를 분석했기 때문이다. 그 결과물로 주장하는 이론이 바로 '정신 분석학'이다. 정신 분석학은 말 그대로 인간의 정신을 분석하여 인간의 내면을 최초로 구조화한 학문이다. 그로 인해 세상에 알려진 개념이 바로 '무의식'이다. 의식에 들어와 있지 않거나 억압된 감정과 욕망, 생각 등이 모여 인간 행동과 사고에 큰 영향을 끼친다고 간주되는 그 '무엇' 말이다. 이 무의식의 발견만으로도 프로이트는 감히 '아버지'라 불릴 만하다(사실 프로이트의 독창적인 아이디어는 아니다. 비슷한 시도들이 있었는데 프로이트가 이를 최초로 학술적으로 끝까지 주장했기 때문에 지금까지 독보적인 인물로 남았다. 역시 맞는 말이든 틀린 말이든 끝까지 밀고 나가야 뭐가 남긴 남나 보다).

프로이트의 심리학

프로이트는 인격의 구조를 빙산에 비유했다. 그에 따르면 인격은 크게 세 부분으로 나뉜다. '의식', '무의식', '전의식'이다. '의식'은 말 그대로 내가 현재 생각하고 느끼는 모든 것을 의미한다. 실시간으로 파악되는 느낌과 생각이기에, 내가 알 수 있다. '전의식'은 무의식에 포함되지만, 노력하면 의식의 영역으로 끌어올릴 수 있는 생각이나 감정, 즉 기억을 말한다. 우리가 "무의식적으로"라고 쓰는 상투적인 표현이 바로 이 전의식에 해당된다. 진짜 무의식은 말 그대로 수면 위로 끌어올리는 것이 '거의' 불가능하기 때문이다. 이 비유의 핵심은 수면 위로 10퍼센트만 드러나 있고 대부분은 물속에 잠겨 그 실체를 알 수 없는 빙산처럼, 우리가 인식할 수 없는 곳에 자리 잡은 '무의식'이 인간 인격의 가장 큰 부분을 차지하고 있다는 점이다. 진정한 '나'의 대부분은 나도 남도 인식할 수 없는 저 수면 밑에 가라앉아 있는 것이다.

그런데 프로이트는 보이지 않는 이 무의식을 또 세 부분으로 나누었다. 바로 '자아'(Ego), '초자아'(Superego), '원초아'(Id)다. '자아'는 '느끼고 판단하는

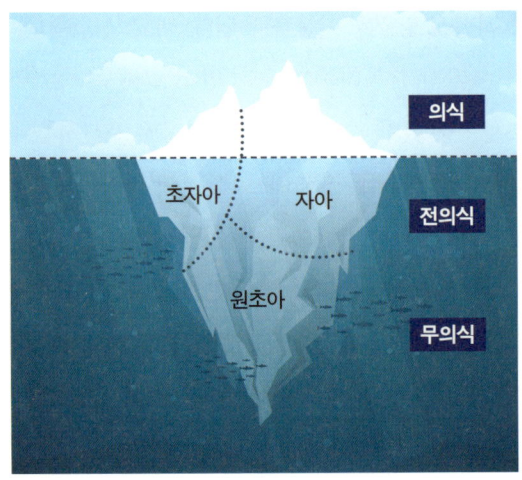
인격의 구조

나'를 뜻한다. 이 자아는 홀로 기능하지 않고, 초자아의 충고를 듣는다. '초자아'는 내가 지금까지 배우고 학습한 사회적 도덕 원리다. 이 둘은 전의식과 의식에 걸쳐 있다. 그리고 무의식에는 '진짜 무의식'이라고 표현할 만한 영역이 하나 남아 있다. 이름하여 '원초아', 즉 근원적, 본능적 욕구다.

다시 말하지만 무의식은 자아가 의식하지 못하는 방식으로 영향을 끼친다. '자아'라 불리는 나는 이 친구의 의견을 듣고 있는 줄도 몰랐는데, 어느새 그의 의견대로 결정하고 있는 것이다. 재밌지 않은가? 내가 의식할 수도 없는 것이 내 판단과 감정, 그로 인한 삶의 선택에 엄청난 영향을 끼치다니! 마치 눈에 보이지 않으나 인간의 삶을 주관한다는 '신'에 대한 이야기 같다. 더 논란인 사실은 이것이 '과학'이라는 이름으로 소개되었다는 점이다. 그래서 심리학에 대해서는 늘 말이 많다. 이게 어떻게 (과학적) '학문'이냐! 약장수지!

아무튼 중요한 사실은 이것이다. 눈에 보이는 인간의 신체를 머리, 몸통, 팔, 다리로 나누고, 보이지 않는 몸속 장기들에 명칭을 붙인 것처럼, 프로이트의 정신 분석학이 인간의 인격과 내면을 분석하여 구조화했다는 것이다. 그런데 여기까지 설명한 바로는 "인간이란 무엇인가?"에 대한 답변으로 충분하지 않다. 즉 '몸'뿐 아니라 몸을 작동시키는 에너지원인 '피'도 이야기해야 하는데, 프로이트는 그 점도 언급한다.

인격 구조의 가장 큰 부분이 무의식이고, 그 무의식을 움직이는 가장 큰 부분인 원초아(Id), 즉 본능적 욕구를 작동하게 하는 에너지가 있는데, 이를 가리켜 '리비도'(libido)라 부른다. 좀 더 쉽게 표현하면 '원욕'(근원적 욕구)이라 부를 수 있겠다. 우리가 아는 욕구가 참 많지 않던가? 프로이트는 그 많은 욕구 가운데 '성욕'을 리비도로 규정한다. 이때 성욕은 단순히 동물적 성 충동을 말하는 것이 아니다. 이성과의 전인적 연합이라고나 할까? 프로이트는 특히 생후 21개월까지인 구강기, 즉 원욕만 발산되는 이 시기에 성욕이 제대로 충족되지 못하면 훗날 이상 심리의 원인이 된다고 보았다.

자, 어떤가? 프로이트의 의견에 동의되는가? 갸우뚱할 것이다. 실제로 정신 분석학을 토대로 변형된 후대의 심리학 분야에서는 리비도를 성욕으로 규정한 프로이트의 통찰을 거부한다. 꽤 시간이 흐른 것도 아닌, 프로이트 당대에 일어난 반박이다. 예를 들어 프로이트의 후계자였으나 훗날 갈라져 나와 분석 심리학을 창제한 칼 융(Carl Gustav Jung, 1875-1961)은 리비도를 성욕에 한정시킨 프로이트의 견해를 비판하면서 리비도를 좀 더 포괄적 명칭인 '생명 에너지'라 불렀다. 프로이트의 또 다른 동반자인 알프레드 아들러(Alfred Adler, 1870-1937) 역시 성욕에 한정하는 견해에 반기를 들고 갈라져 나갔다. 그렇다. 프로이트 이후의 심리학은 프로이트가 몸의 구조와 피가 존재한다는 사실은 잘 알아차렸지만 그 피가 '초록색'이라고 주장한 것과 같다고 여긴다. 그건 'V'다(혹시 이게 뭔지 바로 알았다면, 책을 덮고 잠시 슬퍼해도 좋다. 더 이상의 설명은 생략하겠다).

프로이트에 대한 설명이 길었다. 아버지 이야기는 늘 길 수밖에 없다. 당신에 대해 이야기하려면, 당신의 이름뿐 아니라 당신의 부모 이야기를 빼놓을 수 없는 것처럼. 현대 심리학 역시 이 '구조'나 '에너지'를 기반으로 대화가 이루어진다. 그런데 정신을 차려 보니 중요한 이야기를 빼먹었다. 그래서 심리학의 아버지 프로이트가 말하는 "인간이란 무엇인가?"

한마디로 정의하긴 어렵지만, 결국 프로이트의 주장에 따르면 인간은 '욕망하는 존재'다. 물론 동물도 욕구가 있다. 그러나 동물의 욕구가 저차원적이고 현실의 감각에 한정되어 있다면, 인간의 욕구는 보이지 않는 세계에 대한 상상과 결합하여 고차원적인 판단과 감정을 갖게 한다. 그래서 '욕망'이라고 이름 붙여 보았다. 이 욕망이 제대로 채워지지 못할 때 이상 심리가 일어난다. 그래서 상담가의 도움으로 그 욕망을 직면하고 과거 문제에서 벗어나는 것이 치료이며, 나아가 인격의 성숙 과정이다. 이를 '발달'이라고 할 수 있다.

심리학의 다양한 갈래

프로이트 이후 심리학은 폭발적으로 연구되었고, 그 결과 수많은 이론이 갈라져 나왔다. '리비도'가 무엇인지, 인간을 '발달'(치유)하게 하는 방식은 무엇인지 등의 차이가 반영된 갈래들이다. 여기서 그치지 않고 프로이트와 전혀 다른 방식으로 접근한 심리학(행동주의 심리학, 긍정 심리학 등)도 있다. 매우 다양한 이론이 있기에 다 설명할 수도, 다 알 필요도 없다. 다만 내가 이해한 바에 따라 최대한 간략하게 정리하면, 두 가지 큰 줄기로 분류하고 요약할 수 있어 보인다. 바로 '결정론'과 '목적론'이다.

우선 '결정론'은 프로이트의 계보 아래 있다고 생각하면 쉽다. 즉 인간의 심리는 결정되어 있다는 주장이다. 인격을 상징하는 몸의 형태나, 리비도를 상징하는 피의 색깔은 각자 다르게 이야기하더라도, 어쨌든 인간의 내면은 발현된 욕망이 수용되거나 충돌되던 과거에 영향을 받는다는 의미에서 '결정'이라고 말할 수 있다. 한마디로 오늘 나의 의식, 즉 판단과 감정은 '과거' 경험에 영향을 받기에, 어느 정도는 이미 결정되어 있다는 주장이다.

'행동주의'라고 불리는 심리학파는 한 발 더 나아가 진짜 '결정'을 이야기한다. 한 번쯤 들어봤을 전설의 실험 있지 않은가? 일명 '파블로프의 개 실험'. 종을 치고 나서 개에게 간식을 주는 행동을 반복했더니 나중에는 종소리만 들어도 개가 침을 흘리더라는 결과를 토대로 인간의 심리에 대해 논하는 방식이다. 눈에 보이지도 않는 무의식 따위는 모르겠고, 인간을 동물의 연장선으로 보고 주어진 조건들에 의해 심리가, 나아가 행동이 결정된다는 주장이다. 말이 어려우면, 영화 속 악당들이 대중을 선동하기 위해 무언가를 계속 보여 준다거나 하는 '세뇌'를 떠올려 보라. 반복된 조건들로 인해 나중에는 '습관적'으로 느끼고 판단하게 되는 것 말이다. 그런데 이는 누가 봐도 매우 기계적이다. 그리고 동물적이다.

그래서 여전히 '결정론'의 대표는 프로이트이고, 현대 심리학의 많은 부분 역시 이 결정론에 의거하여 심리를 해석하며 사람의 발달을 돕는다. 다만 프로이트의 인격 구조 분석은 여전히 남았지만, '내용 분석'은 비판받았다. 하지만 그럼에도 불구하고 프로이트의 주장을 수정한 '정신 역동' 심리학이 현대 심리학의 주류를 이루고 있다. 상담이나 심리 치료를 받으러 가면, 검사를 통해 '현재' 당신의 의식에 대해 확인하면서 '과거' 이야기도 계속 끄집어내는 것이 그 이유다. 당신의 인격을 '결정'하는 데 가장 큰 작용을 한 것이 무엇인지 알기 위해서다.

현대의 정신 역동 심리학은 주로 '대상 관계 이론'을 주장한다. 대상 관계 이론에서는 인간의 근본 욕구를 프로이트가 언급한 성욕이 아닌, '대상에 대한 관계 욕망'으로 여긴다. 여기서 '대상'은 자신의 존재를 알아봐 주는 대상, 이상화할 만한 대상, 자신과 닮은 존재로 여겨지는 대상을 의미한다. 대상 관계 이론은 그런 대상과 관계를 맺고자 하는 욕망을 인간의 근원적 욕망으로 본다. 반면 성욕은 근원적 욕구가 아니라, 대상과의 관계가 뒤틀렸을 때 나오는 부산물이라고 본다. 각설하고, 그렇다면 현실에서 그런 대상이 누구일까? 바로 '부모'다. 그런데 우리 모두 알지 않는가? 이상적 대상으로 지목된 부모 중에 완벽한 부모는 없다는 사실을. 누구 탓할 거 없다. 그 부모의 부모 역시 이상적이지 않았기에. 그래서 우리네 심리나 정신을 분석해 보면 결국 '문제없는 인간은 없다!'는 결론이 도출된다. 우스갯소리지만, 그래서 아무리 건강해 보이는 사람도 진단해 보면 문제가 발견될 수밖에 없다. 물론 계속 말하지만 '나'의 정신세계는 건강하다. 문제가 있는 것은 '너'다.

정신 역동 심리학은 주로 그 '대상'과의 관계 속에 뒤틀린 욕망을 해석하고 직면시켜 회복 및 성장으로 이끈다. '과거의 이유를 재해석하여 현재를 바꿔 나가는 것'이다. 때문에 결정론에 따르면, 자기 자신보다는 지적으로 학습되고 경험적으로 훈련된 의사나 상담사 같은 인도자의 역할이 중요하다.

그런데 여기에 누군가가 의문을 던진다. "과거에 결정된 요소가 그렇게 중요한가? 인간은 동물과 다르지 않은가? '미래'를 상상하고 '가치'를 주장하는 유일한 존재인데, 그 사실을 무시해서는 안 되는 것 아닌가?" 그래서 등장한 것이 일명 '목적론'적 심리학이다. 인간 심리는 결정된 것, 즉 만들어진 것이 아니라 앞으로 '만들어 가는 것'이라는 주장으로 이해하면 좋겠다.

이 주장은 비교적 최근에 등장했다. 또한 과학적이라고 하기에는 근거와 자료가 희박하기에 과연 '학'(學)이라는 단어를 붙일 만한지 애매하지만, 실제 '발달'에 대한 효과가 드러나기 때문에 심리학에서 하나의 새로운 큰 줄기가 형성되었다고 볼 수 있다.

대표적인 것이 칼 로저스(Carl Ransom Rogers, 1902-1987)의 '긍정 심리학'이다. 여기서 말하는 '긍정'은 '긍정의 힘'의 그 긍정이 아니다. 즉 긍정적 마인드가 아니라, 자기 자신의 가능성에 대한 긍정이다. 부연하자면 긍정 심리학은 인간의 기본 욕망이 성욕이나 이상적인 대상과의 관계 욕구가 아니라, '자아 정체성의 발견 및 확립'이라는 해석에 근간한다. 과거에 대한 언급이 불필요하지는 않지만, 그렇다고 중요하지도 않다. 인간은 결정된 존재가 아니라, 지금 발견하고 추구하는 인생의 가치와 목표로 미래를 만들어 가는 '되어 가는 존재'이기 때문이다. 그래서 그것을 찾고 열망하는 것이 중요하다. 결국 누군가의 도움보다 우선되는 것은 자기 자신의 노력이다. 자아 정체성을 찾는 데 멘토가 필요할 수는 있지만, 의사나 상담가는 필요 없다.

이러한 주장은 사실 우리에게 굉장히 익숙하다. 이 시대의 자기 계발서

등에 무수히 반영된 코드이기 때문이다. 누군가의 도움 없이 자기 스스로 추구할 수 있고, 사람은 병든 존재가 아니라 자기 인생을 주체적으로 살아갈 수 있는 존재라는 의미로 이야기하기에 꽤 솔깃하다. 그러나 이 역시 비판을 면하기 힘들다. 과연 한 인간이 바꿀 수 없는 과거의 영향력과 완전히 단절하여, 자아 정체성을 찾을 수 있을까? 때로 누군가의 과거는 타인이 쉽게 왈가왈부 할 수 없을 만큼 비참한 경우도 있지 않던가?

지금까지 설명한 정신 역동 심리학이나 긍정 심리학은 결정론과 목적론이라고 분류한 심리학 범주의 양 극단에 있을 뿐, 대부분의 심리학 이론은 이 둘 사이에서 줄타기를 한다. 즉 일부는 결정론적 요인을, 일부는 현재 자신의 책임을 주장한다.

아직 소개하지 않았으나, 이 시대에 각광받는 제3의 흐름이 있다. 우리나라에서 메가 히트를 친 책 「미움받을 용기」(기시미 이치로, 고가 후미타케, 인플루엔셜 역간, 2014)에 반영된 심리학의 주창자 '아들러의 심리학'이다. 아들러는 프로이트와 함께 정신 분석학을 공유했지만, 훗날 그와 결별한 인물이다. 인간을 분류하거나 분리할 수 없는 통합체로 보았기 때문이다. 그래서 보이지도 않는 근원적 욕망에 집착하기보다 현재 심리적 문제를 발생시키는 '열등감'에 주목했고, 이를 바로잡는 것을 '발달'로 보았다.

아들러의 주장을 살펴보면, 목적을 강조하는 우리 시대의 '긍정 심리학'에 조금 가까운 것처럼 느껴진다. 그러나 그의 초점은 어쩔 수 없는 과거나 보이지 않는 욕망이 아니요, 그렇다고 손에 잡히지 않는 미래나 자아 정체성도 아니다. 바로 '현재'의 '나'다. 그래서인지 아들러의 심리학은 '개인 심리학'이라 불린다. 그에게 인간이란 무엇인지 묻는다면, 아마 '완전을 추구하는 존재'라고 답변하지 않을까 싶다. 그것이 자아실현이며 자존감의 토대가 된다. 그것이 일그러지면 내면에 상처가 생기는데, 바로 '열등감'이다. 확실히 자존감 문제를 호소하는 현대인들, 치열하게 살지만 끊임없이 비교당하는 현대 도시인들에게 매력적으로 다가온다.

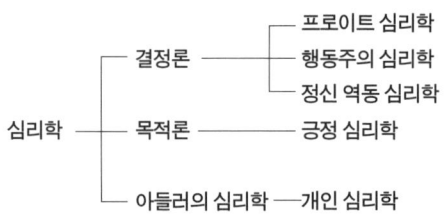

지금까지 심리학의 전반적인 내용과 흐름을 정리해 보았다. 프로이트의 무의식 개념에서 촉발된 심리학은 지속적으로 연구되며 발전하고 있다. 어쩌면 이 시대 어느 학문보다 대중에게 영향을 끼치는 학문이라고도 말할 수 있겠다. 물론 다양한 흐름 가운데 저마다 다양한 주장을 하고 있기에, 인간을 움직이는 '욕구'의 정체가 무엇인지, 그 욕구가 투영된 '대상'은 무엇인지, 도달하고자 하는 '자아 정체성'이나 '완전성'이 무엇인지를 명확히 규정하긴 힘들다.

그러나 이 모든 것을 통틀어 정리해 보면, 인간에게는 그러한 '욕망'을 충족시켜 도달하고자 하는 상태가 있다. 바로 '행복'이다. 결론적으로 인간은 '행복을 추구하는 존재'라고 귀결된다. 그런데 여러 이유로 행복에 이르지 못하기에 이상 심리를 겪거나 발달이 이루어지지 못하는 것이다.

기독교와 심리학이 대화할 때

지금까지 '인간' 존재에 대한 기독교와 심리학의 대답을 각각 들어 보았다. 이제 이 둘을 연결해 보자. 이런 작업 자체를 심리학에서는 그리 달가워하지 않을 것이다. 과학이 신과 인간을 분리해서 보게 만들었다면, 한 발 더 나아가 그 '신'이란 것이 인간 내면에서 창조된 허상이라는 주장의 가장 강력한 근거가 심리학에서 비롯되었기 때문이다.

심리학의 시초인 프로이트가 종교와 신을 그런 관점으로 보았다. 정신 분석학은 인간이란 늘 성욕의 좌절과 왜곡으로 인해 정신 질환과 불안 아래 살아갈 수밖에 없는데, 이를 통제하고 제어하기 위해 원시 시대부터 발전된 제도 중 하나가 종교라고 여겼다. 종교는 자신을 구제할 초월적이며 어머니적인 대상을 떠올려서 만들어 낸 일종의 '환상'인 것이다. 그 뒤를 이은 정신 역동 심리학은 프로이트의 많은 것을 대체했지만, 종교에 대한 관점은 그대로 이어받았다. 종교란 이상적 대상인 '부모'(특히 아버지)의 빈자리를 채우기 위해 만들어 낸 허상으로, 이미 수명이 다한 구시대적 무의식일 뿐이라는 주장 말이다. 이에 반기를 들고 종교를 긍정하며 그 안에 깃든 집단 무의식을 연구한 칼 융도 있었지만 이는 일부의 의견일 뿐이고, 대부분의 심리학은 종교와 신 의식을 허상이자 구시대적 유물로 바라본다.

그런데 심리학의 흐름을 살피다 보면, 과학이 원초적으로 풀지 못하는 영원한 숙제와 결을 같이하는 것을 발견하게 된다. 과학이 빅뱅으로 일어난 현상과, 그것이 촉발된 원인(에너지의 응축)에 대해서는 말할 수 있지만, 그 최초 에너지가 '왜' 존재했는지는 답변할 수 없는 것과 마찬가지로, 심리학 역시 인간 안에 부모조차 채울 수 없는 '이상적 부모의 빈자리'나 '이상적 자기 모습'이 '왜' 있는지, 그리고 만족할 수 없으면서 '왜' 그것을 끝도 없이 열망하는지는 답하지 못한다. 그저 그것을 분석하거나 나아가야 할 방향을 제시하는 데 그치는 것이다. 게다가 재미있게도 신과 종교를 터부시하는 심리학의 분석이나 제시를 유심히 관찰하다 보면, 도리어 성경이 말하는 인간상을 증명하는 증거로 느껴지기도 한다. 어떤 점에서 그럴까?

일찍이 프로이트는 '성'을 인간 존재의 원욕(리비도)으로 규정하였다. 거듭 말하자면 이때의 성은 단순한 동물적 성욕이 아닌, 이성의 부모를 대상으로 하는 유대의 욕망이다. 한 발 더 나아가 정신 역동 심리학에서는 대상 관계 이론을 통해 그 원욕을 성이 아닌 '(이상적) 대상과의 관계'로 보았으나, 결국 그 대상이 '부모'라는 점에서 프로이트의 그것과 크게 다르지 않았다. 그런데 이것이 자기 욕구만큼 채워지지 않거나 일그러지는 경우가 태반이기에 인간에게는 늘 이상 심리가 존재하고 때론 그 심리가 발현된다.

결론은 이것이다. 정확히 규정할 수는 없지만 인간에게는 이상적 부모와, 그 부모와의 관계를 향한 욕망 또는 열망이 있다는 것. 재미있지 않은가? 사실 이상적 부모라는 것은 이 세상에 없다. 아무리 괜찮은 부모도 아이의 욕구를 100퍼센트 채워 줄 수 없다. 그런데도 이 굴레 안에 머물고 있는 인간의 삶이란…….

그렇다면 역으로 생각해 볼 수도 있겠다. 그러한 열망이 충족되지 않았기에 '신'을 창조해 낸 것이 아니라, 성경의 증언대로 본래 이상적이고 초월적 존재인 '신'을 자신의 부모로 여기고 관계 맺으며 그 안에서 만족을 누리는 것이 정상적인 상태인 것 아닐까? 여기서 성경이 말하는 최초의 인간상, 즉 '본래의 인간'상을 가져와 보자. 최초에 창조된 하나님 형상의 존재 근거는 그 첫 번째 관계, 즉 '하나님과의 관계'였다. 그것이 제자리에 있을 때 나머지 관계도 존속하고 발전한다.

그렇다면 자연스레 심리학에서 말하는 '이상 심리'와 기독교의 '죄'를 연결할 수 있다. 이상 심리란 결국 근원적 욕망이 충족되지 못해서 발생하는 것이기 때문이다. 그리고 이상 심리가 있다면, 자연스레 '이상 행동'으로 이어진다. 마찬가지다. 인간은 자기를 중심에 둔 것으로 인해 하나님과의 관계가 뒤틀어졌다. 하나님을 대상으로 관계하고자 하는 욕구는 남아 있으나, 이미 그 관계가 뒤틀어졌기에 만족할 수 없는 상태가 되어 버렸다. 결국 문제의 원인은 '자기중심성', 즉 하나님을 중심에 두는 것이 아닌 자기를 중심에 둔 그 상태다. 그러나 인간은 문제의 원인을 스스로 해결할 수 없을 뿐더러 해결할 의지도 없다. 그러다 보니 연이어 '자기 자신'과의 관계가 무너진다. 이것이 자아 정체성을 발견하지 못해 이상 심리 가운데 있는 우리의 모습이다. '이웃'과의 관계 역시 무너진다. 연합이 아니라 비교와 분리를 통해 열등감에 내몰린다. 이 뒤틀린 관계의 확장이 '세상'이다. 죄, 즉 자기를 중심에 두어 하나님과의 관계가 단절된 그 상태에서 필연적으로 이상 심리가 발현되고, 자연스레 이상 행동으로 이어진다.

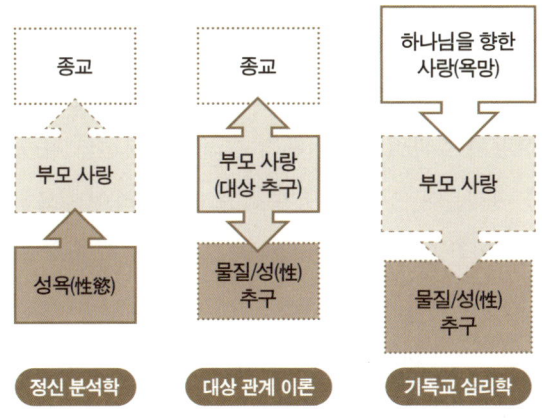

「뒤집어 읽는 심리학」(이재현, CLC 펴냄, 2021)에서 허락을 받고 인용함

정리해 보자. 심리학은 인간에 대한 귀한 통찰들을 남겨 왔다. 그리고 그 통찰들은 성경에서 말하는 인간상과 연결될 지점이 많다. 우선 무의식과, 그것을 움직이는 에너지인 원욕의 존재를 발견하였고, 이 부분에 대해 논의할 수 있는 장을 열어 주었다. 즉 내가 인지하지 못하나 내 인격에 지대한 영향을 끼치는, 보이지 않는 무언가 말이다. 이는 성경이 말하는 본래적 인간, 즉 하나님의 형상의 상이 자리하고 있음으로 이어 갈 수 있다.

이어 결정론적 심리학은 원욕이 이상적 부모와의 관계에 대한 열망에 있다고 주장함으로, 이상적 부모인 하나님과의 관계를 열망하는 인간 본래의 모습에 대한 신학적 설명과 연결할 수 있는 토대가 된다. 또한 이상 행동을 발현시키는 이상 심리에 대한 그들의 치열한 분석은 죄의 실존이 얼마나 강력한지, 그리고 어떤 식으로 우리 삶을 잠식하는지를 검증한다.

반면 목적론적 심리학은 결정론적 심리학이 인간을 지나치게 부정적이고 결함 있는, 즉 이상 심리에서 자유롭지 못한 존재로 보거나 인간의 내면을 지나치게 분리적으로 보는 것에 반기를 들며 등장했다. 그래서 인간 존재를 긍정하고 자기 정체성을 추구하길 촉구한다. 이는 죄에 잠식된 인간이라는 존재가 비록 뒤틀리긴 했으나 완전히 박살 난 것은 아니고 여전히 선한 것이 남아 있는 존재임을 상기시킨다.

무엇보다 목적론적 심리학의 백미는 치유에 대한 부분이다. 그리 과학적이지 않지만 상당히 효과적인 목적론적 심리학은 자신의 치유 방식으로 '무조건적 수용'을 내세운다. 상대를 '병자'로 보고 분석하여 치료하는 것이 아니라, 가능성 있는 '인간'으로 보고 관계하며 성장 가능하도록 돕는 방식인 것이다. 결국 대상이 무엇이든 간에 사랑이 관계 회복의 단초임을 암시하는 중거다. 이거 어디서 많이 듣던 얘기 아닌가?

정리하는 글이 길었다. 결국 심리학은 인간 내면에 작용하는 하나님의 형상을 열망하고 있음을, 그리고 이 하나님의 형상이 갖고 있는 네 가지 대상에 대한 관계가 사랑을 매개로 연결되어 있음을 알게 한다. 때문에 심리학은 하나님을 잃어버린 인간, 즉 '죄인' 된 인간의 다양한 내적 왜곡 상을, 끝까지 하나님을 언급하지 않으면서 현상학적으로만 규명하는 이론들이라고 할 수 있다. 일명 '하나님을 지우고 그려 본 인간학'이라고나 할까? 때문에 심리학은 이미 성경을 통해 주어진 '원 지도', 즉 본래적 인간상을 무시하고 뒤틀어진 인간을 본떠 인간상을 조각해 가며 성립하고, 그것을 기반으로 '회복'을 꿈꾼다.

이에 대해 기독교는 그 한계를 말한다. '원 지도'가 빠졌기 때문이다. 심리학과 마찬가지로 성경은 인간이 행복을 추구하는 존재라는 데 동의하나, 그에 앞서 원 지도가 있음을 말한다. 그래서 순서가 바뀌었다. 성경은 인간이 본래 행복한 상태였으나 그 상태를 잃어버렸고, 그래서 행복하던 과거를 희구하며 열망하는 존재라고 말한다. 과거는 개인의 과거를 넘어 '인간 존재'의 과거를 직면할 때 해결할 수 있는 것이고, 현재나 미래의 관점 변화란 새로 만들어 가는 나의 관점이 아닌, 본래의 '인간 됨'의 관점이 회복될 때에야 비로소 진정 옳고 좋은 관점으로 변화될 수 있다고 말한다. 하나님이 중심이 되고, 그분을 부모로 관계 맺은 상태 말이다.

그런데 이는 순서와 지도만의 문제가 아니다. 발달에서도 마찬가지다. 인간은 어떻게 '행복'으로 나아갈 수 있는가? 그 방법으로 결정론적 심리학은 다시 '과거' 이야기로 돌아간다. 문제의 원인에 대한 분석과 직면, 그리고 화해가 행복을 향한 단초가 된다. 반면 목적론적 심리학은 '현재'나 '미래'로 초점을 옮긴다. 현재를 보는 관점의 변화, 또는 미래를 향한 관점의 확립이 우리를 변화시켜 행복으로 나아가게 한다.

그러나 성경은 인간 스스로 일으킨 문제를 인간 스스로 해결할 수 없다고 단언한다. 그럴 만한 능력이, 무엇보다 그럴 만한 의지가 없기에 그렇다. 여전히 자신이 하나님보다 중심에 있기에. 그래서 성경은 인간의 원 지도, 즉 본래적 상태를 아는 유일한 존재, 아니 그 본래적 상태를 '만든' 유일한 존재인 창조주가 구원자로 은총을 베풀 때에만 인간이 회복되고 발달할 수 있다고 주장한다. 그 은총의 결정체가 '메시아 예수'시다. 그분을 믿을 때, 그래서 그 은총을 받아들일 때, 근본적인 인간성의 회복, 즉 하나님의 형상으로의 전환이 일어난다고 설명한다. 나아가 그분을 믿을 때 주어지는 '성령 하나님'이 우리 내면 가운데 거하셔서 지속적인 발달 과정을 주관하고 돕는다고 이야기한다. 결국 자신의 '노력'보다 '은총'이 우선한다. 노력은 그 다음이다. 그래서 기독교의 해답 혹은 기독교 상담의 궁극은 인간 '대상'을 향해 끝없이 사랑과 인정을 갈망하던 내담자가 마침내 눈을 돌려 하나님을 바라보도록 도와주는 것, 즉 '은총'으로 인도하는 것이다. 내담자를 향한 무조건적인 '사랑'이 그를 하나님의 은총으로 향하게 한다.

또한 심리학에서 말하지 않으나 성경에서는 말하는 발달에 대한 요소가 하나 더 있음을 간과해서는 안 된다. 심리학의 '발달'은 결국 '나'에게만 한정되나, 성경은 나의 과제 이후에 '우리'의 과제로 전환되는 것을 이야기한다. '교회'라 불리는 공동체가 그것이다.

주변을 조금만 돌아보면, 이상 심리를 호소하는 이들이 존재한다는 것과, 그런 이들이 점점 늘고 있다는 것을 알 수 있다. 그래서인지 예전에 없던 상담 치료 시장이 활황이다. 또한 꼭 치료를 목적으로 하지 않더라도, 수없이 소개되고 소비되는 자기 계발서를 통해 심리학의 통찰이 전달되고 있다. 귀 기울여 들어야 할 것이 많다. 특히 성경에서 말하지 않는, 인간의 구체적 심리 역동이나, 2,000-4,000년 전 고대 근동 사람이 아닌 현대 도시 사회를 살아가는 우리네 심리에 대한 가르침에 귀를 열어야 한다. 그러나 결국 그때의 인간이나 지금의 인간이나 인간성의 본질은 같다. 성경은 바로 그 이야기를 한다. 그렇기에 성경 이야기를 토대로 심리학의 도움을 받을 때, 비로소 의미 있고 실효적인 회복과 발달이 일어날 것이다.

참고 도서 및 추천 도서

- 이재현, 「뒤집어 읽는 심리학」, CLC 펴냄, 2021
- 스탠턴 존슨, 「현대 심리 치료와 기독교적 평가」, 대서 역간, 2009
- 제랄드 메이, 「중독과 은혜」, IVP 역간, 2005
- 제임스 스미스, 「하나님 나라를 욕망하라」, IVP 역간, 2016
- 폴 트루니에, 「죄책감과 은혜」, IVP 역간, 2001
- 피터 모레아, 「기독교 인격론」, CLC 역간, 2017

II장

인간이란 무엇인가 2

기독교와 역사

"참 잘했다!" 힘든 경기를 치르고 난 선수가 이 말을 들었다면 격려로 들렸겠지만, 방금 사고 친 아들놈이 들었다면 꾸지람으로 들렸을 것이다. 물론 둘 다 눈물을 흘리는 동일한 반응을 보일 수 있겠지만, 이후를 대하는 마음가짐은 분명 다를 것이다. 한 사람은 쉬러 가겠지만, 한 사람은 곧 날아올 엄마의 등짝 스매싱을 준비하며 목덜미를 잔뜩 움츠릴 것이다. 그렇다. 같은 말이라도 맥락에 따라 전혀 다르게 읽힌다. '맥락'이 그만큼 중요한다.

왼쪽 그림은 언론의 폐해를 꼬집고 있다. 사실(fact)을 이해하려면 전체 그림이 필요한데, 어떤 언론은 그중 일부만, 그것도 의도적으로 잘라 내어 전달한다. 그 결과, 분명 사실을 말하는 것 같은데 실제로는 독자들에게 사실과 정반대 이야기가 전달되기도 한다. 즉 비추는 구도에 따라 가해자가 피해자가 되고, 피해자가 가해자가 될 수 있는 것이다.

이번 장을 열며 소개하고 싶은 용어가 있다. 바로 '텍스트'(text)와 '콘텍스트'(context)다. 원래는 문학 혹은 해석학에서 쓰이는 용어인데, 어느덧 우리네 책상 앞까지 진출하였다. 텍스트는 말 그대로 '글자들'이다. 책이든 사진이든 어떤 현상이든 지금 내 눈에 직접 보이는, 나에게 전달된 '정보' 그 자체를 의미한다. 반면 콘텍스트는 전후 관계, 경위, 배경, 일련의 연속성 등을 의미한다. 쉽게 말하면 텍스트의 전후좌우에 있는 '맥락' 혹은 '문맥'을 뜻한다.

콘텍스트는 다시 두 가지로 구분될 수 있다. 하나는 '공간적' 콘텍스트다. 동전의 앞면만이 아니라 뒷면도 보여 주는 것, 앞서 든 예처럼 잘린 일부 화면이 아니라 전체 화면을 보여 주는 것을 말한다. 또 다른 하나는 '시간적' 콘텍스트다. 내가 보는 그 장면 이전에 어떤 맥락이 있었는지를 비춰 주는 것이다. 전자가 '사방팔방'에 대한 이야기라면, 후자는 '전후'에 대한 이야기다.

갑자기 단어의 정의를 짚고 넘어가는 이유가 뭘까? 그래서 하고 싶은 이야기가 뭔가? 이 이야기를 하려고 서두가 길었다. "콘텍스트는 매우 중요하다!" 물론 텍스트의 중요성이 여전하지만, 콘텍스트를 읽어 내지 못한 텍스트는 존재 의미는커녕 차라리 안 보고 안 읽어 낸 것만 못한 결과를 가져옴을 기억하자. 아마 주변에 '지혜롭다' 혹은 '시야가 넓다'는 평을 듣는 사람은 바로 이 '콘텍스트'를 잘 잡아내어 텍스트를 해석하고 적용하는 사람일 것이다. 이른바 '센스 좋다!'는 말을 듣는 사람 말이다.

우리가 지금까지 무엇에 대해 이야기해 왔는지를 다시 짚어 보자. 우리는 '특별 계시'인 성경이라는 텍스트의 요약본을 먼저 이야기한 뒤 그 이후 직접적, 때로는 간접적으로(느꼈는지 모르겠지만, 아무튼 나는 그렇게 썼다) 성경이라는 텍스트를 둘러싼 시간적, 공간적 '콘텍스트'를 주욱 이야기해 왔다. 그것이 7장까지 내용이다. 그 후 'Intermission'을 전환점 삼아 '일반 계시'라는 텍스트를 소개하며 '세상'(자연)과 '인간'을 언급했다. 그리고 인간을 다시 '개별적 인간'과 '인간들'로 구분해서 볼 것을 제안했다.

자연에 대해서는 이미 나누었다. 자연이란 텍스트는 언제나 그 모습이기에 특별한 콘텍스트는 필요 없으나, 자연을 대하고 읽어 내는 콘텍스트는 짚고 넘어갔다. 그리고 이어서 "인간이란 무엇인가?"라는 질문을 통해 '인간'이라는 텍스트도 다루었다. 물론 여기에도 콘텍스트는 중요하다. 개별적 인간을 이해하기 위해 그의 외형과 직업, 역할 등의 외적 텍스트와, 그의 내면과 욕망 등의 내적 텍스트를 읽어 내야 하지만 그것만으로는 충분하지 않다. 그것만으로는 '이 사람이 왜 저렇게 이 지점에 발끈할까?', '왜 이리 집착할까?', '어떻게 저렇게 성공할 수 있었을까?' 등을 읽어 낼 수 없다. 즉, 각 인간에 대한 콘텍스트를 이해해야 그 사람을 이해할 수 있는 것이다. 그러나 이 지구상에 있는 79억 개의 '인간 텍스트'를 일일이 읽어 내기란 불가능하다. 그것은 신의 영역이다. 그 부분에 대해서는 애먼 사람의 콘텍스트 말고, 자신에 대한 콘텍스트를 읽어 내거나 당장 당신 옆에 있는 사람들의 콘텍스트에나 관심을 가지면 될 일이다.

그렇다면 이제 남은 과제는 '인간들'이다. '인간들'이라는 텍스트를 읽어 내려면, 간단하게 현재 사회를 보면 된다. 그런데 이 역동적인 사회 전체를 어떻게 조망할 수 있겠는가? 조망한다 해도, 고작 한국 사회 정도랄까?(이것은 12장에서 다루겠다) 다행히 '인간들'에 대한 시간적 콘텍스트는 쉽게 알 수 있다. 바로 (인류의) '역사'다. '역사'라는 단어의 정의에서 알 수 있듯이, 넓은 의미에서 역사란 결국 '인류 사회의 변천과 흥망의 과정'에 대한 기록이기 때문이다. 그렇기에 역사의 대략적인 흐름을 보면 '인간들'의 정체를, 인간이 어떤 존재인지를 더 명확히 알 수 있다.

● **성경이라는 텍스트에 대한 콘텍스트**
성경과 기독교 역시 '텍스트'와 '콘텍스트'의 관계로 설명할 수 있고, 그러한 설명이 필요하다. 예를 하나 들어 보자. 혹시 2002년 한일 월드컵 때 우리나라에서 어떤 일이 벌어졌는지 기억하는가? 그땐 정말 난리도 아니었다. 모든 사람이 손에 땀을 쥐고 경기를 시청하는 것을 넘어, 거리로 광장으로 쏟아져 나와 손에 손 잡고 하나 되어 열광의 도가니에 빠져 들었다. 4강전 경기가 열린 날에는 무려 700만 명이 넘는 인파가 거리로 쏟아져 나와 응원하고 축제를 즐겼을 정도다. 그후 한국의 이러한 거리 문화가 다른 나라에도 알려지고 영향을 주기까지 했다.

그렇다면 무엇이 이토록 사람들을 열광하게 했을까? 4강에 올랐기 때문에? 가장 정확한 답변이다. 그러나 그게 전부일까? 월드컵이 우리나라에서 개최되었기 때문이라는 대답도 가능하다. 여기서 한 발 더 나아가 보자. 만약 같은 일이 독일에서, 브라질에서, 이탈리아에서 일어났다면 그 사람들도 우리만큼 열광했을까? 4강을 넘어 결승, 아니 우승도 자주 거머쥔 나라의 팀들이라면, 그 정도까지 열광하지 않았을 것이다. 2002년 전까지 '본선'에만 겨우 오르고, 올라간 뒤에도 매번 지기만 하던 팀이 1승을 넘어 16강에 올라 8강, 4강까지 가자 집단적으로 미쳐 버린 것이다. 즉 우리가 그토록 열광한 것은 '텍스트' 자체 때문도 있지만, '콘텍스트'의 이유가 더 크다.

성경이라는 텍스트를 이해하는 데도 마찬가지다. 우선 '공간적 콘텍스트'를 이해해야 한다. 성경에 담긴 텍스트들이 기록된 당시의 사회 정황과 문화에 대한 이해 말이다. 구약 성경은 이집트 문명과 메소포타미아 문명에 대한 이해가, 신약 성경은 로마 제국에 대한 이해가 필요하다. 그래야 텍스트를 이해할 수 있다. 그런데 성경에서 더 중요한 것은 공간적 콘텍스트보다는 '시간적 콘텍스트'다. 성경이라는 텍스트가 전달하는 궁극적 내용이 '복음'이라는 메시지이기 때문이다. 이것이 왜 복음, 즉 '복된 소식'일 수 있는가? 예수가 오셨고, 죄를 사하셨고, 죽음을 이기셨으며, 그분을 메시아로 받아들이면 영원한 생명에 머문다는 소식 때문인가? 물론 그 자체로도 복된 소식이지만, 그것이 정말 나에게 복되게 다가오는 부류는 '절망'이라는 콘텍스트 아래 놓인 사람들이다. 즉 '죄'의 문제 앞에 절망할수록, 예수로 인해 주어진 복음이 정말 복되게 다가오는 것이다.

성경 자체도 그런 구도로 기록되었다. 구약 성경은 '절망'의 내용이다. 신약 성경에 나오는 예수의 탄생과 사역이 참으로 복된 이유는, 앞선 구약의 내용이 바로 본선에 올라가 한 번도 이겨 보지 못한 대한민국 축구팀의 현실과 같기 때문이다. 복을 이루려 부단히 노력했고, 본선까지 올라가 본 기억은 많은데 번번이 탈락이다. 안 되는 것이다. 어떻게든 본선까지 올라가게 하신 하나님의 역사와 인간들의 탈락의 역사. 그 지난하고 눈물 나는 역사가 있었기에, '메시아'가 그토록 의미 있는 것이다.

이처럼 기독교의 경전이라 불리는 성경은 다른 종교의 경전과 달리 '역사'를 기반으로 기록되었고, 이 역사를 기반으로 메시지를 전달하고 있다. 때문에 '경전'을 읽는 방식에서 다른 종교와는 큰 차이가 있다. 즉 경전 속 텍스트에 대한 이해를 넘어, 그 텍스트를 둘러싼 콘텍스트에 대한 이해가 어우러져야 진정한 깨달음과, 나아가 실존적 믿음이 가능하다.

'인간들'의 역사_ 경제

역사의 내용을 정리하기에 앞서, 역사를 바라보는 두 가지 관점을 소개하고 싶다. 먼저 역사를 '직선'으로 보는 관점이다. 이는 하나의 퀘스트가 끝나면 그 다음 레벨 퀘스트가 열리는 것처럼 보는 관점이다. 이처럼 역사를 직선적으로 보면, 앞선 세대보다 뒤 세대가 '진보'한다는 결론에 이른다. 이른바 '레벨업'하는 것이다. 이런 시각을 통칭 '진보 사관'이라 부른다. 또 다른 관점은 역사를 '원형'으로 보는 것이다. '돌고 돌아 제자리'라고나 할까? 그래서 이런 시각을 '순환 사관'이라 부른다.

이 두 관점의 차이는 동서양의 차이와도 맞물린다. 주로 기독교 전통에 속하는 서구권은 진보 사관으로 세상을 바라본다. 내일은 오늘보다 낫다는 믿음이 있다. 하나의 이미지만 떠올리면 된다. 총을 든 서부 개척자들 말이다. 반면 순환 사관은 주로 동양적 시각이다. 마치 개인의 삶이 윤회한다고 믿는 불교의 주장과 엇비슷하다. "그래서 행복해졌는가?"라는 질문에 대한 답변으로 대신할 수 있겠다. 당신의 생각은 어떠한가? 역사는 레벨업하며 진보하는가? 아니면 돌고 도는가? 어쩌면 역사를 보는 관점이 당신 자신의 삶을 바라보는 관점일 수도 있겠다.

'인간들'을 이해하는 데 역사를 바라보는 관점이 중요하기에 소개했지만, 사실 부질없어 보인다. 이미 전 세계가 서구화되어 진보 사관에 익숙하기 때문이다. 자신은 배운 적 없다고 항변할지라도, 정규 교육을 받았다면 이미 그런 시각으로 세상을 보고 있을 확률이 높다. 또한 과학의 발달로 문물이 풍성해지면서 그러한 사고가 가속화되었다. 그럼에도 역사가 진보한다는 관점에 동의하지 않을 수 있다. 존중한다. 다만 당신의 의지와 별개로, 어쨌든 역사를 구조화하고 분류하고 정리한 것은 서구적 관점이기에(어려운 것 생각 말고, 그냥 학교 역사 시간에 배운 문명사의 흐름을 떠올려 보라) 그들의 관점을 빌려 정리해 보고자 한다.

역사를 구조화할 수 있는 주제는 다양하다. 가장 단순한 것은 '시간'에 따라 구분하는 것이다. 그러나 그것은 '역사'가 아니다. 우리가 가장 쉽게 떠올리는 구분인 '고대-중세-근대-현대'만 하더라도 우선 각 기간이 균등하지 않다(동양은 중세라고 부를 만한 시기가 딱히 없다. 이는 지극히 서구적 개념이다). 고대는 수천 년이고, 현대는 길어 봤자 고작 100여 년이다.

그렇다면 왜 이렇게 나누었을까? 기준이 무엇인가? 의외겠지만, 그 기준은 바로 '경제'다. 자, 여기서 이 사람을 등장시켜 보자. '칼 마르크스'(Karl Marx, 1818-1883). '공산주의' 하면 떠오르는 그 마르크스다. "형이 여기서 왜 나와?"라고 외치고 싶고, 갑자기 나의 사상을 의심하고 싶은 욕구가 들겠지만 잠시만 참아 달라(미리 밝히지만 나는 공산당이 싫다).

> ● 공산주의(共產主義)는 영어 'Communism'의 번역어이자, '공동의'라는 의미를 지닌 단어를 어원으로 한다. 즉 공산주의는 특정 사람이나 집단이 아닌 모두가 '생산' 수단을 '공'유하는 것을 의미한다.
> 그렇다면 '생산 수단'이란 무엇일까? 대표적인 생산 수단은 인간의 필수 영양을 책임지는 곡물을 내어놓는 '토지'다. 이 토지를 공유하는 것이다. 그렇다면 자연스레 '공산주의'가 정치 이념을 가리키는 용어라기보다는, 본래 '경제'를 설명하기 위한 용어임도 알 수 있을 것이다.

지금 우리가 살아가는 '현대'의 유무형적 구도와 개념이 세워진 토대는 다름 아닌 '근대'다. 그전 시기는 사실상 현재 우리네 삶과 거의 연관이 없다고 봐도 무방하다. 즉 근대 시기에 세계의 헤게모니와 민족, 국가, 문명 체계 등의 거의 모든 것이 정해졌고, 그 이후에는 특별한 변화 없이 강화되고 있을 뿐이라고 볼 수 있다.

이 근대 시기에 인간을 주제로 두 가지 위대한 발견이 있었는데, 하나는 앞서 소개한 '프로이트의 발견'이다. 프로이트는 '개별적 인간'의 내면과 의식을 구조화했고, 모든 인간이 이 구조 가운데 있음을 밝혀냈다. 그리고 또 다른 위대한 발견이 바로 '마르크스의 결과물'이다. 마르크스는 개인으로서의 인간이 아닌 집단으로서의 인간, 즉 '인간들'의 역사를 구조화하였다. 그렇게 해서 나온 것이 마르크스의 '역사 발전 5단계설'이다. 이는 인간들의 이야기, 즉 '역사를 어떻게 설명할 수 있는가?'에 대한 아주 쉽고 명확한 통찰이기에 세상에 큰 영향을 끼쳤다.

역사 발전 5단계설에 따르면, 역사의 첫 번째 단계는 '원시 공산 사회'다. 그 다음은 '고대 노예 사회'로 이어지고, 이어서 '중세 봉건 사회'가 도래한다. 그리고 '근대 자본주의 사회'가 열리고, 마지막 '현대 공산주의'로 역사는 마무리된다. 이것이 역사 발전 5단계설의 골자다. 여기서 이 기간들을 구분하는 기준은 '생산 수단'이다. 즉 생산 수단을 누가 가졌는가에 따라 역사가 변화하고 진보해 왔다는 견해다.

마르크스의 주장을 풀어 설명하면 이렇다. '원시 공산 사회'는 생산 수단을 공유한 시기로, 함께 배고프고 함께 배부르던 시대다. 수렵, 채집 시대에서 초기 농경 사회에 이르기까지 부족 단위 생활을 하던 원시적 부족 사회를 떠올리면 좋겠다. 그런데 시간이 지나 인간 집단의 규모가 커지고 자연스레 통합하기도 하면서 승자와 패자가 갈리기도 하고, '운'에 따라 누군가는 더 얻고 누군가는 쇠퇴하기도 한다. 그러면서 원초적인 지시 관계가 형성된다. 생산 수단인 '토지'를 더 많이 가진 자가 생겨난 것이다. 이때 태동된 변화가 있다. 생산 수단을 더 많이 점유한 권력자가 탄생한 것이다. 그 권력이 한 점으로 귀결된 것이 '왕'이다. 그와 동시에 생산 수단이 전무한 '노예'도 탄생한다. 이 체제는 노예들의 반란으로 무너질 수 있기에 이를 유지하기 위한 '권위'가 필요했는데, 그 권위를 부여해 준 것이 바로 '종교'다. 모든 이에게는 신 의식이 있는데, 왕을 그 신과 연결된 초월적 존재로 해석하면서 이 체제가 유지될 수 있었다. 그러나 시간이 흘러 이 구도만으로는 지속될 수 없어지면서 '중세 봉건 사회'가 도래한다. 즉 왕 홀로 생산 수단을 독점하는 것이 아니라, 왕과 노예 사이에 생산 수단을 가진 중간 계층을 많이 두는 것이다. 예를 들면 귀족이나 성직자 계층이다. 왕권은 약화되나, 위험을 분산시켜 체제를 지속시킬 수 있었다.

그런데 게임 체인저(game changer)가 등장한다. 생산 수단을 토지에만 의존하지 않아도 되는 시대가 온 것이다. 두 가지 생산 수단이 등장했다. 하나는 '산업'이다. 산업 혁명의 발단이 된 '기계'를 통해, 압도적으로 많은 생산물을 쏟아 낼 수 있게 되었다. 이전에 없던 새로운 생산 수단이다. 다른 하나는 '상업'이다. 토지처럼 실체를 지닌 것은 아니지만, 돈의 유통만으로도 부가 쌓이는 것이다. 나중에는 토지를 소유한 왕과 귀족도 상업을 주관하는 이들에게 돈을 빌리는 형국에까지 이른다.

기존 구도에 전혀 없던 두 생산 수단(산업, 상업)과 함께 새롭게 등장한 계층이 있으니, 이름하여 '부르주아'(bourgeois)다. 부르주아의 등장 여파로, 실질적 근대의 시작점으로 해석되는 '프랑스 대혁명'(1789-1799년)이 일어났다. '토지'라는 생산 수단의 독과점에 의해 운영되던 과거 헤게모니가 해체되고, 더 이상 누군가에게 지배받지 않는 자유 시민이 탄생한 것이다. 그래서 그 이후 시기를 '근대 자본주의'라고 부른다. 산업과 상업에 의해 형성된 '자본'이 곧 생산 수단이 되는 시대 말이다. 이를 뒷받침하고 강화하는 논리가 애덤 스미스(Adam Smith, 1723-1790)의 「국부론」(An Inquiry into the Nature and Causes of the Wealth of Nations)을 통해 탄생한 그 유명한 개념, 즉 '보이지 않는 손'이다. 자유 시민의 생산과 거래를 통해 세상은 잘 굴러가기에, 자유 시장을 신뢰하면 보이지 않는 손에 의해 조정되어 모두 잘살 수 있다는 장밋빛 전망이 바로 그것이다. 바야흐로 '자본주의'의 탄생이다.

마르크스는 바로 이 근대 자본주의 시대의 끝물을 살던 사람이다. 그래서인지 그의 눈에는 근대 자본주의의 문제가 매우 크게 느껴졌다. 산업과 상업의 발달로 모두가 잘살 줄 알았는데, 노동자들이 착취당하고 이전보다 불행해진 듯한 모습 때문이다. 그는 이 사태를 보면서 새로 나타난 생산 수단(산업, 상업)이 예전처럼 독과점 형태로 나아가다 보니, 또다시 보이지 않는 지배 계급과 피지배 계급이 생겨난 것이라고 해석했다. 즉 부르주아에 의해 새로운 세상이 왔으나, 부르주아(유산 계급)와 그렇지 못한 노동자 '프롤레타리아'(Proletarier, 무산 계급)라는 계급 분화와 차별이 발생한 것이다. 생산 수단을 가진 부르주아는 노동하지 않고, 프롤레타리아만 노동한다. 매우 불공평한 현실이다.

근대 자본주의는 미시적 시각을 넘어, 세계 전체로 보아도 분명 문제였다. 초창기에는 모두의 삶을 풍요롭게 했지만 생산물의 공급이 수요보다 많아지자 문제가 생긴 것이다. 물건이 안 팔리면 회사가 문을 닫듯, 회사들의 물건들이 안 팔리면 경제가 마비되어 국가 전체가 휘청하게 된다. 과잉 생산 문제를 해결하기 위해 세계는 '제국주의' 질서로 재편된다. 새로운 땅을 식민지 삼아 생산물을 팔아 치우는 것이다. 그것이 마르크스가 본 자본주의의 잔혹한 현실이었다.

> ● 이것이 1차 세계 대전(1914-1918년)의 발발 배경이다. 영국이나 프랑스와 같은 나라들이 다수 세계를 선점하여 식민지화하면서 독일과 같은 후발 주자들은 이 딜레마를 해결할 수 없자 결국 기회를 노리다가 말도 안 되는 것을 빌미 삼아 전쟁을 일으킨 것이다. 서구 열강에 비해 뒤늦게 근대화를 이룬 일본이 우리나라를 침략해 식민지화한 것도 이런 경제적 맥락에 근거한다.

마르크스는 새로운 시대가 올 것이고, 와야 한다고 생각했다. 그것이 바로 '현대 공산주의'다. 소수의 부르주아가 아닌 다수의 프롤레타리아, 즉 무산 계급 노동자가 독재하여 생산 수단을 공유함으로 더 이상 계급 갈등이 없는 풍요로운 사회 말이다.

자, 그런데 마르크스의 예상은 맞았을까? 실제 마르크스의 이론적 토대가 기폭제가 되어 유럽 전역에서 혁명이 일어났다. 그것이 현실화된 곳이 러시아와 그 주변의 슬라브족 형제들(동구권)이었다. 물론 전혀 다른 방법을 추구한 돌아이도 있었으니, 바로 독일의 히틀러(Adolf Hitler, 1889-1945)다. 끝까지 제국주의적 방식으로 해결하려고 아예 '군국주의'로 나아갔고 결국 세계를 참상에 빠뜨렸다(일본도 그러하다).

그러나 나머지 국가들은 그럴 수 없었다. 이들은 자유 시장과 개인의 사유 재산을 존중하는 일명 '자유주의' 진영에 속해 있었다. 다만 기존 방식대로 자본주의를 운영한다면 버틸 수 없었기에, 이를 대폭 수정하기로 한다. 그것이 바로 '수정 자본주의'(후기 자본주의)다. 미국에서 대공황을 극복하기 위해 꺼내 든 '뉴딜 정책'(1933년)이 대표적이다. 기존의 시장과 사유 재산을 인정하지만, 보이지 않는 손에만 놔두면 안 된다는 확신 아래, 국가가 '보이는 손'의 역할을 자처하며 꽤 많은 조정을 하는 것이다. '세금'이라는 자본이 바로 그 토대다.

2차 세계 대전(1933-1945년)의 결과, 독일과 일본이 패망함으로 제3의 방식은 애초에 끝장이 났다. 그렇다면 남은 두 방식은 '수정 자본주의'와 '공산주의'다. 이 둘이 치열하게 경쟁하며, 전 세계에 자기편을 만들어 대립한 시기가 바로 '냉전' 시기다. 서로의 방식을 용인하여 싸우지 않고 살면 되지 않나 싶기도 하지만, 자본주의가 보기에는 생산물을 통용할 국제 시장이 축소되기 때문에 문제였고, 공산주의가 보기에 외국산 물품의 유통은 또 다른 계급화 문제였기에 그럴 수가 없었다. 이런 상황에서 전 세계인은 이러다 3차 세계 대전이 발발하는 것 아닌가 하는 우려 속에 떨어야 했다.

그러던 어느 날, 갑자기 공산주의의 맏형 격이던 소비에트 연방(소련)이 전격 몰락하고 해체된다. 마르크스가 역사를 구조화하고 비평한 것은 매우 탁월했으나, 현대 공산주의의 패망으로 결국 그의 해답이 틀렸음이 증명된 것이다. 왜일까? 사실 이론상으로만 보면 공산주의는 꽤 매력적이고 자본주의의 대안이 될 수 있을 것 같은데 말이다.

이에 대해서는 여러 이유를 갖다 댈 수 있지만, 결정적 원인은 '인간들'로 보인다. 즉 제도는 훌륭해 보이나, 그것에 참여하는 '인간들'이 생산 수단을 공유하는 것을 원치 않은 것이다. 인간은 남보다 많이 갖기를 원한다. 생산 수단을 공유해야 한다면, 차라리 노동을 하지 않는 편을 택한다.

'인간들'의 문제는 더 있었다. 공산주의의 이상은 '프롤레타리아 독재'였으나, 현실은 공산주의로 넘어가는 과정에서 잠시 권력을 독점한 엘리트들이 대중에게 권력을 넘겨주지 않았다. 그래서 '공산당' 독재가 되어 버린 것이다. 이 독재적 경향성은 강화되어, 시간이 흐르자 스탈린이나 마오쩌둥, 김일성 같은 1인 독재로까지 나아가 버렸다. '대중 독재'를 꿈꾸었으나 '1인 독재'로 귀결된 것이 참 아이러니하다.

결국 늘 자기를 중심에 두고 생각하는 인간의 성향, 이로 인해 파생된 권력욕과 지배욕이 문제다. 재미있지 않은가? 집단적 인간, 즉 '인간들'에 대해 매우 잘 이해하고 분석한 마르크스가 내어놓은 대안의 결정적 문제가 다름 아닌 '개별적 인간'에 대한 이해 부재에서 비롯되었다니. 참으로 역설이다.

이렇게 공산주의가 패망하자, '자본주의'만 남았다. 프랜시스 후쿠야마(Francis Fukuyama) 같은 학자들은 소비에트 연방의 해체라는 역사적 사건 앞에 「역사의 종말」(한마음사 역간, 1997)이라는 책을 써 내며, 이제 유일한 승자인 자본주의가 다름 아닌 역사의 끝이라고 선언하기까지 했다. 그리고 이와 같은 '자본주의'의 역사적 승리를 자축하며 등장한 것이 바로 신자본주의(신자유주의)다. 신자본주의의 주장은 간단하다. '백 투(Back to) 자본주의!' 공산주의와 대립하며 나온 수정 자본주의는 이제 의미 없고, 자본주의가 최종 승자이니 자본주의의 근본으로 돌아가자는 것이다. 즉 이들은 다시 '보이지 않는 손'을 신뢰하며 시장에 무한한 자유를 주자고 주장한다. 이것이 공산주의 몰락 이후의 흐름이다.

몇몇 국가를 제외한 세계 대부분의 국가는 현재 자본주의(자유주의) 경제 체계를 채택하고 있다고 봐도 무방한데, 다만 수정 자본주의냐, 신자유주의냐 이 둘의 대결 가운데 있다고 볼 수 있다. 또한 한 국가 안에서도 수정 자본주의(주로 진보 계열 정당)와 신자유주의(주로 보수 계열 정당)의 대결 구도가 형성되어 있기도 하다.

자, 이렇게 우리 시대의 역사 이야기까지 왔다. 이쯤에서 당신의 생각을 묻고 싶다. "그렇다면 자본주의는 정말 역사의 승자이고, 앞으로 우리에게는 '진보'만 있는가?" 그런데 이 시점에서 앞서 언급한 순환 사관의 질문을 빌려 한 번 더 물어보고 싶다. "그래서 당신의 삶은 행복해졌는가? 인간들은 행복해졌는가?" 쉬이 대답하지 못할 것이다. 뭔가 문제가 있기 때문이다. 당신도 알고 나도 안다. 그리고 이런 질문도 던져 볼 수 있겠다. "중세 시대를 살던 농노나 원시 공산 사회를 살던 부족민들과 비교할 때, 현대 자본주의 사회의 평범한 회사원인 내가 과연 더 행복할까?" 그래서인지 진보 사관으로 역사를 보는 시도가 도전받고 있다. 의미가 없는 것이다.

이에 아예 다른 방식으로 역사를 조망하기도 한다. 대학생 필수 도서로 늘 손꼽히는 재레드 다이아몬드(Jared Diamond)의 「총 균 쇠」(문학사상사 역간, 2005)와 같은 책은 역사의 필연적 진보를 이야기하기보다 진보가 가능했던 이유로 지리적 '우연성'에 초점을 맞춘다. 또한 이 시대 최고의 역사 재담꾼인 유발 하라리(Yuval Harari)는 그의 역작 「사피엔스」(김영사 역간, 2015)를 통해 생산 수단에 의한 구분이 아닌, 세 가지 혁명, 즉 인지 혁명, 농업 혁명, 과학 혁명을 중심으로 역사를 서술한다. 하라리 역시 마르크스처럼 앞날에 있을 일을 서술하는데, 바로 '호모 사피엔스'(*Homo sapiens*)라고 불리는 지금의 현생 인류가 결국 '호모 데우스'(*Homo Deus*), 즉 신적 인류가 될 것이라는 주장이다. 세상을 창조한 신을 믿던 인간이 이제는 과학 기술로 새로운 세상을 창조하는 창조자, 즉 신적 존재가 될 것이라는 전망이다. 실제로 그 말이 맞는 시대가 도래하는 것도 같다. 단편적이지만 근래 유행하는 '메타버스'(metaverse) 역시 호모 데우스적 시도가 아닌가 싶다.

재미있는 점은 정작 유발 하라리는 역사가 '진보'한다고 보지 않고 '변화'한다고만 짚는다는 사실이다. 변화가 반드시 진보를 의미하는 것은 아니라는 시각으로 보인다. 미래를 약간은 회색빛으로 본다. 때문에 마지막으로 다시 묻는다. 그래서 정말 진보했는가? 더 나아졌는가? 그래서 행복한가? 행복하게 될까?

'인간들'의 또 다른 역사_ 정치

지금까지 역사의 흐름을 훑어보았다. '경제'를 주제로 서술한 이야기를 듣다 보니 자연스레 '정치'에 대한 이야기가 궁금할 것이다. 사실 궁금하지 않아도 상관없다. 알아야만 하기에. 역사를 온전히 이해하려면 경제와 함께 '정치'에 대해서도 다루어야 한다. 우리의 목적은 '인간들'이 어떤 존재인지 알고 싶은 것 아니던가? 그렇다면 경제뿐 아니라 정치 체계를 이해해야 '인간들'이 어떤 존재인지에 대한 대답이 더 명료해진다. 그리고 어차피 경제와 정치는 한 몸이다. 정치의 가장 중요한 점이 바로 거시적이든 미시적이든 결국 어떤 경제 체계를 취할 것인가의 문제이기에 그렇다.

먼저 묻고 싶다. "인간은 ○○○이다"라는 빈칸 채우기 문제에 당신은 무엇이라고 답할 것인가? 아마도 '사회적 동물'이라고 대답하지 않을까 싶다. 사회적 동물이라 함은 홀로 사는 존재가 아니라 '함께하는 존재'라는 뜻이다. 왜 그리 되었는가에 대한 설명은 다양하다. 이미 우리는 성경에서 설명하는 바를 정리했다. 인간은 하나님의 형상이기 때문에 처음부터 복수로 존재했고, 하나님의 형상끼리 관계 맺게 지어졌기 때문이라고. 진화론적 관점에서는 일반적으로 함께함이 생존에 유리하기에 그렇게 되었다고 설명한다. 무엇이 되었든 상관없다. 중요한 것은 이처럼 인간의 함께함 때문에 정치가 존재한다는 것이다. 두 사람만 모여도 공존하기 위해서는 의사 결정 과정이 필요한데, 그것이 바로 '정치'다.

이러한 의사 결정 과정에 대한 관점을 단순화하면, 우리에게도 익숙한 '보수'와 '진보'로 분류할 수 있다. 여기서 의사 결정이 필요하다는 것은 결국 갈등 상황을 전제한다는 것이다. 문제가 있기에 해결이 필요하고, 해결하기 위해 선택하고 합의를 해야 하는 것이다. 그렇다면 보수와 진보는 각각 어떤 식으로 문제를 보고 해결하려 하는가?

'보수'는 어떤 문제가 있을 때 문제의 원인을 '개인'에게서 찾는 데 초점을 맞추는 시각이고, '진보'는 문제의 원인을 그가 속한 '사회'에 더 초점을 맞추는 시각이라고 볼 수 있다. 보수는 개인들에게 문제가 발생하더라도 그것은 그 개인에게 귀속된 결함 때문에 발생한 일이지, 그가 속한 사회의 문제라고 보지 않는다. 때문에, 기존의 안정적인 사회가 그대로 이어지길 원한다. 반면 진보는 개인의 문제를 부정하지는 않지만, 그보다는 그가 속한 사회의 문제가 그 사람을 그렇게 만들었다는 시각이 강하다. 따라서 언제나 사회를 바꿔 나가야 한다고 믿는다.

> ● 기독교는 보수인가? 진보인가?
> 성경은 분명 현재의 세상은 본래 지어진 대로가 아니라 깨어진 곳, 즉 문제가 있는 곳이라고 규정한다. 세상을 이렇게 보는 관점을 토대로 한다면, 기독교는 '진보'에 가까운 시각을 제공하는 것처럼 보인다. 그러나 "문제의식을 느낀 이들이 내놓는 대안이 성경에서 동의하는 내용인가?"라는 질문 앞에서는 이야기가 달라진다. 또한 "과거의 것, 기존의 것이 무조건 잘못된 것인가? 지켜야 할 것은 없는가?"라는 질문에 대해서도 답변이 필요하다. 즉 '보수적' 가치를 담보하는 부분도 꽤 큰 지분을 차지하는 것이다.
> 사실 성경은 보수나 진보 둘 중 하나를 지지하지 않는다. 그럼에도 이미 자신이 가지고 있는 정치적 견해를 토대로 성경을 휘두르고 선동하는 것이 문제다. 때문에 기독교 신앙 안에서 보수와 진보를 논할 때는 엄정한 분별과 토론, 그리고 서로에 대한 존중이 필요하다. 성경은 분명 둘 다 이야기하고 있기 때문이다.

그렇다면 가장 첨예한 갈등이 일어나는 영역은 어딜까? "바이올린을 배울까, 피아노를 배울까?"와 같은 문제로 극한까지 싸우지는 않는다(이런 문제로 싸운다면, 그건 그 사람 인성 문제다). 인간 사회에서 일어나는 갈등의 핵심은 결국 '먹고사는 문제' 아닐까? 그런 면에서 "It's the economy, stupid!"(문제는 경제야, 바보야!)라고 외치며 무명의 주지사였다가 일약 스타로 떠올라 대통령이 된 빌 클린턴의 선거 구호는 정치의 핵심을 가장 제대로 짚은 사례로 보인다. 그렇다. 솔직히 다 필요 없다. 나를 배부르게 해줄 만한 사람을 뽑으려는 것이 인간의 심리다. 영화 〈웰컴 투 동막골〉의 명대사 있지 않은가? 마을 지도자에게 영도력의 비결이 뭐냐고 묻자 이렇게 대답한다. "영도력의 비결?

글쎄…… 뭐를 마이 멕이지, 뭐."

정치는 결국 '한정된 자원을 어떻게 나눌 것인가' 혹은 '누가 먼저 먹을 것인가' 등 경제에 대한 의사 결정과 연관된다. 정치는 보수와 진보의 시각으로 나뉜다고 했는데, 그렇다면 각각은 경제 정책을 어떤 식으로 바라볼까?

앞서 공산주의는 이미 수명을 다했고, 자본주의만 살아남은 것이 역사적 현실이라고 했다. 이에 대해 '보수'는 자본주의에 문제가 없는 것은 아니지만 그것은 개인의 문제일 뿐 집단에는 문제가 되지 않는다고 여겨 '시장'과 '룰'을 보호하며 이대로 나아가길 원한다. 오히려 더 시장 친화적으로 바뀔 때 문제가 사라진다고 생각한다. 반면 '진보'는 노동자의 문제는 곧 자본주의의 문제라고 생각하여 변화하길 원하고, 노동자를 보호하는 쪽으로 움직이길 원한다. 그래서 보수는 자본주의의 승리 이후, 자본주의를 더 강화하는 방식, 즉 '보이지 않는 손'이 움직이던 시대의 자본주의를 추구한다. 우리는 이를 '신자유주의'라 부른다. 반면 진보는 자본주의의 문제를 정부의 개입으로 극복한 수정 자본주의를 지지하거나, 정부가 더 많이 개입하는 사회 민주주의(중국식 사회주의와 혼동할 수 있으므로, '유럽식 사회 민주주의'라고 표현하겠다)를 지향한다.

> ● 대한민국을 흔히 '자유 민주주의' 국가라고 부른다. 그리고 자유 민주주의의 반대는 '공산주의'라고 생각한다. 이는 반만 맞는 오해다.
> '자유 민주주의'는 '자유주의'와 '민주주의'라는 두 단어가 합성된 단어다. '자유주의'의 정의는 사람마다 조금씩 다르나, 보편적으로는 '자유 시장 경제 체제'를 의미한다. 즉 '경제'에 대한 이야기다. 자본주의와 의미가 비슷하지만 더 포괄적이다. 개인의 사유 재산과 시장 경제 체제를 지지하는 것은 자본주의(수정 자본주의, 신자본주의)뿐 아니라, 사회주의도 마찬가지기 때문이다. 물론 일당 독재의 '중국식 사회주의'와, 사회주의적 경제 관점에서 민주주의라는 정치 체계를 발전시킨 '유럽식 사회주의'는 전혀 다르다. 그래서 유럽식 사회주의를 가리켜 우리는 '사회 민주주의'라 부른다.
> 그렇다면 경제적 용어인 '자유주의'와 정치적 용어인 '민주주의'의 반대말은 뭘까? 각각 '공산주의'와 '독재'다. 우리 지구별에서 이 개념에 부합하는 유일한 나라가 바로 '북한'이다.

그런데 '보수'와 '진보'는 근대 이후 분류법이고, 그 이전 시기를 포함하여 또 다른 관점으로도 정치를 분류할 수 있다. 바로 '독재'(엘리트주의)와 '민주주의'다. 홀로 혹은 소수의 엘리트가 의사 결정을 할 것인가? 아니면 국민이 의사 결정을 할 것인가?

역사를 살펴보면 고대 사회부터 지속적으로 '독재', 즉 왕에 의한 통치가 이루어졌다. 그러다 중세로 넘어오면서 귀족층이 발달하였고, 소수의 엘리트주의로 전환된다. 그러나 프랑스 혁명과 미국 혁명이 자유민을 양산하였고, (모든 국민이 그 혜택을 보기까지 시간이 걸리긴 하였지만) 정치권력이 국민에게 넘어갔다.

국민이 선출한 지도자가 "국민의, 국민에 의한, 국민을 위한"(에이브러햄 링컨[Abraham Lincoln, 1809-1865]이 게티즈버그에서 한 연설의 일부) 의사 결정을 하는 것이 바로 민주주의의 골자다. 인구가 지나치게 많다 보니 모두에게 의견을 물을 수 없기에, 국민이 뽑은 대표들이 일을 하는 대의 민주주의를 활용하여 이렇게 뽑힌 이들이 법을 만든다. 그리고 사법권은 별도로 운용하여 권력을 분산시켜(삼권 분립) 국민에게 의사 결정권이 남을 수 있게 한다.

우리 시대는 민주주의를 역사의 승리자이자 반드시 살아남을 유일한 정치 의결 방식이라고 규정한다. 하지만 의아한 점은 현세대에도 여전히 '독재' 정치가 남아 있다는 사실이다. 물론 우리 세계의 독재는 모두 자기 유익을 위해 유혈 진압으로 세워진 독재이기 때문에 대부분의 국가는 독재를 규탄하며 일고의 가치도 없다고 여긴다.

그럼에도 감히 이런 질문을 던져 보고 싶다. "독재는 과연 무조건 나쁜 결과를 만드는가?" '독재'라는 말에 부정적 인식이 매우 크기 때문에 뭐라 대답해야 할지 모르겠다면, 세종대왕을 떠올려 보자. 다시 말하지만 과거의 '왕정, 제정' 체제는 독재의 다른 표현이다. 당연히 이를 견제하기 위해 조선 왕조는 다양한 제도를 만들었고 그로 인해 600년이나 존속할 수 있었지만, 그럼에도 독재는 독재다. 그렇다. 세종대왕도 독재다. 그런데 우리는 그를 성군으로 떠받들며 존경하고, 그 시대를 조선 역사 최고의 태평성대로 기억한다. 아이러니한가? 나는 독재를 배격한다. 다만 현실적 평가를 제외하고 '독재'를 정치 제도로만 보면 가치 중립적일 수도 있다. 문제는 '누가' 다스리느냐다.

반면, 의아하겠지만 '민주주의' 역시 꼭 최선의 방식이라고 말할 수만은 없다. 함정이 있기 때문이다. 이 질문이 정곡을 찌른다. "그렇다면 '대중'의 다수가 선택한 것이 꼭 옳은 것인가?" 당신은 뭐라고 대답할 것인가? 분명한 사실은 '꼭 옳지만은 않다'는 것이다.

우매한 대중이 그릇된 지도자를 뽑을 가능성은 늘 존재한다. 그래서 민주주의는 지도자 자리에 있는 기간을 한정한다. 하지만 사실 기간은 의미가 없다. 엄밀히 말해, 현대 민주주의는 정당 정치이기 때문에 사람이 아무리 바뀌어도 지배적 '정당'이 바뀌지 않으면 달라지는 것이 없기 때문이다. 바로 이것이 민주주의를 표방하지만 마치 엘리트 독재와 같은 일본 정치의 함정이다. 우리나라 사람들은 우리네 거대 양당을 늘 욕하지만, 2차 세계 대전 전후 단 몇 년을 제외하고 줄곧 '자민당'이 집권한 일본의 정치에는 비교할 수 없다. 독재는 필연적으로 부패한다. 우리나라나 미국과 같은 거대 양당 정치 역시 일본만큼은 아니더라도 부패한다. 그들만의 리그가 되는 것이다.

이 민주주의의 함정을 더 강화하는 것이 있다. 바로 '선전'과 '선동'이다. 잘못된 정보를 지속적으로 노출하여 대중을 우매하게 만들어서, 대중 자신에게는 해가 되고 일부 엘리트만 이득을 보는 잘못된 판단을 내리게 만드는 것이다. 그 선전과 선동의 도구가 바로 '언론'이다. 물론 언론은 보호받아야 한다. 언론을 통해 국민이 사실을 바로 알 때, 정부와 의회와 사법부가 감시받고 독재나 엘리트주의로 가지 않을 수 있다. 그러나 동시에 그 언론에 의해서 민주주의의 형태는 그대로 남아 있지만 실제로는 국민을 속여 독재와 다를 바 없는 카르텔 정치를 용인하게 될 수도 있다. 양날의 검이다.

이러한 약점에도, 현대 사회가 고를 수 있는 최선의 선택지는 민주주의임을 부정할 수 없다. 독재 자체는 어떤 좋은 소리를 늘어놓더라도 결국 대중이 아닌 독재자 자신의 이득을 위해 선택한 결과이기 때문이다. 또한 우매한 대중이 부적절한 지도자를 선택하여 불이익을 당하더라도, 강제에 의한 것보다는 자발적 선택에 의한 것이 낫다는 의미에서도 그렇다. 고로 민주주의는 결과적으로 우리가 선택할 수 있는 최선의 방식이다. 그럼에도 그 자체가 최고이거나 유일한 선은 아니다.

이렇게 '정치'에 대해 정리해 보았다. 그런데 우리의 관심사는 '정치' 자체가 아니라, " '인간들'이란 어떤 존재인가?"라는 질문 아니었던가? 자, 정리하면서 무엇을 느꼈는가?

첫째, 인간들의 생각은 보수와 진보처럼 매우 다르다. 온전히 하나 될 수 없다. 그래서 줄 건 주고 받을 건 받는 '합의' 과정이 필요하다. 정치가 나타난 것은 나와 너의 다름 자체의 문제 때문만이 아니라, '그래서 하나 되기 힘들다!'는 점 때문이었다. 결국 다시 인간의 본성이다. 자기중심성을 통해 복을 추구하는 방식. 즉 이익의 사유화 및 극대화가 연합의 욕구보다 크다는 것이 문제다. 구심력보다 원심력이 큰 인간의 본성. 그 인간이 모여 '인간들'이 될 때, 그 결과는 뻔하다.

둘째, 우리는 수천 년의 역사를 통해 아직도 완벽한 정치 제도가 없음을 확인할 수 있다. 민주주의가 최종 승리자로 보이지만 온전하지 않다. 그저 현재의 승자일 뿐 향후에 어떤 정치 구조가 등장할지는 알 수 없다. 인간들의 문제 해결은 끝나지 않았고, 여전히 문제가 남아 있다는 것이 결론이다.

그런데 이보다 더 심각한 이야기를 하고 싶다. 앞서 경제 제도의 진보를 통해 역사를 풀어 설명했고, 그와 연계된 정치의 변화를 다루었다. 그런데 이런 변화들은 저절로 일어난 것이 아니다. 시간이 흐르면서 자연스럽게 일어난 것이 아니라는 말이다.

가만히 보면 한 개인의 삶도 그냥 변하지 않는다. 보통은 살던 대로 살려고 하는 관성의 법칙이 훨씬 강하다. 그렇다면 언제 변하는가? 큰 충격을 받았을 때다. 보통 질병, 헤어짐, 죽음, 실패 등 삶에서 큰 고난을 겪을 때 비로소 삶의 방식이 달라진다. 마찬가지다. 세상 역시 충격과 공포가 주어질 때 변했다. 그것을 갈무리하는 단어가 바로 '전쟁'이다.

실제로 정치, 경제 제도는 대규모 전쟁 이후에 변화되었다. 역사가 진보했다면, 그 진보는 결국 전쟁을 통해 이루어졌음을 부인할 수 없다. 근래에는 '혁명'이라는 근사한 용어를 쓰지만, 그것도 결국 총칼로 이루어졌다. '정치', '경제', 그리고 그것의 변화를 가능하게 한 '전쟁'. 이것이야말로 인간들이 어떤 존재인가에 대한 최종 답일 듯하다.

이 시점에서 성경이 말하는 '인간들'의 이야기를 들려주고 싶다. 다름 아닌 '가인'의 이야기다. 성경이 규정하는 인간의 정의, 즉 '하나님의 형상'이 뒤틀려진 이후에 나타난 대표적 인물 '가인'. 우리는 그가 최초의 살인자임을 안다. 누굴 죽였는가? 자신의 동생이자, 성경 안에서는 가인의 유일한 이웃이라 불릴 수 있는 사람이다. 그런데 그런 사람을 그만 죽여 버렸다. 가인은 형제와, 이웃과 하나 됨을 거부한 것이다.

살인을 저지르고 나서 가인은 어찌 되었을까? 그는 두려움에 빠졌다. 왜? 자신이 누굴 죽였듯 그 자신도 누군가에게 죽을 수 있다는 불안에 사로잡힌 것이다. 그리고 도망간다. 그렇게 도망가다 아내를 얻고 자녀가 생기면서 더 도피할 수 없게 되자, 그는 '경계'를 쌓기로 한다(창세기 4장 17절 참조. 이때 가인은 '도시'를 세웠다고 한다. 여기서 도시는 '경계'의 의미에 가깝다). 가장 먼저 '경계를 세웠다'는 것은 의미심장하다. 결국 그런 자가 펼쳐 낼 이후의 삶은 당연해 보인다. 자신과 같거나 자신에게 유리한 자는 받아들이고, 자신과 다르며 이익이 되지 않는 자는 거부한다. 물리적 경계는 결국 심리적 경계와 연계될 수밖에 없다. 그것이 가인의 후손들의 삶이다.

훗날 가인의 적자와 같은 인간이 등장하는데, 그 이름은 '라멕'이다. 라멕은 처음으로 일부다처를 시도한다. 남녀 간에 원초적 지배 관계가 생겨난 것이다. 그리고 이렇게 말한다. "라멕의 아내들은, 내가 말할 때에 귀를 기울여라. 나에게 상처를 입힌 남자를 내가 죽였다. 나를 상하게 한 젊은 남자를 내가 죽였다. 가인을 해친 벌이 일곱 갑절이면, 라멕을 해치는 벌은 일흔일곱 갑절이다"(창세기 4장 23, 24절). '상처'를 받았을 뿐인데, '죽음'으로 되갚는다. 자신을 해치는 자에게는 일흔일곱 배로 되돌려 줄 것이라고 선언한다. 성경은 라멕의 자식들이 문명을 발전시켰음을 이야기한다. 이렇게 분리되고 대립하며 싸우고 복수하되 물리적 발전을 이루는 것이 인간들의 역사라고 성경은 말한다.

● 종교가 사라질 때, 전쟁도 사라진다

기독교에 대해 부정적 시각을 가진 학자들 중에는 '종교'야말로 거대 전쟁의 원인이기에 백해무익하며, (평화를 말하는) 종교가 사라질 때에야 비로소 세상의 평화가 올 것이라는 역설적 예측으로 시선을 끄는 이들이 있다. 그러나 그들이 말하는 전쟁은 이슬람교의 발흥 이후에나 해당되는 것이고, 그 전에도 인간은 끊임없이 패권을 두고 전쟁을 벌였다. 그렇다면 오히려 반대로 생각할 필요가 있다. 종교가 전쟁을 불러온 것이 아니라, 종교가 전쟁 도구로 활용되었다고 말이다. 전쟁은 '분리'된 현실에서 시작되는데, 인간을 분리하는 가장 큰 수단이 바로 '민족'이다. 쉽게 정의하기 힘든 '민족'이라는 개념을 훗날 '종교'가 잡아 주었기 때문에 전쟁의 도구로 사용된 것뿐이라고 해석하는 것이 옳아 보인다. '종교가 사라질 때 전쟁도 사라진다'는 발언은 사이다일 수는 있지만, 이는 종교에 대한 이해를 넘어 인간성에 대한 이해가 없는 단견일 뿐이다. 종교가 사라져도 인간은 반드시 전쟁을 한다.

전혀 다른 인간들의 역사

이 장 서두에 언급한 이야기로 돌아가 보자. 역사를 바라보는 두 관점 말이다. 그렇다면 성경은 어떤 관점을 지지하는가? 진보적 관점인가, 순환적 관점인가?

서양 역사 발전의 토대가 기독교에 있다는 상식을 근거로 성경이 진보적 관점을 말한다고 주장하는 이가 꽤 많다. 그러나 그리 단순하게 말할 문제는 아니다. 이를 위해서는 조금 더 진일보하여, '기독교'와 '성경'을 분리해서 보아야 한다. 기독교를 국교화하여 문화 기반으로 삼은 서구인들이 진보적 관점을 가졌다고 해서, 그것이 성경이 말하는 관점이라고 단정 지을 수는 없다는 말이다. 오히려 서구 기독교는 대체로 성경적이지 않은 경우가 많았다. 따라서 드러난 현상만으로, 또는 그들의 지배적 종교가 기독교였다는 사실만으로 그렇게 규정지을 수는 없다.

결론부터 말하자면, 성경은 두 관점을 모두 이야기한다. 우선 거시적 관점에서는 직선 사관(진보)이 드러난다. 즉 '창조-타락-구속-종말(완성)'로 나아가는 것이다. 다만 이러한 거대 서사와 별개로 미시적 관점에서는 순환 사관을 드러낸다. '인간들'은 '인간'의 연합체 아니던가? 개별 캐릭터가 집단이 되면 전혀 다른 모습으로 드러나는 것이 아니라 가속화된다. 즉 '죄'의 가속화다. 때문에 "그래서 행복해졌는가?"라는 질문에 답할 수 없는 것이 세상의 실제다. 그래서 성경에 기록된 역사는 순환이다. 하나님의 개입으로 구원이 이루어지면, 이내 타락하고, 큰 문제 앞에 자신들의 왕인 하나님을 찾으며 회개한다. 그러면 다시 구원이 이루어지지만, 시간이 흘러 잊히면 다시 타락한다. 이것이 구약 역사의 반복이다.

성경은 이렇게 두 가지 관점으로 인간들의 역사를 설명한다. 그리고 이 두 관점 모두 우리를 위해 필요하다. 아니, 반드시 균형을 이루어야 한다. 지나친 직선적 관점은 헛된 기독교 승리주의로 빠질 수 있고, 지나친 순환적 관점은 헛된 허무주의에 빠질 수 있기 때문이다.

그런데 이런 관점이 성경 안에서만 통용될까? 성경은 별세계 이야기가 아니라, 실제 인류의 역사를 배경으로 한다. 고로 세상에서도 똑같다. 그렇지 않던가? 혁명에 의해 새로운 나라나 제도가 탄생하면 잠시 좋다가, 이내 부패한다. 아무리 좋은 제도가 세워져도 그것을 운영하는 인간성의 문제가 고쳐지지 않기 때문이다. 나만 잘하는 것은 소용없다. 옆 나라에서 가만히 있지 않고 건드리니까. 그래서 혼란을 겪다가 더는 이렇게 못 살겠다 싶어 들고 일어난다. 그래서 다시 좋은 세상이 오는 듯하지만 또 문제가 생긴다.

이러한 문법에서 벗어난 듯한 혁명이 있으니, 바로 '과학'이다. 그런데 진짜 그러한가? 과학 기술 발달로 이전의 어느 전쟁보다 거대하고 참혹한 전쟁을 벌인 것이 인간들이다. 물론 앞으로는 그와 같은 대규모 전쟁은 없을 것이다. 핵 억지력 때문이다. 이제 전쟁이 일어나면 모두 죽는다는 것이 상식이 되었다. 그러나 그렇다고 해서 전쟁이 끝났는가? 환경과 싸우고 있는 현실은 그리 희망적으로 보이지 않는다. 시사에 조금만 관심을 갖는다면, 전쟁이 아닌, 환경의 무너짐으로 인해 미래를 우울한 디스토피아로 그리는 전망이 매우 많은 것을 볼 수 있다.

회복된 인간들의 집단_ 하나님 나라

성경은 '인간들'의 이야기만이 아니라 또 다른 '인간들'의 이야기이기도 하며, 그것에 초점을 맞춘다. 혹시 기억나는가? 앞 장에서 우리는 성경이 그냥 '인간'(깨어진 인간)만이 아니라 '회복된 인간'(하나님의 형상)도 이야기하고 있음에 주목했다. 그렇게 회복된 인간, 즉 '하나님의 형상'이 모여 집단을 이루면 어떻게 되는가? 그것이 바로 '하나님 나라'다. 지금까지 역사의 흐름을 통해 경제, 정치를 풀어 설명함으로 '인간들'에 대해 이해한 방식을 빌려, 이제 경제, 정치를 통해 하나님 나라를 이해해 보자. 그러면 하나님의 형상이 더 잘 이해되고, 더불어 기독교도 이해될 것이다.

먼저, 하나님 나라의 정치 체제는 무엇일까? '독재'다. 거슬리는 것 안다. 누가 다스려도 필연적 부패와 몰락이 있을 수밖에 없기에 우리는 독재를 배격한다. 그러나 앞서 언급했듯 우리의 감정과 별개로, 독재라는 제도 자체는 중립적이다. 핵심은 '누가' 다스리느냐다. 하나님 나라는 '하나님'에 의해 독재가 이루어지는 곳이다. 하나님만이 유일한 통치자이고 왕이시기 때문이다. 그분은 절대적으로 선한 의지와 초월적 능력을 가지신 분이다.

다만 기억해야 할 점이 있다. 성경은 이처럼 하나님의 왕권, 즉 그분의 독재권이 누구에게도 거슬리지 않고 완전히 구현되어 그분이 직접 통치하시는 때는 '종말' 시점에나 이루어진다고 말한다. 그때에야 비로소 하나님 나라가 완성된다. 하지만 우리가 살고 있는 시점은 아직 종말 이전이다(하나님 나라의 이중성, 즉 '이미, 그러나 아직 아닌'의 구조에 대해서는 2장을 참조하라). 그래서 제한적으로만 하나님 나라의 '정치'에 대해 다룰 수 있을 듯하다.

성경을 통해 우리는 하나님 나라의 정치 모델을 두 가지로 확인할 수 있다. 먼저 구약 시대의 '이스라엘'이다. 아브라함의 후손을 통해 이스라엘이라는 민족이 세워지고 율법이 주어지면서, 실제로 국민과 영토와 법을 지닌 나라로서 지상에 하나님 나라를 세워 보려 시도하였다. 이스라엘이 여타 인간들의 국가와 다른 점은 인간 왕을 세우지 않았다는 것이다. 나아가 하나님의 통치 의도가 반영된 법, 즉 하나님이 주신 율법을 지켰다. 이 둘을 종합하면, 이스라엘이라는 나라의 정체성은 오직 하나님만을 왕으로 섬기는 것임을 알 수 있다. 그러나 실패했다. 이스라엘은 '하나님의 형상들'이 아닌 그냥 '인간들'로 묶인 나라였기 때문이다.

아브라함의 혈통과 이스라엘이라는 출생지는 하나님 형상을 담보하는 조건이 아니었다. 그들은 시간이 갈수록 지속적으로 하나님의 왕권에 반대했고, 인간 왕을 요구하기 시작했으며, 끝내 그 요구를 관철시켰다. 그렇게 세워진 인간 왕들은 하나님의 왕권이 아니라 인간들 나라의 왕처럼 자신의 왕권을 주장하고 세우려 했다. 그래서 결국 이스라엘은 망하고 만다. 이를 통해서 하나님의 왕권을 받아들인 '하나님의 형상'들이 모일 때에만 하나님 나라의 정치가 가능하다는 명확한 단서가 주어졌다.

그래서 신약에는 전혀 다른 모델이 등장한다. 바로 '교회'다. 예수의 메시아 되심, 즉 그분의 주인 되심, 왕 되심을 받아들인 자들이 그리스도인이요, 그 그리스도인들이 속하여 하나 된 자리가 '교회'다. 그리스도인은 자신의 자유 의지로 하나님의 왕권을 받아들인 자라는 뜻이며, 교회는 그런 그들이 연합한 집단이다.

그렇다면 하나님의 왕권을 받아들인 자들로 이루어진 교회의 정치 방식은 어떠한가? 이를 다루기에 앞서 한 가지 짚고 넘어가야 할 것이 있다. 교회의 탄생 이후, 다시 구약의 '이스라엘' 모델로 회귀하려던 시도가 있었다는 점이다. 일명 '신정 일치제'라 할 수 있는데, 노골적으로 말하면 신정 일치를 표방한 교회 권력으로 세상 권력을 덮어 보려 한 시도다. 그 시도가 극대화된 결과물이 '십자군 전쟁'이다. 이는 교황권이 세속 군주의 통치권을 넘어섰기에 가능했던 일이다. 그러나 십자군 전쟁은 하나님 나라의 건설이 아닌, 일명 '크리스텐덤'(Christendom)이라 부르는 종교 문화의 기독교 국가를 건립하여 결국 교황 자신이 왕이 되려 한 시도일 뿐이다. 하나님의 왕권이 아니라 '교황의 권력 사유화'라고 말할 수 있기에, 하나님 독재가 아닌 인간의 독재와 마찬가지였다. 이는 결국 필연적 부패와 몰락을 불러왔고, 그 결과 내부로는 종교 개혁이, 외부로는 세속 권력과 종교 권력의 분리, 즉 엄정한 정교 분리가 일어났다.

이러한 분리와 몰락 이후, 비로소 하나님의 왕권을 보장하면서 교회라는, 현실 속의 제한된 하나님 나라를 운영하는 방법들이 논의되었다. 종교 개혁 발발과 그 개혁안을 수용하지 못한 가톨릭교는 끝내 개신교와 분열하였으나, 이를 계기로 자체 개혁을 수행했다(트리엔트 공의회). 물론 그렇다고 해서 1,000년 넘게 지속되어 온 정치 체제를 버릴 수는 없었다. 이로써 가톨릭교는 하나님 왕권의 수호자이자 대리자로서 교황과 그를 보필하는 추기경단에 의해 교회 정치가 이루어지는 '엘리트주의'로 남게 된다.

개신교는 어떻게 되었을까? 일명 '민주주의' 체제를 구축한다. 장로회나 감리회는 성격은 다를지언정 대의 민주주의를 채택했다고 볼 수 있다. 교인들이 선출한 대표(장로)들의 합의를 통해 의사 결정이 이루어지거나, 그 대표들이 선출한 대표(감독)를 통해 의사 결정이 이루어지는 구조다. 침례회와 같은 경우는 회중 정치라고 해서 교회에 소속된 모든 회중이 모든 의사 결정에 참여하는 직접 민주주의를 추구한다(교단의 차이에 대해서는 4장 참조).

여기서 단순하게 민주주의적 제도가 더 낫다고 하는 것은 요점에서 어긋난 주장이다. 또한 "무엇이 더 효율적인가?"라는 질문도 요점에서 벗어난다.

교회 됨의 요점은 "교회를 구성하는 이들이 자발적으로 하나님의 왕권을 받아들인 이들인가?"이다. 나머지는 시대적 상황에 따른 효율성과 적확성에 맡길 수 있다.

이어서 하나님 나라의 '경제 원리'에 주목해 보자. 이 역시 정치 부분에서 언급한 것과 마찬가지로 종말에 완성될 하나님 나라 때의 것과, 아직 완성되지 않은 현재의 것은 현격히 다르다. 그나마도 정치에 대해서는 이야기할 거리라도 있었으나, 경제 원리는 이야기할 거리조차 없음을 미리 밝히고 싶다. 이유는 간단하다. 경제 원리는 생산 수단의 유무와 소유자에 의해 구성되는데, 완성된 하나님 나라에는 '생산 수단'이나 '생산물'의 제한이라는 것이 없기 때문이다. 심지어 '인간성'의 제한도 없다. 공산주의가 이상향에 몰두하다가 염두에 두지 못해 패망한 조건들, 즉 제한된 생산 수단, 제한된 생산물, 제한된 인간성이라는 제약들에서 완전히 벗어난 상태다. 또한 이 모든 것을 완벽히 지배하는 초월자가 그 나라의 백성을 온전히 사랑하며 헌신하기에 경제적 원리 자체는 의미가 없다. 진정한 유토피아다.

그러나 제한된 인간성과 제한된 생산 수단, 제한된 생산물로 살아야 하는, 아직 완성되지 않은 현실의 하나님 나라에는 경제 원리가 필요하다. 그런데 이것 역시 성경에 기록되어 있다. 그 출발은 여기서부터 시작한다. 하나님 나라의 통치 원리를 밝히는 율법에서 경제 관련 부분에 거듭 등장하는 문장은 이렇다. "땅은 하나님의 것이다." 무슨 뜻일까? 앞서 경제에 대해 설명할 때 언급했다. 근대 이전, 즉 인류사 대부분의 기간(고대-중세)에 존재한 유일한 생산 수단은 '토지'라고. 그런데 그 토지, 즉 유일한 생산 수단이 하나님의 것임을 성경은 반복해서 이야기한다. 뭔가 의미심장하지 않은가?

이스라엘이 가나안 땅을 차지하게 되었을 때, 하나님은 본인 소유인 그 땅을 이스라엘 모든 지파에게 공평하게 분배하신다. 물론 땅의 소유권은 여전히 하나님께 있기에 그분이 분배하신 것은 엄밀히 말하면 '경작권'이지만, 하나님은 그 땅을 가문 대대로 증여할 수 있도록, 아니 반드시 증여되도록 명령하신다. 일종의 '영구 임대권'이다. 그리고 이스라엘 민족에 소속된 사람이라면 누구도 이 분배에서 제외되지 않는다. 상속받을 남자가 모두 사망하자 '슬로브핫의 딸'들이 자신들의 권리를 주장하여 받아 낸 것이 그 증거다(민수기 27장 1-11절 참조).

땅의 분배, 즉 생산 수단의 분배에서 제외된 자는 없었다. 그리고 이스라엘은 그렇게 공평하게 주어진 생산 수단(땅)을 경작한다. 이후 거기서 나온 생산물은 어떻게 할까? 사유화할 수 있다. 단, 그 땅은 자신의 것이 아니라 하나님의 것이기에, 이를 드러내는 방식으로 헌물을 드린다. 그것이 '십일조'다. 동시에 이 생산 수단이 '나'만이 아닌 '우리'를 위해 분배된 것임을 인정하는 의미에서 '고아와 과부와 나그네(난민)'와 같은 이들을 구제한다(이런저런 식으로 드려지는 다양한 방식의 헌물을 합치면 생산물의 23.3퍼센트라는 수치로 계산되기도 한다).

어떠한가? 생산 수단을 공정히 분배받는다는 점에서 '공산주의'와 조금 비슷해 보인다. 그러나 생산 수단을 (임시적으로나마) 소유하고 증여한다는 점에서, 무엇보다 생산물을 사유화한다는 점에서는 '자유주의'와 더 비슷하다고 볼 수 있다. 결국 어디에 초점을 맞추느냐에 따라 보는 관점이 다르다. 여기서 우리가 주목할 것은 자신만의 색안경을 끼고 바라보는 양자택일이 아니다. 성경의 경제 원리는 여기서 그치지 않는다. 제3의 길을 제안한다. 그 핵심이 '희년의 법'(레위기 25장 참조)이다.

'희년법'의 골자는 이러하다. 매 일곱째 날을 안식일로 지키는 것처럼, 율법에 따르면 매 일곱째 해를 안식년으로 지켜 땅을 쉬게 한다. 그리고 일곱째 안식년 다음 해, 즉 매 50년마다 '희년'이라고 명명한 해를 보낸다. 희년을 통해 구현하고자 하는 것의 핵심은 한마디로 '회복'이다. 이 회복은 세 가지 형태로 구현된다. '가문의 땅을 돌려받는 것', '종 된 신분에서 해방되는 것', '부채를 탕감받는 것'이다. 이를 통해 우리는 유추할 수 있다. 희년법이 존재한다는 것은 결국 '실패'를 전제로 한다는 것을 말이다. 실패가 전제될 때, 회복의 개념도 성립하는 것 아니던가?

성경의 법에는 공산주의를 드러낼 만한 요소도 있고, 자유주의를 드러낼 만한 요소도 있다. 어떻게 해석하든 결과는 같다. 반드시 누군가는 '실패한다'는 점이다. 개인의 무능력과 태만, 이기심에 의한 실패도 있을 수 있지만, 전쟁과 자연 재해 등 불가항력적 문제로 생산 수단이 거덜 나고 박살 날 수도 있다. 반대로 누군가는 자신의 노력만이 아니라, 우연히 또는 부의 대물림으로 이른바 '성공'할 수도 있다. 때문에 시간이 흐르면 당연히 누군가는 생산물의 축적으로 부자가 되고, 누군가는 실패의 누적으로 빈곤해진다. 가난해진 이들은 회복하지 못한 채 생산 수단인 토지를 담보 잡히고, 심지어는 자신의 몸마저 담보 잡혀 누군가의 종으로 들어갈 수도 있다.

다시 말하지만 원인이 무엇인지는 중요하지 않다. 확실한 것은 반드시 누군가는 실패하여 무너진다는 것이다. 그렇기에 50년째마다 희년이 되면, 처음 이스라엘이 세워질 때 분배받은 각 가문의 땅을 돌려받고, 종 된 신분에서 벗어나 다시 자유민이 되고, 부채를 탕감받아 모든 것을 회복시키는 것이다. 이것이 세상이 말하지 않는, 그러나 성경이 강력하게 하나님 나라의 경제 원리로 주장하는 제3의 길이다.

그런데 많은 이가 성경의 경제 원리는 왕 되신 하나님 앞에서 성실히 일하고, 그로 인해 주어진 것에 대해 하나님께 감사를 표하며 건강하게 사유화하는 것, 즉 '자유주의'의 경향을 띠는 것 같다고 주장한다. 칼뱅이 주장한 '직업 소명설'의 골자가 그것 아니던가?('직업 소명설'은 모든 직업이 하나님의 거룩한 부르심에 의한 거룩한 직업이라는 장 칼뱅의 직업 윤리를 말한다. 목사나 사제 등의 성직만 거룩한 것이 아니라, 일반 직업도 하나님이 허락하신 거룩한 일이라는 것이 직업 소명설의 핵심이다. 주로 상공업자들에게 지지받았다._ 위키 백과 발췌) 그러나 자유주의에는 문제가 있다. '패자 부활전'이 없다는 점이다. 그래서 '공산 혁명'이 일어난 것 아닌가? 물론 그렇게 일어난 공산주의는 패망하고, 신자유주의가 등장하여 다시금 양극화를 이끌면서 언제 어디서 터져도 이상하지 않은 시대로 몰고 가고 있음을 부정할 수 없다. 그래서 또다시 묻는다. 공산주의가 패망하고 자본주의가 유일한 경제 원리로 남았는데, 그래서 행복해졌는가?

그런데 성경은 패자 부활전, 즉 '희년'을 말하고 있다. 50년마다 생산 수단을 돌려준다는 데 독특한 의의가 있다. 한 사람의 기대 수명을 생각할 때, 50년이면 누구나 인생에 한 번쯤은 기회가 주어진다고 봐도 무방하다. 어떠한가? 정말 독특하지 않은가? 공산주의와 자유주의의 장점을 다 모아 놓은 제3의 길이다.

여기서 잠깐, 현실로 돌아가 보자. 그렇다면 하나님이 주신 이 놀라운 경제 원리인 희년법이 과연 지켜졌을까? 참담하게도 이스라엘 역사에서 희년법이 제대로 구현된 적은 한 번도 없다. 성경에도, 이스라엘의 역사 기록에도 희년을 지켰다는 사례는 찾아볼 수 없다. 그렇다. 이 역시 다시 '인간들'의 문제로 수렴한다. 희년법은 자기중심성으로 점철된 인간, 그들이 모인 '인간들'의 논리와 전혀 반대되는 주장처럼 보이기에 지켜졌을 리가 없는 것이다.

그런데 신약 시대로 넘어가 예수께서 등장하셨다. 예수께서는 하나님 나라가 도래했음을 선포하시며 자신의 사명을 이렇게 밝히셨다.

> 주님의 영이 내게 내리셨다. 주님께서 내게 기름을 부으셔서, 가난한 사람에게 기쁜 소식을 전하게 하셨다. 주님께서 나를 보내셔서, 포로 된 사람들에게 해방을 선포하고, 눈먼 사람들에게 눈 뜸을 선포하고, 억눌린 사람들을 풀어 주고, 주님의 은혜의 해를 선포하게 하셨다(누가복음 4장 18, 19절).

이 선포 마지막에 등장하는 "은혜의 해"가 바로 희년을 의미한다. 이 말인즉슨 희년은 구약에만 한정된 것이 아니라 예수 이후에도, 예수를 믿는 이들에게도 해당되는 경제 원리라는 것이다. 죽은 법이 아니라 여전히 살아 있는 법이며, '예수 따르미'라면 실천해야 할 원리다. 나아가 '완성된 하나님의 나라'는 매 50년이 아닌 매순간이 희년의 삶임을 의미하기도 한다.

그렇다면 궁금하다. 구약 시대에는 실패한 희년법이 신약 시대에는 지켜졌을까? 지켜졌다. 이게 무슨 소리인가? 신약 시대에는 이스라엘이 사라졌는데, 어찌 희년을 지켰다 말인가? 바로 '교회'를 통해서다. 앞서 언급하지 않았던가? 하나님 나라의 모형이 구약 시대에는 '이스라엘'이었지만, 신약 시대에서는 '교회'였다고. 따라서 하나님 나라의 경제 원리가 구현되어야 한다면, 신약 시대에서 그 원리를 구현해야 할 자리는 바로 '교회'여야 한다. 그리고 실제로 이루어졌다. 교회의 초기 발생 과정을 담은 사도행전 내용 가운데 오순절 성령 강림 사건을 배경으로 드디어 교회가 탄생했음을 알리는 사도행전 2장은 이렇게 이야기한다.

> 믿는 사람은 모두 함께 지내며, 모든 것을 공동으로 소유하였다. 그들은 재산과 소유물을 팔아서, 모든 사람에게 필요한 대로 나누어 주었다(2장 44, 45절).

수천 년간 헌신짝처럼 내팽개쳐진 채 잊힌 희년이 이루어졌음을 이야기한다. 법과 같은 강제력 없이 자발적으로 '교회'를 통해 구현되었다. 훗날 이것이 공산주의 사상 형성에 영향을 주었을지 몰라도, 또한 공산주의에서 말하는 형태와 비슷할지 몰라도, 이는 공산주의와 별개다. 하나님의 형상들이 모여 하나님 나라를 세워 가려다 보니 자연적으로 나온 경제 원리이자, 성경을 관통하는 원리를 실천한 것뿐이다.

'인간들'과 '하나님의 형상들'의 역사적 관계

지금까지 우리는 서로 다른 두 집단에 대해 살펴보았다. 하나는 '인간들'의 역사이고, 다른 하나는 '하나님의 형상들'의 역사다. 그런데 우리가 놓쳐서는 안 되는 것이 바로 이 '하나님의 형상들'의 역사, 즉 이스라엘이나 교회의 역사가 '인간들'의 역사 가운데 놓여 있었고, 현재도 놓여 있다는 점이다. 즉 서로 영향을 주고받을 수밖에 없는 구조다. 그런데 서로의 운영 방식이 매우 다르다. 그렇다면 이 둘은 대립 구도로 가거나 적절한 타협으로 귀결될 수밖에 없다. 그렇다면 실제로는 어떤 일이 발생했을까?

우선 이스라엘은 결국 패망했다. 패망한 이유는 타협을 넘어 '인간들'의 역사에 완전히 먹혀 버렸기 때문이다. 이미 그 존재 의미를 잃어버린 이스라엘은 결국 물리적 존재마저 사라졌다. 당연한 수순이다. 그렇다면 그 이후 등장한 교회, 즉 정치적으로도 경제적으로도 '이스라엘'의 실패를 보정하여 새로이 등장한 하나님 나라의 모형인 교회는 어찌 되었을까? 이에 대해서는 앞서 5장에서 어느 정도 나누었다. 인간들의 역사에 먹히기는커녕 건강하게 성장하다가, 심지어 콘스탄티누스 대제 이후에는 교회가 '인간들'의 역사를 잠식한 것처럼 보인 적도 있음을. 그러나 실제는 어떠했던가? 겉으로만 잠식한 것처럼 보였을 뿐, 여전히 두 역사는 별도로 진행되었고, 알고 보니 정작 잠식당한 것은 교회였다. 결국 교회를 뒤덮은 인간들의 역사 아래 종교 개혁의 경종이 울렸다.

그 후 '교회'와 '인간들'은 다시 철저히 분리되었다. 그러나 여전히 강성한 것은 '인간들'의 역사요, 교회는 지속적으로 잠식당하지 않기 위해 싸우고 있지만 안타깝게도 많은 부분 잠식당했고, 나머지를 잠식당하지 않으려 발버둥 치고 있다. 그래서 그리스도인들은 두렵다. 마치 이스라엘처럼 교회도 사라질 것이 예견되기 때문이다. 그러나 두려워할 필요는 없다. 성경이 말하는 역사에 '교회' 그 이후는 없다. 성경은 교회가 사라지는 날이 오기 전, '인간들'의 역사가 먼저 마무리될 것이고(종말), '하나님의 형상들'의 역사만 남아 완성되어 이어지고 영속할 것이라고 말한다.

하나님은 세속 역사에도 개입하시는가?

이 지점에서 그리스도인들에게 또 다른 질문이 생길 법하다. 하나님은 이스라엘과 교회 밖 인간들의 '역사'에도 개입하시는가? 개입하신다면 어떻게 개입하시는가? 이 부분에 대해서는 사실 나도 궁금하다. 분명한 것은 역사적 사건을 지나치게 신앙적으로 해석하려는 시도는 주의해야 한다는 것이다.

근래의 '코로나'와 같은 자연재해나, 그보다 훨씬 전에 있었던 1907년 '평양 대부흥 운동'을 예로 들어 보자. 어떤 이들은 코로나는 하나님의 심판이요, 평양 대부흥 운동은 하나님이 극적으로 개입하신 일이라고 해석한다. 맞을 수도 있고, 틀릴 수도 있다. 이를 해석하기 위한 노력이나 시도는 의미 있을지 몰라도 '정답' 혹은 '결론'을 내리는 것은 오만한 행동이다.

이런 예를 들면 어떨까 싶다. 9장에서 과학과 기독교의 관계를 다루면서 우리는 '창조론'에 대한 믿음과 '창조'에 대한 믿음을 분리해서 보았다. 그렇다. 이 둘은 다르다. 전혀 과학적이지 않은 데다 그 당시 사람들에게 하나님의 창조 주권을 설명하려 한 기록에 과학의 옷을 입혀 강제로 해석해 내려는 창조론은 뭔가 이상하다. 창조론은 하나님의 창조를 넘어, 하나님의 창조 방법마저도 규정하려는 그야말로 괴랄한 시도일 뿐이다. 그리스도인이 믿는 것은 창조론이 아니라 하나님이 창조하셨다는 그 주권에 대한 고백이다.

마찬가지로 하나님이 인류의 역사에 얼마나 개입하시는지, 나아가 어떻게 개입하시는지에 대한 질문은 의미는 있지만, 확정적으로 답할 수는 없다. 기독교인은 그저 하나님이 '하나님의 형상들'만이 아닌 '인간들' 역사의 주권자도 되심에 대한 고백에 멈추어야 한다. 하나님은 역사에 개입하시며 역사 속으로 들어오기도 하시는, 역사의 시작이자 종결자이시며 주관자이심은 강렬히 고백해야 하지만 개입하시는 방법과 의미에 대해서는 대답을 유보해야 할 것이다(덧붙이자면 자신의 해석을 남에게 강요하는 것은 또 다른 문제다).

여기서도 아우구스티누스를 등장시킬 수 있다. 그는 「신국론」(De Civitate Dei)이라는 명저를 통해 '두 도성' 이야기를 꺼낸다. 그에 따르면 인류의 역사에는 '하늘의 도성'과 '땅의 도성'이 존재한다. 그런데 이 두 도성은 역사 경험적으로 구분되는 것이 아니다. 이 둘 사이에서 무엇이 하나님의 역사고, 어디가 하늘의 도성인지를 명백히 분리하여 설명할 수 없다는 것이다. 이를 설명할 수 있는 것은 오직 '종말' 때뿐이다. 종말 이전의 역사에서는 두 도성이 대단히 모호하고 혼합된 상태에서 계속 갈등하고 대립해 나간다고 설명한다. 그렇다. 결론은 '모른다!' 그때 가봐야 안다. 모르는 것에 굳이 집중하는 것은 어리석은 짓이다. 그보다는 확실한 것에 집중하는 게 맞다.

그렇다면 '확실한 것'은 무엇인가? 메시아를 통해 깨어진 인간을 회복된 인간, 즉 '하나님의 형상'으로 부르셨다는 것, 그리고 그 하나님의 형상들은 개별적으로 존재하는 것이 아니며 그들을 통해 '교회'가 세워진다는 것, 그 교회는 하나님 나라의 모형으로, '인간들'의 역사와는 다른 방향을 지향하고 있다는 것, 또한 그것을 통해 '인간들'도 회복되길 원한다는 것, 바로 이것이 '확실한 것'이다. 깨어진 인간들(세상)과 깨어진 인간(개인) 앞에 하나님의 형상들(교회)은, 그리고 하나님의 형상인 나는 오늘 무엇을 할까? 이것을 묻는 것이 우선일 것이며, 그것이 정답이다.

참고 도서 및 추천 도서

- 김회권 외, 「희년, 한국 사회, 하나님 나라」, 홍성사 펴냄, 2012
- 유시민, 「국가란 무엇인가」, 돌베개 펴냄, 2017
- ＿＿＿, 「역사의 역사」, 돌베개 펴냄, 2018
- 채사장, 「지적 대화를 위한 넓고 얕은 지식」 1, 웨일북 펴냄, 2020
- 허진모, 「전쟁사 문명사 세계사」, 전2권, 미래문화사 펴냄, 2020
- 자끄 엘륄, 「뒤틀려진 기독교」, 대장간 역간, 2012
- 존 레데콥, 「기독교 정치학」, 대장간 역간, 2011
- 짐 월리스, 「하나님의 정치」, 청림출판 역간, 2008

12장

한국, 한국인 그리고 기독교

한국 기독교의 과거와 현재, 그리고 과제

　여기까지 읽어 온 당신의 수고가 참 크다. 어느덧 마지막 장이다. 앞서 우리는 '인간'이란 텍스트를 심리학의 렌즈로 살펴보았고(10장), 이 텍스트의 콘텍스트 격인 '인간들'에 대해서는 역사의 렌즈로 살펴보았다(11장). 여기까지만 해도 이미 방대한 정리들이다. 하지만 마침표를 찍기 위해 한 발 더 나아가면 좋겠다. '인간들'이 가리키는 범위가 굉장히 넓기 때문이다. 전 세계, 전 시대를 대상으로 하는 이 단어는 꽤 부담스럽고, 무엇보다 나 하나쯤은 없어도 문제되지 않을 것 같은, 즉 피부에 전혀 와 닿지 않는 먼 나라 이야기처럼 들리지 않는가? 그러니 콘텍스트를 조금 좁혀 보자. 한글로 작성된 이 글을 읽고 공감할 수 있는 '우리네 한국인들' 이야기를 해보자는 것이다.

　지면을 늘리기 위한 수작으로 보일까 봐 콘텍스트를 한 번 더 좁히는 이유를 애써 변명하자면, 다름 아닌 이 책이 궁극적으로 '기독교'에 대해 이야기하고 있어서다. 한국인이라는 콘텍스트를 정리해 볼 때, 의외로 기독교에 대해서도 분명하게 이해할 수 있다. 한국 기독교는 진공 상태에서 생겨나거나 하늘에서 떨어진 것이 아니며, 현재의 한국 기독교는 성경이 형성되던 시절의 기독교, 심지어 100여 년 전 한국 땅에 기독교가 전래되던 시절의 기독교와도 다르기 때문이다.

한국 기독교는 한국 사회의 들숨과 날숨을 함께 주고받으며 형성되었다. 때문에 '한국인' 혹은 '한국 사회'라는 콘텍스트를 분명히 이해할 때에야 현재 한국 기독교의 모습과 성경이 말하는 본질적인 내용을 분리해서 볼 수 있는 눈이 생긴다. 억측이나 오해에 빠지지 않게 하는 것이다. 나아가 당신이 기독교인이라면, 앞으로 그러한 한국 사회를 어떻게 바라보고 교류해 나가야 하는지에 대한 시각이 생겨날 것이고, 반면 당신이 기독교인이 아니라면, 한국 기독교에 대해 근거 없는 감정적 비판에 휩싸이는 것이 아니라 나름의 객관적 시각으로 비평할 수 있는 교양을 얻을 것이다. 깔 때 까더라도 알고는 까는 게 교양 있는 지성인이다. 나는 당신이 그런 사람임을 믿어 의심치 않는다.

자, 그럼 하나씩 시작해 보자. '한국인은 어떤 사람들인가? 우선 우리가 통칭 '한국인'이라고 말할 때는 두 가지를 고려해야 한다. 타고난 것과 만들어진 것이다. 한 개인의 인격에 대해 말할 때도 마찬가지다. 선천적인 것과 후천적인 것, 즉 타고난 것과 환경에 의해 조성되고 학습된 것을 분리해서 봐야 한다. 무엇이 더 많은 영향을 끼치는지에 대해서는 아직도 결론이 나지 않았지만, 분명한 것은 둘 다 영향을 끼친다는 것이다. 한국인이라는 집단으로 확장하여 이야기할 때도 마찬가지다. 민족적 기질이라 불리는 타고난 것이 있고, 후천적으로 조성된 것이 있다.

우선 타고난 것부터 살펴보자. '정', '빠름', '열정', '해학', '종교성' 등이 있을 것이다. 이것을 구체적으로 다루는 것은 문화 인류학자들의 몫이다. 다만 한 개인의 인격과 민족성은 분명 다르다. 한 개인은 타고난 것이 인격에 더 강력한 영향을 줄 수 있을지 몰라도, 집단으로 구성된 민족의 문제에서는 분명 후천적 영향이 훨씬 크다. '민족'이라는 개념 자체가 굉장히 허구적이며, 당신의 생각보다 훨씬 후대에 생겨난 개념이기 때문이다. 예를 들어 우리는 반만년의 역사와 '단군'이라는 시조를 이야기하지만, 실제로 고조선이 존재할 때 연이어 한반도 남부에 존재한 '진국'이나 그 후예인 '삼한'이 과연 고조선 백성과 같은 민족인지는 분간하기가 어렵다. 그렇다면, 한민족의 민족성을 알려면 고조선 때부터 보아야 할까? 아니면 삼국 통일을 이룬 통일 신라 때부터라고 말해야 할까? 어떻게든 합의에 의해 '언제부터'라는 민족적 개념을 정립하더라도 문제는 지금의 한국인은 한 세기 이전의 한국인과 민족성이 전혀 다르다고 봐도 과언이 아니라는 점이다.

때문에 타고난 민족적 기질을 아는 것은 큰 의미가 없다. 한국인에 대해 알고자 한다면, 현재의 민족성이 발현된 후천적 이유에 집중해야 한다. 그리고 후천적 이유를 논할 때도 모든 시대가 중요하지는 않다. 이전 1,000년 동안 이루어 낸 변화와 민족 형성이 20세기 마지막 100년간의 그것에 미치지 못하기에 그렇다. 물론 우리나라만의 이야기는 아니다. 대부분의 나라가 '근대'에 이르러서야 민족적 개념과 민족성이 확보되었다. 그중에서도 한국인인만큼 짧은 시간에 천지개벽한 민족은 전 세계 어디에도 없다. 조금 부풀려 말하자면, 근래의 100년이 '한국인'을 만들어 냈다고 봐도 과언이 아니다. 우리는 지난 100년간의 근현대사를 돌아보는 것으로 한국인의 기질이 어떤 이유로 형성되었고, 어떠한지를 알 수 있을 것이다. 더불어 그러한 한국 사회, 그러한 한국인이라는 그릇 위에 한국 기독교가 어떻게 형성되었고 강제되었는지도 살펴보자.

한국의 근현대사

앞서 한국인의 민족성이 형성된 핵심 시기는 이전 100년이라고 밝혔다. 바로 '근현대사'라고 불리는 시기다. 그런데 생각보다 우리는 근현대사를 잘 모른다. 아직 근현대사가 최종으로 합의되지 않았기 때문이다. 다시 말해 그 평가가 아직 완전히 끝나지 않았다. 하지만 본질적인 이유는 더 단순한 곳에 있다. 학창 시절 역사 시험에 근현대사가 나오지 않았기 때문이다. 시험에 안

나오면 공부도 안 한다. 그래서 우리는 우리네 한국인의 정체성을 결정한 이 근현대사를 사실 잘 모른다. 그래서 근현대사를 잠시 정리해 보고자 한다.

근현대사를 이해하는 키워드는 두 가지다. '근대화'와 '현대화.' 말장난하는 것이 아니다. 이 두 키워드는 사실 우리네 민족성에 엄청난 영향을 끼쳤다. 미리 말하지만 한국은 전 세계 어느 나라보다 근대화 및 현대화를 가장 신속하고 가장 성공적으로 이루어 낸 국가다. 자부심을 가져도 좋다. 그런데 문제가 있다. 우선은 물질적 변화에 정신적 변화가 발맞추지 못했다는 점이고, 무엇보다 가장 근본적인 문제는 이 중요한 근대화, 현대화가 우리 민족 스스로 이루어 낸 것이 아닌 '강제된' 것이라는 사실이다.

일본에 의해 강제된 근대화

한국의 근대화는 산업 혁명과 과학 혁명의 산물을 받아들이며 자연스레 일어난 것이 아니라 일제 강점기에 일제의 근대화를 가속화하기 위한 수단으로 강제적으로 이루어졌다. 현대화 역시 강대국들의 협상에 의한 급작스런 '해방과 분단'의 흐름 속에서 이념들이 강제되며 이루어졌다. 사실 이 정도까지 강제된 근현대화를 거친 국가가 선진국 반열에 오른 것 자체가 신비이며 기적이다. 그럼에도 가장 중요한 이 두 요소가 강제되었다는 것은 생각보다 많은 곳에 영향을 끼쳤다.

혹시 이런 생각을 해본 적 없는가? 미국은 그렇다 쳐도, 자원도 적고 인구도 적고 딱히 유명한 기업을 보유하지도 않은 서유럽의 국가들이 왜 그토록 잘 사는지 말이다. 이유는 간단하다. 근대화를 빨리 이루어 내서다. 서유럽은 세계 어느 나라들보다 먼저 자본을 형성했고, 그 자본으로 세상의 많은 부분을 점령했으며, 그것으로 많은 자원을 뽑아내고 축적할 수 있었다. 이른바 '초반 러시'가 통한 것이다. 현재 세계의 헤게모니를 살펴보면, 근대 시절의 유산이 지금까지 이어져 영향을 끼치고 있음을 알 수 있다.

서유럽 국가들이 재빨리 근대화를 이루어 낸 결과물로 자본을 축적하여

전 세계로 쭉쭉 뻗어 나가던 시절, 우리는 어떠했을까? 동아시아 국가들은 사정이 거의 비슷했다. 서구의 역동성과는 정반대로, 동아시아 3국(한국, 일본, 중국)은 오래된 왕조들이 그렇듯 '망국'의 테크트리를 타고 있었다. 그래서 3국은 비슷한 시기에 서구 열강에 침략당한다. 그러나 그 이후의 대응은 서로 매우 달랐고, 그 다른 대응이 이후 운명도 다르게 만들어 갔다.

먼저 일본은 그렇게 찾아 들어온 서구 열강에 두들겨 맞은 후, 재빨리 엎드려 그들을 배워 나갔다. 그래서 일본은 '메이지 유신'(19세기 후반)을 거치며 온전한 근대 국가로 경주한다. 중국은 특유의 중화사상에 젖어서인지, 아니면 덩치가 거대해서인지 몇 대 맞아도 꿈쩍하지 않았다. 반면 우리는 반대로 나아갔다. 서구 열강의 도발에도 '쇄국 정책'을 고집한 것이다. 이유는 간단하다. 백성과 국가를 지키기 위해서라기보다 권력을 유지하기 위해서였다. 물론 개화가 능사는 아니다. 그러나 대세를 거스르려면 그럴 만한 힘이 있어야 하는데, 이미 수백 년간 응축된 문제들이 곳곳에서 터져 나오고 있었으니, 나라의 운명은 정해져 있었던 셈이다. 왕실은 무능했고, 양반제의 맹점은 극한까지 드러났으며, 지방은 부패했고, 민생은 도탄에 빠졌으며, 조선 왕실을 받치는 유교는 무의미했다. 때문에 전 세계적 대세를 거스르는 것에 상응하는 대가를 치러야만 했다.

바로 그때, 서구 열강에 비해서는 한참 늦었으나 동아시아에서는 처음으로 근대화를 이룬 일본이 움직이기 시작한다. 앞 장에서도 다루었듯이 자본주의는 필수불가결하게 시장 확장이 필요하다. 내수 시장으로는 체제 존속이 불가능한 것이다. 이 사실을 깨달은 일본이 시장을 확장하기 위해 움직인다. 그 대상은 과거부터 끊임없이 야욕을 품고 넘겨다 본 바로 옆, 바다 건너 조선이었다. 조선을 향해 사무라이가 칼을 뽑아 위협했고, 그때까지 쇄국 정책을 지키던 조선은 결국 위협에 굴복했다. 그렇게 조선의 문을 강제로 열어젖힌 사건이 '강화도 조약'(1876년)이다.

그 후 조선은 서구 열강과 연이어 조약을 맺는다. 서구 열강은 중국에 비해 별로 먹을 게 없는 조선에 큰 관심을 두지 않았지만, 바로 옆에 위치하면서 오직 조선만 노린 일본은 생각이 달랐다. 일본은 처음부터 조선과 통상만 할 생각이 없었다. 서서히 경제적 식민지를 만드는 것을 넘어, 합병할 생각까지 품고 있었다.

이 와중에 부패한 조선 관리들에 대항하여 일어난 '동학 농민 운동'(1894-1895년)이 일본의 야욕에 불을 댕겼다. 조선 왕실은 민중과 대화하는 것이 아니라, 일본의 힘을 빌려 그들을 막는다. 아가리를 벌리고 다가오는 범의 입에 몸을 던지는 꼴이다. 이에 대한 반발로 민족 자주를 위해 일어선 수많은 민족주의자가 아래로부터의 항쟁을 시작하나 역부족이었다. 일본은 자신의 의도대로 아주 수월하게 조선을 야금야금 정복해 나간다.

결국 1905년 을사늑약을 통해 국가의 주권이 일본으로 넘어가고, 1910년에는 '한일병탄'이라는 결과를 마주한다. 전쟁을 치르지 않고도 하루아침에 나라가 사라져 버린 것이다. 그리고 이때부터 일본은 칼과 총으로 조선을 제압하고 자유를 박탈한다. 그래서 1910년대를 '무단 통치기'라 부른다.

그러나 더 이상 참을 수 없던 민중은 1919년, 그 유명한 3.1 운동을 거국적으로 일으킨다. 이 운동은 일제에 무참히 탄압당하여 사실상 실패했지만, 당황한 일본은 '문화 통치'로 전환한다. 제한적 자유를 허락한 것이다. 그리고 1930년대에 이르자 다시 통치 방침을 전환한다. 일명 '황국 신민화 정책'이다. 일왕(천황)에게 충성하는 신민을 만들고자 창씨개명과 신사 참배를 요구했고, 언어 동화를 위해 우리말을 금지하고 일본어를 강요했다.

일본이 이렇게 전환한 데는 이유가 있었다. 일본은 중국과 러시아마저 패퇴시키며 동아시아의 대장이 되자 허파에 바람이 들어 세계 제국화를 꿈꾸며 그동안 읍소하던 서구 열강과 척지기 시작했다. 그러면서 무수히 많은 군대가 필요했고, 그에 따라 맹목적으로 충성하는 국민이 필요했다. 효과는 있었다. 1930년대의 멈추지 않는 일본의 승승장구 앞에 무수히 많은 이가 낙심하여 변절하였고, 민중은 알아서 친일적 논리로 길러졌다.

먼저 근대화는 이룬 나라들에게는 축복이지만, 후발 주자들에게는 재앙이었다. 근대화한 나라를 더 부강하게 하기 위한 숙주가 되었기 때문이다. 우리나라가 바로 그 경우다. 그래서 우리의 근대화는 자발적 선택이 아닌, 일제의 통치와 부강을 위해 강제된 근대화였다.

강제된 근대화가 남긴 유산

그렇다면 일본을 통해 강제된 근대화는 우리에게 어떤 유산을 남겼을까? 이 역시 '경제'와 '정치'라는 코드로 읽어 보자. 우선 근대화의 핵심은 토지가 아닌 산업과 상업의 발달로 만들어진 새로운 생산 수단, 즉 '자본의 탄생'과, 이어지는 '자본주의의 발흥'이다. 문명이 발생한 이래 생산 수단은 곧 '토지'였고 토지를 점유한 자가 권력자였는데, 이제는 토지가 아니라 '자본'이 생산 수단이 되었다. 그 자본을 가진 부르주아들의 발흥으로 권력의 구도가 뒤집어졌다. 왕이 내려오고 시민들이 그 자리를 차지하게 된 것이다.

그러나 한국의 자본주의는 결이 달랐다. 자연스런 산업의 발달로 형성된 부르주아 계층과, 그들에 의해 자본이 형성된 것이 아니라, 일본을 위한 계획 경제와 나아가 수탈 경제의 일환으로 산업이 발달하였다. 그렇게 탄생한 부르주아 계층의 태반은 일제에 부역하던, 일명 '친일파'라 불리는 자들이었다. 친일이 곧 자본이었던 것이다. 건강한 시민이 아니라 원초적 부도덕함을 지닌 이들이 자본을 가지고 일본에 부역하는 형태로 자본주의가 형성되었다. 근대 시민의 '자유'가 아닌, 오직 자신의 권력과 그것의 유지가 목적인 사람들에 의해 형성된 자본주의였다.

굳이 시키지 않아도 자본은 점차 권력으로 나아가고자 하는 속성이 있는데, 애초부터 시작점이 그러하였으니 말 다 한 것 아니겠는가. 우리나라 사람들이 부자를 열망하면서도 부자에게 반발심을 갖는 역설적 감정은 바로 이 같은 모순에서 비롯되었다고 해도 과언이 아니다. 우리에게는 '건강한 부'에 대한 개념이 애초부터 없었다.

또 다른 코드인 정치적 관점으로 설명하자면, 근대화는 '시민 사회의 탄생'이라고 볼 수 있다. 쉽게 말해 왕정과 국가적 종교가 무너지고 개인의 전적 자유가 보장되는 것이다. 한마디로 (불완전할지라도) '민주주의'의 탄생이 바로 근대화의 시작이다. 그러나 조선 왕조는 시민들에 의해 무너진 것도, 시민들에게 권력을 넘긴 것도 아니다. 일본에 의해 무너졌고 일본에게 권력을 넘겼다. 이 말인즉슨 시민에게 권력이 넘어간 적이 없다는 뜻이다. 즉 정치적 의미에서 우리나라는 '근대'를 겪지 못했다. 근대화의 산물을 접하고는 있었지만 왕정과 다를 바 없는 강점기를 살았기에, 시민으로서의 '자기 결정권'에 대한 의식보다는 국가주의나 집단주의적 경향이 지속되었고, 일본은 이를 강요했다. 그래서 해방 이후에도 민주주의가 뿌리내리기 어려웠던 것이다.

나아가 이러한 시민 사회를 구성하는 힘은 '교육'에서 비롯된다. 교육이 바로 '인간들'을 만드는 가장 큰 후천적 요소이기 때문이다. 근대에 이르러서야 비로소 '국민 교육', '의무 교육' 개념이 등장한다. 우리 역시 우리네 근대인 일제 강점기에 이르러 비로소 국민 교육의 개념이 등장했다. 그러나 일제는 교육을 통해 '시민'을 길러 낸 것이 아니라, 국가주의에 걸맞은 말 잘 듣는 이른바 황국 '신민'을 키워 내는 데 집중한다. 또한 그 방식도 후진적이었다. 자기들이 하듯 입시 위주의 위계적 교육으로 일관하였는데, 이것은 무엇보다 열등감을 유발하는 교육이었다. 즉 한국인이라는 정체성을 부인하고 우리 것을 열등하게 여기게 하는 것이 교육 현장의 목표였다. 그러한 교육에 수십 년간 노출된 영향은 엄청나다. 당신의 생각보다 그 영향은 훨씬 컸다. 그러한 교육을 받은 이들이 훗날 해방 후 대한민국 건국 세대였기에.

해방되었으나 주체적이지 못한 현대화

이번에는 '현대화'를 이야기해 보자. 현대화를 가르는 기준 역시 '정치'와 '경제' 코드로 설명할 수 있다. 정치적 관점에서 현대는 (공산주의에 대한 한국인들

[남한]의 배타적 감정과는 별개로) '공산주의'와 함께 시작된 것으로 합의된다. 근대화와 함께 등장한 '자본주의'에 대한 해결책으로 공산주의가 탄생했고, 자유주의 진영에서는 수정 자본주의가 대두되었다(독일과 일본은 군국주의로 나아갔으나 패망했다). 이후 본격적 이념 대결이 시작되었다.

그렇다면 우리는 언제부터 '현대화'를 이루었다고 할 수 있을까? 이념을 기준으로 보면, '해방 이후'라고 할 수 있다. 그런데 문제는 이 '해방'이다. 아니, 해방이 왜 문제인가! 광복의 기쁨은 두말할 나위 없었으나, 그 해방을 스스로의 힘으로 이루어 내지 못했다는 것이 문제였다.

우리는 어느 날 갑자기 해방을 맞았다. 독립군들의 눈물 나는 투쟁이 있었지만 그 영향 때문이 아니었다. 해방은 우리와 관계없이 철저히 강대국간 전쟁의 결과로 우리에게 안겨졌다. 어감이 이상하지만 일종의 '강제된 해방'이랄까?

일본을 패망시킨 나라들은 그들이 지배하던 수많은 식민지의 사후 처리에 무덤덤했다. 당시는 공산주의와 자유주의 진영 간의 '냉전' 구도가 형성되려던 시점이었기에, 그들에게 중요한 것은 공산주의 진영에서는 자유주의 정권이 세워지지 않는 것, 반대로 자유주의 진영에서는 공산주의 정권이 세워지지 않는 것이었다. 그런 상황에서 한국의 지정학적 위치는 두 진영의 각축장이 되기에 딱 좋은 형국이었다. 두 강대국 미국과 러시아는 테이블에 앉아 그어 놓은 38선을 기준으로 각각 남과 북을 분할 점령하고 신탁 통치를 약속했다. 자신들이 안정화 작업을 한 뒤, 주권을 되돌려 주겠다는 말이다. 자연스레 북은 공산주의 진영, 남은 자유주의 진영에 소속된다. 근대화를 넘어 갑자기 강제된(?) 해방 아래 이념 역시 스스로 선택할 수 없었던 것이다.

물론 통일 국가와 자주 독립을 원한 민족주의자들의 반발로 반탁 운동이 거세지자 러시아와 미국은 한국에 주권을 넘긴다. 우리에게는 천재일우의 기회로 보였으나, 실상은 전혀 아니었다. 우선 주권을 운영하기에는 우리에게 준비와 실력이 없었다는 것이 문제요, 또한 주권을 넘긴 듯 보였으나, 두 강대국이 뒤에서 조정하고 있었다는 것이 더 큰 문제였다. 그들은 자신의 입맛에 맞는 정권을 세우고 그들을 후원하고자 했다. 김구나 여운형과 같은 정통성 있는 인물들이 있었지만, 이 인물들은 통일 국가를 원했고 이념적으로 분명하지 않았기 때문에 두 해방자(미국과 러시아)에게 외면당한다. 그들은 한민족을 염원하는 사람들보다는 이념적으로 선명한 사람이 지도자가 되길 원했고, 그 결과 북쪽에는 김일성, 남쪽에는 이승만 정권이 들어선다. 두 사람에 대한 개별적 평가는 미루더라도, 이면에 이런 흐름이 있었음을 부정할 수 없다. 즉 국민에 의한 선출 혹은 민족의 대표들에 의한 동의가 아니었다.

해방은 급작스레 찾아왔지만, 해방 이후 해야 할 과제는 분명했다. 이 땅을 잠식하고 있던 일제의 잔재를 없애는 것, 그것이 최우선이었다. 즉 다양한 의미, 다양한 방면의 친일 청산이 필요했다. 그래야 정상적인 새 출발을 할 수 있으니. 그런데 비록 순수한 의도가 아니었다손 치더라도 의외로 북쪽은 어느 정도 친일을 청산했으나, 남쪽은 '반민 특위'가 구성되었음에도 그 활동이 정권에 의해 무력화되어 결국 친일을 제대로 청산하지 못했다.

독립 운동가 출신 이승만 대통령이 왜 친일 청산을 막았는지에 대해서는 여러 의견이 있지만 한 개인에 대한 평가는 역사가들에게 맡기고, 나는 한 개인이 아닌 더 근본적인 부분에서 비롯된 문제를 언급하고 싶다. 즉 '준비되지 못한 해방'이 문제였던 것이다. 러시아와 미국이 각각 자국에 도움이 될 것 같은 인물들을 세워 급조한 정권이기에 정통성이 없었다는 문제 말이다. 정통성이 없는 이들은 민족중흥, 국가 통합과 같은 대의가 아닌 정권 유지 쪽으로 흘러가는 것이 당연한 수순이다. 그러다 보니 자산과 권력, 국가 운영 지식을 가진 친일 세력을 쉽게 단죄하지 못한다(이러한 일은 지금도 반복된다. 최근 아프가니스탄에서 미군이 철수한 후, 미군이 세운 정부가 급격히 무너지며 탈레반이 재점령한 사건은 역사의 교훈을 다시 일깨워 준다).

이런 맥락에서 해방 후 찾아온 남북 분열 시대에 각 정권은 자기 정권에 해가 되는 세력을 제거하거나 배척하기 시작한다. 해방 당시 자산가와 기독교인의 비율은 북쪽이 훨씬 높았으나 이들은 김일성의 공산 정권에 수탈당하고 핍박받아 대거 남쪽으로 이주하여 훗날 이승만 정권의 뒷배가 된다. 즉 '반공주의'의 토대가 된 것이다. 남쪽은 남쪽대로 정치적 반대 세력을 좌경 세력으로 몰아 하나둘 제거하기 시작한다. 민족의 어른 김구의 암살 역시 그런 맥락에서 저질러진다. 다시 한 번 말하지만, 자주적 해방이 아닌 일종의 강제된 해방으로 강제된 분단과 강제된 이념화의 결과다. 그리고 북쪽의 김일성은 끝내 하지 말아야 할 짓을 해버린다. 적화 통일의 야욕을 품고 기습적으로 남침을 시도한 것이다. 동족상잔의 비극, 한국 전쟁(1950-1953년)은 그렇게 발발하였다.

군사력으로 우위에 있는 데다 전쟁을 준비하고 기습적으로 침입한 북한군을 남한군은 막아 낼 요량이 없었다. 경상도 지역을 제외한 모든 지역이 넘어갔다. 다행히 미군을 비롯한 유엔군의 참전으로 방어할 수 있었고, 계획과 달리 전쟁이 길어지자 북한은 당황한다. 남한군은 허를 찌르는 전략으로 본래 영토를 수복함을 넘어 북으로 밀고 올라가 압록강변까지 도달한다. 그러나 공산주의 정권이 들어선 중국의 참전과 그들의 인해전술로 거듭 후퇴하여 지금의 휴전선 인근에서 고착 상태로 지리멸렬한 고지전을 벌이다가, 이번에도 우리는 끼지 못한 강대국들의 회담으로 갑작스레 휴전하게 된다. 우리는 휴전 회담의 당사자가 아니었다. 끝까지 우리는 배제되었다.

그렇게 휴전이 이루어자, 이승만 대통령에게는 더 이상 정권을 유지시킬 동력도, 능력도 사라졌다. 그러다 보니 최후 발악처럼 부정 선거를 저질렀고, 국민의 반발에 밀려 끝내 권좌에서 물러나 새로이 정부가 구성된다. 드디어 시민에 의해 자발적으로 구성되고 시행되는 자유 민주주의가 첫 발을 내디딜 수 있는 환경이 조성된 것이다.

그러나 그것도 잠시였다. 박정희 소장이 1961년에 5.16 군사 정변을 일으켜 총칼로 권력을 휘어잡는다. 그러나 쿠데타로 잡은 정권은 정통성이 없다. 때문에 그는 정통성을 유지하기 위한 모든 것을 다 한다. 우선 경제 개발에 몰두한다. 한국 전쟁은 가뜩이나 일제 강점기 때 수탈당한 이 강산을 초토화시켰다. 그래서 발전은커녕 당장 먹을 것이 없어 굶어 죽는 이가 넘쳐났다. 결국 박정희가 권좌에 오른 1960-1970년대는 빈곤에서 탈출하는 일이 가장 중요했다. 이것이 정권 유지의 핵심임을 간파한 박정희 정부는 경제 발전에 목숨을 건다. 그리고 근면 성실한 국민의 헌신과 희생 위에 군사 작전하듯 정책을 밀어붙인 덕택(?)에 엄청난 경제 성장을 이루어 낸다. 하지만 경제 발전만으로는 정통성이 보장되지 않는다. 그것을 잘 아는 박정희 정부는 이제 총을 든다. 부정 선거, 사찰, 언론 통제 등 군사 독재 경향으로 통치한다. 그로 인해 어렵게 피어난 민주주의는 후퇴했고, 박정희 정부는 심지어 헌법을 수정하면서까지 종신 독재를 향해 나아가려 했다.

그런데 당근과 채찍만으로는 안 된다. 사람이 너무 많다. 때문에 뛰쳐나가지 못하도록 막을 울타리도 필요했다. 그 역할을 담당한 것이 다름 아닌 '반공주의'다. 휴전 상태였기에 언제라도 전쟁이 재개될 수 있음은 분명했고, 북한 역시 수많은 간첩단을 운용했기에 적절한 긴장은 필요했다. 그러나 정권 유지 차원에서 '반공주의'를 국시로 삼고 교육하며 부추겼다는 사실은 매우 뼈아프다. 반공 의식은 필요했으나, 반공주의를 자신의 권력 유지와 독재적 통치, 정적 제거를 위한 꽃놀이패로 활용한 것이 문제였다. 박정희 정부는 이에 그치지 않고 또 다른 보험을 든다. '지역주의'가 바로 그것이다. '분할 통치'(divide and rule)라 하여 통치 대상을 분열시키고 서로 적대적으로 만들어 뭉치지 못하게 하는 전제 통치 전술이다. 영남과 호남의 갈등 구도가 이때 시작된다.

그러나 영원할 줄 알았고, 영원하게 만들려던 권력은 술자리에서 피어난 총성과 함께 사라진다. 그렇게 다시 주체적 현대화가 이루어질 기회가 주어진다. 자유주의 시장 경제 체제만이 아니라 민주주의의 발전 말이다.

그런데 얼마 지나지 않아 데칼코마니 같은 일이 발생하고야 만다. 이승만 대통령이 물러난 후 아직 안정화되지 않은 정부 앞에 5.16 군사 정변이 일어난 것처럼, 박정희 대통령 서거 이후 정권이 안정화되지 못한 틈을 노려 1979년 12.12 군사 반란이 발생한 것이다. 전두환을 위시한 사조직 하나회 구성원들이 군 통수권을 장악하고, 그 다음 해인 1980년, 5.17 쿠데타를 일으켜 정부를 장악한다. 이에 반발하여 광주에서는 5.18 민주화 운동이 일어났으나 무참히 제압당하고 무고한 시민들이 자국 군대에 희생당한다. 시계는 1980년을 가리키고 있었고 경제 성장이 성공적으로 이루어지고 있었음에도, 여전히 시민의 권리는 시민에게 돌아가지 못했다.

전두환 정부 역시 정통성은 없었다. 그렇다면 역시나 세 가지가 필요했다. 당근과 채찍, 그리고 울타리. 그렇다. 경제 개발, 군사 독재, 반공주의. 전두환 정권 역시 이 세 가지를 활용하여 정권을 유지한다. 게다가 박정희 정부가 보험으로 들어 놓은 지역주의 역시 꽃놀이패였다. 1980년대 역시 엄청난 경제 발전을 이루어 세계에 '한강의 기적'이라는 말이 소개되기 시작했다.

그러나 배가 부르면 더는 가축처럼 살기 싫어진다. 더 나은 가치를 열망하게 된다. 산업과 상업의 발달로 부르주아가 탄생하며 왕정에 반기를 든 것처럼, 사활을 걸고 경제를 개발한 덕분에 먹고살 만하게 된 시민들은 '민주화'에 대한 열망을 피력하기 시작한다. 자유를 달라는 것이다. 그 '자유'란 다름 아닌 자유 시민의 제1권리인 '투표권'이었다. 그러나 거절당한다. 그런데 마침 정권 유지 차원에서 개최한 서울 올림픽(1988년)이 도리어 정권에 독이 되었다. 올림픽을 1년 앞두고 1987년 민주화 운동이 거세게 일어났는데, 외국의 눈치가 보여 더는 시민들을 탄압할 수 없었던 것이다.

결국 정부는 '직선제'를 선언한다. 국민 투표로 대통령을 선출하는 방식을 약속한 것이다. 뒤집어엎으려는 시도도 있었으나, 끝내 굴복하고 물러나 대통령 선거가 이루어진다. 물론(?) 그 결과는 국민이 원하던 것이 아니었다. 어부지리로 전두환의 친우이자 후예인 노태우가 대통령에 당선된다. 다만 실질적으로 거의 처음 국민이 자신들 손으로 대통령을 선출했다는 데 의의가 있다. 그렇다. 서구보다는 한참 늦었지만, 드디어, 비로소 민주주의가 시작된 것이다.

강제된 근대화 과정에서 만들어진 적폐적 문제들이 현대화 과정에 그대로 넘어왔다. 경제에서는 건강한 자본주의가 아니라 수탈 자본주의, 친일적 자본주의의 문제를 해소하지 않은 채 해방을 맞이했고, 해방 후에도 '적산'(敵産)이라 불린, 일본이 남긴 자산을 토대로 산업과 상업이 발달했다. 한국 전쟁 이후에도 비슷한 경향은 지속되었다. 기업들의 노력과 그 결과를 폄하하는 것은 아니다. 그러나 일본의 자리에 군사 정부가 들어선 후, 정권 유지에 득이 되고 정권에 잘하는 기업이 특혜를 받고 부정부패에 일조한 역사를 부정할 수는 없다.

정치 문제에서도 마찬가지다. 군국주의의 피해자였다가 갑작스레 찾아온 해방과 함께 다시 이념 전쟁의 피해자가 되어 시민의 권리와 자유는 보장되지 않았다. 연이은 군사 정부 역시 이 기조를 지속시켰다. 결국 시민 사회가 열린 것은 1987년 민주화 운동과 직선제 이후다. 그러나 이 역시 제도적 기회만 주어졌을 뿐, 시민 사회의 일원이 되기 위한 교육을 받지 못한 시민이 대부분이었기에, 사회 전반의 정서와 생각까지 현대화되기는 요원했다. 거기에 해방 후 지속적으로 군사 정부의 울타리가 되어 준 '반공주의'가 건강한 시민 사회의 성숙을 가로막았다. 또한 그 곁가지로 파생된 영남과 호남의 '지역 갈등'은 여전히 현재 진행형이다.

그렇게 만들어진 한국 사회

다시 한 번 말하지만, 한국인으로서 자부심을 가져도 좋다. 물론 우리가 선망하는 나라들보다 여전히 미진한 점이 있지만 넘어선 것도 많다. 상대 평가의 잣대를 댄다면, 한국인은 자신이 사는 한국 사회에 충분히 자부심을 가질 만하다. 거대한 자산을 물려받아 거대 저택에서 스테이크를 썰며 클래식 틀어 놓고 고상하게 살아온 그들보다는, 그들에 의해 강제된 시기를 보내며 두 손에 쥔 것 하나 없이 흙 파먹으며 살아온 나라가 이 정도까지 성숙하고 성장한 것은 전 세계적으로 유례없는 기적이기 때문이다. 대단하다는 말밖에 할 수 없다. 모두 국민의 희생 덕택이다.

하지만 "그래서 행복해졌는가?"라는 질문에 뭐라고 대답할 것인가? 이 질문에 자신 있게 "행복하다"고 대답할 수 없는 사회임을 우리 모두 안다. 한국인들은 피곤하고 불행하다. 이는 앞서 살펴본 강제된 근현대사에서 발생한 문제들과 연관되어 있다.

우선 '정치' 영역에서 몇 가지 코드를 잡아 볼 수 있다. 근대화 시기에 형성된 '친일파.' 청산되지 않은 이 친일 문제는 여전히 한국 사회의 적폐다. 해방된 지가 언제인데, 아직도 친일파 이야기인가 싶을 것이다. 실제 친일을 한 자들은 이미 다 저세상 사람이 되지 않았던가? 사람은 사라졌을지 몰라도 그들이 차지한 권력과 자산이 여전히 지속되어 이 민주주의 시대에도 사회 이면에서 마치 귀족 세력처럼 존재하고 있다. 게다가 그들이 자신의 정통성 없음을 변호하려는 노력들은 사회를 혼란케 하고 계급화하게 만든다. 그 대표적인 예가 '법조계'다. 시민이 선출하는 행정권(정부 권력)과, 입법권(국회 권력)은 어느 정도 거를 수 있으나, 사법 권력은 시민이 선발하지도, 시민에게 견제받지도 않는다. 특히 우리나라 '형법'은 시민의 법 감정과 매우 동떨어진 체계여서 악인들이 제대로 심판받지 않는다. 기득권층일수록 더욱 그러하다. 고무줄 형량에, 그들만의 리그다.

이런 흐름이 있다 보니 한국인들 머릿속에는 '정의가 구현되지 않는 사회'라는 생각이 있다. 정의와 공의에 대한 불신, 즉 신뢰 자본 부재에 대한 대가는 생각보다 전방위적이고 참담하다. 대표적으로 법을 지키려 하지 않는 반칙 의식과 더불어, 어차피 사회는 바뀌지 않을 거라는 인식으로 정치에 무관심하다. 말은 시민이나, 보이지 않는 곳에서 권리가 박탈된 시민이다.

또한 준비되지 않은 해방 후에 찾아온 현대화 시기. 이념에 대한 충분한 고찰과 논의로, 즉 좌우의 적당한 긴장감 속에서 시민 사회가 형성되는 과정은 불발했다. 남북 분열과 이념에 대한 이해 없이 오직 이념을 정치권력 유지 수단으로 사용한 문제가 여전히 사회 갈등의 주범으로 남아 있다. 문제는 '북한'의 존재다. 북한이 존속하는 한 한국 전쟁 이후 지속된 '반공주의'는 절대 사라지지 않는다. 그래도 시민 의식이 성숙했기에 과거보다는 막무가내로 반공주의에 휘둘리지 않지만, 여전히 그 향수 가운데 사는 사람들에게는 영향을 끼치고 있다.

이미 북한은 경제력뿐 아니라 군사력에서도 남한에 게임이 안 되는 수준이지만, 이것은 숫자의 문제가 아니라 감정의 문제다. 이 상태에서는 건강한 이념적 논의가 어렵다. 좌우는 옳고 그름의 문제가 아니라 다름의 문제이고, 이 둘이 건강한 긴장 관계를 유지하며 소통할 때 사회가 발전할 수 있다. 그러나 우리에게 좌우는 여전히 다름의 문제가 아닌 옳고 그름의 문제다. 수십 년간 그렇게 살아왔기 때문이다. 피곤하다.

민주주의의 핵심은 대중이 1인 1표를 행사하여 지도자를 선발하는 것이다. 그러려면 저들이 어떤 사람인지, 무엇을 말하는지 해석할 능력이 필요하다. 이를 위해 필요한 것이 충분한 교육을 받은 시민의 '문해력'이다. 문해력은 단순히 글자를 읽을 줄 아는 능력이 아니라, 비판적으로 사회를 읽어 내고 사람을 읽어 낼 능력을 말한다. 건강한 시민 사회가 구성될 때 진정한 현대 사회로 진입했다고 말할 수 있는데, '교육'이야말로 그러한 건강한 시민 사회를 구성하는 필수 요소다. 그런데 우리나라의 교육은 아직도 방향성이 없다. 여전히 일제 강점기에 시작된 국민 교육의 틀과 방법론에 갇혀 있음을 부정할 수 없다. 이에 대한 문제의식이 있기에 수없이 방법론을 바꾸었으나, 방식만 바뀌었을 뿐 방향은 늘 같았다. 건강한 시민이 아닌 높은 점수를 얻기 위한 수월성 교육이었고, 서열화를 위한 대학 간판 중심의 교육이었다.

물론 모두가 충분한 문해력을 갖춘다는 것은 꿈같은 일이다. 그래서 중요한 것이 또 있으니 바로 '언론'이다. 언론은 민주주의 사회가 건강하게 세워지기 위한 또 다른 핵심 축이다. 언론은 일반 대중이 볼 수 없는 사회 이면의 적폐 요소를 끄집어내어 고발하는 기능과 더불어 현재의 사회 현상을 심층적으로 분석하고 요약한 정보를 대중에게 전달하는 기능을 가지고 있다. 간단히 말해 일반 대중은 언론을 통해 나온 뉴스에서 사회의 현재를 이해한다. 그리고 그에 따른 정치적 판단에 기반하여 자신의 한 표를 행사한다. 그러나 현실은 어떠한가?

오늘날에는 '기레기'라는 단어가 일반화되었다. 왜 이렇게 언론이 비하당하는 것일까? 언론 역시 권력화되어 자기 입맛대로 사실을 각색하여 대중을 호도하는 기사를 써 왔기 때문이다. 언론은 사법권과 마찬가지로 통제받지 않는다. 당연히 문제가 생길 수밖에. 앞서 '자기 입맛'이라고 했지만, 실상은 얻어먹을 것이 많은 기득권층의 권력을 유지하는 방향으로 기사를 제공한다.

이 역시 일제 강점기부터 이어져 군사 정권을 거치며 형성된 흑역사다. 언론의 기능이 단련되기도 전에 오직 보도 지침에 따라 글을 쓰던 자들만 살아남은 채 수십 년을 흘러왔기 때문이다. 안타까운 현실이다. 국민은 일류이나, 정치는 여전히 삼류다. 답답하지만, 동시에 어쩔 수 없는 맥락의 문제도 분명 많아 보인다.

또 다른 주요 코드인 '경제'를 짚어 보자. 한국 사회의 경제는 어떠한가? 우리나라는 자유 시장 경제 체제를 지향한다. '자본주의'를 추구하는 것이다. 현대에 이르러 자본주의는 좀 더 세분화하여 '신자유주의', '수정 자본주의', '사회주의'(사회 민주주의)로 분류할 수 있다. 그렇다면 우리는 어느 노선을 채택하고 있는가? 보수 계열 정당이 권력을 잡았을 때는 '신자유주의'를 추구하였고, 진보 계열이라 불리는 정당이 권력을 잡았을 때는 나름의 '수정 자본주의'를 추구한 듯하지만 그래봤자 온건한 신자유주의라고 말할 수 있을 정도다. 그래서 사실 우리나라의 거대 양당은 보수와 진보가 아닌, 극보수와 중도보수라고 말할 수 있다. 결국 해방 후 우리나라는 꾸준히 자본주의를 추구해 왔고, 특별히 근래에 신자유주의라 불리는 노선을 지속적으로 추구했음을 알 수 있다. 그래서 결과는 어떠한가? 공정한 시장 경쟁에 의한 성장을 추구하고 있는가?

대답하기 어렵다면 이 질문에 답해 보자. 당신의 상식으로 볼 때 한국 사회에서 성공하고 싶으면 어찌해야 하는가? 간단하다. 아버지 혹은 할아버지를 잘 만나면 된다. 더러 개천에서 용이 날 수도 있으나, 아주 고되고 거의 불가능하다. 세습이 짱이다. 즉 우리의 현실은 토마 피케티(Thomas Piketty)가 언급한 '세습 자본주의'에 가깝다. 세습 자본주의 안에서의 성공은 결국 물려받은 자본의 양에 의해 결정된다. '성공하려면 어찌해야 하는가?'라는 질문에 '부모를 잘 만나야 된다'라는 답을 떠올리는 사회가 되었다면, 그 사회는 세습 자본주의다. 이것이 지금 우리나라의 현실이다. 한마디로 기존에 자본의 양이 충만한 이들, 즉 이미 잘 살고 많이 소유한 사람들이 더 잘 살고 많이 갖게 되고, 못 살던 이들은 계속 못 산다. 절대 평가로도 차이가 나지만, 이를 상대 평가로 보면 차이가 더 크게 느껴진다. 경제 지표로는 국내 총생산(GDP)이 점점 커지고 있으나 동시에 불평등 지수 역시 늘고 있으며, 이미 '자본 수익률'이 '경제 성장률'을 넘어선 지 오래다.

그렇다면 그렇게 세습되는 자본의 정체는 무엇일까? 여러 가지가 있겠지만, 한국 사회는 뭐니 뭐니 해도 '부동산'이다. 일명 '부동산 공화국'이라 불릴 정도다. 이는 부모를 잘 만나야 성공한다는 말과도 연관된다. 부동산을 많이 소유하기 시작한 세대가 아버지, 할아버지뻘인 베이비붐(Baby boom) 세대이기 때문이다. 나아가 부동산 문제가 이렇게 심각한데도 부동산 가격은 쉽게 떨어지지 않는다. 사회 의제를 결정하는 이들이나 기득권층 역시 부동산을 자산으로 갖고 있기에 그렇다. 그래서 어느 정부도 이 문제를 쉽게 해결할 수가 없다. 누가 제 발등을 찍으려 하겠는가? 결국 소득 불평등 지수는 점점 커질 수밖에 없고, 젊은 세대는 부모 세대보다 결코 더 많이 얻을 수 없다. 다시 말하지만 세습이 짱이다. 그렇기에 어쩌면 자유로운 경쟁은 애초에 불가능한 것 같다. 아무리 노력해도 결승점 근처에서 출발한 사람을 따라잡을 수는 없다. 이것이 젊은 세대가 '공정'에 목매는 이유다. 게다가 자산의 가치 상승률이 노동의 가치 상승률보다 훨씬 큰데, 그것을 지켜보면서 누가 땀 흘려 일하고 싶을까? '노동'보다 '투기'에 더 몰려들 수밖에 없다.

한국인은 이런 배경에 놓여 있다. 나는 한국인을 가리켜 이렇게 정의하고 싶다. "초현대 사회를 살아가는 근대적 인간." 원래는 '전근대적 인간'이라고 하고 싶었으나 참았다. 이제 그 정도는 아니다.

일제 강점기 때 강제된 근대화의 흐름으로 형성된 자기 문화 부정과 열등의식은 2010년대로 넘어가면서 극복하고 자기혐오에서도 벗어난 듯하다. 오히려 이제는 '국뽕'을 논하는 시대가 되었다. 그 외에도 집단주의적 경향에서 벗어나 이제는 개인의 자유를 존중하기에, 근대화의 과업들이 조금씩 해결되고 있다고 봐도 좋을 듯하다. 그러나 아직 현대화에 이르지는 못했다. 사용하는 문물로 보면 이미 전 세계에서 가장 앞서 나가는 초현대 사회지만, 우리의 일상과 인간성은 아직 현대적 인간에 이르지 못한 것이다. 이유는 같다. 근대적 인간으로 개인의 자유를 존중하는 사회는 된 것 같지만, 아직 그것을 뼈저리게 누리지는 못하는 것으로 보인다. 여전히 국가주의, 집단주의의 망령에 머물러 있는 것 같다. '눈치 게임'이 여전하다. 늘 피곤하다. 남을 배려하며 공동체적 사고를 하는 것과, 남이 제시한 기준에 맞추어 남의 시선을 의식하는 삶은 전혀 다르다. 우리는 아직 후자에 가깝다.

간단히 말하면 1명의 시민에게 1표가 돌아가는 민주주의, 즉 시민 개인의 자율권을 존중하는 민주주의가 제도로는 이루어졌다. 정치적 민주화를 이루어 낸 것이다. 하지만 아직 우리의 모든 일상에 민주화가 자리 잡지는 못한 듯하다. 여전히 근대적이다. 국가주의적, 집단주의적 시각에 머무는 것이 많다. 또한 여전히 근대적 목표인 '성장' 압박에 시달리고 있다. 우리는 이미 선진국이 되었지만, 우리 개인의 삶은 선진국이 아니다. 살아 있음 자체가 살 자격이 있는 것이 현대 시민이다. 그런데 아직도 우리는 살아가기 위한 '자격'을 얻어야 한다고 믿는 것 같다. 그것은 근대 시민이다. 그래서 우리는 대부분 불행하다. 본래의 인간성과 별개로, 한국인 특유의 조장되고 만들어진 불행이다. 그것이 바로 당신과 나의 이야기다.

한국인의 기독교

이 책 전반부를 통해 우리는 기독교란 무엇인지에 대해 나누었다. 기독교는 그것이 담긴 그릇의 모양에 따라 저마다 조금씩 다른 모습으로 드러난다. 어느 지역, 어느 시대, 어느 민족의 그릇에 담겼는지에 따라 꽤 다른 모습을 보여 주는 것이다. 시간이 된다면 각국의 기독교가 어떤 특성을 지니고 있고, 우리와 어떻게 다른지를 살펴보는 것도 재미있는 작업일 것이다. 그러한 작업을 하다 보면 우리가 죽자고 매달리는 일부 쟁점들이 얼마나 무의미한지, 그리고 무엇이 더 본질인지를 확인할 수 있을 것이다.

지면의 한계상 그 모든 것을 다룰 수는 없기에, 여기서는 한국 땅에 형성된 한국 기독교의 특징이 무엇인지 살펴보려 한다. 이러한 정리를 통해 책 전반부에서 다룬 기독교의 본질적인 내용과, 그것이 한국이라는 그릇에 담기면서 형성된 부차적인 내용들을 분리해서 이해할 수 있을 것이다. 이를 통해 우리가 소중히 지켜야 할 유산과, 걷어 내야 할 악습을 분별할 눈이 길러지길 기대한다.

근현대사와 함께 보는 한국 기독교

한국 기독교는 앞서 나눈 한국 근현대사의 맥락과 궤를 같이한다. 앞서 다루었듯이 한국의 근대화는 외국과의 통상과 함께 시작되었는데, 기독교 역시 그 편에 함께 딸려 온 서구의 종교였기 때문이다('서학'이라 불리는 천주교가 이미 전래되기긴 했으나, 쇄국 정책 시기에 탄압받으며 유명무실한 상태였다). 그리고 한국의 근대화를 설명하면서 일제에 의해 강제된 근대화가 어떤 부정적 영향을 끼쳤는지도 설명하였다. 재미있는 점은 그 부정적 요소들 때문에 한국 기독교가 성장할 수 있었다는 점이다. 역사의 아이러니다.

한국에 들어온 최초의 개신교 선교사는 영국 출신 '로버트 토마스'(Robert J. Thomas, 1840-1866) 선교사다. 토마스 선교사는 1866년 조선어 통역관으로 제너럴셔먼호를 타고 평양 대동강을 거슬러 올라왔다. 그러나 제너럴셔먼호는 쇄국 정책 시기의 조선에 통상을 강요하기 위해 투입된 배였기에, 결국 전투가 일어났고 토마스 서교사는 거기에 휩쓸려 순교하였다. 시간이 조금 흘러, 조선은 일본과 맺은 강화도 조약(1876년)을 필두로 서구 열강과도 속속 통상 조약을 체결하였는데, 그 즈음 호러스 언더우드(Horace G. Underwood, 1859-1916), 헨리 아펜젤러(Henry G. Appenzeller, 1858-1902)를 비롯한 선교사들이 들어오기 시작했다. 물론 그때까지도 직접적인 선교는 금지되어 있었기에, 이들은 병원이나 학교 등의 복지 시설을 운영하면서 사회적 신뢰를 얻는 데 힘을 쏟았다.

우리는 한국 땅에 기독교가 처음 들어오던 시기에 일어난 일들을 통해 한국 기독교의 특이성을 살펴볼 수 있다. 해외 선교사들이 들어오기 전에 이미 중국과 일본에서 조선어 성경이 번역되고 있었고, 그것이 전달되어 해외 선교사들의 활동과 별개로 기독교가 태동하기 시작하였다는 점이다. 즉 사람보다 성경이 먼저 들어와서 자생적으로 기독교가 태동한 것이다. 그러고 보면 근대화는 강제적이었으나, 기독교는 주체적으로 받아들였다는 것 역시 재미있는 역설이다.

그런데 이 역설에 대해 조금 더 알아야 할 것이 있다. 근대화가 강제된 것은 결국 힘이 없어서였다. 힘이 없었기에 강대국에게 뚫리고, 심지어 일본에 강점당했다. 조선 황실은 무력했고, 지배 엘리트층은 자신의 권력 유지에만 혈안이 되어 있었다. 민생은 그야말로 참담했다. 종교 역시 도움이 되지 못했다. 조선 왕조의 정신적 기틀을 잡아 주던 유교의 가르침은 현세적이지만 철저히 무기력했고, 전통 종교인 불교는 현실 도피적이어서 현실의 소망을 주는 종교가 되어 주지 못했다. 민중의 삶은 물리적으로 참혹한 데다 정신적으로도 암담했다. 자연스레 기댈 곳이 필요했다. 그때 마침 일본과는 별개의 서구 열강이 들어왔고, 그들의 종교인 기독교가 함께 들어온 것이다.

중국과 일본에도 기독교가 전해지지만 그들은 기독교를 배척하였다. 중국과 일본에게 기독교는 총칼로 위협하며 들어오는 서구 열강의 종교였기에 반발감이 컸다. 그러나 우리에게 기독교는 협박범들의 종교라기보다는, 가장 큰 협박범인 일본에 대적할 수 있는 형님들의 종교였다. 전혀 다른 관점으로 보인 것이다. 그래서 한국은 처음부터 기독교에 매우 호의적인 인상을 받았다. 게다가 낡은 사대주의와 고질적인 신분 제도를 주장하다 나라를 망국에 이르게 한 유교와는 정반대로, 기독교의 가르침은 수평적 사회를 지향했다. 특히 노예였던 이들이 이집트에서 탈출한 출애굽 이야기는 당시 한국인들에게 큰 카타르시스를 안겼다. 이런 이유들로 당시 가장 개혁적인 인물들, 시대의식을 지닌 인물들이 기독교를 재빨리 받아들여 개종하였다. 다시 말하지만 참으로 역설적이다. 그렇게 한국인들은 기독교를 주체적으로 받아들였다.

기독교가 한국 땅에 뿌리내리게 된 결정적인 계기에 대해서는 이구동성으로 1907년의 '평양 대부흥 운동'을 꼽는다. 기독교인들은 이 운동을 하나님이 불쌍히 여기사 한국에 주신 특별한 복이라고 믿는다. 이처럼 평양 대부흥 운동을 '신앙적 우연'의 일환으로 이 민족에 대한 하나님의 도우심으로 해석할 수도 있다. 하지만 '사회적 우연'도 겹쳤다. 기독교의 발상지인 (평양이 있는) 평안도는 당시 청일 전쟁과 러일 전쟁의 결과를 직접 겪은 지역이었다. 수탈당하고 폐허가 되었다. 때문에 사람들은 안전한 은신처를 찾았는데, 그곳이 바로 '교회'였다. 먹을 것도 얻고, 선교사들을 통해 보호도 받는 유일한 사회적 공간이었다. 특히 평안도는 일본도 조심하는 '미국'의 선교사들이 주관하는 장소였기에 더욱 그러했다.

그렇다. 일제 강점은 처참했다. 일본에 의해 강제된 근대화는 지금까지도 아물지 않는 상흔을 남겼다. 그런데 오히려 그런 이유로 기독교를 강력하고 주체적으로 받아들였고, 기독교가 이 땅에 더 쉽게 뿌리내리고 더 빨리 확산될 수 있었다.

의외로(?) 한국 땅의 초기 기독교는 매우 건강했다. 서구 기독교는 1,000년 넘게 이어오는 동안 매우 많은 영역에서 서구 사회와 들러붙어 버렸다. 정치, 경제, 사회에 전방위적으로 엮여 있기에 본질을 분리해 내기가 어려웠다. 즉 화장이 지나치게 두꺼워 맨얼굴을 까먹어 버린 것이다. 그러나 한국 사회는 머리 노란 선교사들이 해석한 메시지가 아니라, '성경'을 먼저 받아들이면서 확산되었기에 건강할 수밖에 없었다. 그리고 균형적이었다.

종교라는 것은 본래 개인적 복락에만 관심을 갖게 만드는 약점이 있다. 사회적 연합과 건강에 무관심하게 만드는 치명적 단점이 있는 것이다. 그러나 한국의 기독교는 정반대였다. 일제 강점기와 병행되다 보니 처음부터 관심 자체가 자유와 해방, 민족적 구원과 결부되어 있었다. 반일 민족 운동과 함께 걸은 것이다. 즉, 개인 구원을 넘어 처음부터 '사회적 관심사'를 품고 활동하였다. 수많은 예가 있지만, 한국 기독교의 결정적 촛대가 된 평양 대부흥 운동의 핵심 인물인 '길선주 목사'(당시 장로)만 봐도 민족주의적 활동을 한 이력이 있고, 심지어 1919년 3.1 독립 선언서에 서명한 33인 가운데 한 명이기도 했다. 물론 길선주 목사만이 아니다. 기독교 인구가 미미하던 1919년 당시, 3.1 독립 선언서를 작성한 민족 대표 33인 중 16인이 목사 혹은 장로라는 사실은 의미심장하다. 또한 1911년, 일제의 민족주의자 탄압으로 유명한 '105인 사건'에 연루된 이들 역시 대부분 기독교인이었다는 것은 한국의 초기 기독교가 사회적 관심사와 함께했다는 증거다.

이처럼 초기 한국 기독교는 유례없이 건강했다. 망국의 상황에서 기독교에 우호적일 수밖에 없었다는 것을 배경으로 시작하여, 영웅적 인물이 아니라 계시인 '성경'을 근간으로 태동했다는 점에서 그렇다. 나아가 내세만이 아니라 현세에 관심을 가진 종교였으며, 개인의 복락만이 아니라 공동체를 주장하며, 더 나아가 민족적 관심과 사회적 발전을 위해 노력하는 종교였다. 때문에 당시 한국 사회에서 존경받고 선망의 대상이 되는 의식 있는 종교로 평가받았다.

한국 기독교의 변곡점이 된 3.1 운동

그러나 부정적인 의미의 큰 변곡점이 찍힌다. 역설적이게도 3.1 운동이 그 부정적인 변곡점이 된다. 1910년, 일제가 한일 병탄을 한 뒤 무단 통치를 감행하자 전국적으로 반발이 일어난다. 그러나 일제에 의해 사회 정치 조직과 활동이 금지된 암흑기였기에 아무것도 할 수 없었다. 이때, 전국적으로 조직된 유일한 집단인 교회가 민족 운동의 대표적인 연락망이자 소식통의 역할을 감당한다. 그 와중에 발발한 3.1 운동. 일본은 총칼로 이 운동을 진압하긴 했으나, 통치 방식을 바꿔 '문화 통치'를 선언한다. 이대로 계속 찍어 누를 수는 없다고 판단하고, 제한적이나마 집회, 결사, 언론의 자유를 허용한 것이다. 이 말인즉슨 민족주의 운동이 더 이상 교회를 통해 이루어질 필요가 없다는 메시지다. 물론 그렇다고 굳이 교회를 벗어나야 할 필요도 없다. 그러나 이 일로 교회는 겁을 먹었다. 매우 많은 그리스도인이 3.1 운동의 후폭풍으로 핍박받고 무너진 것이다.

한편 그 사이 교회는 어느 정도 규모로 성장을 이루었다. 물론 성장한 것은 좋은 일이지만, 몸이 둔해져 야성을 잃은 것이 엄연한 현실이었다. 그래서 몸을 사리기 시작했다. 집단이 커지니 공동체적 역동성이 아니라 조직의 관리 모델이 들어온다. 동시에, 엄밀히 말하면 3.1 운동은 실패한 것이 맞기에 당시 민중이 절망의 늪에 더 깊이 빠져들어 버렸다. 이제 기독교는 사회적 희망이 아닌, 개인적 희망을 불어 넣길 원했다.

외부 압박도 거셌다. 3.1 운동 이후 문화 통치로 전환한 일본은 기독교가 민족 운동과 결부되어 있음을 알고 이 끈을 끊어 버리는 데 집중했다. 그래서 들고 나온 것이 '정교 분리'였다. 즉 종교는 영적인 일에만 몰두하라는 취지였다. 이런 맥락 가운데 마침 1920년대 서구 사회에서 '이념'이 소개되었다. 그러자 그동안 그저 조국의 해방만 바라던 민족주의자들이 이념에 따라 분열되기 시작한다. 노선이 생기고, 자기들만의 단체를 결성하였으며, 교회를 떠나 이념에 투신한다. 이런 복합적인 이유들이 결부되면서 한국 기독교는 3.1 운동 이후로는 민족 공동체의 문제를 외면하기 시작했다.

1930년대, 일제가 다시 '황국 신민화 정책'을 선언하며 그 일환으로 신사 참배를 강요하자, 대대적으로 '신사 참배 거부 운동'이 일어났다. 그 운동의 대표 인물이 순교하신 주기철 목사다. 그런데 명확히 할 지점이 있다. 혹시 주기철 목사 외에 떠오르는 순교자가 있는가? 없을 것이다. 초기에는 신사 참배에 저항하던 장로교마저 총회 차원에서 모두 참배하기로 결의하는 지경에 이르렀기 때문이다. 그리고 이에 반발하고 옥고를 치른 이들이 훗날 따로 교단을 형성한다.

한국 기독교가 민족 운동과 분리된 것은 잘못이라 말할 수 없다. 기독교의 복음은 충분히 사회적이지만, 그것이 전부는 아니기에 그렇다. 교회가 민족 운동을 위한 수단으로 남을 수는 없기에, 언젠가는 분리될 수밖에 없었다. 그러나 그렇다고 해서 사회 참여를 포기하는 것은 잘못된 방향이다. 3.1 운동 이후 한국 기독교는 사회 참여를 포기함을 넘어 권력의 눈치를 보는 종교로 전락했다. 물론 기독교에만 가혹한 잣대를 갖다 댈 수는 없을 것이다. 1930년대 말로 넘어가며 민족주의자들 가운데도 수많은 이가 변절했기에. 일본이 계속 승승장구하면서 모든 사람의 무의식에 해방이 일어나지 않을 것이라는 확신이 커졌기 때문이다. 그러나 변명거리가 있다고 달라지랴? 한국 기독교의 정신에 문제가 생긴 현실은 부정할 수 없다.

그리고 드디어 해방이 찾아왔다. 다시 언급하지만 준비되지 않은, 외세에 의한 해방이었다. 한국 전쟁이 있기까지 5년 동안 한국 사회가 이념의 바람 앞에 남과 북으로 나뉘었듯 한국 기독교 역시 색깔을 띠게 되었다. 북쪽의 김일성은 '공산주의' 실현이라는 이념적 이유에서인지, 자신의 권력 강화를 위해서인지 개인 자산을 압류하고 종교를 해체하기 시작한다. 주요 타깃이 된 부류가 기독교와 기독교인이었다. 당시 한국 기독교의 주력은 평양 대부흥 운동이 일어난 평안도 지역, 즉 북쪽이었는데, 감시와 탄압, 자산 몰수가 맞물리면서 많은 기독교인이 월남을 택했다. 그러면서 반공 의식이 강하게 형성된다. 이념 갈등 이전에 기독교인들에게 '공산주의'란 실제 자신의 부모, 형제자매를 빼앗은 적그리스도적 존재였던 것이다. 한편 이들이 내려온 남쪽은 당시 이승만 정부가 통치하고 있었다. 이승만 개인의 능력과는 별개로 정통성이 약했고, 외부적으로나 내부적으로나 명분을 주는 '반공주의'가 정권 유지의 필수 요소인 정부였다. 게다가 이승만도 기독교인이었기에, 반공 의식이 투철한 서북 지역 출신 기독교인들과 조화하는 것은 매우 자연스러운 수순이었다.

한국 교회 성장사

이쯤에서 한국 교회의 성장사를 정리해 볼 수 있다. 이처럼 월남자들이 근간이 되어 세워지기 시작한 교회들이 한국 교회 두 축 가운데 하나가 된다. 그 대표적인 교회가 '영락교회'다. 그렇다면 해방 후 한국 교회 성장의 또 다른 축은 어느 교회일까? 설명보다 상상하는 것이 더 쉬울 것이다. 한국에서 가장 큰 교회를 떠올려 보자. 어디일까? 기네스북에도 오른 세계 최대 교회, '여의도순복음교회'다.

일제의 수탈로 가뜩이나 남은 것이 없던 이 나라는 한국 전쟁이라는 동족상잔의 아픔을 겪은 뒤, 그마저도 다 무너진다. 국토는 황폐해지고 국민의 마음은 무너져서, 어디 하나 마음 둘 곳 없는 시기였다. 이때 여의도순복음교회가 등장한다. 지금의 거대한 건물과는 대조될 정도로 초라한 천막에서 시작한 교회였다. 여의도순복음교회를 목회한 고(故) 조용기 목사는 당시 배고픔과 희망 없음으로 당장 오늘을 살아갈 힘조차 없는 이들에게 손에 잡히지 않는 내세에 대한 이야기보다는 현세의 복을 이야기하기로 결심한다.

훗날 조용기 목사에 의해 한국 교회에 기복 신앙과 번영 신앙이 유행하기 시작했다고 비판하지만, 그 시작에는 분명 시대적 아픔을 해소하고자 하는 긍정적 의미가 있었음을 외면해서는 안 될 것이다. 또한 당시 국제 사회의 엄청난 구호물자가 대부분 선교회를 통해 들어왔고, 교회를 통해 사람들에게 분배되었다. 그러다 보니 '빵과 천막'이 필요해서 교회로 들어오는 이가 많았다. 이처럼 현재의 물질적 결핍을 빵과 천막으로 채워 주고, 현재의 정서적 결핍을 '현세의 복' 이야기로 채워 주던 한국 기독교는 유례없는 부흥 가도를 달린다. 이 와중에 5.16 군사 정변이라는 엄청난 사건이 있었지만, 군사 정부 하의 경제 개발이라는 코드와 현세 지향적 기독교는 오히려 잘 부합했다. 정부가 주장하는 '잘사는 나라'와, 교회가 주장하는 '잘되는 나'는 결국 같은 소리기 때문이다. 1970년대의 시대적 가치가 '친미', '반공', '산업화'였다면, 기독교는 그에 가장 부합하는 세력임이 틀림없었다.

이처럼 월남하여 반공 의식이 가득 내재된 이들이 해방 후 한국 교회의 한 축이었다면, 현세의 복과 위로를 얻고자 하는 경향으로 성장한 교회들이 또 다른 한 축이었다. 물론 이 둘은 별개의 흐름이 아니며, 한국에 존재하는 대부분의 교회들에 교차하며 녹아들었다.

근현대사에서 밝혔듯, 박정희 정부가 약속과 달리 유신 체제를 선언하면서까지 장기 독재 체제를 수립하려 하자, 시민 의식이 깨어나기 시작한 민중이 반발했다. 이와 결부하여 기독교 안에서도 사회 불의에 항거하는 목소리가 나오기 시작했지만 소수였다. 이미 기독교 주류는 앞서 언급한 '반공'과 '번영'이라는 두 축으로 움직이고 있었기 때문이다. 뒤이어 등장한 전두환의 신군부도 동일한 코드로 통치하려 하였기에, 기독교는 여전히 방향을 선회하지 않았다. 오히려 박정희 시절의 방향성을 그대로 가지고 가려는 신군부를 지지해 주었다.

박정희 정부 당시에는 몰라서 그랬을 수 있으나, 신군부 시절에도 동일하게 한국 기독교가 정권과 함께 가는 뉘앙스를 풍기자 시민 사회가 반발하기 시작한다. 또한 유럽의 68혁명(1968년) 이후 기독교를 적폐 세력으로 생각하며 무조건 까고 보는 반기독교적 성향의 인문학이 서구 사회를 뒤덮은 흐름이 있었는데, 유럽에서 공부하고 온 유학파 교수들이 이 무렵부터 대학 강단을 차지하면서 지성계와 진보계는 기독교에 반발감을 갖기 시작했다. 한편 이때부터 정치적 보수와 기독교(혹은 기독교 보수)가 손을 잡아 한국의 '보수' 세력을 형성한다.

한국 사회에서는 뜨거워지던 민주화 열기가 결국 1987년 민주화 운동으로 폭발하였는데, 이런 맥락에서 기독교는 시대적 요구를 외면했다. 응답은커녕 '민주화'를 달갑게 보지 않았던 것이다. 이때부터 '진보적 기독교'와 '보수적 기독교'가 자연스레 결별한다. 주류인 보수적 기독교는 개인 구원에 더 몰입하고 더 반공주의적으로 나아간다. 반면 민주화 운동에 응답하며 세력화된 비주류인 진보적 기독교는 보수적 기독교에 대한 반대급부로 사회 참여에만 몰입한다. 그래서 한쪽은 잘못 들으면 성공을 말하는 자기 계발 강사의 강의처럼 들리고, 한쪽은 사회 정의를 말하는 시민 단체 간사의 강의처럼 들리는 촌극이 발생하기 시작한다.

이러한 사회적 반발심의 태동과 기독교의 분열과는 별개로 교회는 꾸준히 성장했다. 가장 고점을 찍은 1980-1990년대 한국 기독교는 일종의 '크리스텐덤'을 바라보기에 이른다. 그대로 꾸준히 성장하면, 기독교가 국교가 될 수도 있겠다는 열망을 갖게 된 것이다. 사회적으로 볼 때에도 기독교는 이제 비주류가 아닌 주류 종교였다. 즉 권력을 행사할 수 있는 종교가 된 것이다. 아니나 다를까, 그동안 덩치가 커지면 쟁점에 따라 분열하기 바쁘던 한국 기독교가 웬일인지 연합 단체를 만든다. 그렇게 1989년 '한국 기독교 총연합회', 약어로 '한기총'이 탄생한다. 그리고 이제는 현실 정치에 목소리를 내기 시작한다. 물론 보수적 입장에서 말이다.

혹시나 해서 말하지만, '보수'는 좋은 것이다. 그러나 진보가 부재한 보수, 보수가 부재한 진보는 현실 정치에 성립되지 않는다. 성경에는 진보적 가치도 분명 포함되어 있다. 즉 보수가 문제가 아니라, '보수만' 대변하는 것이 문제다. 이제는 일반 대중도 '기독교는 보수, 아니 극보수다!'라고 인식하고 있다. 재미있다. 한국 교회 초기에는 가장 개혁적이고 진보적인 이들이 속한 곳이 기독교였는데, 이제는 처지가 뒤바뀌었다. 성경은 달라진 것이 없고 한국 사람을 대상으로 하는 것도 같은데, 처지가 이렇게도 바뀔 수 있나 보다. 물론 그때가 꼭 옳은 것만은 아니다. 기독교 신앙에 온전히 귀의하기보다는 사회 변혁의 잣대로 기독교 신앙을 대한 시선도, 결국 개인 복락의 잣대로 받아들인 것과 별반 차이가 없기 때문이다. 그래도 그때는 균형이 있었으나, 점점 균형을 상실한 것은 크나큰 아픔이다.

이 균형이 대놓고 무너진 것은 김대중-노무현 정부 시기였다. 연속되는 진보 정권에 위기를 느낀 보수 세력, 거기에 기독교인들이 주축이 되어 '뉴라이트'(New Right)가 발흥한다. 이제는 현실 정치에 적극 참여하여 힘을 발산하려는 것이다. 그렇게 탄생한 대통령이 '강남'의 '장로' 대통령이던 이명박 전 대통령이다. 마침 그가 당선한 2007년은 평양 대부흥 운동 100주년을 기념하는 해였기에 이래저래 뜻 깊은 해였다. 아니, 모두가 뜻 깊은 해인 줄 알았고 기독교 재도약의 해로 삼으려 했으나, 실상은 정반대로 하향 그래프를 찍는 변곡점의 해가 되었다. 그리고 이때 굵직한 사건이 연달아 일어난다.

기독교 기업임을 숨기지 않으면서도 상승 가도를 달리던 이랜드. 기독교 기업의 상징이던 이 기업에서 '홈에버 사태'가 발생한다. 노동자를 심각하게 착취하고 유린한 이중적 행태가 고발되며 '노동' 문제의 큰 쟁점이 되었다. 이랜드는 곧 기독교였기에 사회적 여파가 컸다. 동시에 그해 분당 샘물교회 선교팀이 아프가니스탄에서 탈레반에게 납치된 사건이 발생한다. 선교가 문제가 아니라, 정부의 권고를 무시하고 나갔다는 게 문제였다. 이때부터 '개독교'라는 명칭이 일반 사회에 대두되고 확산되기 시작했다. 더 이상 일부 개인의 안티적 자세가 아니었다. 대중에게마저 점점 '기독교'가 신뢰할 수 없는 종교로 비춰지기 시작했다.

이어지는 장로 이명박 정부의 실정과 부패, 국민 사찰은 관짝에 못을 박는 행위였다. 본격적 쇠퇴기의 시작이다. 그런데 돌이키지 못했다. 한 번 얻은 관성은 멈춰지지 않았다. 한기총을 필두로 정치에 개입하고 세력화하려는 움직임이 지속되었다. 코로나 시국에 의도치 않은 조명을 받았던 전 목사는 단지 한 개인의 일탈이 아니라, 지금까지 수십 년간 농축된 경향성과 열망이 응집된 인물이라고 봐도 무방하다.

그래서 2022년의 기독교는 어떤가? 이제는 쇠퇴기를 넘어 '혐오기'(기독교 포비아)로 진입했다고 봐도 과언이 아닌 듯싶다.

한국 기독교가 나아가야 할 길

지금까지 한국 근현대사와 맞물린 한국 기독교의 흐름을 나누어 보았다. 이런 맥락을 이해하고 있을 때 비로소 한국 기독교가 어떻게 현재에 이르게 되었는지, 그렇다면 현재의 문제 앞에 어디로 돌아가야 하는지를 알 수 있다. 분명한 것은 지금 한국 기독교의 모습은 처음의 모습이 아니요, 가장 멋있는 모습도 아니라는 점이다. 이 책 전반부에서 다룬, 성경을 기반으로 하는 기독교에 대한 건강한 이해를 통해 '본질'을 되찾고, 나아가 지금까지의 맥락을 통해 우리가 사는 현장 속에서 건강한 '적용'과 '균형'을 되찾아야 한다. 그것을 분별하고 고민하며 찾는 것은 우리 모두의 과제다.

몇 가지 제안할 만한 것이 있다. 기독교는 성경과 그 이해에서 시작한다. 성경이 모든 것의 기준이 되기 때문이다. 초기 한국 기독교가 건강하던 결정적인 이유는 선교사보다 '성경'이 먼저 들어와 그것을 읽어 나간 이들에 의해 한국 기독교가 시작되어서다. 그러나 지금은 성경 해석의 전적 권한을 '목사'에게로만 돌리는 것 같다. 목사는 가장 신뢰할 수 있는 교사지만, 성경 그 자체는 아니다. 목사도 동질 집단에 속해 있기에, 확증 편향에 갇힐 수 있다. 종교 개혁 당시 성경 해석의 권리를 '개인'에게 돌린 이유가 있다. 목사를 존중하되, 성경 해석에 대한 책임은 본인이 지는 것임을 잊지 말자. 그러지 않았을 때의 대가는 자신이 짊어지게 된다.

또한 기독교는 주류의 종교가 아님을 기억하자. 교회사를 보면 지역과 시대를 막론하고, 언제나 '비주류'의 위치에 있을 때 가장 순수하고 역동적이었다. 단순히 초심의 이야기가 아니다. 기독교의 특성이 그렇다. 성경은 주류를 이야기하지 않는다. '거룩함'을 이야기할 뿐이다. 때문에 사회의 비판을 억울해 할 필요도 없다. 그저 거룩함만 회복하면 된다. 그렇다면 언젠가 인식은 바뀐다. 즉 기독교는 콘스탄티누스 이전의 자리로 돌아가야 한다. 물론 인위적으로 그럴 필요는 없다. 그럴 수도 없다. 그러나 항상 사회의 가장 낮은 자리, 낮은 사람들을 바라보는 시선과 현장이 필요하다. 비주류를 잊지 않는 자세 말이다. 이는 자연스럽게 '복음의 공공성'(사회 참여)으로 이어진다.

기독교가 말하는 복음은 '개인적'이면서 '사회적'이다. 나만 잘되는 것이 아니라 모두 잘되는 것이 복이다. 이 공공성은 지금까지 방식처럼 정치권력을 꾀하는 것이 아니다. 장로 대통령, 권사 대통령은 필요 없다. 이미 증명되지 않았던가? 세상 정치에 권력을 만드는 것이 아니라 건강한 그리스도인으로 자기 자리에서 '다르게' 살아갈 때 권위는 자연스럽게 형성된다. 힘으로 누르는 권력이 아니라, 알아서 선망하는 권위 말이다. 그렇다면 당연히 '거룩성'은 필수다. 어두운 사회에 빛이 되어 주고 다르게 사는 삶이 모일 때, 기독교에 힘이 생긴다. 다르게 사는 데는 '다른' 삶과의 만남이 필수다.

어느덧 기독교는 모두를 위한 종교가 아니라 중산층의 종교로 변모했다. 사회적 약자도 없지만, 세대의 다양성도 사라져 가고, 정치적으로는 한쪽만 편드는 동질성의 집단이다. 예수의 열두 제자는 참으로 다양한 사람들의 모임이었으나, 한국 교회는 더 이상 그렇지 않은 것 같다. 교회의 다양성이 회복될 때 사회의 다양성도 눈에 들어오고, 그럴 때 공공성도 발현될 수 있다.

공공성은 현실 사회와의 호흡이다. 앞서 우리는 근현대사를 통해 구현된 현재 한국 사회의 문제를 짚어 보았는데, 그것들을 외면하지 않는 것이 공공성이다. 이 부분에 대해서는 하고 싶은 말이 많지만 아끼겠다. 분명한 것은 구체적인 역할과 모델을 각자 고민하고, 각 지역 교회가 고민해야 한다는 사실이다.

한국 기독교에 대한 전망이 암울하다. 이대로 아무 변화가 없다면, 아마 암울한 전망이 맞을 것이다. 그러나 기독교가 기독교답지 못했을 때만 기독교가 죽었음을 기억하자. 기독교가 기독교다울 때, 기독교는 단 한 번도 죽지 않았다. 그래도 많은 기독교인이, 많은 목사가, 많은 교회가 반성하고, 새로운 시도와 본질로의 회귀를 꿈꾸고 있다. 그래서 나는 한국 기독교가 향후 10년, 길게는 20여 년 정도 큰 부침을 겪겠지만, 분명 생명력을 품고 다시 일어나 대사회적 존경을 받는 시기가 도래하리라 믿는다.

참고 도서 및 추천 도서

- 강성호, 「한국 기독교 흑역사」, 짓다 펴냄, 2016
- 강준만, 「한국 근대사 산책」, 전10권, 인물과사상사 펴냄, 2008
- ____, 「한국 현대사 산책」, 전18권, 인물과사상사 펴냄, 2006
- 구미정, 「십자가의 역사학」, 한가람역사문화연구소 펴냄, 2021
- 권수영 외, 「한국인, 우리는 누구인가」, 21세기북스 펴냄, 2016
- 류대영, 「한국 근현대사와 기독교」, 푸른역사 펴냄, 2009
- 박정신, 「맞섬과 초월의 눈으로 본 한국 기독교 역사」, 도서출판말 펴냄, 2017
- 옥성득, 「한국 기독교 형성사」, 새물결플러스 펴냄, 2020
- ____, 「다시 쓰는 초대 한국 교회사」, 새물결플러스 펴냄, 2016
- 유시민, 「나의 한국 현대사」, 돌베개 펴냄, 2021
- 장동민, 「포스트크리스텐덤 시대의 한국 기독교」, 새물결플러스 펴냄, 2019
- 조선희, 「상식의 재구성」, 한빛비즈 펴냄, 2021
- 최종원, 「텍스트를 넘어 콘텍스트로」, 비아토르 펴냄, 2019

에필로그

현 시점(2021년)에서 전 세계적으로 가장 유명한 한국인은 누구일까? 외국인들에게 굳이 설문을 돌리지 않아도 답은 분명하다. 아마 여지없이 'BTS'라고 외치지 않을까? 그들의 인기가 얼마나 지속될지는 모르지만, 이 시대에 아이돌 그룹이 발휘하는 문화적 영향력과 열광에 우리는 흥분할 수밖에 없다.

시기를 거슬러 올라가 보자. 지금부터 30-40년 전에 동일한 질문을 던졌다면, 사람들은 누구라고 답했을까? 한국인은 고사하고, 한국이란 나라도 잘 모르던 시절에 외국인들에게 대답이나 들을 수 있었을까 싶지만, 그래도 이름 하나쯤은 나왔을 가능성이 크다. 그 이름은 '조용기'. 기네스북에 오른 세계 최대 교회, 70만 성도를 자랑하던 여의도순복음교회를 일군 조용기 목사 말이다. 교회 규모만큼 한국 기독교의 상징이자 대표적 인물이었고, 한때는 교단 상관없이 모든 목사가 그분의 설교를 흉내 내기도 했다. 심지어 그 특유의 억양까지도 말이다('믿씁니까!?'라는, 느낌표가 달린 익숙한 의문문은 다름 아닌 그분 특유의 발음이자 마침표였다). 그런데 이 책 집필을 마무리하던 시점에 공교롭게도 조용기 목사가 세상을 떠났다. 한국 교회 '부흥'의 알파와 오메가였던 그 상징적인 분이, 한국 교회 생명의 단절처럼 여겨지는 '코로나' 시국 가운데 돌아가신 것이 의미심장하다. 많은 상념에 젖게 한다.

고인에 대해 왈가왈부할 일은 아니다. 그에 대한 비판도 많지만, 그를 통해 이루어진 공도 많다. 그런데 그의 '공'(功)과 '과'(過)는 같은 곳에서 나왔다. '복'이란 단어가 바로 그것이다.

한국 전쟁 직후, 엄청난 회심과 치유 경험으로 심장이 불타오르던 그는 서울 외곽 지역에 천막 교회를 개척했다. 그런데 하늘의 귀한 것을 전하고 싶은 그의 뜨거운 심장과 달리, 그 메시지를 듣는 당시 민중의 삶은 피폐했고 처참했다. 그 당시 대한민국 온 국토와 국민의 가슴은 폐허가 되어 있었던 것이다. 그래서 그는 내세에 대한 이야기 전에 현세를 살아가는 이들에게 삶의 희망을 주고 싶다는 맥락으로 '현재적 복'에 대한 메시지를 전하기 시작했다. 그 역시 성경이 말하는 '복'의 일부분이다. 잘못이 없다. 도리어 그 시절의 콘텍스트에 부합한 귀한 사역이었다. 그래서 여의도순복음교회는 한국의 대표 교회로 성장했다. 그런데 '과'도 바로 그 '복'에서 발생했다. 시간이 흘러 먹고살 만한 때가 도래했을 때는 그 '복'의 개념이 확장되거나 깊어졌어야 하는데, 계속 그 자리에만 머물거나 그 방향으로만 몰고 간 것이 문제였다.

내게는 개인적인 추억이 하나 있다. 내 아버지는 여의도순복음교회가 최고점을 찍던 1989년에 교회를 개척하셨다. 이 작은 교회에 한 여집사님이 계셨는데, 그분과 같이 사는 시어머니가 여의도순복음교회를 다니셨다. 그 시어머니는 며느리에게 교회를 옮기라고 지속적으로 강요하셨다. 이유는 간단했다. "큰 교회 큰 목사님께 배워야 한다! 그래야 축복받는다! 작은 교회에 있으면 복도 작게 받는다!" 사실 당시에는 그분만 그러신 것이 아니었다. 이런 투박한 논리를 입에 달고 전도하시던 여의도순복음교회 분들이 종종 계셨다. 교회에 다닌다고 해도 자기 교회로 오라고 강권하는 장면이 자주 연출되었다. 지금은 그렇지 않을 것이다. 그러나 그때는 그런 일이 있었다. 그때도 일부 성도가 그런 것이겠지만, 어쨌든 그런 분들도 계셨다. 여의도순복음교회가 대표적 상징일 뿐, 당시 한국 교회에는 비슷한 정서가 있었다. 아니, 한국 사회가 그러했다. '성장', '크기', '숫자'.

에필로그

그때의 나는 어렸다. 복합적 사고를 할 수 없었다. 성경 메시지와 교회의 모습을, 사회와 교회를, 과거의 맥락과 현재의 현상을 분리할 수 있는 능력이 내게는 없었다. 다만 남은 것은 어린 마음의 상처였다. 그 작은 교회가 내게는 삶 그 자체였기 때문이다. 그래서 그때부터 문제의식이 생긴 것 같다. "도대체 무엇이 '복'일까?" 어린 마음에, 그리고 지극히 개인적인 이유에서 생겨난 질문이지만, 사실 내게만 귀속되는 개인적 질문은 아니다.

기독교인이라면 "복이란 무엇인가?"라는 질문에 답할 수 있어야 한다. 기독교인은 '복'음을 믿는다고 하지 않던가? 자신이 믿는다는 그 '복'의 의미에 따라 시각이 달라지고 태도가 달라질 수밖에 없다. 그렇다면 그 복이 무엇인지, 그 복음을 믿는다는 것이 무엇인지에 대해 기록된 성경에 대한 이해가 전제되어야 한다. 아니, 거기서 멈춰서는 안 된다. 성경을 해석하는 '나'에 대한 이해, '우리'에 대한 이해가 필요하다. 그것이 없다면, 성경이 말하는 바에 대한 믿음이 아니라 '나'를 중심에 두고, '시대와 사회'를 중심에 두는 성경에 대한 '곡해'가 이루어질 가능성이 농후하기 때문이다. 그래서 세상과 사회를 말하는 일반 계시에 대한 이해도 필요하다. 그것을 통해 하나님이 어떤 분이고 무엇을 말씀하시려 하는지도 알 수 있지만, 무엇보다 '오독'의 위험을 배제하고 특별 계시의 뜻을 더 분명히 할 수 있다.

이것들의 정리가 다름 아닌 이 책의 내용이다. "모두를 위한"이라고 제목에 붙였지만, 사실 이 책의 모든 내용은 누군가에게 대단한 내용을 알리기 위함이라기보다, 내 탐구 과정의 정리다. 또한 "기독교 교양"을 표방했다고 하나, 사실은 정보 정리를 넘어 '변증'에 가깝다. 기독교 바깥에 있는 이들에게 '기독교'란 그들의 부정적 경험과 시각을 토대로 해석한 그런 허접한 종교가 아니라 합리적이고 체계적이며, 무언가가 있는 종교임을 알리고 싶었다. 나아가 '기독교인'을 대상으로 한 변증이기도 하다. 마찬가지다. 기독교인의 경험과 시각을 토대로 해석한 그런 지성 없는 종교가 아님을 알리고 싶었다. 그리고 기독교 신앙이 각자에게 어떤 의미가 있는지 묻고 싶었다.

물론 나는 이런 답변을 술술 풀어낼 만한 실력도 부족하고, 그것을 들려줄 만한 사회적 자격도 없다. 그러나 지극히 개인적인 내 질문들이 나를 공부하게 만들었고, 비슷한 질문을 품고 사는 다른 그리스도인들에게 내가 공부한 그 내용을 조금이나마 들려주고 싶었다. 다행히 내게는 다른 삶의 모습을 추구하지 않고 지난 20년간 꾸준히 공부할 수 있는 자리가 있었다. 또한 내 신앙 현장의 자리가 다양했던 것도 감사하다.

내 신앙적 토대이신 아버지. 그 아버지의 신앙은 오순절 신앙에 가까웠다. 그리고 나는 장로교 합동(총신대)에서 신학을 공부하며 개혁주의 신학의 토대를 세웠다(물론 그때는 뭐가 뭔지 잘 몰랐다). 그래서 감사하기도 하고, 그래서 비평적으로 학업에 임한 것 같다. 동기들과 달리, 나는 이미 그 신학에 동의되어 배우는 것이 아니었기에 나를 납득시키기 위한 과정이 더 필요했다. 그때는 피곤했는데, 나중에 알고 보니 그게 도움이 되었다. 무조건적 수용이 아니라 비판적 시각을 유지하는 것은 대학 교육의 목표와 잘 부합했다.

또한 군목으로 복무하며, '군대'라는 일종의 특수 선교지에서 기존 한국교회의 전통적 시각을 벗어나 선교지적 고민을 할 수 있었다. 기존의 사역 문법, 그것을 지탱하는 신학 문법의 부조화를 느끼고, 그것이 신학적 고뇌로 이어져서 공부하게 만들었다. 나아가 같은 교단이 아닌 다양한 교단의 목사들과 교제하고, 심지어 타종파 성직자와 교제하는 것 역시 시각을 넓히는 데 큰 도움을 주었다. 교단이 다르면 읽는 책들의 출판사도 전혀 다르다. 동시에 그렇게 신학을 공부하는 중에 발생한 '세월호 사건'과 '송파 세 모녀 자살 사건'은 내게 큰 영향을 끼쳤다. 성경만으로 해석되지 않는 일들에 대한 사회적 해석이 필요했다. 그래서 사회와 사람에 대한 공부가 필요했다. 그렇게 나에게 주어진 경험과 자리가 나로 공부하게 만들었다.

이 책은 그 공부의 결과물들을 정리해 본 것이다. 다시 말하지만 나는 대단하거나 자격이 있는 사람이 아니다. 다만 이런 고민을 하는 이들이 조금 더 편하게 고민할 수 있도록 알리고 싶었을 뿐이다.

프롤로그에서 밝혔듯이 내 역할은 '가이드' 정도다. 가이드라는 역할은 사실 없어도 된다. 의지만 있다면 어떻게든 여행을 마칠 수 있고, 어떻게든 알아볼 경로는 많다. 그러나 가이드가 있는 여행과 없는 여행은 큰 차이가 있다. 조금 부족하더라도 가이드가 있는 것과 가이드가 없는 것은 그 여행의 안락과 누림 면에서 천지차이다. 내가 좋은 가이드였는지는 이 책을 읽은 당신의 평가에 맡기겠다. 부족한 가이드였으나, 내 나름대로 안내해 보았다. 부디 당신의 여행이 즐거웠길 바란다. 깨달음과 음미의 여정이었기를.

더불어 나를 굳이 '가이드'라고 소개한 것은 내가 당신 대신 이 여행을 해 줄 수는 없기 때문이다. 결국 스스로 공부해야 한다. 그렇게 잘 정리되고 이해되었다면, 당신도 또 다른 가이드가 되어, 당신의 뒤를 따라 이 여행에 참여하는 이들을 가이드해 주길 바란다.

마지막으로 감사의 말을 남기고 싶다. 이 책을 써 내려가며, 나에게도 참 많은 가이드나 선생님이 있음을 깨달았다. 살갑지 않은 사람이라 친분 있게 지낸 선생님은 없지만, 이 책의 모든 내용은 결국 나를 지나친 선생님들 덕택이라는 사실을 깨닫게 되었다. 또한 기억나지도 않을 만큼 많은 저자들 덕택이기도 하다. 또한 나에게 기독교 교양 정리의 욕구를 불러일으킨, 나를 거쳐 간 수많은 성도와 질문자에게 감사하고 싶다. 미천하고 부족한 사람에게 이런 방대한 작업을 겁 없이 맡겨 준 죠이북스 출판사에 감사하며, 중간에 몇 번이나 포기하고 싶었으나 끝까지 격려해서 결과물이 탄생하게 해준 편집자에게도 감사드린다. 그리고 언제나 내 편이자 친구이자 동반자인 사랑하는 아내 김영진에게 감사하며, 사랑하는 제윤, 준하에게도 고맙다는 인사를 남긴다. 그리고 나와의 만남 중에 기독교에 대해 여러 질문을 던져 주어서 기독교 교양에 대해 정리하고 싶은 욕구를 불러일으켜 준 이음숲교회 성도들께 감사하다. 마지막으로 지치지 않고 끝까지 읽어 준 당신에게도 진심으로 감사드린다.

모두를 위한
기독교 교양

기독교를 읽다 기독교와 잇다
모두를 위한 기독교 교양

초판 발행	2022년 1월 25일
초판 3쇄	2024년 2월 25일
지은이	손성찬
발행인	손창남
발행처	(주)죠이북스(등록 2022. 12. 27. 제2022-000070호)
주소	02576 서울시 동대문구 왕산로19바길 33, 1층
전화	(02) 925-0451(대표 전화)
	(02) 929-3655(영업팀)
팩스	(02) 923-3016
인쇄소	송현문화
판권소유	ⓒ(주)죠이북스
ISBN	979-11-93507-12-4 03230

책값은 뒤표지에 있습니다.
잘못된 도서는 교환하여 드립니다.
이 책 내용을 허락 없이 옮겨 사용할 수 없습니다.